Der Schutz internationaler Vertriebs- und Preisbindungen gegen Außenseiter
Eine rechtsvergleichende Untersuchung

Europäische Hochschulschriften

Publications Universitaires Européennes
European University Studies

Reihe II

Rechtswissenschaft

Série II Series II
Droit
Law

Bd./Vol. 1287

PETER LANG
Frankfurt am Main · Berlin · Bern · New York · Paris · Wien

Armin Handel

Der Schutz internationaler Vertriebs- und Preisbindungen gegen Außenseiter

Eine rechtsvergleichende Untersuchung

PETER LANG
Frankfurt am Main · Berlin · Bern · New York · Paris · Wien

Die Deutsche Bibliothek- CIP-Einheitsaufnahme

Handel, Armin:

Der Schutz internationaler Vertriebs- und Preisbindungen gegen Außenseiter : eine rechtsvergleichende Untersuchung / Armin Handel. - Frankfurt am Main ; Berlin ; Bern ; New York ; Paris ; Wien : Lang, 1992

(Europäische Hochschulschriften : Reihe 2, Rechtswissenschaft ; Bd. 1287)
Zugl.: Mannheim, Univ., Diss., 1991
ISBN 3-631-45194-6

NE: Europäische Hochschulschriften / 02

D 180
ISSN 0531-7312
ISBN 3-631-45194-6

Printed in Germany 1 2 3 4 6 7

Meinen Eltern

Vorwort des Verfassers

Die vorliegende Arbeit ist im Wintersemester 1991/1992 von der Fakultät für Rechtswissenschaft der Universität Mannheim als Dissertation angenommen worden.

Das Manuskript dieser Arbeit wurde im April 1991 abgeschlossen.

Meinem Doktorvater, Herrn Prof. Dr. Rolf Sack, der das Thema dieser Arbeit anregte, danke ich für die Betreuung der Arbeit.

Ludwigshafen am Rhein, im April 1992 Armin Handel

Inhaltsübersicht

Inhaltsverzeichnis

Abkürzungsverzeichnis

A	Austria, Österreich
a.A.	anderer Ansicht
a.a.O.	am angegebenen Ort
ABGB	öst. Allgemeines Bürgerliches Gesetzbuch
abgedr.	abgedruckt
ABl.	Amtsblatt der Europäischen Gemeinschaften
A.C.	Appeal Cases (Reihe der Law Reports)
a.F.	alte Fassung
aff'd	affirmed (engl.: bestätigt)
aff'g	affirming (engl.: bestätigend)
AG	Amtsgericht
All E.R.Rep.	All England Law Reports Reprint
ALSI	Associazioni Librai Svizzera Italiana
amerik.	amerikanisch
Anm.	Anmerkung
Ann.Prop.Ind.	Annales de la Propriété Industrielle, Artistique et Littéraire
Anz.d.öst. Buchhandel	Anzeiger des österreichischen Buchhandels. Mitteilungsblatt des Haupt-Verbandes des österreichischen Buchhandels
Anz.f.d. Buchhandel	Anzeiger für den Buch-, Kunst- und Musikalienhandel. Verein der österreichischen Buch-, Kunst- und Musikalien-, Zeitungs- und Zeitschriftenhändler
AppG	Appellationsgericht
Arr.	Arrêté (franz.: Verfügung, Anordnung, Beschluß, Erlaß)
Aufl.	Auflage
BB	Betriebsberater
BBl.	Bundesblatt der Schweizerischen Eidgenossenschaft
Bd.	Band
Bl.f.PMZ	Blatt für Patent-, Muster- und Zeichenwesen
BG	schweiz. Bundesgericht
BGB	Bürgerliches Gesetzbuch
BGBl.	Bundesgesetzblatt
BGE	Entscheidungen des schweiz. Bundesgerichts (amtliche Sammlung)
BGH	Bundesgerichtshof
BGHSt	Entscheidungen des Bundesgerichtshofs in Strafsachen (amtliche Sammlung)
BGHZ	Entscheidungen des Bundesgerichtshofs in Zivilsachen (amtliche Sammlung)
BJM	Basler Juristische Mitteilungen
BKartA	Bundeskartellamt
B.O.C.C.	Bulletin officiel de la concurrence et de la consommation

B.O.C.C.R.F. ..	Bulletin officiel de la concurrence, de la consommation et de la répression des fraudes
Börsenblatt ...	Börsenblatt für den Deutschen Buchhandel, Frankfurter Ausgabe
Botschaft UWG .	Botschaft zu einem (schweiz.) Bundesgesetz gegen den unlauteren Wettbewerb (UWG) vom 18.5.1983
BR	Bundesrat
BR-Drucks.	Bundesratsdrucksache
BReg	Bundesregierung
BT	Bundestag
BT-Drucks.	Bundestagsdrucksache
Bull.civ.	Bulletin des arrêts de la Cour de cassation. Chambres civiles
C	communicatio; Mitteilungen und Bekanntmachungen (Teil des Amtsblatts der EG)
C.A.	Court of Appeal / Court of Appeals
C.A. F.C.	Court of Appeals for the Federal Circuit
Cah.dr.entr. ..	Cahiers de droit de l'entreprise. Juris-Classeur Périodique, La Semaine Juridique, Edition Entreprise, Supplément
Cal.	California
Cass.	Cour de cassation
Cass. civ.	Cour de cassation, Chambre civile
Cass. com.	Cour de cassation, Chambre commerciale
Cass. crim. ...	Cour de cassation, Chambre criminelle
C.C.	Circuit Court
C.civ.	Code civil
C.D.	Central District
cert. denied ..	certiorari denied (engl.: Revisionsantrag vom Supreme Court abgelehnt)
C.F.R.	Code of Federal Regulations
CH	Confoederatio Helvetia, Schweiz
Ch.	Chancery Division (Reihe der Law Reports)
Chron.	Chronique (Teil des Recueil Dalloz Sirey; zit.: D.[Jahr].Chron.)
Cir.	Circuit
Circ.	Circulaire (franz.: Rundschreiben, Runderlaß, Rundverfügung)
CIT	Court of International Trade
C.just.	Cour de justice
Comm.	Communiqué (franz.: Kommuniqué, amtlicher Bericht, amtliche Veröffentlichung, amtliche Mitteilung)
Comm. conc. ...	Commission de la concurrence
Cons. conc. ...	Conseil de la concurrence
Cour (de)	Cour d'appel (de; zitiert mit Ortsname; in Frankreich wird häufig nur der Ortsname angegeben)
C.pén.	Code pénal
C.S.R.	Customs Service Regulations

D.	District / Recueil Dalloz Sirey (siehe zur Zitierweise der einzelnen Teile dieser Zeitschrift: Chron., I.R., J., L. und Somm.)
DB	Der Betrieb
DB DDR-Report .	Der Betrieb DDR Report
D.C.	District of Columbia
D.C. Cir.	Court of Appeals for the District of Columbia
D. D.C.	District Court for the District of Columbia
Déc.	Décret (franz.: Dekret, Verordnung, Verfügung, Erlaß)
ders.	derselbe
dies.	dieselbe
Diss.	Dissertation
Doctr.	Doctrine et Chronique (Teil der Gazette du Palais; zit.: Gaz.Pal.[Jahr].Doctr.)
Drucks.	Drucksache
dt.	deutsch
DtZ	Deutsch-deutsche Rechtszeitschrift
ECU	European Currency Unit (engl.: Europäische Währungseinheit)
E.D.	Eastern District
éd.C.I.	Edition Commerce et Industrie
éd.E.	Edition Entreprise
éd.G.	Edition Générale
EFTA	European Free Trade Association
EG	Europäische Gemeinschaften
EIPR	European Intellectual Property Review. A journal concerning the management of technology, copyrights and trade names
Emory L.J.	Emory Law Journal
Erw.	Erwägung
EuGH	Gerichtshof der Europäischen Gemeinschaften
EuR	Europarecht
EuZW	Europäische Zeitschrift für Wirtschaftsrecht
EWG	Europäische Wirtschaftsgemeinschaft
EWGV	EWG-Vertrag
EWiR	Entscheidungen zum Wirtschaftsrecht
F.	The Federal Reporter
F.2d	The Federal Reporter, Second Series / West's Federal Reporter, Second Series
F.C.	Federal Circuit
FHA	Freihandelsabkommen
FHA EWG/A	FHA zwischen der EWG und Österreich
FHA EWG/CH	FHA zwischen der EWG und der Schweiz
FHA EWG/Finnland	FHA zwischen der EWG und Finnland
FHA EWG/Portugal	FHA zwischen der EWG und Portugal
FL	Fürstlich Liechtensteinisch
Fla	Florida
FL LG	Fürstlich Liechtensteinisches Landgericht

FL OGH	Fürstlich Liechtensteinischer Oberster Gerichtshof
Fn.	Fußnote
fn.	foot-note (engl.: Fußnote)
Frankf.Komm. ..	Frankfurter Kommentar zum GWB
franz.	französisch
FS	Festschrift
F.S.R.	Fleet Street Report
F.Supp.	The Federal Supplement / West's Federal Supplement
GA	Generalanwalt / Goltdammer's Archiv für Strafrecht
Gaz.Pal.	La Gazette du Palais (siehe zur Zitierweise der einzelnen Teile dieser Zeitschrift: Doctr., J. und Somm.)
gem.	gemäß
Gem.Komm.	Gemeinschaftskommentar zum GWB
GesRZ	Der Gesellschafter. Zeitschrift für Gesellschaftsrecht
Giur.it.	Giurisprudenza italiana
GRUR	Gewerblicher Rechtsschutz und Urheberrecht
GRUR Int.	GRUR. Internationaler Teil
GWB	Gesetz gegen Wettbewerbsbeschränkungen
H.C.	High Court
HG	Handelsgericht
h.M.	herrschende Meinung
H.L.	House of Lords
H.R.	House of Representatives (US-amerikanisches Repräsentantenhaus)
HRR	Höchstrichterliche Rechtsprechung
Hrsg.	Herausgeber
Int'l Bus.Law.	International Business Lawyer. Journal of the section on Business Law of the International Bar Association
i.d.F.	in der Fassung
i.d.R.	in der Regel
Ind.Prop.	Industrial Property. Monthly Review of the World Intellectual Property Organization
IPRG	öst. / schweiz. Internationales Privatrechtsgesetz
I.R.	Informations Rapides (Teil des Recueil Dalloz Sirey; zit.: D.[Jahr].I.R.)
i.S.	im Sinne
i.S.v.	im Sinne von
ITC	International Trade Commission
J.	Jurisprudence (Teil des Recueil Dalloz Sirey; zit.: D.[Jahr].J.) / Jurisprudence (Teil der Gazette du Palais; zit.: Gaz.Pal.[Jahr].J.)
JBl	Juristische Blätter
J.B.L.	The Journal of Business Law
J.Cl.	Juris Classeur

J.C.P.	Juris-Classeur Périodique, La Semaine Juridique
JuS	Juristische Schulung
JWT	Journal of World Trade. Law, economics, public policy
KartG	öst. / schweiz. Kartellgesetz
KartKomm	Kartellkommission
KassG	Kassationsgericht
KG	Kammergericht / Kantonsgericht / Kartellgericht
KOG	Kartellobergericht
Komm.	Kommission der Europäischen Gemeinschaften
KosmetikVO	Kosmetikverordnung
Kurzkomm.	Kurzkommentar
L	legislatio; Rechtsvorschriften (Teil des Amtsblatts der EG)
L.	Législation (Teil des Recueil Dalloz Sirey; zit.: D.[Jahr].L.)
LGVE	Luzerner Gerichts- und Verwaltungsentscheide
lit.	litera
LMBG	Lebensmittel- und Bedarfsgegenständegesetz
Loi	Loi (franz.: Gesetz)
L.R.	Law Reports
L.Q.R.	The Law Quarterly Review
MA	Der Markenartikel
Maine L.Rev. ..	Maine Law Review
Mich.	Michigan
Mitt.	Mitteilungen der deutschen Patentanwälte
MSchG	öst. / schweiz. Markenschutzgesetz
MuR	Medien und Recht
MuW	Markenschutz und Wettbewerb
m.w.N.	mit weiteren Nachweisen
n.	numéro (franz.: Nummer)
N.C.	North Carolina
N.D.	Northern District
n.F.	neue Fassung
NJ	Nederlandse Jurisprudentie
N.J.	New Jersey
NJW	Neue Juristische Wochenschrift
NJW-RR	NJW-Rechtsprechungs-Report
Nr.	Nummer
n.v.	nicht veröffentlicht
NVG	öst. Nahversorgungsgesetz
N.Y.	New York
ObG	Obergericht
ÖBl	Österreichische Blätter für Gewerblichen Rechtsschutz und Urheberrecht
OGH	öst. Oberster Gerichtshof
ÖJZ	Österreichische Juristenzeitung

o.O.	ohne Ort
OR	schweiz. Bundesgesetz über das Obligationenrecht
Ord.	Ordonnance (franz.: Verordnung, Erlaß, Verfügung)
ÖRdW	Österreichisches Recht der Wirtschaft
o.S.	ohne Seite
öst.	österreichisch
o.V.	ohne Verfasser / ohne Verlag
Pa	Pennsylvania
Panor.	Panorama (Teil der Gazette du Palais)
PIBD	Propriété industrielle. Bulletin documentaire
Pret.	Pretura (ital.: Amtsgericht)
PÜG	schweiz. Preisüberwachungsgesetz
RabelsZ	Zeitschrift für ausländisches und internationales Privatrecht
rev'd	reversed (engl.: aufgehoben)
rev'g	reversing (engl.: aufhebend)
Rev.science crim.	Revue de science criminelle et de droit pénal comparé
Rev.trim.dr.com.	Revue trimestrielle de droit commercial et de droit économique
Rev.trim.dr. europ.	Revue trimestrielle de droit européen
RG	Reichsgericht
RGBl.	Reichsgesetzblatt
RGSt	Entscheidungen des Reichsgerichts in Strafsachen (amtliche Sammlung)
RGZ	Entscheidungen des Reichsgerichts in Zivilsachen (amtliche Sammlung)
RIW	Recht der internationalen Wirtschaft. Außenwirtschaftsdienst des Betriebsberater
RL	Richtlinie
Rn.	Randnummer
R.P.C.	Reports of Patent, Design and Trade Mark Cases
Rs.	Rechtssache
S.	Seite / Senate (US-amerikanischer Senat)
SAG	Schweizerische Aktiengesellschaft. Zeitschrift für Handels- und Wirtschaftsrecht
SBVV	Schweizerischer Buchhändler- und Verleger-Verband
schweiz.	schweizerisch
S.Ct.	The Supreme Court Reporter / West's Supreme Court Reporter
S.D.	Southern District
Sem.jud.	La Semaine Judiciaire. Revue de jurisprudence
SESI	Società Editori Svizzera Italiana

SJZ	Schweizerische Juristen-Zeitung
SLESR	Société des Libraires et Editeurs de la Suisse romande
Slg.	Entscheidungen des Europäischen Gerichtshofes (amtliche Sammlung)
SMI	Schweizerische Mitteilungen über Immaterialgüterrechte
SMitt.	Schweizerische Mitteilungen über gewerblichen Rechtsschutz und Urheberrecht
Somm.	Recueil des Sommaires (Teil der Gazette du Palais; zit.: Gaz.Pal.[Jahr].Somm.) / Sommaires Commentées (Teil des Recueil Dalloz Sirey; zit.: D.[Jahr].Somm.)
StGB	Strafgesetzbuch
StrG	Strafgericht
st. Rspr.	ständige Rechtsprechung
SZW	Schweizerische Zeitschrift für Wirtschaftsrecht
TabStG	Tabaksteuergesetz
TB	Tätigkeitsbericht
TMR	The Trademark Reporter. The Official Journal of The United States Trademark Association
Tome	tome (franz.: Band)
Trib.	Tribunal / Tribunale (ital.: Landgericht)
Trib. comm. ...	Tribunal de commerce
Trib. gr. inst.	Tribunal de grande instance
u.a.	und andere
U.Miami Inter-Am.L.Rev.	The University of Miami Interamerican Law Review
UnlW	Unlauterer Wettbewerb
USA	United States of America
U.S.C.	United States Code
U.S.L.W.	United States Law Week
U.S.P.Q.	United States Patent Quarterly
U.S.P.Q. 2d ...	United States Patent Quarterly, Second Series
UWG	dt. / öst. / schweiz. Gesetz gegen den unlauteren Wettbewerb
v.	versus (lat.: gegen)
Va	Virginia
vgl.	vergleiche
VKK	Veröffentlichungen der Schweizerischen Kartellkommission
VO	Verordnung
Vol.	volume (engl.: Band)
WBl	Wirtschaftsrechtliche Blätter
W.Comp.	World Competition. Law and Economics Review
W.D.	Western District

W.L.R. .... The Weekly Law Reports
WRP .... Wettbewerb in Recht und Praxis
WuR .... Wirtschaft und Recht
WuW .... Wirtschaft und Wettbewerb
WuW/E .... Entscheidungssammlung der WuW
WZG .... Warenzeichengesetz

z.B. .... zum Beispiel
ZBJV .... Zeitschrift des Bernischen Juristenvereins
ZGB .... schweiz. Zivilgesetzbuch
Ziff. .... Ziffer
ZIP .... Zeitschrift für Wirtschaftsrecht
ZR .... Blätter für Zürcherische Rechtsprechung
ZUM .... Zeitschrift für Urheber- und Medienrecht

Einleitung

Das Wettbewerbsrecht ist ein Spiegelbild der voranschreitenden wirtschaftlichen und technischen Entwicklung. Diese führt zu immer neuen Wettbewerbspraktiken, die an den rechtlichen Bewertungsmaßstäben zu prüfen sind.
Daneben gibt es aber auch Verhaltensweisen, deren Beurteilung als juristische Dauerbrenner ständig in der Diskussion bleibt.
Zu diesen Themen zählt auch der Schutz von Vertriebs- und Preisbindungen gegen Außenseiter. Seit etwa 100 Jahren taucht dieses Problem in Rechtsprechung und Lehre auf, wobei selbstverständlich Akzentverschiebungen festzustellen sind. So hat sich der Schwerpunkt von Preisbindungen auf Vertriebsbindungen verlagert und der weltweite Vertrieb vieler Waren hat mit der Folge neuer rechtlicher Probleme von nationalen zu internationalen Bindungssystemen geführt.
Die vorliegende Untersuchung soll rechtsvergleichend den Stand der Diskussion darstellen und versuchen, einen Lösungsweg aufzuzeigen.

1. Kapitel
Gegenstand der Untersuchung*

I. Der Gegenstand von Vertriebsbindungen

Im Hinblick auf Vertriebsbindungen liegt das Augenmerk auf dem selektiven Vertrieb[1] in der Form von Fachhandelsbindungen.
Dieser ist dadurch gekennzeichnet, daß der Hersteller seine Ware nur über qualifizierte Fachhändler, die eine fachkundige Beratung (pre-sale-service) anbieten und über einen zuverlässigen Kundendienst (after-sale-service) verfügen, vertreiben will.[2]
Die interessierten Händler übernehmen entsprechende vertragliche Verpflichtungen, zu denen ein vertragliches Verbot hinzutritt, ungebundene Händler, sogenannte Außenseiter oder auch Gräulinge, zu beliefern.
Die in die Vertriebsbindung eingegliederten Händler werden in der Kosmetikbranche häufig als Depositäre und in den sonstigen Branchen, wie etwa bei der Unterhaltungselektronik und bei Kraftfahrzeugen, als Vertragshändler bezeichnet.

Nach den an die Händler gestellten Anforderungen werden zwei Arten von Bindungen[3] unterschieden.

---

* Die deutschen Vorschriften sind abgedruckt in der von J. Kölble herausgegebenen Gesetzessammlung: Das deutsche Bundesrecht, Baden-Baden: Nomos Verlagsgesellschaft; die wichtigsten Vorschriften sind auch abgedruckt in der von Heinrich Schönfelder begründeten Gesetzessammlung: Deutsche Gesetze, München: C.H. Beck'sche Verlagsbuchhandlung.

1 Siehe zu Definitionen des selektiven Vertriebs Böni: Selektion, S.13; Meier: Vertrieb, Bd.1, S.69; Pawlikowski: Vertriebssysteme, S.32; siehe auch Kraßer: Schutz, S.9f.; Lehmpfuhl: Vertriebsbindungen, S.21f.

2 Siehe hierzu Heidmeier: Maßstäbe, S.3f.; Kraßer: Schutz, S.13; Wagner: Fachhandelsbindung, S.3f.

3 Siehe Beispiele von Vertriebsbindungsvereinbarungen bei Heidmeier: Maßstäbe, S.227ff.; Wagner: Fachhandelsbindung, S.11ff.; ABl. 1970 L242/22ff., 22ff. - Omega; ABl.

Einfache selektive Vertriebssysteme (einfache Fachhandelsbindungen) eröffnen jedem qualifizierten Händler den Zutritt.[4]

Bei qualifizierten selektiven Vertriebssystemen (qualifizierte Fachhandelsbindungen) muß der Händler, um in das Vertriebssystem aufgenommen zu werden, zusätzliche Verpflichtungen übernehmen. Dabei kann es sich etwa um die Verpflichtung zur Durchführung vertriebsfördernder Maßnahmen oder zur Führung des gesamten Produktsortiments handeln.[5]

Beim selektiven Vertrieb in der Form von Fachhandelsbindungen kann auch eine darüberhinausgehende zahlenmäßige Beschränkung der an sich qualifizierten Händler ins Spiel kommen, wenn die Übernahme der genannten Verpflichtungen bei Produkten mit geringem Marktanteil nicht für alle Fachhändler rentabel ist oder wenn der Hersteller von Luxusgütern seine Produkte nur in einer kleinen Anzahl von Geschäften erhältlich wissen will, um mit einer künstlichen Verknappung der Produkte ein bestimmtes Produktimage aufzubauen.[6]

II. Der Gegenstand von Preisbindungen

Im Hinblick auf Preisbindungen ist das Hauptaugenmerk auf die vertikale Bindung der Endverbraucherpreise[7] gerichtet. Aufgrund rechtlicher und tatsächlicher Gegebenheiten liegt der Schwerpunkt bei der Bindung der Endverbraucherpreise für

---

1976 L28/19ff., 20ff. - SABA; ABl. 1977 L30/10ff., 11ff. - Junghans; ABl. 1983 L376/41ff., 41ff. - SABA-EG-Vertriebssystem.

4 Siehe Bail, in: Groeben/Boeckh/Thiesing, Art.85 - Fallgruppen, Rn.221, S.1149f.; Gleiss/Hirsch: Kommentar, Art.85(1), Rn.295ff., S.191.

5 Siehe Bail, in: Groeben/Boeckh/Thiesing, Art.85 - Fallgruppen, Rn.223, S.1151f.; Gleiss/Hirsch: Kommentar, Art.85(1), Rn.297, S.192.

6 Siehe Bail, in: Groeben/Boeckh/Thiesing, Art.85 - Fallgruppen, Rn.224, S.1152f.; Gleiss/Hirsch: Kommentar, Art.85(1), Rn.299, S.193.

7 Siehe hierzu Kraßer: Schutz, S.159ff.

Bücher.[8] Diese nimmt in den Mitgliedstaaten der EG und deren deutschsprachigen Freihandelspartnern zumeist eine Sonderstellung gegenüber anderen Preisbindungen ein.

III. Die Internationalität von Vertriebs- und Preisbindungen

Gegenstand dieser Arbeit ist der Schutz von Vertriebs- und Preisbindungen für Waren, die nicht nur im Inland, sondern zumeist weltweit vertrieben werden, woraus die Gefahr von bindungsfreien Importen und Reimporten resultiert.
Die von der deutschen Rechtsprechung und überwiegenden Lehre verlangte Lückenlosigkeit des Bindungssystems in theoretischer und praktischer Hinsicht wirft deshalb bei weltweitem Warenvertrieb besondere Probleme auf.[9] Dies hat Lehmpfuhl zu der bewußt überspitzt formulierten Äußerung "Wer national bindet, muß international binden"[10] veranlaßt.
Ein bindendes Unternehmen kann sich deshalb nicht darauf beschränken, nur im Inland ein Bindungssystem einzuführen. Es muß vielmehr bestrebt sein, das Bindungssystem über die Grenzen hinaus aufzubauen. Diese Konsequenz führt zu internationalen Vertriebs- und Preisbindungen.
Der inländische Schutz wird aber in Frage gestellt, wenn und soweit im Ausland Vertriebs- und Preisbindungen kartellrechtlich unzulässig sind oder diesen kein lauterkeitsrechtlicher oder markenrechtlicher Schutz gewährt wird. Dies veranlaßte Emmerich zu der Aussage, daß bei ernsthaft in Be-

---

8 Siehe als Beispiel einer Preisbindungsvereinbarung den Sammelrevers 1974 des Deutschen Buchhandels i.d.F. vom März 1987, mit Kommentierung abgedr. bei Franzen: Preisbindung, Rn.126ff., S.133ff.; Straub, in: Gem.Komm., Anh. § 16, Rn.1ff., S.1ff.

9 Siehe hierzu Beier: Schutz, GRUR 1987, 131ff., 138; siehe auch Fezer: Vertriebsbindungssysteme, GRUR 1990, 551ff., 551f.

10 Lehmpfuhl: Anm., GRUR 1985, 1061ff., 1061.; siehe auch Bunte: Bedeutung, GRUR 1987, 90ff., 90; Rowedder: Gedanken, in: FS f. Pfeiffer, S.751ff., 756f.

tracht kommenden und wirtschaftlich sinnvollen Reimporten der Aufbau von Preis- und Vertriebsbindungen in Deutschland heute nicht mehr möglich sei.[11]

Der Schutz von internationalen Vertriebs- und Preisbindungen im Inland steht deshalb in engem Zusammenhang mit der Behandlung dieser Fragen im Ausland.
Deshalb wird sich die Untersuchung auch auf die Rechtslage in Frankreich, Österreich und der Schweiz erstrecken. Während in diesen Ländern bei der Behandlung von Vertriebsbindungen[12] Parallelen bestehen, ist bei Preisbindungen[13] für Bücher jedem dieser Staaten ein anderes System eigen.
Die Auswahl dieser Länder beruht zum einen darauf, daß in diesen Ländern in den letzten Jahren teilweise neue gesetzliche Regelungen in Kraft getreten sind und teilweise auch

---

11 Emmerich: Unlauterer Wettbewerb, S.84.

12 Siehe zur Frage der Zulässigkeit und des Schutzes von Vertriebsbindungen in Belgien: Kraßer: Schutz, S.131ff.; E. Ulmer/Schricker/Wunderlich: Belgien/Luxemburg, Anm. 667ff., S.560ff.; in Dänemark: v. Eyben: Dänemark, in: v. Eyben/Heinonen/Bull: Nordische Staaten, S.1ff., 27ff. = GRUR Int. 1964, 300ff., 308f.; in Großbritannien: Whish: Competition Law, S.427ff.; E. Ulmer/Graf v. Westerholt: Großbritannien, Anm.481ff., S.299ff.; in Italien: Giammarco: Bemerkungen, GRUR Int. 1985, 313ff.; E. Ulmer/Schricker: Italien, Anm.236ff., S.272ff.; in den Niederlanden: E. Ulmer/Baeumer: Niederlande, Anm. 589ff., S.357ff.

13 Siehe zur Frage der Zulässigkeit und des Schutzes von Preisbindungen in den zwölf Mitgliedstaaten der EG: Körner: Durchsetzbarkeit, WuW 1988, 194ff., 198ff.; in Belgien: Kraßer: Schutz, S.79ff.; E. Ulmer/Schricker/Wunderlich: Belgien/Luxemburg, Anm.633ff., S.530ff.; in Dänemark: v. Eyben: Dänemark, in: v. Eyben/Heinonen/Bull: Nordische Staaten, S.1ff., 47f. = GRUR Int. 1964, 300ff., 314f.; o.V.: Dänemark, GRUR Int. 1990, 83; in Großbritannien: Whish: Competition Law, S.154ff.; E. Ulmer/Graf v. Westerholt: Großbritannien, Anm.481ff., S.299ff.; o.V.: Großbritannien, GRUR Int. 1990, 83f., 83; in Italien: Giammarco: Bemerkungen, GRUR Int. 1985, 313ff., 320; E. Ulmer/Schricker: Italien, Anm. 233ff., S.267ff.; in Luxemburg: E. Ulmer/Schricker/Wunderlich: Belgien/Luxemburg, Anm. 152ff., S.766f.; in den Niederlanden: E. Ulmer/Baeumer: Niederlande, Anm.552ff., S.334ff.

Änderungen in der Rechtsprechung zu verzeichnen sind, und zum anderen darauf, daß gerade der Handel mit diesen Nachbarstaaten aufgrund der geographischen Nähe und der zum Teil fehlenden Sprachbarriere den inländischen Schutz internationaler Vertriebs- und Preisbindungen beeinträchtigen kann.
Die daraus resultierende Problematik beim Schutz internationaler Bindungssysteme wird aber etwa in Frankreich, Österreich und der Schweiz kaum erörtert.

Während in den genannten Ländern der Schutz von Vertriebsbindungen im wesentlichen vom Lauterkeitsrecht her betrachtet wird, wird in anderen Ländern das Markenrecht herangezogen.
Die damit angeschnittene Frage der Zulässigkeit von Parallelimporten (Dritteinfuhren, Graumarktimporte)[14] hat sich noch keineswegs weltweit "erschöpft" und dient in einigen Ländern, insbesondere in den USA, als Vehikel zum Schutz des inländischen Markeninhabers und seiner autorisierten Händler. Die Untersuchung wird sich daher markenrechtlich auch mit der Rechtslage in Großbritannien, den Vereinigten Staaten von Amerika und Japan auseinandersetzen.

IV. Der Gang der Untersuchung

Der von der herrschenden Meinung beschrittene Weg beim Schutz von Vertriebs- und Preisbindungen gegen Außenseiter knüpft an wirksame vertragliche Vereinbarungen zwischen dem Hersteller und den Händlern an.
Da diese Bindungen die gebundenen Händler in ihrem Verhaltensspielraum einschränken, müssen diese Vereinbarungen kartellrechtlich zulässig sein, was vor allem nach europä-

14 Siehe zur Beurteilung von Parallelimporten im Ausland Beier/v. Mühlendahl: Grundsatz, Mitt. 1980, 101ff., 103ff.; Möschel: Behandlung, S.80ff.; Paefgen: Graumarktimporte, RIW 1988, 181ff., 182ff.; Pokela/Tiili: Zulässigkeit, GRUR Int. 1985, 453ff.

ischem Gemeinschaftsrecht (Art.85 EWGV) zu beurteilen ist.[15] Auch bei kartellrechtlicher Zulässigkeit von derartigen Bindungen kann deren konsequente Durchführung aber durch Vorschriften, die unter bestimmten Voraussetzungen einen Kontrahierungszwang zu Gunsten nicht kartellangehöriger Händler zur Folge haben, in Frage gestellt werden. Dies gilt zwar weniger für das deutsche und das österreichische Recht, ist aber vor allem für das französische und das schweizerische Recht zu prüfen.

Daran schließt sich ein Blick auf das Markenrecht an. Markenrechtliche Ansprüche richten sich nach deutschem Recht, das aber von europäischem Gemeinschaftsrecht (Art.30 und Art.36 EWGV und Markenrechtsrichtlinie) mitbestimmt wird.
Für den Bereich der EG tritt hier neben die Frage von Parallelimporten innerhalb der Staatengemeinschaft die Frage von Parallelimporten aus Drittstaaten.

Unter dem Begriff "Parallelimport" versteht man vor allem den Fall, daß sowohl die für den betreffenden Inlandsmarkt bestimmte Ware, als auch die von Dritten importierte Ware im Ausland produziert wird, so daß es sich bei der von Dritten importierten Ware aufgrund identischen Produktionsursprungs um "Originalware" im echten Wortsinne handelt.
Mit dem Begriff "Parallelimport" wird darüberhinausgehend aber auch der Fall bezeichnet, daß die für den betreffenden Inlandsmarkt bestimmte Ware im Inland und die von Dritten importierte Ware im Ausland produziert wurde, wenn zwischen inländischem und ausländischem Hersteller hinsichtlich Ware und Marke eine gewisse Verbindung besteht, so daß es sich bei der importierten Ware auch nur in diesem weitergehenden Verständnis um "Originalware" handelt.

Schwerpunktmäßig sind dann die Möglichkeiten eines lauterkeitsrechtlichen Schutzes von Vertriebs- und Preisbindungen

---

15 Beier: Schutz, GRUR 1987, 131ff., 133.

einschließlich der Besonderheiten bei der Buchpreisbindung zu prüfen.

Im Gegensatz zur Problematik der Produkt- beziehungsweise Markenpiraterie, deren Bekämpfung durch das Produktpirateriegesetz[16] an Effektivität gewonnen hat, fehlt es hinsichtlich des Interesses von Vertriebs- und Preisbindern an der Durchsetzung ihrer Bindungssysteme an einem Grundkonsens innerhalb von Rechtsprechung und Lehre im In- und Ausland. Wer aber der Rechtsprechung den Vorwurf macht, sie habe es fertiggebracht, "über die Generalklausel des § 1 UWG, durch die (an sich) der Wettbewerb geschützt werden sollte, wettbewerbsbeschränkenden Vertragssystemen dingliche oder besser gesetzesgleiche Kraft zu verschaffen,"[17] zeichnet zum einen ein Bild, das nicht der Realität entspricht,[18] und geht zum anderen von einem wettbewerbspolitischen Vorverständnis aus, das nicht den rechtlichen Bestimmungen entspricht.[19]

Am Lauterkeitsrecht ist somit vor allem die Frage zu prüfen, ob Außenseitern der Vertrieb gebundener Ware gänzlich oder zumindest im Falle einer bestimmten Art des Warenbezuges untersagt werden kann.

---

16 Gesetz zur Stärkung des Schutzes des geistigen Eigentums und zur Bekämpfung der Produktpiraterie (PrPG) vom 7.3.1990, BGBl. 1990 I 422ff.; siehe hierzu Asendorf: Gesetz, NJW 1990, 1283ff.; Kretschmer: Produktpirateriegesetz, GRUR 1990, 18lf.; Tilmann: Schutz, BB 1990, 1565ff.; siehe auch v. Gravenreuth: Entwurf, BB 1988, 1614ff.; Jahn: Piraten, WRP 1988, 413ff.; Meister: Produktpiraterie, MA 1987, 157ff., 420ff., 1989, 433ff., 574ff., 634ff.; Meister: Phänomen, WRP 1989, 559ff.

17 So etwa Emmerich: Unlauterer Wettbewerb, S.85f.; dagegen aber Beier: Schutz, GRUR 1987, 131ff., 135; Bunte: Bedeutung, GRUR 1987, 90ff., 91f.; Fezer: Vertriebsbindungssysteme, GRUR 1990, 551ff., 554f.; Gaedertz: Gedanken, WuW 1987, 476ff., 476.

18 Siehe zu den hohen Anforderungen der deutschen Rechtsprechung in Außenseiterprozessen 10. Kap. III., S.240ff. und 10. Kap. IV., S.262ff.

19 Siehe zu der positiven Beurteilung von Vertriebsbindungen nach europäischem Gemeinschaftsrecht 2. Kap. II.1., S.49ff.

Dies verlangt auch ein Eingehen auf die Frage, ob und inwieweit ausländisches Sachrecht, insbesondere Kartell- und Lauterkeitsrecht, für die theoretische und praktische Lückenlosigkeit von Bedeutung ist.[20]

Dabei ist auch zur Sprache zu bringen, ob Vertriebs- und Preisbinder gegen Außenseiter einen Anspruch auf Lieferantennennung besitzen oder ob Außenseiter zumindest eine prozessuale Obliegenheit zur Nennung ihrer Lieferanten trifft. In Frankreich, Österreich und der Schweiz wird ein derartiger Auskunftsanspruch nicht diskutiert.

Abschließend ist auf die Frage einzugehen, ob das bindende Unternehmen ergänzende Maßnahmen ergreifen kann, um sein Bindungssystem zu schützen.
Zu nennen ist hier das Versehen der Ware mit einer Kontrollnummer zur Ermittlung des Vertriebsweges. Dies wirft die Frage auf, ob die Entfernung von Kontrollnummern und der Verkauf derartig "decodierter" Ware als unlauterer Wettbewerb oder Warenzeichenverletzung einzustufen ist.
Hinsichtlich der Kontrollnummern wird unterschieden zwischen Codenummern, die ausschließlich der Ermittlung des Vertriebsweges dienen, und Fabrikationsnummern, die in erster Linie über Produktionszeit und Produktionsreihe Aufschluß geben sollen, aber zum Teil auch mit der Funktion von Codenummern ausgestattet werden.

Neben oder anstatt einer Kontrollnummer bringen einige vertriebsbindende Unternehmen vor allem der Kosmetikbranche auf der Verpackung ihrer Produkte eine Aufschrift an, daß diese Produkte nur durch ausgewählte Händler verkauft werden können. Allerdings ist diese Aufschrift auch bei den in

---

20 Siehe allgemein zu der Frage, ob und inwieweit trotz Anwendbarkeit deutschen Wettbewerbsrechts ausländisches Sachrecht von Bedeutung sein kann Sack: Probleme, ÖBl 1988, 113ff., 119ff. und 145ff., 145ff; Sack: Beurteilung, GRUR Int. 1988, 320ff., 331ff.

Deutschland vertriebenen Produkten meist nur in französischer Sprache aufgedruckt.
Der Ursprung solcher Aufschriften liegt auch in Frankreich, wo derartige Aufschriften bis vor einigen Jahren für den markenrechtlichen Schutz von Vertriebsbindungen von Bedeutung waren.[21]
Diese Praxis wirft die Frage auf, ob der Verkauf von Waren mit einer solchen Aufschrift durch Außenseiter eine Irreführung darstellt.[22]
Soweit ersichtlich hat aber in Deutschland bisher nur das OLG Köln zu dieser Problematik Stellung genommen.[23]
Das OLG Köln verneinte eine Irreführung bei Kosmetikartikeln, weil keine Anhaltspunkte dafür bestünden, daß hier ein Irrtum des Verbrauchers für seine Kaufentscheidung relevant sein könnte. Bei technischen Produkten könne aber im Hinblick auf Reparaturen und sonstige Serviceleistungen die Zugehörigkeit zum Kreis der Vertragshändler für die Kaufentscheidung von Bedeutung sein.[24]

---

21 Siehe hierzu 4. Kap. II., S.111ff.

22 Siehe weiterführend zur Frage der Irreführung, wenn sich ein Kraftfahrzeughändler als Spezialwerkstatt für eine bestimmte Automarke bezeichnet, ohne Vertragshändler für diese Automarke zu sein, oder in ähnlicher Form Werbung treibt BGH, GRUR 1970, 467ff., 468f. - Vertragswerkstatt; KG Berlin, GRUR 1977, 537ff., 538f.; KG Berlin, WRP 1978, 54ff., 56f. - Porsche-Spezialwerkstatt; OLG Hamm, WRP 1978, 223ff., 225; OLG Hamm, WRP 1983, 169ff., 169f. - Fachwerkstatt; OLG Hamm, GRUR 1989, 285ff., 286ff. - Kfz-Spezialwerkstatt; OLG Hamm, GRUR 1990, 383f., 384 - Werkstatt für Ihren Opel; OLG Karlsruhe, WRP 1979, 742f., 743; OLG Karlsruhe, WRP 1980, 574ff., 575 - Jaguar-Spezialwerkstatt; OLG Stuttgart, WRP 1983, 581ff., 582.

23 OLG Köln, GRUR 1989, 275ff., 289 - Außenseitervertrieb; Entscheidungsgegenstand war folgende, in französischer Sprache abgefaßte Aufschrift auf dem Verpackungskarton: "Cet article ne peut être vendu que par les distributeurs agrées des Parfums Christian Dior."

24 OLG Köln, GRUR 1989, 275ff., 289 - Außenseitervertrieb.

Auch in Frankreich[25] und der Schweiz[26] verneinen die Gerichte in solchen Fällen eine Irreführung. Aus Österreich liegt hierzu noch keine Stellungnahme vor.

Auf die Frage, ob der Einsatz vertriebsgebundener Markenware zu Verkäufen unter Selbstkosten,[27] die in der Begründung des Regierungsentwurfs und dem Bericht des Bundestagsausschusses für Wirtschaft[28] als Beispielsfall für den durch die Fünfte Kartellgesetznovelle[29] eingefügten § 26 Abs.4 GWB[30] angeführt werden, oder zu anderen Lockvogelpraktiken (Irre-

25 Cass. com., Bull.civ. 1988, IV, n.73, 51 - Loire diffusion c. Estée Lauder; Cass. com., P.I.B.D. 1989, III, 353, 355 - Lonpondis Centre Leclerc c. OPAL; Cass. com., Bull.civ. 1989, IV, n.97, 64, 65 - Edouard Leclerc c. Christian Dior; Cour de Versailles, D.1987.I.R.93; Cour de Limoges, P.I.B.D. 1989, III, 302, 302; Cour de Paris, D.1989.I.R.266; a.A. Cour de Paris, Gaz.Pal.1987.J.637, 638, note Le Court; Cour de Toulouse, Gaz.Pal.1986.Somm. 25; siehe auch Le Tallec: Symbiose, Rev.trim.dr.europ. 1988, 437, 447.

26 BGE 114 II 91ff., 104 = GRUR Int. 1988, 706ff., 709, m. Anm. v. Kraßer, - Dior-Vertriebsbindung; a.A. K. Troller: Aperçu, SMI 1987, 23ff., 34; K. Troller: Importation, [1988] EIPR 67, 68.

27 Siehe hierzu Bunte: Beurteilung, GRUR 1981, 397ff.; Feldmann: Möglichkeiten; Kreuzer: Wettbewerb, WRP 1985, 467ff.; Lehmann: Schutz, GRUR 1979, 368ff.; Lehmann: Bemerkungen, GRUR 1984, 313ff.; Lindermann: Werbung; Sack: Verkauf, WRP 1983, 63ff.; Schüller: Verkäufe; Streit: Verlustpreisverkauf; Swoboda: Verkauf, MA 1988, 110ff.; Westen: Behinderung; siehe zur Beurteilung von Verkäufen unter Selbstkosten im Ausland Sack: Notwendigkeit, BB 1988, Beilage 3, S.1ff., 10ff.

28 Begründung des Regierungsentwurfs vom 1.2.1989, BT-Drucks. 11/4610, S.10ff., 23f. = WuW 1990, 332ff., 348f.; Bericht des Bundestagsausschusses für Wirtschaft vom 1.12.1989, BT-Drucks. 11/5949, S.1ff., 20 = WuW 1990, 360ff., 363.

29 Fünftes Gesetz zur Änderung des Gesetzes gegen Wettbewerbsbeschränkungen vom 22.12.1989, BGBl. 1989 I 2486ff.; siehe hierzu Bunte: 5. GWB-Novelle, BB 1990, 1001ff.; Dittrich: Kartellgesetznovelle, DB 1990, 98ff.; Martinek: Unruhe, NJW 1990, 793ff.

30 Siehe hierzu Bunte: 5. GWB-Novelle, BB 1990, 1001ff., 1005f.; Dittrich: Kartellgesetznovelle, DB 1990, 98ff., 98; Martinek: Unruhe, NJW 1990, 793ff., 798; siehe auch Begründung des Regierungsentwurfs vom 1.2.1989, BT-Drucks. 11/4610, S.10ff., 22ff. = WuW 1990, 332ff.,

führung über den verfügbaren Vorrat oder über die Preiswürdigkeit des Gesamtsortiments)[31] als unlauter zu qualifizieren ist, wird nicht näher eingegangen, weil es sich dabei nicht um eine spezifische Problematik vertriebsgebundener Waren handelt.[32]

347ff.; eine derartig formulierte kartellrechtliche Verbotsnorm mit Schutzgesetzcharakter hatten gefordert Sack: Notwendigkeit, BB 1988, Beilage 3, S.1ff., 31 und Kreuzer: Wettbewerb, WRP 1985, 467ff., 478.

31 Siehe hierzu Kroher: Unlauterkeitstatbestände, GRUR 1987, 601ff., 602ff.; Baumbach/Hefermehl: Wettbewerbsrecht, § 3, Rn.279ff., S.871ff.

32 Siehe ergänzend zu weiteren lauterkeitsrechtlichen Ansatzpunkten Kroher: Unlauterkeitstatbestände, GRUR 1987, 601ff., 602ff.; Creutzig: Aspekte, BB 1989, 363ff., 363ff.

2. Kapitel
Internationale Vertriebs- und Preisbindungen nach deutschem und europäischem Kartellrecht

I. Kartellrechtliche Beurteilung internationaler Vertriebs- und Preisbindungen nach deutschem Recht

1. Beurteilung von Vertriebsbindungen

Bei selektiven Vertriebsbindungen[1] handelt es sich i.S.v. § 18 Abs.1 Nr.3 GWB um Vereinbarungen, die den gebundenen Händler darin beschränken, die gelieferten Waren an Dritte abzugeben. Darunter fällt sowohl die qualitative als auch die quantitative Selektion.[2]

§ 18 Abs.1 Nr.3 GWB erfaßt nach seinem Wortlaut nur das vertragliche Verhältnis zwischen dem Hersteller und seinen Erstabnehmern, seien es Einzelhändler bei einem zweistufigen Vertrieb oder seien es Großhändler bei einem mehrstufigen Vertrieb. Vertriebsbindungen können aber auch durchlaufend mit der Verpflichtung zur Weitergabe der Vertriebsbindungspflichten vereinbart werden, weil § 18 GWB dem Preis- und Konditionenbindungsverbot des § 15 GWB als Spezialregelung vorgeht oder zumindest in Anlehnung an die parallele Regelung des § 16 GWB erweiternd auszulegen ist.[3]

---

1 Siehe hierzu Beier: Schutz, GRUR 1987, 131ff., 133; Bunte: Bedeutung, GRUR 1987, 90ff., 94ff.; Heidmeier: Maßstäbe, S.62ff.; Kraßer: Schutz, S.251ff.; Lehmpfuhl: Vertriebsbindung, S.53ff.; Wagner: Fachhandelsbindung, S.34ff.; Schricker: Bemerkungen, GRUR 1976, 528ff., 530ff.

2 Fikentscher/Straub, in: Gem.Komm., § 18, Rn.258, S.129.

3 Kartellbehörden des Bundes und der Länder, WuW/E KRT 45 (für alle Fälle von § 18 GWB); OLG Frankfurt, WuW/E OLG 3649f., 3649f.; Heidmeier: Maßstäbe, S.83f.; Klosterfelde: Vertriebsbindungen, WuW 1978, 419ff., 422f.; Langen: Kommentar, § 18, Rn.80, S.489; Kühlhorn, in: Frankf.Komm., § 15, Rn.52, S.43; Straub, in: Gem.Komm, § 15, Rn.174, S.69; a.A. Fikentscher/Straub, in: Gem.

Die Lückenlosigkeit der Vertriebsbindung ist nicht kartellrechtliche Wirksamkeitsvoraussetzung.[4]
Das Festhalten an einer lückenhaft gewordenen Vertriebsbindung kann aber wegen unbilliger Einschränkung der Wettbewerbsfreiheit der gebundenen Händler nach § 18 GWB lit.a[5] mißbräuchlich sein, so daß die Kartellbehörde die Vertriebsbindung für unwirksam erklären kann.[6] Auch bei lückenhaftem Aufbau der Vertriebsbindung kann eine unbillige Einschränkung der Wettbewerbsfreiheit vorliegen.[7]
Die quantitative Abnehmerselektion kann zu einer unbilligen Marktzutrittsbeschränkung nach § 18 lit.b GWB führen.[8]
Im übrigen steht § 18 GWB selektiven Vertriebsbindungen, insbesondere Fachhandelsbindungen, nicht entgegen.[9]

Auch an § 26 Abs.2 GWB[10] scheitern Aufbau und Durchführung von Vertriebsbindungen nicht.[11]

Komm., § 18, Rn.267, S.133f.; Emmerich, in: Immenga/Mestmäcker, § 18, Rn.128, S.533.

4 Bunte: Bedeutung, GRUR 1987, 90ff., 95; Rowedder: Gedanken, in: FS f. Pfeiffer, S.751ff., 753.

5 Siehe hierzu Emmerich, in: Immenga/Mestmäcker, § 18, Rn.158ff., S.537ff.; Fikentscher/Straub, in: Gem.Komm., § 18, Rn.275ff., S.138ff.; Langen: Kommentar, § 18, Rn.109ff., S.429ff.

6 Bunte: Bedeutung, GRUR 1987, 90ff., 95; Emmerich, in: Immenga/Mestmäcker, § 18, Rn.191, S.543.

7 Emmerich, in: Immenga/Mestmäcker, § 18, Rn.191, S.543.

8 Fikentscher/Straub, in: Gem.Komm., § 18, Rn.258, S.129.

9 Beier: Schutz, GRUR 1987, 131ff., 133; Emmerich, in: Immenga/Mestmäcker, § 18, Rn.135, S.534.

10 Siehe hierzu Benisch, in: Gem.Komm., § 26 Abs.2 und 3, Rn.11ff., S.12ff., insbesondere Rn.43, S.35f.; Langen: Kommentar, § 26, Rn.60ff., S.892ff.; Markert, in: Immenga/Mestmäcker, § 26, Rn.72ff., S.1051ff., insbesondere Rn.222ff., S.1117ff.

11 Siehe zur Anwendung von § 26 Abs.2 GWB bei Vertriebsbindungen BGH, GRUR Int. 1988, 589ff. - Cartier-Uhren; BGH, GRUR 1988, 159ff. - SABA; BGH, GRUR 1987, 459ff. - Belieferungsunwürdige Verkaufsstätten II; BGH, GRUR 1983, 396ff. - Modellbauartikel III; BGH, GRUR 1981, 917ff. - Sportschuhe; BGH, GRUR 1981, 767ff. und GRUR 1982, 744 - Belieferungsunwürdige Verkaufsstätten I; BGH, GRUR 1981, 610ff. - SB-Verbrauchermarkt; BGH, GRUR 1979, 792ff. - Modellbauartikel I; siehe die Analyse der Rechtsprechung des Bundesgerichtshofs zu § 26 Abs.2 GWB

Selbst marktstarke Unternehmen können ohne Verstoß gegen § 26 Abs.2 S.2 GWB bestimmte Händler vom Bezug und Weitervertrieb ihrer Ware ausschließen,[12] wenn ein ausschließlicher Vertrieb über Fachhändler erforderlich erscheint.[13] Dies gilt umsomehr, als seit der Fünften Kartellgesetznovelle[14] nach § 26 Abs.2 S.2 GWB nur noch die Behinderung und die Diskriminierung kleiner und mittlerer Unternehmen verboten ist.[15]
In einer lückenhaft durchgeführten Vertriebsbindung liegt allerdings eine unbillige Behinderung des Außenseiters, so daß die Vertriebsbindung keinen sachlichen Grund für eine Geschäftsverweigerung abgeben kann.[16]
Eine quantitative Abnehmerselektion läßt sich nur in Ausnahmefällen rechtfertigen.[17]

Selektive Vertriebsbindungen werden von Bundesregierung und Bundeskartellamt als legitime Mittel der Absatzpolitik angesehen.[18]

---

bei Carlhoff: Diskriminierungsverbot.

12 Beier: Schutz, GRUR 1987, 131ff., 133; Markert, in: Immenga/Mestmäcker, § 26, Rn.224, S.1118.

13 Carlhoff: Diskriminierungsverbot, S.197f.; Wagner: Fachhandelsbindung, S.168; siehe zu Gründen, die einen Vertriebsbinder zu einer Geschäftsverweigerung berechtigen können Kolthoff: Grenzen, WuW 1985, 854ff.

14 Fünftes Gesetz zur Änderung des Gesetzes gegen Wettbewerbsbeschränkungen vom 22.12.1989, BGBl. 1989 I 2486ff.; siehe hierzu Bunte: 5. GWB-Novelle, BB 1990, 1001ff.; Dittrich: Kartellgesetznovelle, DB 1990, 98ff.; Martinek: Unruhe, NJW 1990, 793ff.

15 Siehe hierzu Bunte: 5. GWB-Novelle, BB 1990, 1001ff., 1007; Dittrich: Kartellgesetznovelle, DB 1990, 98ff., 99.; Martinek: Unruhe, NJW 1990, 793ff., 797f.; siehe auch die Begründung des Regierungsentwurfs vom 1.2.1989, BT-Drucks. 11/4610, S.10ff., 21f. = WuW 1990, 332ff., 345f.

16 Bunte: Bedeutung, GRUR 1987, 90ff., 95.

17 Carlhoff: Diskriminierungsverbot, S.200; Markert, in: Immenga/Mestmäcker, § 26, Rn.228, S.1120.

18 Stellungnahme der Bundesregierung zum Tätigkeitsbericht des BKartA 1983/1984, BT-Drucks. 10/3550, Iff., V; Stellungnahme der Bundesregierung zum Tätigkeitsbericht des BKartA 1973, BT-Drucks. 7/2250, Iff., IV; Tätigkeitsbericht des BKartA 1983/1984, BT-Drucks. 10/3550, 1ff.,

In ihren Entwürfen eines Gesetzes gegen Wettbewerbsbeschränkungen hat die Bundesregierung insbesondere die Gewährleistung einer fachlichen Beratung der Verbraucher im Rahmen von Vertriebsbindungen hervorgehoben.[19]

2. Beurteilung von Preisbindungen

Vertikale Preis- und Konditionenbindungen sind seit der Aufhebung der Zulässigkeit der Preisbindung für Markenartikel durch die Zweite Kartellgesetznovelle[20] nach § 15 GWB grundsätzlich nichtig.[21]
Vertikale Preis- und Konditionenbindungen eines Verlegers[22] für seine Verlagserzeugnisse[23] sind hingegen nach § 16 GWB[24]

20; siehe hierzu auch Bunte: Bedeutung, GRUR 1987, 90ff., 94; Fezer: Vertriebsbindungssysteme, GRUR 1990, 551ff., 554f.; Schricker: Bemerkungen, GRUR 1976, 528ff., 530ff.

19 Begründung zum Regierungsentwurf eines Gesetzes gegen Wettbewerbsbeschränkungen, BT-Drucks. 1/3462, S.15ff., 31; Begründung zum Regierungsentwurf eines Gesetzes gegen Wettbewerbsbeschränkungen, BT-Drucks. 2/1158, S.21ff., 37; siehe auch Ahlert: Bedeutung, WRP 1987, 215ff.; ablehnend gegenüber Vertriebsbindungen Emmerich, in: Immenga/Mestmäcker, § 18, Rn.134f, S.534.

20 Zweites Gesetz zur Änderung des Gesetzes gegen Wettbewerbsbeschränkungen vom 3.8.1973, BGBl 1973 I 917ff.; die bis 1973 maßgeblichen Vorschriften § 15 Abs.1 Nr.1 GWB (Ausnahme vom Preisbindungsverbot für Markenwaren) und § 15 Abs.2 GWB (Definition von Markenwaren) sind abgedr. bei Kraßer: Schutz, S.165.

21 Siehe aber zur Möglichkeit einheitlicher Endverbraucherpreise durch Weisungsrecht des Herstellers gegenüber Handelsvertretern, bei denen es sich auch um Facheinzelhändler handeln kann, BGH, GRUR 1986, 750ff. - EH-Partnervertrag.

22 Siehe zur Geschichte der Buchpreisbindung in Deutschland Fezer: Verfassungsnähe, GRUR 1988, 185ff., 186ff.; Franzen: Preisbindung, Rn.17ff., S.16ff.

23 Siehe zum Begriff der Verlagserzeugnisse: Emmerich, in: Immenga/Mestmäcker, § 16, Rn.19ff., S.465f.; Fikentscher/Krauß, in: Gem.Komm., § 16, Rn.83ff., S.44ff.; Franzen: Preisbindung, Rn.34ff, S.37ff.; Langen: Kommentar, § 16, Rn.83ff., S.44ff.

24 § 16 GWB begegnet nach BVerfG, ZUM 1987, 574 keinen verfassungsrechtlichen Bedenken.

grundsätzlich wirksam.
So sind heute mehr als 90% der in der Bundesrepublik Deutschland erscheinenden Bücher preisgebunden.[25]
Weitere, hier nicht näher behandelte Ausnahmen vom Preisbindungsverbot, enthalten § 100 Abs.3 Nr.1 GWB für Saatgut und § 100 Abs.3 Nr.2 GWB für Zuchttiere. Daneben verbietet § 15 Abs.1 i.V.m. § 5 Abs.1 TabStG 1980 die Unterschreitung des vom Hersteller oder Importeur bestimmten und auf dem Steuerzeichen angegebenen Packungspreises für Tabakwaren.

§ 16 GWB erlaubt auch die durchlaufende Preisbindung[26] und daneben alternativ oder kumulativ die Bindung der Verkaufspreise des Zwischenhändlers, die aber im Buchhandel nicht praktiziert wird.
Auch gegen die Durchführung der Preisbindung mit Hilfe des Sammelrevers 1974 des Buchhandels i.d.F. vom Januar 1987 bestehen grundsätzlich keine Bedenken. Es handelt sich dabei nur um die äußere und organisatorisch bedingte Zusammenfassung selbständiger, autonomer und nicht kollektiver Preisbindungsvereinbarungen, weil es den Händlern freisteht, in dem Bindungsrevers einzelne Verlage zu streichen, denen gegenüber sie keine Bindung eingehen wollen.[27]
Etwa 1600 Verlage bedienen sich des Sammelreverses 1974 zur Bindung von 10.000 bis 20.000 Buchhändlern und anderen Händlern, die auch Bücher vertreiben.[28] Organisatorisch läuft die gesamte Preisbindung durch den Sammelrevers 1974 über

---

25 Grimpe: Ladenpreis, Börsenblatt Nr.53 vom 5.7.1988, S.2022ff., 2028.

26 Fikentscher/Krauß, in: Gem.Komm., § 16, Rn.103ff., S.50f.; Franzen: Preisbindung, Rn.38, S.40; siehe auch BGH, WuW/E BGH 502ff., 505 - Treuhandbüro.

27 BGH, GRUR 1986, 87ff., 89 - Preisbindungstreuhänder-Empfehlung; Fikentscher/Krauß, in: Gem.Komm., § 16, Rn.174, S.75f; Franzen: Preisbindung, Rn.47, S.47; Langen: Kommentar, § 16, Rn.21, S.427f.; a.A. Emmerich, in: Immenga/Mestmäcker, § 26, Rn.43, S.469f.; siehe auch BGH, GRUR 1985, 933ff. - Schulbuch-Preisbindung; BGH, GRUR 1979, 490ff. - Sammelrevers 74.

28 Grimpe: Ladenpreis, Börsenblatt Nr.53 vom 5.7.1988, S.2022ff., 2023.

Preisbindungstreuhänder.[29]
Die Verpflichtung zur Einhaltung des Ladenpreises ergibt sich aus der Klausel A 1 Abs.1 des Sammelreverses 1974.

Die Lückenlosigkeit des Preisbindungssystems ist nicht kartellrechtliche Wirksamkeitsvoraussetzung.
Das Festhalten an einer lückenhaft gewordenen Preisbindung ist aber wegen Benachteiligung der gebundenen Händler eine mißbräuchliche Handhabung nach § 17 Abs.1 Nr.1 GWB[30] und kann durch die Kartellbehörde für unwirksam erklärt werden.[31]
Im übrigen steht § 17 GWB der Praktizierung von Preisbindungen im Buchhandel nicht entgegen.

Auch an § 26 Abs.2 GWB[32] scheitern Aufbau und Durchführung von Preisbindungen im Buchhandel nicht.[33]
In einer lückenhaft durchgeführten Preisbindung liegt allerdings nach § 26 Abs.2 S.1 eine unbillige Behinderung des Außenseiters.[34]

---

29 Preisbindungstreuhänder sind die Rechtsanwälte Dr. Franzen und Partner in Wiesbaden.

30 Siehe hierzu Emmerich, in: Immenga/Mestmäcker, § 17, Rn.8ff., S.491ff.; Fikentscher, in: Gem.Komm., § 17, Rn.8ff., S.7ff.; Langen: Kommentar, § 17, Rn.7ff., S.459ff.

31 BKartA, WuW/E BKartA 1043f., 1043 - Pulverkaffee; BKartA, WuW/E BKartA 1303f., 1303; BKartA, WuW/E BKartA 1320ff., 1322 - Mariacron; Emmerich, in: Immenga/Mestmäcker, § 17, Rn. 20f., S.493; Langen: Kommentar, § 17, Rn.14, S.462f; ebenso im Ergebnis, aber gestützt auf § 18 Nr.2 GWB, Fikentscher, in: Gem.Komm., § 17, Rn.23, S.11f.

32 Siehe hierzu Benisch, in: Gem.Komm., § 26 Abs.2 und 3, Rn.11ff., S.12ff., insbesondere Rn.18, S.17f.; Langen: Kommentar, § 26, Rn.60ff., S.892ff., insbesondere Rn.77, S.896ff.; Markert, in: Immenga/Mestmäcker, § 26, Rn.72ff., S.1051ff., insbesondere Rn.85ff., S.1057ff.

33 Siehe zur Anwendung von § 26 Abs.2 GWB bei Preisbindungen für Verlagserzeugnisse BGH, GRUR 1986, 87ff. - Preisbindungstreuhänder-Empfehlung; BGH, GRUR 1979, 493ff. - Bücherbeschaffung; siehe die Analyse der Rechtsprechung des Bundesgerichtshofs zu § 26 Abs.2 bei Carlhoff: Diskriminierungsverbot.

34 Benisch, in: Gem.Komm., § 26 Abs.2 und 3, Rn.120, S.88.

Die Bundesregierung sah in ihren Entwürfen eines Gesetzes gegen Wettbewerbsbeschränkungen die Preisbindung im Buchhandel zur Erhaltung eines gut ausgebildeten Sortimenterstandes als erforderlich an.[35] Nach Ansicht des Wirtschaftsausschusses des Bundestages ist die Buchpreisbindung aufgrund kulturpolitischer Gesichtspunkte hinzunehmen.[36]

3. Folgerungen für den Schutz von Vertriebs- und Preisbindungen gegen Außenseiter

Soweit es auf die kartellrechtliche Wirksamkeit der Bindungsverträge nach deutschem Recht ankommt, hat der Vertriebs- bzw. Preisbinder lediglich darzulegen, daß sich sein Bindungssystem im Rahmen der jeweiligen Vorschrift hält und das Schriftformerfordernis nach § 34 GWB[37] gewahrt ist.

---

35 Begründung zum Regierungsentwurf eines Gesetzes gegen Wettbewerbsbeschränkungen, BT-Drucks. 1/3462, S.15ff., 30; Begründung zum Regierungsentwurf eines Gesetzes gegen Wettbewerbsbeschränkungen, BT-Drucks. 2/1158, S.21ff., 36.

36 Unterrichtung des Ausschusses für Wirtschaft zu dem von den Fraktionen der SPD, FDP eingebrachten Entwurf eines Zweiten Gesetzes zur Änderung des Gesetzes gegen Wettbewerbsbeschränkungen, BT-Drucks. 7/765, S.1ff., 4; siehe auch Fezer: Verfassungsnähe, GRUR 1988, 189ff; ablehnend gegenüber Preisbindungen Emmerich, in: Immenga/Mestmäcker, § 16, Rn.13ff, S.464f.

37 Siehe hierzu Benisch, in: Gem.Komm., § 34, Rn.1ff., S.3ff.; Emmerich, in: Immenga/Mestmäcker, § 34, Rn.1ff., S.126ff.; speziell für Vertriebsbindungen Heidmeier: Maßstäbe, S.27ff.; im Rahmen der Beratungen zur Fünften Kartellgesetznovelle war lange die Abschaffung des kartellrechtlichen Schriftformerfordernisses des § 34 GWB geplant (siehe den Regierungsentwurf eines Fünften Gesetzes zur Änderung des Gesetzes gegen Wettbewerbsbeschränkungen vom 1.2.1989, BT-Drucks. 11/4610, S.4ff., 5 = WuW 1989, 209ff., 211); aufgrund ablehnender Stellungnahme des Bundesrates vom 21.4.1989, BT-Drucks. 11/4610, S.34ff., 34f. = WuW 1989, 477ff., 478 hat die Bundesregierung in ihrer Gegenäußerung vom 30.5.1989, BT-Drucks. 11/4610, S.40ff., 40f. = WuW 1989, 560ff., 561 auf die Streichung des § 34 GWB verzichtet; siehe zu einer differenzierten Betrachtung über die Erforderlichkeit des in § 34 GWB normierten kartellrecht-

Zu diesen Darlegungen ist der Vertriebs- bzw. Preisbinder lediglich dann nicht mehr in der Lage, wenn sein Bindungssystem nach § 17 bzw. § 18 GWB von der Kartellbehörde untersagt worden ist. So lange eine derartige Mißbrauchsverfügung aber nicht ergangen ist, ist die Bindung kartellrechtlich wirksam und die Gerichte haben von der Wirksamkeit auszugehen.[38]

Die kartellrechtliche Zulässigkeit von Vertriebs- und Preisbindungen nach bundesdeutschem Recht hatte auch schon vor der Wiedervereinigung der beiden deutschen Staaten Geltung für die damalige DDR.
Gemäß Art.3 S.2 des deutsch-deutschen Staatsvertrages vom 18.5.1990[39] i.V.m. Absatz III Ziff.1 der Anlage II hatte die DDR bis zum Zeitpunkt des Inkrafttretens des Staatsvertrages das Gesetz gegen Wettbewerbsbeschränkungen in Kraft zu setzen. Diese Verpflichtung erfüllte die DDR durch § 14 des Gesetzes vom 21.6.1990.[40]

---

lichen Schriftformerfordernisses Jesch: Abschaffung, BB 1989, 2200ff.

38 BGH, WuW/E BGH 602ff., 603 - Schiffspumpen; OLG Schleswig, GRUR 1986, 259ff., 261 - Mercedes-Fahrzeuge; Bunte: Bedeutung, GRUR 1987, 90ff., 95; Emmerich, in: Immenga/Mestmäcker, § 18, Rn.230, S.550.; Langen: Kommentar, § 18, Rn.174, S.502.

39 Vertrag über die Schaffung einer Währungs-, Wirtschafts- und Sozialunion zwischen der Bundesrepublik Deutschland und der Deutschen Demokratischen Republik vom 18.5.1990 mit dem Gemeinsamen Protokoll über Leitsätze und den Anlagen I bis IX, BT-Drucks. 11/7171, S.1ff.; die wirtschaftsrechtlichen Normen des Staatvertrages, das Gemeinsame Protokoll über Leitsätze und die Anlagen II, VI und IX auch abgedr. in DB DDR-Report 1990, 3002ff.; teilweise auch abgedr. in WuW 1990, 754ff.

40 Gesetz über die Inkraftsetzung von Rechtsvorschriften der Bundesrepublik Deutschland in der DDR vom 21.6.1990; § 14 des Gesetzes vom 21.6.1990 abgedr. in WuW 1990, 757f.; so auch schon der Entwurf eines Anpassungsgesetzes der DDR zum Gesetz gegen Wettbewerbsbeschränkungen vom 9.3.1990, abgedr. in WuW 1990, 382f.

II. Kartellrechtliche Beurteilung internationaler Vertriebs- und Preisbindungen nach europäischem Recht

1. Beurteilung von Vertriebsbindungen

a. Verbot wettbewerbsbeschränkender Vereinbarungen

Die kartellrechtliche Zulässigkeit von grenzüberschreitenden Vertriebsbindungen ist an Art.85 EWGV zu messen.[41]
Art.85 Abs.1 EWGV verbietet Vereinbarungen, die den Handel zwischen den Mitgliedstaaten zu beeinträchtigen geeignet sind und eine Verhinderung, Einschränkung oder Verfälschung des Wettbewerbs innerhalb des gemeinsamen Marktes bezwecken oder bewirken.
Das Verbot des Art.85 Abs.1 EWGV greift aber nur ein, wenn die Wettbewerbsbeschränkung und die Handelsbeeinträchtigung spürbar sind.[42] Unter welchen Voraussetzungen es nach Ansicht der Kommission an der Spürbarkeit fehlt, hat diese in ihrer Bagatellbekanntmachung 1986[43] niedergelegt.

---

41 Siehe hierzu Beier: Schutz, GRUR 1987, 131ff., 133f.; Bunte: Bedeutung, GRUR 1987, 90ff., 96f.; Bechtold: Entwicklungen, RIW 1987, 809ff.; Joerges: Vertrieb, GRUR Int. 1984, 222ff. und 279ff.; Klinkert: Vertrieb, WRP 1986, 249ff.; Möschel/Bach: Vertriebssysteme, GRUR Int. 1990, 747ff.; Piriou: Vertrieb, GRUR Int. 1980, 321ff.; Schödermeier: Lieferzwang, WuW 1987, 496ff.; Winterfeld: Vertriebsbindungen, RIW 1987, 409ff.; Böni: Selektion, S.23ff.; Heidmeier: Maßstäbe, S.137ff.; Lehmpfuhl: Vertriebsbindungen, S.70ff.; Meier: Vertrieb, Bd.2, S.15ff.; Pawlikowski: Vertriebssysteme, S.46ff.; Wagner: Fachhandelsbindung, S.245ff.; Bail, in: Groeben/Boeckh/Thiesing, Art.85 - Fallgruppen, Rn.218ff., S.1145ff.; Gleiss/Hirsch: Kommentar, Art.85(1) EWGV, Rn.295ff., S.191ff.

42 EuGH, Slg. 1981, 1563ff., 1579 - Pressevertrieb Salonia; siehe hierzu Gleiss/Hirsch: Kommentar, Art.85(1), Rn.90ff., S.104ff.; Koch, in: Grabitz, Art.85, Rn.97ff., S.26ff.

43 Bekanntmachung vom 3.9.1986 über Vereinbarungen von geringer Bedeutung, die nicht unter Artikel 85 Absatz 1 des Vertrages zur Gründung der Europäischen Wirtschaftsgemeinschaft fallen, ABl. 1986 C231/2ff.

Nach Art.85 Abs.1 EWGV verbotene Vereinbarungen sind gemäß Art.85 Abs.2 EWGV nichtig, so daß sie vorbehaltlich einer Freistellung nach Art.85 Abs.3 EWGV zwischen den Vertragspartnern und erst recht gegenüber Dritten keine Wirkung entfalten und auch nicht zur Grundlage eines lauterkeitsrechtlichen Schutzes gegen Außenseiter gemacht werden können.

Nach der Rechtsprechung des Europäischen Gerichtshofs setzt der in den Art.3 und Art.85 EWGV geforderte unverfälschte Wettbewerb das Vorhandensein eines wirksamen Wettbewerbs (workable competition) auf dem Markt voraus. Es müsse soviel Wettbewerb vorhanden sein, daß die grundlegenden Forderungen des EWG-Vertrages erfüllt und seine Ziele, insbesondere die Bildung eines Marktes mit binnenmarktähnlichen Verhältnissen, erreicht werden.[44]
Selektive Vertriebssysteme sind nach der Rechtsprechung des Europäischen Gerichtshofs ein mit Art.85 Abs.1 EWGV vereinbarer Bestandteil des Wettbewerbs, "sofern die Auswahl der Wiederverkäufer aufgrund objektiver Gesichtspunkte qualitativer Art erfolgt, die sich auf die fachliche Eignung des Wiederverkäufers, seines Personals und seiner sachlichen Ausstattung beziehen, und sofern diese Voraussetzungen einheitlich und für alle in Betracht kommenden Wiederverkäufer festgelegt und ohne Diskriminierung angewendet werden."[45]
Diese Formen der Bindung werden als einfache selektive Vertriebsbindungssysteme (einfache Fachhandelsbindungen) bezeichnet.
Diese Grundsätze gelten bei Produkten, bei denen zur Wahrung

44 EuGH, Slg. 1977, 1875ff., 1905 - Metro; siehe auch EuGH, Slg. 1986, 3021ff., 3074ff., 3085 - SABA-EG-Vertriebssystem II.

45 EuGH, Slg. 1977, 1875ff., 1905 - Metro; EuGH, Slg. 1980, 2511ff., 2536 - Lancôme; EuGH, Slg. 1980, 3775ff., 3790f. - L'Oréal; EuGH, Slg. 1981, 1563ff., 1580 - Presservertrieb Salonia; EuGH, Slg. 1983, 3151ff., 3194 - AEG; EuGH, Slg. 1985, 2015ff., 2034ff., 2043 - Binon; EuGH, Slg. 1986, 3021ff., 3074ff., 3085 - SABA-EG-Vertriebssystem II; siehe auch EuGH, Slg. 1983, 3045ff., 3065 - Demo-Studio Schmidt.

der Qualität und zur Gewährleistung eines richtigen Gebrauchs ein derartiges Vertriebssystem erforderlich ist (z.B. langlebige, hochwertige und technisch hochentwickelte Verbrauchsgüter),[46] sowie bei Luxusprodukten (z.B. Kosmetika).[47]

Dabei darf auch modernen Vertriebsarten, die aber die beschriebenen qualitativen Anforderungen erfüllen, die Zulassung nicht verweigert werden.[48] Zu denken ist dabei etwa an großflächige Kosmetikfachgeschäfte oder an wie Warenhäuser dimensionierte Buchhandlungen, die aber trotzdem den qualitativen Anforderungen der Vertriebsbindung gerecht werden.

Diese Rechtsprechung ist zwar für Vertriebsbinder begrüßenswert. Der Sache nach liegt aber auch bei einfachen selektiven Vertriebsbindungen eine Wettbewerbsbeschränkung vor;[49] denn Art.85 Abs.1 lit.b EWGV führt die Einschränkung des Absatzes ausdrücklich als Wettbewerbsbeschränkung auf. Der Europäische Gerichtshof wendet damit eine Art "rule of reason" an[50] und schafft von Gerichts wegen eine "Gruppenfreistellung".

Auch allein die Existenz einer großen Anzahl von derartigen Vertriebssystemen führt nach der Rechtsprechung des Europäischen Gerichtshofs nicht zur Bejahung einer Wettbewerbsbeschränkung, wenn noch Raum für andere Vertriebsformen bleibt

---

46 EuGH, Slg. 1977, 1875ff., 1905 - Metro; EuGH, Slg. 1980, 3775ff., 3791 - L'Oréal; EuGH, Slg. 1983, 3151ff., 3194 - AEG; EuGH, Slg. 1985, 3933ff., 3939ff., 3944 - Swatch.

47 Mitteilung der Sprechergruppe der EG-Kommission vom 20.12.1974, WuW 1975, 201f., 202.

48 EuGH, Slg. 1983, 3151ff., 3195 - AEG.

49 Böni: Selektion, S.38; Meier: Vertrieb, Bd.2, S.155; Pawlikowski: Vertriebssysteme, S.305, Fn.1049; Wagner: Fachhandelsbindung, S.255; demgegenüber dem EuGH folgend Heidmeier: Maßstäbe, S.143ff.; Veelken: Probleme, RabelsZ 1986, 508ff., 552f.

50 Lieberknecht: Verhältnis, in: FS. f. Pfeiffer, S.589ff., 601; ähnlich auch Koch, in: Grabitz, Art.85, Rn.105ff., S.27f.

und die Preisstruktur nicht erstarrt.[51]
Vertikale Preisbindungen durch vertriebsbindende Hersteller stellen jedoch einen Verstoß gegen Art.85 Abs.1 EWGV dar.[52]
Beschränkungen des Preiswettbwerbs, die mit selektiven Vertriebsbindungen einhergehen können, sind jedoch zulässig; denn derartige Folgen für den Preiswettbewerb werden durch einen Wettbewerb im Bereich der Qualität der Kundendienstleistungen aufgehoben, der ohne eine angemessene Gewinnspanne, die die durch diese Leistungen verursachten höheren Kosten deckt, nicht möglich wäre.[53]

Die Aufteilung von Märkten (Beispielsfall des Art.85 Abs.1 lit.c EWGV) zur Verhinderung von Parallelimporten ist jedoch wegen Eignung zur Beeinträchtigung des Handels zwischen den Mitgliedstaaten unzulässig.[54] Dies gilt vor allem für Export- und Importverbote[55] und auch für Querlieferungsverbote.[56]
Auch nicht diskriminierungsfreie Maßnahmen (Beispielsfall des Art.85 Abs.1 lit.d EWGV), wenn etwa der Hersteller in Absprache mit den von ihm belieferten Händlern eine Herstellergarantie nur deren Kunden vorbehält und nicht auch den Erwerbern parallelimportierter Waren gewährt, sind zur Beeinträchtigung des Handels zwischen den Mitgliedstaaten ge-

---

51 EuGH, Slg. 1977, 1875ff., 1906 - Metro; EuGH, Slg. 1986, 3021ff., 3074ff., 3085 - SABA-EG-Vertriebssystem II; siehe auch EuGH, Slg. 1967, 543ff., 555f. - Haecht I.

52 Komm., ABl. 1982 L117/15ff., 26 - AEG-Telefunken; Komm., ABl. 1982 L161/18ff., 29 - Hasselblad.

53 EuGH, Slg. 1977, 1875ff., 1905f. - Metro; EuGH, Slg. 1983, 3151ff., 3196f. - AEG; EuGH, Slg. 1986, 3021ff., 3074ff., 3086 - SABA-EG-Vertriebssystem II; siehe auch EuGH, Slg. 1986, 353ff., 374ff., 384f. - Pronuptia de Paris.

54 EuGH, Slg. 1984, 883ff., 908 - Hasselblad; EuGH, GRUR Int. 1986, 403f., 404 - Swatch.

55 EuGH, Slg. 1984, 883ff., 908 - Hasselblad; siehe auch Komm., ABl. 1988 L78/34ff., 42 - Konica.

56 EuGH, Slg. 1984, 883ff., 908 - Hasselblad; BGH, WuW/E BGH 2608ff., 2612 - Metro-Cartier; OLG Düsseldorf, WuW/E OLG 4407ff.; 4412f. - Cartier-Uhren; siehe auch EuGH, Slg. 1985, 3933ff., 3939ff., 3943f. - Swatch.

eignet.[57]
Besteht allerdings ein zulässiges selektives Vertriebsbindungssystem, dann ist die Beschränkung der Herstellergarantie auf die von autorisierten Händlern vertriebenen Waren zulässig.[58] Da selektive Vertriebsbindungen nicht bei allen Produkten, sondern vor allem nur bei technisch hochentwickelten Produkten zulässig sind, hat der Hersteller ein berechtigtes Interesse, daß die Waren sachgemäß gelagert und nicht überaltert sind und daß er darüber eine gewisse Kontrolle hat.

b. Freistellung wettbewerbsbeschränkender Vereinbarungen

Vertriebsbindungen, die nicht nur an der fachlichen Eignung der Händler ausgerichtet sind, wie qualifizierte selektive Vertriebsbindungen (qualifizierte Fachhandelsbindungen) und die quantitative Selektion, stellen einen Verstoß gegen Art.85 Abs.1 EWGV dar.[59]

Derartige Vertriebsbindungen können aber unter den Voraussetzungen des Art.85 Abs.3 EWGV vom Verbot freigestellt werden.
Die Vereinbarungen müssen zur Verbesserung der Warenerzeu-

---

57 EuGH, Slg. 1985, 3933ff., 3939ff., 3943f. - Swatch; EuGH, Slg. 1984, 883ff., 905 - Hasselblad; BGH, GRUR 1988, 327ff., 329f. = GRUR Int. 1988, 589ff., 591f. - Cartier-Uhren; OLG Düsseldorf, WuW/E OLG 4407ff., 4414 - Cartier-Uhren.

58 BGH, WuW/E BGH 2608ff., 2613 - Metro-Cartier; in diese Richtung auch EuGH, Slg. 1985, 3933ff., 3939ff., 3944 - Swatch; Kroher: Unlauterkeitstatbestände, GRUR 1987, 601ff., 603; Creutzig: Aspekte, BB 1989, 363ff., 364; Winterfeld: Garantieleistungen, NJW 1986, 3001f., 3002; offen gelassen von BGH, GRUR 1988, 327ff., 330 = GRUR Int. 1988, 589ff., 592 - Cartier-Uhren.

59 EuGH, Slg. 1980, 2511ff., 2536 - Lancôme; EuGH, Slg. 1980, 3775ff., 3791 - L'Oréal; EuGH, Slg. 1984, 883ff., 909 - Hasselblad; EuGH, Slg. 1985, 2015ff., 2034ff., 2044 - Binon.

gung oder -verteilung oder zur Förderung des technischen oder wirtschaftlichen Fortschritts beitragen und die Verbraucher müssen an dem entstehenden Gewinn angemessen beteiligt werden.
Zudem dürfen keine Beschränkungen auferlegt werden, die für die Verwirklichung der genannten Ziele nicht unerläßlich sind, und es dürfen keine Möglichkeiten eröffnet werden, für einen wesentlichen Teil der Waren den Wettbewerb auszuschalten.

Für selektive Vertriebsbindungen ist schon eine Anzahl von Einzelfreistellungen ergangen.[60]
Eine Gruppenfreistellung für selektive Vertriebsbindungen ist aber bisher durch die Kfz-VertriebsVO[61] nur für den speziellen Fall des Vertriebs von Kraftfahrzeugen erlassen worden. Andere Gruppenfreistellungen, wie die AlleinvertriebsVO[62] und die FranchiseVO,[63] können aber als Beurteilungshilfe herangezogen werden, ob bestimmte Klauseln in Vertriebsbindungsverträgen als freistellungsfähig angesehen werden können.

---

60 Siehe etwa ABl. 1970 L242/22ff. - Omega; ABl. 1976 L28/19ff. - SABA; ABl. 1977 L30/10ff. - Junghans; ABl. 1983 L376/41ff. - SABA-EG-Vertriebssystem.

61 Verordnung (EWG) Nr.123/85 der Kommission vom 12.12.1984, ABl. 1984 L302/9ff. = GRUR Int. 1985, 177ff; siehe hierzu Bunte, in: Bunte/Sauter, III.4., Rn.1ff., S.353ff.

62 Verordnung (EWG) Nr.1983/83 der Kommission vom 22.6.1983, ABl. 1983 L173/1ff. = GRUR Int. 1983, 797ff; siehe hierzu Bunte, in: Bunte/Sauter, III.1., Rn.1ff., S.237ff.

63 Verordnung (EWG) Nr.4087/88 der Kommission vom 30.11.1988, ABl. 1988 L359/46ff. = GRUR Int. 1989, 196ff.; siehe hierzu Skaupy: Freistellungsverordnung, DB 1989, 765ff.; v. Schultz-Schaefer: Franchising, GRUR Int. 1989, 515ff.; Weltrich: Gruppenfreistellungsverordnung, RIW 1989, 90ff.; siehe auch EuGH, Slg. 1986, 353ff., 374ff. - Pronuptia de Paris; siehe hierzu Kevekordes: Beurteilung, BB 1987, 74ff.; Schödermeier: "Pronuptia", WuW 1986, 669ff.; Skaupy: Pronuptia, WuW 1986, 445ff.

Bei Vertriebsbindungssystemen kommen als relevante Vorteile die Gewährleistung einer technisch einwandfreien und fachmännischen Behandlung der Erzeugnisse, die Durchführung von Wartungs- und Reparaturleistungen, das enge Zusammenwirken von Hersteller und Händler bei technischen Problemen und beim Absatz der Erzeugnisse und die Rationalisierung und Förderung des Absatzes in Betracht.
Soweit es sich um Erzeugnisse handelt, die ihrer Art nach vernünftigerweise über den Fachhandel vertrieben werden, also etwa bei langlebigen, hochwertigen, technisch komplizierten und wartungsbedürftigen Gütern, eröffnen die mit selektiven Vertriebsbindungen verbundenen Vorteile die Möglichkeit einer Individualfreistellung nach Art.85 Abs.3 EWGV.[64]
Als weitere Vorteile sind Kosteneinsparungen (z.B. Senkung der Herstellkosten, höhere Qualität der Erzeugnisse bei gleichbleibenden Produktionskosten, effektivere Qualitätskontrollen), Verbreiterung des Angebots (z.B. Erweiterung des Liefersortiments, Ausdehnung des Kundendienstnetzes, größere Regelmäßigkeit des Vertriebs), die Markterschließung und ein erhöhte Markttransparenz anzusehen.[65]
Zu Zwecken der Markterschließung, zur Förderung eines kontinuierlichen Absatzes bei begrenztem Umsatz und zum Aufbau eines effektiven Kundendienstes ist auch eine zusätzliche quantitative Beschränkung der Händlerzahl freistellungsfähig.[66]
Einer Freistellung sind aber solche Vereinbarungen nicht zugänglich, die eine räumliche Marktaufteilung zum Gegenstand haben und zur Abschottung nationaler Märkte führen.[67] Dies

---

64 EuGH, Slg. 1986, 3021ff., 3074ff., 3088 - SABA-EG-Vertriebssystem II.

65 Komm., ABl. 1970 L242/22ff., 26 - Omega; Komm., ABl. 1975 L29/1ff., 6, 7 - BMW; Komm., ABl. 1976 L28/19ff., 27 - SABA; Komm., ABl. 1977 L30/10ff., 15 - Junghans; Gleiss/Hirsch: Kommentar, Art.85, Rn.498, S.283f.; Schröter, in: Groeben/Boeckh/Thiesing, Art.85 Abs.3, Rn.116, S.1022f.

66 Komm., ABl. 1970 L242/22ff., 27 - Omega; Komm., ABl. 1975 L29/1ff., 6f. - BMW.

67 Komm., ABl. 1975 L159/22ff., 27 - Harden- en Kachelhan-

gilt vor allem für Export- und Importverbote. Auch Sprung-, Quer- und Rücklieferungen müssen möglich bleiben.

Neben den aus der Vertriebsbindung resultierenden Vorteilen ist erforderlich, daß keine Möglichkeiten zur Ausschaltung des Wettbewerbs eröffnet werden. Dies ist sowohl im Hinblick auf den interbrand- als auch den intrabrand-Wettbewerb zu beurteilen.
Zum einen müssen auch noch Hersteller auf dem Markt sein, die sich anderer Vertriebsformen bedienen.[68]
Zum anderen muß den gebundenen Händlern ein wirksamer Wettbewerb mit den Waren des vertriebsbindenden Herstellers möglich bleiben.[69]

2. Beurteilung von Preisbindungen

Die Festsetzung von Verkaufspreisen durch vertikale Preisbindungen stellt eine Wettbewerbsbeschränkung dar, die Art.85 Abs.1 lit.a EWGV als Beispielsfall ausdrücklich aufführt; solche Preisfestsetzungen können den zwischenstaatlichen Handel beeinträchtigen.[70]
Für die vertikale Preisbindung bei Büchern[71] gilt zumindest

---

del; Gleiss/Hirsch: Kommentar, Art.85, Rn.502, S.286; Schröter, in: Groeben/Boeckh/Thiesing, Art.85 Abs.3, Rn.117, S.1024; siehe auch Komm., ABl. 1988 L78/34ff., 42 - Konica.

68 EuGH, Slg. 1986, 3021ff., 3074ff., 3089f. - SABA-EG-Vertriebssystem II.

69 Komm., ABl. 1975 L329/30ff., 34 - Bomee Stichting; Gleiss/Hirsch: Kommentar, Art.85, Rn.525, S.299; Schröter, in: Groeben/Boeckh/Thiesing, Art.85 Abs.3, Rn.124, S.1031.

70 EuGH, Slg. 1985, 2015ff., 2034ff., 2046 - Binon; EuGH, Slg. 1987, 3801ff., 3821ff., 3829 - Reisevermittler; EuGH, Slg. 1984, 19ff., 66f. - Vlaamse Boekwezen; Wenig, in: Groeben/Boeckh/Thiesing, Art.85 - Fallgruppen, Rn.187, S.1106f.

71 Siehe hierzu Fikentscher/Krauß, in: Gem.Komm., § 16, Rn.47ff., S.30ff.; Franzen: Preisbindung, Rn.122.1ff., S.123ff.; Langen: Kommentar, § 16, Rn.EG98ff., S.455; siehe zur kartellrechtlichen Zulässigkeit der vertikalen

dann das Gleiche, wenn sie aufgrund einer Vereinbarung zwischen Verleger- und Buchhändlerverbänden verschiedener Staaten grenzüberschreitend eingeführt und durchgeführt[72] oder aufgrund einer Vereinbarung von Verlegern auch auf reimportierte oder sonstige importierte Bücher erstreckt wird.[73]
Der Europäische Gerichtshof weist aber ausdrücklich daraufhin, daß nur grenzüberschreitende Vereinbarungen an Art.85 EWGV zu messen sind,[74] so daß rein nationale Preisbindungssysteme als solche wegen fehlender Beeinträchtigung des zwischenstaatlichen Handels nicht vom Kartellverbot des EWG-Vertrages erfaßt werden.[75]
Um ein rein nationales Preisbindungssystem handelt es sich allerdings schon dann nicht mehr, wenn Vorkehrungen gegen Exporte und Reimporte getroffen werden[76] oder die Preisbindung auch für reimportierte Bücher gelten soll.[77]

Die Klausel A 5 Abs.3 des Sammelreverses 1974, wonach sich ein Buchhändler verpflichtet, ausländische Wiederverkäufer für den Fall zu binden, daß sie in das Bundesgebiet oder nach West-Berlin reimportieren, und diese Verpflichtung weiterzugeben, ist damit unzulässig, soweit sie den Handel zwischen den Mitgliedstaaten zu beeinträchtigen geeignet ist.[78]

Preisbindung bei Büchern in den Mitgliedstaaten der EG Körner: Durchsetzbarkeit, WuW 1988, 194ff.

72 EuGH, Slg. 1984, 19ff., 66 - Vlaamse Boekwezen; Komm., ABl. 1982 L54/36ff., 45f. - VBBB/VBVB.

73 Komm., ABl. 1989 L22/12ff., 20f. - "Netto-Bücher"-Vereinbarungen.

74 EuGH, Slg. 1984, 19ff., 65f. - Vlaamse Boekwezen; siehe auch Komm., ABl. 1989 L22/12ff., 20f. - "Netto-Bücher"-Vereinbarungen.

75 Wenig, in: Groeben/Boeckh/Thiesing, Art.85 - Fallgruppen, Rn.187, S.1107f.; siehe auch EuGH, Slg. 1988, 4457ff., 4468ff., 4472 - Syndicat des Librairies de Normandie/L'Aigle Distribution Centre Leclerc.

76 Siehe hierzu Müller-Graff: Wettbewerbsbeschränkung, EuR 1985, 293ff., 302f.

77 Wenig, in: Groeben/Boeckh/Thiesing, Art.85 - Fallgruppen, Rn.187, S.1108.

78 Ähnlich auch Krauß, in: Gem.Komm., Anh. § 16, Rn.67ff., S.20ff.; a.A. Franzen: Preisbindung, Rn. 122.5, S.125f.

Nach Ziff.7 der Bagatellbekanntmachung 1986 liegt eine spürbare Beeinträchtigung nicht vor, wenn die Waren, die Gegenstand der Vereinbarung sind, und die sonstigen Waren der beteiligten Unternehmen, die vom Verbraucher aufgrund ihrer Eigenschaften, ihrer Preislage und ihres Verwendungszwecks als gleichartig angesehen werden, in dem Gebiet des Gemeinsamen Marktes, auf das sich die Vereinbarung auswirkt, nicht mehr als 5% des Marktes sämtlicher dieser Waren ausmachen und wenn der Gesamtumsatz der beteiligten Unternehmen innerhalb eines Geschäftsjahres 200 Millionen ECU[79] nicht überschreitet.
Wenn man den relevanten Markt[80] nach den genannten Kriterien jeweils auf Werke gleichartigen Inhalts begrenzt, dürften viele vertikale Preisbindungen bei Büchern unter der Spürbarkeitsgrenze liegen.[81]
Allerdings findet die Bagatellbekanntmachung 1986 nach deren Ziff.16 keine Anwendung, wenn der Wettbewerb auf dem relevanten Markt durch die kumulativen Auswirkungen nebeneinander bestehender Netze gleichartiger Vereinbarungen beschränkt wird, die von mehreren Herstellern oder Händlern errichtet worden sind. Dies dürfte aber gerade auf dem Buchmarkt der Fall sein,[82] weil über 90% der in der Bundesrepublik Deutschland erscheinenden Bücher preisgebunden sind[83] und weil etwa 1600 Verlage zwischen 10.000 und 20.000 Buchhändler und andere Händler, die Bücher vertreiben, unter Benutzung des Sammelreverses 1974 mit seiner Klausel A 5 Ziff.3 gebunden haben.[84]

---

79 Siehe zur Bedeutung und zur Berechnung der ECU Magiera, in: Grabitz, Art.207, Rn.7ff., S.7f.; der aktuelle Gegenwert der ECU wird jeden Tag im Amtsblatt der EG, Teil C, veröffentlicht; 1 ECU entsprach am 1.2.1989 2,08702 DM, ABl. 1989 C27/1.

80 Siehe hierzu Gleiss/Hirsch: Kommentar, Art.85(1), Rn.69ff., S.94ff.; Koch, in: Grabitz, Art.85, Rn.106ff., S.28f.

81 Körner: Durchsetzbarkeit, WuW 1988, 194ff., 201f.

82 Körner: Durchsetzbarkeit, WuW 1988, 194ff., 202.

83 Grimpe: Ladenpreis, Börsenblatt Nr.53 vom 5.7.1988, S.2022ff., 2028.

84 Grimpe: Ladenpreis, Börsenblatt Nr.53 vom 5.7.1988,

Derzeit prüft die Kommission konkret, ob individuelle, vertikale Preisbindungen auf dem Buchmarkt eine spürbare Wettbewerbsbeschränkung und eine Beeinträchtigung des zwischenstaatlichen Handels darstellen.[85]

Nur wenn Export und anschließender Reimport zur Umgehung der Preisbindung durchgeführt werden, lassen sich Vereinbarungen zum Ausschluß derartiger Praktiken nicht als Verstoß gegen Art 85 Abs.1 EWGV werten, weil mangels beabsichtigter Vermarktung außerhalb des Preisbindungslandes keine Beeinträchtigung des zwischenstaatlichen Handels vorliegt.[86]
Dies wird bestätigt durch die Rechtsprechung des Europäischen Gerichtshofs zu Art.30 und Art.36 EWGV betreffend die französische Loi Lang,[87] mit der Verleger und Importeure zur Festsetzung der Endverbraucherpreise für Bücher und die Buchhändler zur Einhaltung dieser Preise verpflichtet werden.[88]
Die durch Gesetz angeordnete Geltung des vom französischen Verleger festgesetzten Preises auch für aus EG-Mitgliedstaaten reimportierte Bücher sah der Europäische Gerichtshof als eine nach Art.30 EWGV verbotenen Maßnahme mit gleicher Wirkung wie eine mengenmäßige Einfuhrbeschränkung an. Sie nehme dem Reimporteur die Möglichkeit, den erzielten Vorteil eines

---

S.2022ff., 2023.

85 Anwort der Kommission vom 18.4.1989 auf die schriftliche Anfrage Nr.2151/88, WuW 1989, 814.

86 Wenig, in: Groeben/Boeckh/Thiesing, Art.85 - Fallgruppen, Rn.187, S.1108, Fn.60.

87 Siehe zu Art.30 und Art.36 EWGV grundlegend EuGH, Slg. 1974, 837ff., 852ff. - Dassonville; EuGH, Slg. 1979, 649ff., 661ff. - Cassis de Dijon; aus neuerer Zeit EuGH, Slg. 1986, 3879ff., 3894ff., 3896ff. - pétillant de raisin; EuGH, Slg. 1987, 1227ff., 1262ff., 1268ff. - Reinheitsgebot für Bier; siehe auch Sack/Fasshold: Reichweite, WRP 1987, 519ff.; Fasshold: Warenverkehr; siehe zur Problematik der "umgekehrten Diskriminierung" EuGH, Slg. 1986, 3231ff., 3238ff., 3241f. - Cognet; EuGH, WuW/E EWG/MUV 747 - reimportierte Bücher; Kleier: Warenverkehr, RIW 1988, 623ff.; Schöne: "Umgekehrte Diskriminierung", RIW 1989, 450ff.

88 Siehe im einzelnen 4. Kap. III.3., S.129ff.

günstigen Einkaufspreises im Endverkaufspreis weiterzugeben.[89] Dies gelte nur dann nicht, wenn sich aus objektiven Umständen ergebe, daß die Bücher nur zu dem Zweck exportiert und wieder reimportiert werden, um die innerstaatliche gesetzliche Regelung zu umgehen.[90]
Die vertragliche Verpflichtung durch die Klausel A 5 Abs.3 des Sammelreverses 1974 steht in Parallelität zur Regelung der französischen Loi Lang in der klagegegenständlichen Fassung.[91]
Diese Klausel muß deshalb in Anlehnung an die Rechtsprechung des Europäischen Gerichtshofs auf die Fälle beschränkt werden, in denen Export und anschließender Reimport nur zum Zwecke der Umgehung der auf Vereinbarungen beruhenden Preisbindung durchgeführt werden.[92]

In Vorgriff auf die Frage eines lauterkeitsrechtlichen Schutzes ist zu erwähnen, daß ein Außenseiter mit einem angeblich bindungsfreien Reimport nicht gehört werden kann, wenn für das betreffende Buch im Ausland keine Nachfrage besteht. Export und Reimport dienen in einem solchen Fall offenbar nur zu Umgehungszwecken.
Hat ein inländischer gebundener Händler mit Umweg über das Ausland einen ungebundenen inländischen Außenseiter belie-

---

89 EuGH, Slg. 1985, 1ff., 17ff., 35 - Centres Leclerc; EuGH, Slg. 1986, 2253ff., 2257ff., 2260 - Französisches Gesetz über den Buchpreis; siehe auch EuGH, Slg. 1984, 1797ff., 1814f. - Banderolenpreise; EuGH, Slg. 1978, 25ff., 39 - Van Tiggele; siehe hierzu Fikentscher/Krauß, in: Gem.Komm., § 16, Rn.49ff., S.32f.; Franzen: Preisbindung, Rn.122.3ff., S.124ff.; Körner: Durchsetzbarkeit, WuW 1988, 194ff., 197f.; Müller-Graff: Wettbewerbsbeschränkung, EuR 1985, 293ff.; Devellennes: Obs., J.C.P., éd.G., 1985.II.20395; Mauro: Note, Gaz.Pal.1985. J.75.

90 EuGH, Slg. 1985, 1ff., 17ff., 35 - Centres Leclerc; EuGH, Slg. 1986, 2253ff., 2257ff., 2260 - Französisches Gesetz über den Buchpreis; siehe auch Müller-Graff: Wettbewerbsbeschränkung, EuR 1985, 293ff., 307; OLG Karlsruhe, GRUR Int. 1989, 697ff., 698 - Lückenbier.

91 A.A. Franzen: Preisbindung, Rn.122.5, S.125.

92 Ähnlich auch Krauß, in: Gem.Komm., Anh. § 16, Rn.71, S.21; a.A. Franzen: Preisbindung, Rn.122.5, S.125f.

fert, dann liegt eine Ausnutzung fremden Vertragsbruchs und gegebenenfalls sogar eine Verleitung zum Vertragsbruch vor. Ist ein inländischer gebundener Händler im Glauben eines normalen Geschäftes zur Lieferung ins Ausland veranlaßt worden, sei es durch ein Unternehmen, das die Bücher ausschließlich wieder an inländische Außenseiter vertreiben will, sei es durch einen Strohmann des inländischen Außenseiters, muß man sogar von einem Schleichbezug sprechen.

Die Nichtigkeit grenzüberschreitender Preisbindungen bei Büchern läßt sich nur durch eine Freistellung nach Art.85 Abs.3 EWGV vermeiden, wobei eine Gruppenfreistellung vorzugswürdig wäre.[93] Eine solche besteht aber bisher noch nicht.
Der Europäische Gerichtshof sah zwar für Preisbindungen bei Büchern aufgrund kollektiver Einführung und Durchführung keine zwingenden Gründe, die für eine Freistellung sprechen.[94]
Aber für rein vertikale Preisbindungen bei Büchern ist eine Freistellung nach Art.85 Abs.3 EWGV nicht ausgeschlossen.[95]
Für eine einheitliche Lösung hat sich auch das Europäische Parlament ausgesprochen. Dieses hat in zwei Entschließungen betont, daß das Buch nicht nur ein Wirtschaftsgut, sondern auch ein Kulturgut sei, so daß zumindest in bestimmten Bereichen eine Preisbindung aus kulturellen Gründen geboten sei.[96]

---

93 Siehe zu den Bestrebungen im Rahmen der EG: Franzen: Preisbindung, Rn.122.4, S.125; Körner: Durchsetzbarkeit, WuW 1988, 194ff., 203.

94 EuGH, Slg. 1984, 19ff., 70 - Vlaamse Boekwezen; ebenso Komm., ABl. 1982 L54/36ff., 46ff. - VBBB/VBVB; Komm., ABl. 1989 L22/12ff., 21f. - "Netto-Bücher"-Vereinbarungen.

95 In diese Richtung EuGH, Slg. 1985, 2015ff., 2034ff., 2046 - Binon; siehe hierzu Langen: Kommentar, § 16, Rn.EG100, S.455.

96 Entschließung zu festen Buchpreisen v. 13.2.1981, ABl. 1981 C50/103f.; Entschließung zur Preisbindung bei Büchern v. 12.3.1987, ABl. 1987 C99/175f.

3. Vertriebs- und Preisbindungen im Handel mit Drittstaaten

Absprachen, die dazu führen, die Gemeinschaft als Ganzes von Drittstaaten zu isolieren, können auch die Wettbewerbsbedingungen innerhalb des gemeinsamen Marktes und damit den Handel zwischen den Mitgliedstaaten beeinträchtigen.[97] Dies gilt bei Verboten für Unternehmen in Drittstaaten, gelieferte Waren in die EG auszuführen,[98] und umgekehrt auch für Verbote, aus der EG in Drittstaaten zu exportieren.[99]
Nur aus faktischen Gründen, insbesondere wegen der doppelten Zollbelastung bei Aus- und Wiedereinfuhr, sieht die Kommission in der Regel in derartigen Verboten für Gebiete außerhalb des Gemeinsamen Marktes keine spürbare Beeinträchtigung des Handels zwischen den Mitgliedstaaten.[100]

Die Freihandelsabkommen der EWG[101], beispielsweise mit Österreich[102] und der Schweiz[103], enthalten mit Art.23 Abs.1

97 Siehe hierzu Gleiss/Hirsch: Kommentar, Art.85(1) EWGV, Rn.87ff., S.103f.; Koch, in: Grabitz, Art.85, Rn.95f., S.25f.

98 Komm., ABl. 1978 L70/69ff., 77 - Campari.

99 Komm., ABl. 1975 L38/10ff., 11f. - Goodyear Italiana.

100 Komm., ABl. 1976 L28/19ff., 26 - SABA; Komm., ABl. 1977 L30/10ff., 14 - Junghans; Komm., ABl. 1978 L50/16ff., 24 - Distillers.

101 Die EWG hat in den Jahren 1972 bis 1975 Freihandelsabkommen abgeschlossen mit Österreich (1972), der Schweiz (1972; mit Zusatzabkommen über die Geltung des Freihandelsabkommens für Liechtenstein), Schweden (1972), Portugal (1972; jetzt nicht mehr relevant), Island (1972), Norwegen (1973), Finnland (1973) und Israel (1975).

102 Abkommen zwischen der EWG und der Republik Österreich vom 22.7.1972, ABl. 1972 L300/2ff.

103 Abkommen zwischen der EWG und der Schweizerischen Eidgenossenschaft vom 22.7.1972, ABl. 1972 L300/189ff., i.d.F. des Zusatzprotokolls zum Abkommen zwischen der EWG und der Schweizerischen Eidgenossenschaft betreffend die Beseitigung bestehender und Verhinderung neuer mengenmäßiger Beschränkungen bei der Ausfuhr sowie von Maßnahmen gleicher Wirkung vom 12.7.1989, ABl. 1989 L295/29ff.; siehe auch Zusatzabkommen über die Geltung des Abkommens zwischen der EWG und der Schweizerischen Eidgenossenschaft vom 22.7.1972 für das Fürstentum

FHA EWG/A und FHA EWG/CH jeweils eine Vorschrift, die vom Wortlaut nahezu mit Art.85 Abs.1 EWGV übereinstimmen.
Art.23 Abs.1 FHA EWG/A und FHA EWG/CH sind aber nicht unmittelbar anwendbar;[104] denn entsprechende Vereinbarungen werden nicht wie durch Art.85 Abs.2 EWGV für nichtig erklärt und auch eine Freistellung wie durch Art.85 Abs.3 EWGV wird diesen nicht eröffnet. Zudem verweisen Art.23 Abs.2 FHA EWG/A und FHA EWG/CH jeweils auf ein besonderes Verfahren, wenn eine Vertragspartei eine Praktik nicht mit Art.23 Abs.1 FHA EWG/A und FHA EWG/CH für vereinbar hält.[105]
Davon geht wohl auch der Europäische Gerichtshof in einer Entscheidung zu dem gleichlautenden Art.23 FHA EWG/Finnland[106] aus, wonach diese Vorschrift voraussetze, daß die Vertragsparteien über Vorschriften verfügen, die ihnen eine Verfolgung von mit dem Freihandelsabkommen unvereinbaren Kartellen ermöglichen.[107]

Allerdings können wettbewerbsbeschränkende Vereinbarungen, die mit dem guten Funktionieren der Freihandelsabkommen unvereinbar sind, zugleich unter das Verbot des Art.85 Abs.1 EWGV fallen.[108] Da der Warenverkehr mit den EFTA-Staaten

---

Liechtenstein vom 22.7.1972, ABl. 1972 L300/281ff.

104 Gleiss/Hirsch: Kommentar, Einl., Rn.21, S.22; a.A. Schröter, in: Groeben/Boeckh/Thiesing, Vorb. zu Art.85-89, Rn.37b, S.919; siehe zur Beurteilung dieser Frage in Österreich und der Schweiz 5. Kap. I.4., S.140 und 6. Kap. I.4., S.162f.

105 Siehe weiterführend zur Frage der unmittelbaren Anwendbarkeit der Freihandelsabkommen EuGH, Slg. 1980, 1345ff., 1384ff. - Chatain; EuGH, Slg. 1982, 3641ff., 3661ff. - Kupferberg; EuGH, Slg. 1982, 329ff., 346ff. - Polydor/Harlequin; Kucsko, Parallelimporte, GRUR Int. 1980, 138ff.; Veelken, Anwendbarkeit, RIW 1988, 112ff.

106 Abkommen zwischen der EWG und der Republik Finnland vom 5.10.1973, ABl. 1973 L328/2ff., i.d.F. des Zusatzprotokolls zum Abkommen zwischen der EWG und der Republik Finnland betreffend die Beseitigung bestehender und Verhinderung neuer mengenmäßiger Beschränkungen bei der Ausfuhr sowie von Maßnahmen gleicher Wirkung vom 26.7. 1989, ABl. 1989 L295/2ff.

107 EuGH, Slg. 1988, 5193ff., 5233ff., 5246 - Zellstoffhersteller.

108 EuGH, Slg. 1988, 5193ff., 5233ff., 5246 - Zellstoffher-

grundsätzlich nicht mehr durch Zölle oder mengenmäßige Beschränkungen behindert wird, sind wettbewerbsbeschränkende Vereinbarungen geeignet, auch den Handel zwischen den Mitgliedstaaten zu beeinträchtigen, weil sie die Möglichkeit eines Reexports in die Gemeinschaft und des Weitervertriebs über gemeinschaftsinterne Grenzen schwächen.[109]
Art.85 EWGV kann damit auch durch Export- und Reimportverbote für Länder, mit denen die EWG Freihandelsabkommen geschlossen hat, verletzt werden.[110]
Neben der fehlenden Zollbelastung wird man aber auch die geographische Lage und das Vorhandensein oder Fehlen von Sprachbarrieren berücksichtigen müssen. Dies führt vor allem bei bei Export- und Reimportverboten für Österreich und die Schweiz zur Bejahung einer Handelsbeeinträchtigung.

4. Verhältnis des europäischen Gemeinschaftsrechts zu den nationalen Kartellgesetzen

a. Die Diskussion um den Vorrang des europäischen Gemeinschaftsrechts

Die positive Beurteilung von Vertriebsbindungen und die Möglichkeit einer Freistellung von Preisbindungen bei Büchern läßt die Frage aufkommen, ob sich eine gemeinschaftsrechtliche Erlaubnis gegenüber nationalen Verboten durchsetzt. Dann wäre der Vertriebs- oder Preisbinder der Notwendigkeit enthoben, sein Bindungssystem nach dem jeweiligen nationalen Kartellrecht auszurichten und in Prozessen gegen Außenseiter die kartellrechtliche Zulässigkeit nach den Rechtsordnungen

---

steller.

109 Komm., ABl. 1977 L30/10ff., 14 - Junghans; siehe auch Komm., ABl. 1976 L28/19ff., 26 - SABA; siehe hierzu Gleiss/Hirsch: Kommentar, Einl., Rn.21, S.23; Schröter in Groeben/Boeckh/Thiesing, Vorb. zu Art.85 bis 89, Rn.37c, S.919f.

110 Sack: Probleme, ÖBl 1988, 113ff. und 145ff., 147, Fn.159.

einzelner oder aller Mitgliedstaaten darzulegen.

Das Gemeinschaftsrecht hat Vorrang vor nationalem Recht,[111] insbesondere auch Vorrang vor nationalem Kartellrecht.[112] Dies bedeutet im einzelnen.
Wenn ein Bindungssystem wegen Beeinträchtigung des zwischenstaatlichen Handels gegen Art.85 Abs.1 EWGV verstößt, dann setzt sich dieses Verbot auch gegenüber nationalen Erlaubnissen durch, nach denen das Bindungssystem kartellrechtlich zulässig ist.[113] Zutreffenderweise ist deshalb beim Schutz internationaler Bindungssysteme in Deutschland die kartellrechtliche Zulässigkeit an Art.85 EWGV zu messen, obwohl diese nach nationalem Recht ohne weiteres zulässig sind.
Die hier interessierende Konstellation ist der umgekehrte Fall, ob gemeinschaftsrechtliche Erlaubnisse, wie Gruppen- und Einzelfreistellungen, sich gegenüber nationalen Verboten durchsetzen und ob dies auch für einfache Fachhandelsbindungen gilt, die als mit Art.85 Abs.1 EWGV vereinbar angesehen werden.

111 EuGH, Slg. 1964, 1251ff., 1269ff. - Costa/ENEL; EuGH, Slg. 1969, 1ff., 14 - Walt Wilhelm; EuGH, Slg. 1970, 1125ff., 1135 - Internationale Handelsgesellschaft; EuGH, Slg. 1973, 981ff., 991 - Variola; EuGH, Slg. 1975, 1219ff., 1229 - Rutili; EuGH, Slg. 1978, 629ff., 643f. - Simmenthal; siehe hierzu Gleiss/Hirsch: Kommentar, Einl., Rn.56, S.39f.; Grabitz, in: Grabitz, Art.189, Rn.26ff., S.9ff.; Schröter, in: Groeben/Boeckh/Thiesing, Vorb. zu Art.85 bis 89, Rn.39, S.921.

112 EuGH, Slg. 1969, 1ff., 14f. - Walt Wilhelm; EuGH, Slg. 1980, 2327ff., 2374f. - Guerlain; siehe hierzu Gleiss/Hirsch: Kommentar, Einl., Rn.56, S.40; Koch, in: Grabitz, vor Art.85, Rn.30ff., S.11ff.; Schröter, in: Groeben/Boeckh/Thiesing, Vorb. zu Art.85 bis 89, Rn.39, S.921.

113 Bunte, in: Bunte/Sauter, Einführung, Rn.65, S.192; Immenga/Mestmäcker, in: Immenga/Mestmäcker, Einleitung, Rn.43, S.52; Koch, in: Grabitz, vor Art.85, Rn.47, S.15f.; Kulka: Artikel, WRP 1989, 769ff., 779; Langen: Kommentar, Vorbemerkung, Rn.EG26, S.79; Mailänder, in: Gem.Komm., 3. Aufl., EWG-Grundz., Rn.21, S.176; Schröter, in: Groeben/Boeckh/Thiesing, Vorb. zu Art.85 bis 89, Rn.40, S.922.

Nach seinem Wortlaut stellt Art.85 Abs.3 EWGV nur von dem Verbot des Art.85 Abs.1 EWGV frei, enthält aber keinen Hinweis darauf, daß diese Erlaubnis sich gegenüber nationalen Verboten durchsetzt.[114]
Nach der Rechtsprechung des Europäischen Gerichtshofs gestattet der EWG-Vertrag aber neben der Regelung durch Verbote und Befreiungen mittels Freistellungen gewisse positive, obgleich mittelbare Eingriffe zur Förderung einer harmonischen Entwicklung des Wirtschaftslebens i.S.v. Art.2 EWGV.[115] Einen so begründeten Vorrang von Freistellungen vor nationalen Kartellverboten will der Europäische Gerichtshof offenbar jeder Freistellung einräumen.
In der Literatur wird sowohl vertreten, daß alle Freistellungen einen positiven Eingriff darstellen,[116] als auch, daß nicht alle Freistellungen als positiver Eingriff anzusehen sind.[117]

Weitere Unterschiede ergeben sich bei einer Differenzierung nach Einzel- und Gruppenfreistellungen.
Einige Autoren wollen beiden Formen gleichermaßen Vorrang vor nationalem Recht einräumen.[118]
Andere Autoren behandeln beide Formen ebenfalls gleich, sehen aber nicht in allen Einzel- und Gruppenfreistellungen

---

114 Koch, in: Grabitz, vor Art.85, Rn.50, S.16.

115 EuGH, Slg. 1969, 1ff., 14 - Walt Wilhelm.

116 Gleiss/Hirsch: Kommentar, Einl., Rn.62, S.42; Lieberknecht: Verhältnis, in: FS f. Pfeiffer, S.589ff., 596; Mailänder, in: Gem.Komm., 3. Aufl., EWG-Grundz., Rn.21, S.177; Schröter, in: Groeben/Boeckh/Thiesing, Vorb. zu Art.85 bis 89, Rn.40, S.922; für einen generellen Vorrang auch Fikentscher: Wirtschaftsrecht, Bd.I, S.466.

117 Immenga/Mestmäcker, in: Immenga/Mestmäcker, Einleitung, Rn.45, S.53; Koch, in: Grabitz, vor Art.85, Rn.50, S.16; Langen: Kommentar, Vorbemerkung, Rn.EG28, S.80; Veelken: Probleme, RabelsZ 1986, 508ff., 554ff.

118 Gleiss/Hirsch: Kommentar, Einl., Rn.67, S.43f., Rn.63, S.42; Lieberknecht: Verhältnis, in: FS f. Pfeiffer, S.589ff., 597f.; Wiedemann: Kommentar, Allgemeiner Teil, Rn.400, S.133, Rn.404, S.135.

einen für den Vorrang erforderlichen positiven Eingriff.[119]
Nach einer weiteren Ansicht soll allen Einzelfreistellungen, nicht aber den aus reinen Praktikabilitätsgründen erlassenen Gruppenfreistellungen Vorrang zukommen.[120]
Nach einer letzten Ansicht folge der Vorrang von Gruppenfreistellungen schon aus ihrer Rechtsnatur als Verordnung nach Art.189 Abs.2 EWGV.[121]

Da Freistellungen nur möglich sind, wenn mit der Vereinbarung positive Auswirkungen verbunden sind, ist es unverständlich, in einem zweiten Prüfungsabschnitt zu untersuchen, ob mit einer Freistellung ein positiver Eingriff verbunden ist.[122] Art.85 Abs.3 EWGV ist sowieso nur auf Vereinbarungen anwendbar, die die Erreichung der Ziele des EWG-Vertrages fördern.[123]
Deshalb spricht alles dafür, in jeder Freistellung einen positiven Eingriff zu sehen, der allerdings nur mittelbar ist, weil die Förderung der Vertragsziele durch das freigestellte Verhalten der Unternehmen bewirkt wird.[124] Die Förderung der Vertragsziele wird zwar in erster Linie durch das Verbot des Art.85 Abs.1 EWGV angestrebt. Bestimmte Wettbewerbsbeschränkungen, die die Freistellungsvoraussetzungen erfüllen, haben aber eine noch höhere Förderungswirkung für die Schaffung eines einheitlichen Binnenmarktes als das ursprüngliche Verbot. Wenn aber schon das Verbot Vorrang vor nationalen

---

119 Immenga/Mestmäcker, in: Immenga/Mestmäcker, Einleitung, Rn.51, S.55; Koch, in: Grabitz, vor Art.85, Rn.53, S.17f., Rn.50, S.16; Langen, Vorbemerkungen, Rn.EG28f., S.80; Veelken: Probleme, RabelsZ 1986, 508ff., 554ff.
120 Mailänder, in: Gem.Komm., 3. Aufl., EWG-Grundz., Rn.21, S.177f.
121 Bail, in: Groeben/Boeckh/Thiesing, Art.85 - Fallgruppen, Rn.227, S.1155; siehe auch Langen: Kommentar, § 18, Rn.EG249, S.526.
122 So auch Gleiss/Hirsch: Kommentar, Einl., Rn.62, S.42.
123 Lieberknecht: Verhältnis, in: FS f. Pfeiffer, S.589ff., 596; Schröter, in: Groeben/Boeckh/Thiesing, Vorb. zu Art.85 bis 89, Rn.41, S.923.
124 Lieberknecht: Verhältnis, in: FS f. Pfeiffer, S.589ff., 596; Bunte: Verhältnis, WuW 1989, 7ff., 17.

Rechtsordnungen hat, dann muß auch einer Freistellung ein derartiger Vorrang zukommen.[125]

Allerdings wird dem vom Europäischen Gerichtshof verwandten Begriff des "positiven Eingriffs" zu große Bedeutung beigemessen.[126] Wichtig sind auch die sonstigen Ausführungen des Europäischen Gerichtshofs.
Danach hat der EWG-Vertrag eine eigenständige Rechtsordnung geschaffen. Deren Geltungskraft darf nicht aufgrund nationaler Rechtsakte von Staat zu Staat verschieden sein. Andernfalls würde die Wirkung der Gemeinschaftsordnung beeinträchtigt und die Verwirklichung der Vertragsziele gefährdet werden. Normenkonflikte zwischen Gemeinschafts- und innerstaatlichem Kartellrecht sind daher nach dem Grundsatz des Vorrangs des Gemeinschaftsrechts zu lösen.[127]
Auch die Kommission geht vom Vorrang von Freistellungsverordnungen aus. So soll innerstaatliches Recht nach der 29. Begründungserwägung zur KfZ-VertriebsVO anwendbar sein, soweit dies den Vorrang des Gemeinschaftsrechts nicht beeinträchtigt. Nach der 13. Begründungserwägung zur FranchiseVO werden Preisempfehlungen geduldet, soweit diese nach innerstaatlichem Recht zulässig sind. Diese Aussagen lassen sich nur als ausdrückliche Ausnahmen von einem ansonsten bestehenden Vorrang der Freistellungsentscheidung erklären.
Nationales Recht bleibt anwendbar, soweit dadurch die uneingeschränkte und einheitliche Anwendung des Gemeinschaftsrechts und die Wirksamkeit der zu seinem Vollzug ergangenen Maßnahmen nicht beeinträchtigt wird.[128] Eine Beeinträchti-

---

125 Im Ergebnis ebenso Heidmeier: Maßstäbe, S.211; Wagner: Fachhandelsbindung, S.275.

126 Bunte: Verhältnis, WuW 1989, 7ff., 15 spricht von einer "Überinterpretation".

127 EuGH, Slg. 1969, 1ff., 14 - Walt Wilhelm.

128 EuGH, Slg. 1969, 1ff., 15 - Walt Wilhelm; EuGH, Slg. 1980, 2327ff., 2375 - Guerlain; ebenso, aber zusätzlich das Vorliegen eines positiven Eingriffs fordernd, Bunte: Verhältnis, WuW 1989, 7ff., 16; Bunte, in: Bunte/Sauter, Einführung, Rn.67, S.195f.; Immenga/Mestmäcker, in: Immenga/Mestmäcker, Einleitung, Rn.45,

gung liegt aber vor, wenn eine freigestellte Vereinbarung aufgrund nationalen Verbots nicht praktiziert werden könnte, so daß ein nationales Kartellverbot nicht mehr anwendbar ist.[129]
Außerdem hätte die Verneinung des Vorrangs des Gemeinschaftsrechts die Wirkung, daß die Unternehmen des betreffenden Landes sich nicht an grenzüberschreitenden Vertriebssystemen beteiligen könnten.[130]

Gesetzliche Vorschriften, die nur mißbräuchliche und diskriminierende Praktizierungen freigestellter Vereinbarungen verhindern sollen, wie etwa § 26 Abs.2 GWB, bleiben anwendbar,[131] soweit sie die Freistellung nicht in Frage stellen. Das bedeutet aber, daß Vorschriften wie § 26 Abs.2 GWB nur zur Anwendung kommen, wenn sich das Unternehmen wegen einer mißbräuchlichen und diskriminierenden Praktizierung der Vereinbarungen sowieso nicht auf die Freistellung berufen kann.

b. Eigener Lösungsvorschlag

Selbst wenn man dieser Argumentation nicht folgt, ist die Frage des Vorrangs von Freistellungen vor nationalem Recht noch nicht endgültig negativ beantwortet.
Eine Freistellung vom Verbot bedeutet nicht nur, daß der Hersteller sein Bindungssystem im Einklang mit dem EWG-Vertrag einführen darf, sondern sie erlaubt ihm auch, sich im Rahmen der nationalen Rechtsordnung gegen die Händler zu

---

S.53; Veelken: Probleme, RabelsZ 1986, 508ff., 555ff.
129 In diese Richtung auch GA Reischl, Slg. 1980, 2327ff., 2377ff., 2390 - Guerlain, siehe aber auch S.2389.
130 Wiedemann: Kommentar, Allgemeiner Teil, Rn.400, S.133.
131 Bunte, in: Bunte/Sauter, Einführung, Rn.68, S.196f.; Immenga/Mestmäcker, in: Immenga/Mestmäcker, Einleitung, Rn.49, S.54; siehe auch BGH, GRUR 1977, 49ff., 51 - BMW-Direkthändler; Mestmäcker: Wettbewerbsrecht, S.143.

wehren, die außerhalb seines Bindungssystems die Ware vertreiben. Dies gilt selbst dann, wenn der Händler oder sein Lieferant die Ware aus einem anderen Mitgliedstaat importiert hat.[132]
Dieses Recht würde aber in Frage gestellt, wenn sich das nationale Verbot vollkommen gegenüber der gemeinschaftsrechtlichen Freistellung durchsetzen würde. Die freigestellte Vereinbarung könnte nicht einmal in solchen Mitgliedstaaten erfolgreich praktiziert werden, in denen derartige Bindungen sowieso erlaubt sind.
Dies gilt vor allem aus rechtlichen Gründen, wenn mangels kartellrechtlicher Zulässigkeit im Ausland ein Warenbezug ohne Ausnutzung fremden Vertragsbruchs erfolgen kann und das inländische Recht die lauterkeitsrechtliche Beurteilung aber an den Vertragsbruch eines gebundenen Händlers anknüpft. Dies gilt darüberhinaus aber auch aus tatsächlichen Gründen, weil die Bereitschaft inländischer Händler, die Ware unter Übernahme bestimmter Verpflichtungen zu vertreiben, in dem Maße abnimmt, in dem bindungsfreie Importe aus dem Ausland die Wirtschaftlichkeit des Vertriebs dieser Produkte in Frage stellen.

Einer gemeinschaftsrechtlichen Freistellung muß deshalb zumindest insoweit der Vorrang vor einem nationalen Verbot eingeräumt werden, als das nationale Kartellverbot im innerstaatlichen Handel des betreffenden Mitgliedstaates zwar Gültigkeit behalten kann, das nationale Kartellrecht aber nicht die Durchführbarkeit derartiger Bindungen in anderen Mitgliedstaaten in Frage stellen darf.
Die Beschränkung des Warenvertriebs auf Fachhändler wäre in dem betreffenden Mitgliedstaat zwar nicht möglich. Aufgrund des Vorrangs des Gemeinschaftsrechts wäre aber die Verpflichtung der Händler zulässig, im Fall eines Warenexports in einen Mitgliedstaat ohne Kartellverbot nur Fachhändler zu beliefern.

---

132 Siehe auch Mestmäcker: Wettbewerbsrecht, S.143.

Nach einer Freistellung wäre eine gemeinschaftsweite Vertriebsbindung einführbar. In einem Land mit nationalem Verbot würden die Vertriebsbindungspflichten "ruhen". Nur die Verpflichtung zur Weitergabe der "ruhenden" Vertriebsbindungspflichten bliebe für den Fall eines Warenexports in ein Land ohne Kartellverbot aufrechterhalten.
Der Konflikt mit dem Gemeinschaftsrecht wäre damit so in Einklang gebracht, daß eine Freistellung nicht jegliche Bedeutung in der Gemeinschaft verliert. Dabei besteht kein Grund, Gruppen- und Einzelfreistellungen unterschiedlich zu behandeln.

Offen bleibt aber damit noch die Behandlung einfacher Fachhandelsbindungen, die nach der Rechtsprechung des Europäischen Gerichtshofs schon nicht gegen Art.85 Abs.1 EWGV verstoßen.
Man muß hier berücksichtigen, daß es sich auch insoweit um Wettbewerbsbeschränkungen handelt, denen der Europäische Gerichtshof von Gerichts wegen eine Art Gruppenfreistellung hat zukommen lassen. Bei korrekter Behandlung wären auch einfache Fachhandelsbindungen erst nach einer Freistellung gemäß Art.85 Abs.3 EWGV zulässig. Um den Vertriebsbinder nicht des Vorrangs einer Freistellungsentscheidung vor nationalem Recht im hier vertretenen Umfang zu berauben,[133] ist es gerechtfertigt, auch einfachen Fachhandelsbindungen einen entsprechend beschränkten Vorrang vor den nationalen Rechtsordnungen einzuräumen.
Ansonsten hätte man das paradoxe Ergebnis, daß eine qualifizierte Fachhandelsbindung eher in den Genuß des Vorrangs des Gemeinschaftsrechts käme als eine einfache Fachhandelsbindung.[134]
Wenn das schärfere nationale Kartellrecht der Verwirklichung der gemeinschaftlichen Ziele durch die Vereinbarung zuwiderläuft, insbesondere wenn eine erforderliche Selektion nach

133 Dieses Problem sieht auch Heidmeier: Maßstäbe, S.211f.
134 Heidmeier: Maßstäbe, S.212.

fachlichen Kriterien unmöglich gemacht wird, hat das nationale Kartellrecht deshalb zurückzustehen.[135]

Im Hinblick auf Preisbindungen gilt das so eben Gesagte entsprechend. Allerdings ist die Freistellungsfähigkeit nur in sehr engen Grenzen möglich. Kommt es aufgrund kultureller Erwägungen zu einer Freistellung von Preisbindungsvereinbarungen bei Büchern, läßt sich diese wohl, mit der Folge des Vorrangs vor nationalem Kartellrecht, als positiver Eingriff werten.
Zumindest wären freigestellte Preisbindungen für Bücher durch eine Ruhensklausel für Länder mit nationalem Verbot in den anderen Mitgliedstaat durchführbar.

5. Folgerungen für den Schutz von Vertriebs- und Preisbindungen gegen Außenseiter

Soweit es auf die kartellrechtliche Wirksamkeit selektiver Vertriebsbindungen nach EWG-Kartellrecht ankommt, hat der Vertriebsbinder entweder darzulegen, daß er nur eine nicht von Art.85 Abs.1 EWGV verbotene einfache Fachhandelsbindung praktiziert oder daß seine qualifizierte Fachhandelsbindung durch Einzel- oder Gruppenfreistellung vom Verbot des Art.85 Abs.1 EWGV ausgenommen ist. Allein die Freistellungsfähigkeit der qualifizierten Fachhandelsbindung ist allerdings nicht ausreichend,[136] weil es ohne Freistellung an einem kartellrechtlich wirksamen Vertrag fehlt.
Hinsichtlich der vertikalen Preisbindung hilft nur eine Freistellungsentscheidung.

---

135 Heidmeier: Maßstäbe, S.213; in diese Richtung auch GA Reischl, Slg. 1980, 2327ff., 2377ff., 2390 - Guerlain, siehe aber auch S.2389; a.A. Veelken: Probleme, RabelsZ 1986, 508ff., 554.

136 Hootz: Durchsetzung, BB 1984, 1648ff., 1650; Sack: Probleme, ÖBl 1988, 113ff. und 145ff., 147, Fn.159; a.A. Veelken: Probleme, RabelsZ 1986, 508ff., 543, 548.

Allerdings muß die Nichtigkeit einzelner Vertragsbestimmungen einer qualifizierten Fachhandelsbindung nicht zur Nichtigkeit des gesamten Vertriebsbindungsvertrages führen.[137] Der Europäische Gerichtshof hat ausgesprochen, daß die Nichtigkeit einzelner Vertragsbestimmungen nach Art.85 Abs.2 EWGV nicht die Unwirksamkeit der gesamten Vereinbarung nach sich zieht, es sei denn, die nichtigen Teile ließen sich nicht von den anderen Vertragsteilen trennen.[138]

Sind im Vertriebsbindungsvertrag detailliert die qualitativen Anforderungen an die Händler und die zusätzlichen Anforderungen im Sinne einer qualifizierten Fachhandelsbindung beschrieben und dürfen Lieferungen nur an solche Händler erfolgen, die beide Voraussetzungen erfüllen,[139] liegt eine Trennbarkeit vor.[140]

Praktiziert der Vertriebsbinder aber ein System, in dem er die Händler nach den beiden Anforderungsvoraussetzungen selbst zuläßt und dürfen zugelassene Händler nur an andere

---

137 So OLG Düsseldorf, GRUR 1979, 183ff., 185 - Selektive Vertriebsbindung; OLG Düsseldorf, GRUR Int. 1985, 204ff., 208f. - Grundig-Vertriebsbindung.

138 EuGH, Slg. 1966, 281ff., 304 - LTM/MBU; EuGH, Slg., 1966, 321ff., 392 - Grundig/Consten; ebenso BGH, GRUR 1988, 327ff., 330 = GRUR Int. 1988, 589ff., 592 - Cartier-Uhren; ebenso Gleiss/Hirsch: Kommentar, Art.85(2), Rn.434, S.253; Koch, in: Grabitz, Art.85, Rn.142, S,35; Mailänder, in: Gem.Komm., 3. Aufl., Art.85, Rn.95, S.257; Heidmeier: Maßstäbe, S.178; Wagner: Fachhandelsbindung, S.263; siehe auch EuGH, Slg. 1971, 949ff., 961 - Béguelin.

139 So jeweils die Klausel IV.2. der Grundig-EG-Vertriebsbindung für den Einzelhandel bzw. Großhandel, abgedr. bei Heidmeier: Maßstäbe, S.227ff., 233 (statt 229) bzw. S.231ff., 229 (statt 233), Anm. des Verf.: die Seiten 229 und 233 sind wohl versehentlich vertauscht; ebenso jeweils die Klausel 11.a. der SABA-EG-Vertriebsbindung für den Einzelhandel bzw. Großhandel, abgedr. bei Wagner: Fachhandelsbindung, S.15ff., 18 bzw. S.20ff., 23; ebenso SABA-EG-Vertriebsbindungsvertrag für Facheinzelhändler, ABl. 1983 L376/41ff., 44.

140 Ebenso Heidmeier: Maßstäbe, S.178.

zugelassene Händler liefern,[141] dann fehlt eine Trennbarkeit.[142]

Diese Form ist wohl die gebräuchlichere, weil sie den Verbleib der Ware im System eher gewährleistet als die erste Variante, in der ein gebundener Händler selbst die Fachhandelsqualität seiner Abnehmer prüfen und diese im Wege einer durchlaufenden Bindung binden muß.

Die Auswirkung der Nichtigkeit nur einzelner Vertragsklauseln auf die übrigen Vertragsbestandteile richtet sich nicht nach Gemeinschaftsrecht,[143] sondern nach nationalem Recht.[144]

Nach dem in Deutschland anwendbaren § 139 BGB kommt es damit neben der bereits bejahten Trennbarkeit darauf an, ob der abtrennbare Teil auch ohne die nichtige Bestimmung von den Parteien gewollt ist.[145] Weil mit einer Teilgültigkeit zumindest der im Interesse von Hersteller und Fachhändler liegende Ausschluß unqualifizierter Außenseiter erreicht wird, ist von der Geltung der übrigen Vertragsbestimmungen auszugehen.[146]

Zum gleichen Ziel führt eine salvatorische Klausel im Vertriebsbindungsvertrag, daß die Ungültigkeit einzelner Bestimmungen die Wirksamkeit der übrigen Vertragsteile unberührt lassen soll.[147]

---

141 So SABA-EG-Vertriebsbindungsvertrag für Fachgroßhändler, ABl. 1983 L376/41ff., 42.

142 Heidmeier: Maßstäbe, S.178 trennt nicht diese beiden Vertragsgestaltungen.

143 EuGH, Slg. 1983, 4173ff., 4184 - Kerpen & Kerpen.

144 BGH, GRUR 1969, 501ff., 504 - Fruchtsäfte; Gleiss/Hirsch: Kommentar, Art.85(2), Rn.436, S.253; Koch, in: Grabitz, Art.85, Rn.143, S.35; Mailänder, in: Gem. Komm., 3. Aufl., Art.85, Rn.95, S.258f.; Heidmeier: Maßstäbe, S.178; Wagner: Fachhandelsbindung, S.263.

145 Wagner: Fachhandelsbindung, S.185.; Mailänder, in: Gem. Komm., 3. Aufl., Art.85, Rn.95, S.258; Koch, in: Grabitz, Art.85, Rn.144, S.36; Gleiss/Hirsch: Kommentar, Art.85(2), Rn.436, S.253f.

146 Wagner: Fachhandelsbindung, S.185.

147 Wagner: Fachhandelsbindung, S.185; Heidmeier: Maßstäbe, S.178; Gleiss/Hirsch: Kommentar, Art.85(2), Rn.436,

In anderen Mitgliedstaaten der EG mag die Prüfung der Teilwirksamkeit aber zu einem anderen Ergebnis führen.[148] Im Interesse der Rechtssicherheit sollte deshalb mit der nach Gemeinschaftrecht einheitlich zu beurteilenden Trennbarkeit die Wirksamkeit der übrigen Vertragsbestandteile bejaht werden.[149]

Ob bei angemeldeten Vertriebsbindungen, die zwar gegen das Kartellverbot verstoßen, jedoch freistellungsfähig erscheinen, eine Aussetzung des Verfahrens bis zu einer Entscheidung der Kommission zulässig ist, kann dahingestellt bleiben.[150]
Ein lauterkeitsrechtlicher Unterlassungsanspruch dient zwar der Abwehr künftiger Beeinträchtigungen und erfordert als materiellrechtliche Anspruchsvoraussetzung eine Begehungsgefahr, knüpft aber in aller Regel an eine Wiederholungsgefahr[151] an.
Wenn ein Außenseiter mangels wirksamer Bindungsverträge ohne Ausnutzung fremden Vertragsbruchs Produkte des Vertriebsbinders von Dritten erworben hat, dann liegt kein unlauteres Verhalten vor, dessen Wiederholung droht.
Auch die durch Art.6 Abs.1 VO 17/62 gegebene Möglichkeit bis zum Tag der Anmeldung rückwirkender Freistellungen führt zu keinem anderen Ergebnis. Zumindest im Verhältnis zu Dritten muß es bei der Aussage des Art.85 Abs.2 EWGV bleiben. Ein

---

S.253f.

148 Mailänder, in: Gem.Komm., 3. Aufl., Art.85, Rn.95, S.257f. sieht und behandelt diese Problematik mit Blick auf die Rechtsordnung einiger Mitgliedstaaten der EG, führt allerdings bei seinen Beispielen keine Rechtsordnung eines Mitgliedstaates an, die strenger als § 139 BGB die Wirksamkeit der übrigen Vertragsbestandteile prüft.

149 Mailänder, in: Gem.Komm., 3. Aufl., Art.85, Rn.95, S.258.

150 A.A. wohl Veelken: Probleme, RabelsZ 1986, 508ff., 544ff.; Langen: Kommentar, § 1, Rn.EG127, S.146; Gleiss/Hirsch: Kommentar, Art.85(2), Rn.457, S.263; unklar Koch, in: Grabitz, Art.85, Rn.141, S.35.

151 Siehe zur Wiederholungsgefahr Baumbach/Hefermehl: Wettbewerbsrecht, Einl., Rn.262ff., S.204ff.

beim Warenbezug durch Außenseiter nicht zu beanstandendes Verhalten läßt sich nicht nachträglich als unlauter qualifizieren.[152]
Nur wenn der Außenseiter erklärt, er werde nach einer Freistellung unter Ausnutzung fremden Vertragsbruchs die Ware vertreiben, läßt sich eine Begehungsgefahr in Form einer Erstbegehungsgefahr[153] bejahen. Allenfalls dann ist eine Aussetzung des Verfahrens bis zur Entscheidung der Kommission gerechtfertigt.

Anders gelagert ist die Situation, wenn die Kommission bereits geäußert hat, daß eine Vertriebsbindung gegen Art.85 Abs.1 EWGV verstoße und eine Freistellung nach Art.85 Abs.3 EWGV nicht in Betracht komme, die Gründe dafür aber nicht bekannt sind.
Diese Gründe binden zwar die innerstaatlichen Gerichte nicht, stellen aber einen berücksichtigungsfähigen tatsächlichen Umstand dar,[154] den das Gericht jedenfalls nicht als bedeutungslos außer Acht lassen darf.
Insoweit kommt die Einholung einer Auskunft bei der Kommission in Betracht.[155]
An die Aufhebung einer Freistellung durch die Kommission ist das nationale Gericht allerdings gebunden.[156]

Die Darlegung der kartellrechtlichen Wirksamkeit des Vertriebsbindungssystems nach EWG-Kartellrecht ist also grundsätzlich problemlos, wenn die entsprechenden Voraussetzungen vorliegen.[157] Zudem ist nach der hier vertretenen Auffassung

---

152 Die Problematik einer rückwirkenden Freistellung sieht auch, ohne aber auf die Auswirkungen auf das Außenseiterverhalten einzugehen, Veelken: Probleme, RabelsZ 1986, 508ff., 556.
153 Siehe zur Erstbegehungsgefahr Baumbach/Hefermehl: Wettbewerbsrecht, Einl., Rn.299ff., S.215f.
154 EuGH, Slg. 1980, 2511., 2535 - Lancôme.
155 BGH, GRUR Int. 1985, 1059ff., 1060f. - Vertriebsbindung.
156 BGH, GRUR 1985, 396 - 5-Sterne-Programm.
157 Siehe hierzu 2. Kap. II.1., S.49ff.

bei internationalen Vertriebsbindungen für den Bereich der EG-Mitgliedstaaten nur die Darlegung der kartellrechtlichen Zulässigkeit nach Gemeinschaftsrecht, nicht aber zusätzlich noch nach einzelnen oder sogar allen nationalen Kartellgesetzen der Mitgliedstaaten erforderlich.[158]
Die Zulässigkeit von Buchpreisbindungen richtet sich ausschließlich nach nationalem Recht, soweit auf Maßnahmen verzichtet wird, die gegen Art.85 EWGV verstoßen.[159]

---

158 Siehe hierzu 2. Kap. II.4., S.64ff.
159 Siehe hierzu 2. Kap. II.2., S.56ff.

3. Kapitel
Internationale Vertriebsbindungen nach deutschem und europäischem Markenrecht

I. Internationale Vertriebsbindungen nach deutschem Markenrecht

1. Vertrieb von Originalware

a. Vertrieb inländischer Originalware

Aus § 24 WZG ergeben sich die Ansprüche des Inhabers einer eingetragenen Marke (Warenzeichen) im Falle einer widerrechtlichen Verletzung der ihm nach § 15 WZG zustehenden Rechte.
§ 25 WZG gewährt einen vergleichbaren Schutz für eine nicht eingetragene Marke mit Verkehrsgeltung (Ausstattung).

Nach § 15 Abs.1 Alt.1 und Alt.2 WZG darf nur der Markeninhaber die Ware oder ihre Verpackung oder Umhüllung mit seinem Warenzeichen versehen (Kennzeichnungsrecht) und die mit dem Warenzeichen versehene Ware in den Verkehr bringen (Erstvertriebsrecht).
Das Markenrecht dient im Interesse des Markeninhabers und der Allgemeinheit dem Schutz der Herkunftsfunktion der Marke, während die Garantiefunktion (Qualitätsfunktion) als Verbürgung gleichbleibender Qualität nicht geschützt ist.[1]
Demgegenüber wird in den USA die Qualitätsfunktion als

---

1 BGH, GRUR 1967, 100ff., 104 - Edeka-Schloß-Export; BGH, GRUR 1973, 468ff., 471 = GRUR Int. 1973, 562ff., 564 - Cinzano; Baumbach/Hefermehl: Warenzeichenrecht, Einl., Rn.22, S.31; Beier: Territorialität, GRUR Int. 1968, 8ff., 14; a.A. Riehle: Markenrecht, S.121ff., 125f.; siehe umfassend zu den rechtlichen Funktionen der Marke Sack: Funktionen, GRUR Int. 1972, 402ff. und 445ff.; Vanzetti: Funktion, GRUR Int. 1965, 128ff.

rechtlich geschützt angesehen.[2]

Mangels Beeinträchtigung der Herkunftsfunktion gibt das Markenrecht dem Markeninhaber kein Recht, den Weitervertrieb der Ware beliebig zu beschränken oder Dritten gänzlich zu untersagen. Hat der Markeninhaber das Erstvertriebsrecht ausgeübt, tritt insoweit eine Erschöpfung (Konsumtion)[3] der Markenrechte ein, als der Weitervertrieb dieser Ware die Markenrechte nicht verletzt.[4]

Allerdings kann der Markeninhaber auch nach dem Inverkehrsetzen der Ware auf Grund seines Markenrechts Handlungen verbieten, die die Herkunftsfunktion seiner Marke verletzen. Wird die Ware durch eine Aufbereitung, Reparatur oder einen sonstigen Eingriff in ihrer Eigenart betroffen, so ist das Belassen der Marke an der veränderten Ware als das "Versehen" der Ware mit einer fremden Marke zu werten.[5] Nur insoweit ist die Garantiefunktion (Qualitätsfunktion) nach h.M. geschützt, als der Verbraucher zu Recht darauf vertrauen darf, daß die zum Verkauf angebotene Ware die Beschaffenheit aufweist, mit der sie der Markeninhaber in den Verkehr gebracht hat.[6]

---

2 Siehe hierzu 8. Kap. III.1., S.201f.

3 Siehe zur Reichweite des Erschöpfungsgrundsatzes nach deutschem Recht im Urheberrecht Schricker: Urheberrecht, § 17, Rn.15ff., S.303ff.; im Patentrecht Bruchhausen, in: Benkard: Patentrecht, § 9, Rn.15ff., S.374ff.

4 RGZ 50, 229ff., 230ff. - Kölnisch Wasser; RGZ 51, 263ff., 265f. - Mariani; RGZ, 130, 242ff., 246 - Heizkissen; BGH, GRUR 1964, 372ff., 373f. = GRUR Int. 1964, 202ff., 203 - Maja; BGH, GRUR 1973, 468ff., 470 = GRUR Int. 1973, 562ff., 563 - Cinzano; OLG Stuttgart, NJW-RR 1989, 1004ff., 1005; Baumbach/Hefermehl: Warenzeichenrecht, § 15, Rn.46, S.667f.

5 RGZ 103, 359ff., 364ff. - Singer; RGZ 161, 29ff., 41 - Zählerersatzteile; BGH, GRUR 1952, 521ff., 522 - Minimax; BGH, GRUR 1982, 115ff., 116 - Öffnungshinweis; BGH, GRUR 1988, 213ff., 214f. - Griffband; OLG Stuttgart, NJW-RR 1989, 1004ff., 1005f.; Baumbach/Hefermehl: Warenzeichenrecht, § 15, Rn.14, S.646f.

6 RGZ 161, 29ff., 38 - Zählerersatzteile; BGH, GRUR 1982, 115ff., 116 - Öffnungshinweis; BGH, GRUR 1987, 438ff.,

Bei Veränderungen der Verpackung oder bei einem Umpacken der Ware ist das erneute Anbringen der Marke unabhängig davon, ob die Gefahr einer Beeinträchtigung des Produkts besteht, ebenfalls unzulässig.[7]

b. Vertrieb importierter Originalware

Das Markenrecht verleiht dem inländischen Markeninhaber grundsätzlich die Rechtsmacht, den Import identisch gekennzeichneter Waren und deren Vertrieb im Inland zu verhindern. Wenn es sich aber um die Originalware des Markeninhabers handelt, die er oder ein Dritter mit seiner Zustimmung erstmalig im Ausland in den Verkehr gebracht hat, ist der Import nicht als ein widerrechtliches erneutes Kennzeichnen und Inverkehrsetzen dieser Ware zu werten. Vielmehr tritt auch insoweit mangels Beeinträchtigung der Herkunftsfunktion eine Erschöpfung der Markenrechte ein,[8] die sich auch ein inländischer alleinvertriebsberechtigter Händler entgegenhalten lassen muß.[9] Dies führt nach deutschem Recht zu einer weltweiten Erschöpfung der deutschen Marke.

Eine Erschöpfung der deutschen Marke tritt auch ein, wenn

---

439 - Handtuchspender; Baumbach/Hefermehl: Warenzeichenrecht, § 15, Rn.22, S.31; Beier: Territorialität, GRUR Int. 1968, 8ff., 14.

7 RGZ 124, 273ff., 275f. - Stellin; BGH, GRUR 1984, 530ff., 531f. - Valium Roche; BGH, GRUR 1984, 352ff., 354 - Ceramix; Baumbach/Hefermehl: Warenzeichenrecht, § 15, Rn.15, S.647; Beier: Grenzen, GRUR Int. 1978, 263ff., 267.

8 BGH, GRUR 1964, 372ff., 374f. = GRUR Int. 1964, 202ff., 203 - Maja; BGH, GRUR 1973, 468ff., 470 = GRUR Int. 1973, 562ff., 563 - Cinzano; BGH, GRUR 1981, 587ff., 590 = GRUR Int. 1981, 562ff., 564 - Schallplattenimport I; Baumbach/Hefermehl: Warenzeichenrecht, § 15, Rn.49, S.670f.; Beier: Territorialität, GRUR Int. 1968, 8ff., 15; Kroher: Unlauterkeitstatbestände, GRUR 1987, 601ff., 609; Sack: Probleme, ÖBl 1988, 113ff. und 145ff., 146.

9 BGH, GRUR 1983, 177ff., 178 - AQUA KING; Baumbach/Hefermehl: Warenzeichenrecht, § 15, Rn.50f., 671f.; Beier: Territorialität, GRUR Int. 1968, 8ff., 16.

die Ware im Ausland von einem konzernangehörigen Unternehmen[10] oder von dem Beteiligten eines Lizenzverhältnisses in den Verkehr gebracht worden ist.[11]
Beier will demgegenüber die Fälle verschiedener Markeninhaber danach beurteilen, ob der inländische Markeninhaber im Inland einen eigenen Vertriebs- (distributing-) oder Herstellungs- (manufacturing-) Goodwill erworben hat. Liege ein derartiger Goodwill vor, so habe der Markeninhaber einen Anspruch auf Schutz seines Goodwills gegen Einfuhr identisch gekennzeichneter Waren, die aus anderer Quelle stammen und das inländische Publikum täuschen. Bei bekannten Marken sei es aber schwer, einen selbständigen Vertriebs-Goodwill zu erlangen, und auch der Erwerb eines Herstellungs-Goodwill werde nur selten vorliegen, weil die Markenware oft gerade als Erzeugnis eines bestimmten Herkunftslandes einen besonderen Ruf genieße.[12]

Beschaffenheitsunterschiede sollen nach herrschender Meinung ebenfalls nicht zu einer anderen Beurteilung führen, weil die Herkunftsfunktion nicht verletzt und die Qualitätsfunktion nicht geschützt sei.[13]
Gegen diese Meinung läßt sich aber einwenden, daß eine bestimmte Qualität der Ware in den Augen der Verbraucher gerade auf die Herkunft aus dem inländischen, konzern- oder lizenzmäßig verbundenen Unternehmen hinweisen kann und daß durch den Vertrieb der ausländischen Ware von minderer Qualität der Ruf des inländischen Markeninhabers geschädigt

---

10 BGH, GRUR 1973, 468ff., 470 = GRUR Int. 1973, 562ff., 563 - Cinzano; Riehle: Markenrecht, S.225; Baumbach/ Hefermehl: Warenzeichenrecht, § 15, Rn.55, S.673f.

11 BGH, GRUR 1973, 468ff., 470 = GRUR Int. 1973, 562ff., 563 - Cinzano; Riehle: Markenrecht, S.223; Baumbach/ Hefermehl: Warenzeichenrecht, § 15, Rn.52ff., S.672f.; a.A. Heydt: Parallelimporte, GRUR 1969, 450ff., 465, soweit der inländische Lizenznehmer seine Ware im Inland herstellt.

12 Beier: Territorialität, GRUR Int. 1968, 8ff., 16f.

13 BGH, GRUR 1973, 468ff., 471 = GRUR Int. 1973, 562ff., 564 - Cinzano; BGH, GRUR 1983, 177ff., 179 - AQUA KING.

werden kann.[14]
Riehle berücksichtigt diesen Gesichtspunkt und sieht bei Qualitätsunterschieden wegen der Enttäuschung der Qualitätserwartung der Verbraucher und des deshalb schützenswerten Interesses des Markeninhabers auch die Qualitätsfunktion (Garantiefunktion) als geschützt und die Einfuhr qualitätsverschiedener Ware als unzulässig an, auch wenn die Herkunftsfunktion nicht beeinträchtigt ist.[15]

Als Ergebnis läßt sich somit feststellen, daß nach der vom Bundesgerichtshof und von der herrschenden Lehre vertretenen Meinung das Markenrecht keine Möglichkeit für den Vertriebsbinder bietet, sein internationales Vertriebsbindungssystem gegen Außenseiter zu schützen.
Aber auch nach den abweichenden Meinungen liegt eine schutzwürdige Situation bei internationalen Vertriebsbindungssystemen in aller Regel nicht vor, weil die Hersteller ihre Produkte international zumeist ohne Qualitätsunterschiede vertreiben und die nationalen Vertriebsgesellschaften in der Regel keinen eigenständigen Goodwill besitzen.
Auch vertraglichen Exportverboten kommt keine markenrechtliche Bedeutung gegenüber Dritten zu.[16]

2. Benutzung fremder Marken in der Werbung

Nach § 15 Abs.1 Alt.3 WZG darf nur der Warenzeicheninhaber die Marke auf Ankündigungen, Preislisten, Geschäftsbriefen,

---

14 Baumbach/Hefermehl: Warenzeichenrecht, § 15, Rn.56, S.674f.

15 Riehle: Markenrecht, S.213ff. und S.124f.; ebenso Heydt: Parallelimporte, GRUR 1969, 450ff., 464, soweit der Markeninhaber die Waren auch mit unterschiedlichen Ausstattungen versieht.

16 Baumbach/Hefermehl: Warenzeichenrecht, § 15, Rn.46, S.668, Rn.68, S.678; Möschel: Behandlung, S.188.

Empfehlungen, Rechnungen oder dergleichen anbringen (Ankündigungsrecht).[17]

Nach Ansicht des Reichsgerichts sollte das Ankündigungsrecht ebenso wie das Kennzeichnungs- und das Erstvertriebsrecht den Schutz der Herkunftsfunktion der Marke sichern. Hat der Markeninhaber sein Erstvertriebsrecht wahrgenommen, dann werde die Herkunftsfunktion nicht dadurch beeinträchtigt, daß Dritte zu Zwecken des Weitervertriebs die gekennzeichnete Ware in der Werbung ankündigen.[18]

Nach Ansicht des Bundesgerichtshofs ist im Ankündigungsrecht nicht nur ein Schutz gegen Irreführung über die Herkunft der Ware zu sehen, weil sich aus dem Gesetzeswortlaut eine derartige Einschränkung nicht ergebe. Mit der Erschöpfung des Erstvertriebsrechts erschöpfe sich aber grundsätzlich auch das den Weitervertrieb erst ermöglichende Ankündigungsrecht.[19] Der Markeninhaber könne aber markenrechtlich mißbräuchlichen Ankündigungen entgegentreten.[20]

---

17 Siehe zum Problemkreis Rufausbeutung, Rufschädigung und Verwässerung bekannter Marken BGH, GRUR 1983, 247ff. - Rolls-Royce; BGH, GRUR 1985, 876ff. - Tchibo/Rolex; BGH, GRUR 1985, 550ff. - Dimple; BGH, GRUR 1987, 711ff. - Camel-Tours; BGH, GRUR 1988, 453ff. = GRUR Int. 1988, 357ff. - Ein Champagner unter den Mineralwässern; OLG Hamburg, WRP 1986, 221ff. - Quattro; Bork: Kennzeichenschutz, GRUR 1989, 725ff.; Fezer: Markenschutz, GRUR 1986, 485ff.; Klippel: Grundfragen, GRUR 1986, 697ff.; Kroitzsch: Rufausbeutung, GRUR 1986, 579ff.; Lehmann: Ausnutzung, GRUR Int. 1986, 6ff.; Mergel: Rufausnutzung, GRUR 1986, 646ff.; Mettang: Rufausnutzung, GRUR 1987, 149ff.; Sack: "Verwässerung", WRP 1985, 459ff.; Sack: Markenschutz, RIW 1985, 597ff.; Schwendemann: Rolex-Entscheidung, GRUR 1986, 713ff.

18 RGZ 124, 273ff., 276 - Stellin; P. Ulmer: Grenzen, NJW 1969, 11ff., 15; P. Ulmer: Schranken, WRP 1987, 299ff., 302; Baumbach/Hefermehl: Warenzeichenrecht, § 15 WZG, Rn.68, S.678.

19 BGH, GRUR 1987, 707ff., 708 - Ankündigungsrecht I; BGH, GRUR 1987, 823ff., 824 - Ankündigungsrecht II.

20 BGH, GRUR 1987, 707ff., 708 - Ankündigungsrecht I; BGH, GRUR 1987, 823ff., 824 - Ankündigungsrecht II.

Einem Urteil des Bundesgerichtshofs[21] läßt sich entnehmen, daß dieser das Werben für vertriebsgebundene Ware durch einen Außenseiter aber nicht als einen derartigen Mißbrauch ansieht.[22]
Die Ausführungen des Bundesgerichtshofs[23] lassen sich aber dahingehend verstehen, daß er möglicherweise Ankündigungen von Waren, von denen der Händler keinen ausreichenden Vorrat zur Verfügung hat, als einen derartigen Mißbrauch ansieht. Darüberhinaus mag auch die Werbung mit Schleuderpreisen als mißbräuchlich zu bewerten sein.[24]
Damit würde das Ankündigungsrecht einen ähnlichen Anwendungsbereich wie Art.30 Loi Scrivener in Frankreich erlangen.[25]

In der Literatur wird schon jetzt weitergehend vertreten, daß das Ankündigungsrecht auch dann dem Markeninhaber vorbehalten bleibe, wenn die davon erfaßte Handlung nicht zu einer Herkunftstäuschung führt. Im Interesse des Schutzes der in der Marke verkörperten unternehmerischen Leistung komme allein dem Markeninhaber die Entscheidung darüber zu, ob und in welcher Weise seine Marke über die bloße Kennzeichnung der Warenherkunft hinaus als Werbemittel eingesetzt werden soll.[26]
Eine für den Absatz der Ware notwendige Verwendung der Marke sei zulässig, weil es der Billigkeit entspreche, dem Händler

---

21 BGH, GRUR 1987, 708ff., 709 - Ankündigungsrecht I; ebenso OLG Stuttgart, BB 1987, 2041f., 2042; Baumbach/Hefermehl: Warenzeichenrecht, § 15, Rn.68, S.678.
22 Ebenso in dieser Einschätzung des BGH-Urteils Sack: Probleme, ÖBl 1988, 113ff. und 145ff., 146.
23 BGH, GRUR 1987, 823ff., 824 - Ankündigungsrecht II.
24 Ebenso in dieser Einschätzung des BGH-Urteils Sack: Probleme, ÖBl 1988, 113ff. und 145ff., 146; siehe aber auch Kraft: Erfordernis, GRUR 1989, 79ff., 83, der der Preisgestaltung keine Bedeutung beimessen will.
25 Siehe hierzu 4. Kap. II.1., S.114.
26 Jackermeier: Verwendung, in: FS f. Klaka, S.160ff., 176ff.; Kraft: Erfordernis, GRUR 1989, 79ff., 81ff.; Kroher: Unlauterkeitstatbestände, GRUR 1987, 601ff., 609f.; Schütz: Verwendung, DB 1976, 757ff., 760.

die Benennung der Marke zur reinen Identifikation der Ware zu erlauben. Aber auch nur in diesem Umfang dürfe die Marke benutzt werden.[27]

Weitergehende Rechte eines Händlers, insbesondere eines Außenseiters, die Marke zu benutzen, bestünden nicht.[28]

Von einer stillschweigenden Einwilligung zum weitergehenden Gebrauch der Marke könne nur ausgegangen werden, wenn unmittelbare Lieferbeziehungen zwischen Hersteller und Händler bestehen, nicht aber wenn sich ein Außenseiter die Ware verschafft habe.[29]

II. Internationale Vertriebsbindungen nach europäischem Markenrecht

1. Vertrieb von Originalware

a. Vertrieb von aus EG-Mitgliedstaaten importierter Originalware

aa. Art.30 und Art.36 EWGV

Die Beurteilung des Vertriebs von Originalware innerhalb der Mitgliedstaaten der EG wird von Art.30 und Art.36 EWGV beeinflußt. Diese sollen durch staatliche Maßnahmen verursachte Beschränkungen des freien Warenverkehrs zwischen den Mit-

27 Jackermeier: Verwendung, in: FS f. Klaka, S.160ff., 182ff.; Kraft: Erfordernis, GRUR 1989, 79ff., 82ff.; Kroher: Unlauterkeitstatbestände, GRUR 1987, 601ff., 610; Schütz: Verwendung, DB 1976, 757ff., 760; Völp: Händler, WRP 1977, 688ff., 689f.; Völp: Vermarktung, GRUR 1985, 843ff., 845.

28 Jackermeier: Verwendung, in: FS f. Klaka, S.160ff., 184f.; Kraft: Erfordernis, GRUR 1989, 79ff., 83; Kroher: Unlauterkeitstatbestände, GRUR 1987, 601ff., 610; zurückhaltend BGH, GRUR 1987, 823ff., 824f. - Ankündigungsrecht II.

29 Kroher: Unlauterkeitstatbestände, GRUR 1987, 601ff., 610.

gliedstaaten unterbinden.[30]
Hinzugekommen ist nun auch die Markenrechtsrichtlinie[31] und für die Zukunft ist noch die Gemeinschaftsmarkenverordnung[32] zu erwarten.[33]

Die Ausübung des Markenrechts ist geeignet, zur Abschottung der nationalen Märkte beizutragen und auf diese Weise den freien Warenverkehr zwischen den Mitgliedstaaten in Widerspruch zu Art.30 EWGV zu beeinträchtigen. Zwar wird der Bestand der Markenrechte durch den EWG-Vertrag nicht berührt, aber deren Ausübung wird beschränkt.
Beschränkungen des freien Warenverkehrs sind nach Art.36 S.1 EWGV vorbehaltlich mißbräuchlicher Maßnahmen nach Art.36 S.2 EWGV nur insoweit zulässig, als sie zur Wahrung der Rechte gerechtfertigt sind, die den spezifischen Gegenstand dieses Rechts ausmachen. Da die Herkunftsfunktion als der spezifische Gegenstand des Markenrechts angesehen wird, steht dem Markeninhaber insbesondere das Kennzeichnungs- und das Erstvertriebsrecht zu.

---

30 Siehe hierzu Beier: Rechtsschutz, GRUR Int. 1989, 603ff., 608ff.; Brandt: Einsatz; Ebenroth/Parche: Markenaufspaltung, GRUR Int. 1989, 738ff., 740ff.; Esche: Spannungsverhältnis, WRP 1987, 233ff.; Gotzen: Schutzrechte, GRUR Int. 1984, 146ff.; Möschel: Behandlung, S.125ff.; Schennen: Erschöpfung, Mitt. 1989, 7ff.; siehe zu Art.30 und Art.36 EWGV grundlegend EuGH, Slg. 1974, 837ff., 852f. - Dassonville; EuGH, Slg. 1979, 649ff., 661ff. - Cassis de Dijon; aus neuerer Zeit EuGH, Slg. 1986, 3879ff., 3894ff., 3896ff. - pétillant de raisin; EuGH, Slg. 1987, 1227ff., 1262ff., 1268ff. - Reinheitsgebot für Bier; siehe auch Sack/Fasshold: Reichweite, WRP 1987, 519ff.; Fasshold: Warenverkehr; siehe zur Problematik der "umgekehrten Diskriminierung" EuGH, Slg. 1986, 3231ff., 3238ff., 3241f. - Cognet; EuGH WuW/E EWG/MUV 747 - reimportierte Bücher; Kleier: Warenverkehr, RIW 1988, 623ff.; Schöne: "Umgekehrte Diskriminierung", RIW 1989, 450ff.

31 Siehe hierzu 3. Kap. II.1.a.cc., S.91f.

32 Siehe hierzu 3. Kap. II.1.a.bb., S.90.

33 Siehe zum Stand der gemeinschaftsrechtlichen Rechtsangleichung Hauschka: Stand, NJW 1989, 3048ff.; Thieffry/Doorn/Radtke: Vollendung, RIW 1989, 123ff.; siehe auch zum Binnenmarktkonzept Dauses: Dimension, EuZW 1990, 8ff.

Der Markeninhaber kann aber aufgrund seines nationalen Markenrechts nicht die Einfuhr von Waren verhindern, die er selbst oder mit seiner Zustimmung ein Dritter gekennzeichnet und erstmals in den Verkehr gebracht hat, weil eine Kontrolle des Weitervertriebs nicht mehr zum spezifischen Gegenstand des Eigentums zählt.[34] Insoweit ist deshalb durch das Kennzeichnen und das erstmalige Inverkehrbringen der Ware eine Erschöpfung des Verbreitungs- und Ankündigungsrechts eingetreten.[35] Der bloße Import derartiger Ware kann auch nicht als unlauterer Wettbewerb qualifiziert werden.[36]
Dies gilt auch bei konzernmäßiger Verbindung[37] und bei Lizenzverhältnissen.[38]

Der Europäische Gerichtshof sah aber in seiner älteren Rechtsprechung die Herkunftsfunktion grundsätzlich nur dann als verletzt an, wenn keine Ursprungsidentität der Marke vorliegt, nicht aber schon dann, wenn keine Ursprungsidentität der Ware gegeben ist.[39] Haben verschiedene nationale

---

34 EuGH, Slg. 1976, 1039ff., 1062 - Terranova/Terrapin; EuGH, Slg. 1974, 1183ff., 1195 - Centrafarm/Winthrop; OLG Stuttgart, NJW-RR 1988, 490ff., 491; Sack: Probleme, ÖBl 1988, 113ff. und 145ff., 146; Baumbach/Hefermehl: Warenzeichenrecht, § 15, Rn.76, S.685.

35 Siehe zur Reichweite des Erschöpfungsgrundsatzes nach Gemeinschaftsrecht im Urheberrecht Schricker: Urheberrecht, § 17, Rn.28ff., S.309ff.; siehe zur Reichweite des Erschöpfungsgrundsatzes nach Gemeinschaftsrecht im Patentrecht Bruchhausen, in: Benkard: Patentrecht, § 9, Rn.18ff., S.377ff.

36 EuGH, Slg. 1981, 181ff., 195 - Dansk Supermarked/A. S. Imerco; EuGH, Slg.1971, 949ff., 960 - Béguelin.

37 EuGH, Slg. 1981, 2913ff., 2927 - Vibramycin; Baumbach/Hefermehl: Warenzeichenrecht, § 15, Rn.77, S.685f.

38 EuGH, Slg. 1976, 1039ff., 1062 - Terranova/Terrapin; Baumbach/Hefermehl: Warenzeichenrecht, § 15, Rn.78, S.686.

39 EuGH, Slg. 1981, 2913ff., 2925f. - Vibramycin; EuGH, Slg. 1981, 181ff., 194f. - Dansk Supermarked/A. S. Imerco; EuGH, Slg. 1978, 1823ff., 1840f. - Centrafarm/AHC; EuGH, Slg. 1978, 1139ff., 1164f. - Hoffmann-La Roche/Centrafarm; EuGH, Slg. 1976, 1039ff., 1061f. - Terranova/Terrapin; EuGH, Slg. 1974, 1183ff., 1194f. - Centrafarm/Winthrop; EuGH, Slg. 1974, 731ff., 744 - HAG; Baumbach/Hefermehl: Warenzeichenrecht, § 15, Rn.79,

Marken ursprünglich demselben Markeninhaber zugestanden und ist nun ein rechtlich und wirtschaftlich selbständiges Unternehmen im Ausland Markeninhaber, so fehlt bei einem Import der ausländischen Ware die Ursprungsidentität von ausländischer und inländischer Ware. Aufgrund der Ursprungsidentität von ausländischer und inländischer Marke wäre aber die Herkunftsfunktion nicht als verletzt anzusehen.
Bei hoheitlich, durch Enteignung erzwungener Markenaufspaltung kann sich der nationale Markeninhaber jedoch nach der neuen Rechtsprechung des Europäischen Gerichtshofs dem Import der ausländischen, mit der gleichen Marke versehenen Ware widersetzen.[40]

Art.36 S.1 EWGV kommt aber wieder zum Zuge, wenn die Herkunftsfunktion infolge Maßnahmen Dritter nicht mehr gewährleistet ist. Dies gilt bei Umarbeitung, Reparatur, Qualitätsänderungen und sonstigen Eingriffen, die den Originalzustand berühren.[41]
Das Umpacken eingeführter Waren ist aber zulässig, wenn der Originalzustand nicht beeinträchtigt wird.[42] Selbst das erneute Kennzeichnen der Ware soll zulässig sein, wenn die Geltendmachung von Markenrechten angesichts des angewandten Vermarktungssystems nach Art.36 S.2 EWGV zu einer künstli-

S.686f.; siehe hierzu Ebenroth/Parche: Markenaufspaltung, GRUR Int. 1989, 738ff., 744f.; Schennen: Erschöpfung, Mitt. 1989, 7ff., 11ff.

40 EuGH, GRUR Int. 1990, 960ff., 961f. - HAG II; so auch schon EuGH, Slg. 1985, 2281ff., 2291ff., 2298f. - Pharmon (betr.: Patentrecht); siehe auch BGH, GRUR Int. 1989, 409ff., 410 - Umgekehrter Kaffee-HAG-Fall; OLG Hamburg, GRUR Int. 1988, 256ff., 258 - Umgekehrter Kaffee HAG; a.A. EuGH, Slg. 1976, 1039ff., 1062 - Terranova/Terrapin; EuGH, Slg. 1974, 731ff., 745 - HAG; OLG Stuttgart, NJW-RR 1988, 490ff., 491; kritisch hierzu Beier: Rechtsschutz, GRUR Int. 1989, 603ff., 611, Fn.52; Baumbach/Hefermehl: Warenzeichenrecht, § 15, Rn.78, S.686.

41 EuGH, Slg. 1981, 2913ff., 2926 - Vibramycin; Baumbach/Hefermehl: Warenzeichenrecht, § 15, Rn.81f., S.687f.

42 EuGH, Slg. 1981, 2913ff., 2926 - Vibramycin; Baumbach/Hefermehl: Warenzeichenrecht, § 15, Rn.84, S.688f.

chen Abschottung beitragen würde und der Zeicheninhaber von der Umpackung in Kenntnis gesetzt wurde.[43]

bb. Vorschlag einer Gemeinschaftsmarkenverordnung

Art.8 des Vorschlags einer Gemeinschaftsmarken-VO[44] sichert dem Markeninhaber das ausschließliche Kennzeichnungs- und Erstvertriebsrecht zu.

Nach Art.11 Abs.1 des Vorschlags einer Gemeinschaftsmarken-VO eröffnet die Marke ihrem Inhaber aber nicht das Recht, einem Dritten zu verbieten, die Marke für Waren zu benutzen, die unter dieser Marke von ihm oder mit seiner Zustimmung in der Gemeinschaft in den Verkehr gebracht worden sind. Damit wird eine EG-weite Erschöpfung der Markenrechte festgelegt. Nach Art.11 Abs.2 des Vorschlags einer Gemeinschaftsmarken-VO ist der Erschöpfungsgrundsatz aber nicht anwendbar, wenn berechtigte Gründe es rechtfertigen, daß der Inhaber sich dem weiteren Vertrieb der Waren widersetzt, insbesondere wenn der Zustand der Waren nach ihrem Inverkehrbringen verändert oder verschlechtert ist.

Im Gegensatz zu Art.11 Abs.2 lit.c des Vorschlags einer Gemeinschaftsmarkenverordnung aus dem Jahre 1980 ist aber das Versehen der Ware mit einer neuen Verpackung in dem aktuellen Vorschlag einer Gemeinschaftsmarkenverordnung nicht mehr ausdrücklich als Ausnahme vom Erschöpfungsgrundsatz genannt.

43 EuGH, Slg. 1978, 1139ff., 1165ff. - Hoffmann- La Roche/ Centrafarm; Baumbach/Hefermehl: Warenzeichenrecht, § 15, Rn.85, S.689f.; a.A. Beier: Grenzen, GRUR Int. 1978, 263ff., 276.

44 Geänderter Vorschlag einer Verordnung des Rates über die Gemeinschaftsmarke (konsolidierter Text) vom 11.5.1988, GRUR Int. 1989, 388ff.; siehe auch den Vorschlag einer Verordnung des Rates über die Gemeinschaftsmarke vom 27.11.1980, ABl. 1980 C351/5ff. = GRUR Int. 1981, 86ff.

cc. Markenrechtsrichtlinie

Art.5 Markenrechts-RL[45] räumt dem Markeninhaber wie Art.8 des Vorschlags einer Gemeinschaftsmarken-VO das ausschließliche Kennzeichnungs- und Erstvertriebsrecht ein.

Nach Art.7 Abs.1 Markenrechts-RL gewährt die Marke wie Art.8 des Vorschlags einer Gemeinschaftsmarken-VO ihrem Inhaber nicht das Recht, einem Dritten zu verbieten, die Marke für Waren zu benutzen, die unter dieser Marke von ihm oder mit seiner Zustimmung in der Gemeinschaft in den Verkehr gebracht worden sind. Damit wird eine EG-weite Erschöpfung der Rechte aus den nationalen Marken festgelegt.[46]
Nach Art.7 Abs.2 Markenrechts-RL findet der Erschöpfungsgrundsatz aber keine Anwendung, wenn berechtigte Gründe es rechtfertigen, daß der Inhaber sich dem weiteren Vertrieb der Waren widersetzt, insbesondere wenn der Zustand der Waren nach ihrem Inverkehrbringen verändert oder verschlechtert ist.

Im Gegensatz zu Art.1 Abs.2 lit.c des Vorschlags einer Markenrechtsrichtlinie aus dem Jahre 1980 ist aber das Versehen der Ware mit einer neuen Verpackung in der geltenden Marken-

---

45 Erste Richtlinie des Rates vom 21.12.1988 zur Angleichung der Rechtsvorschriften der Mitgliedstaaten über die Marken, ABl. 1989 L40/1ff. = GRUR Int. 1989, 294ff.; siehe hierzu Kunz-Hallstein: Europäisierung, GRUR Int. 1990, 747ff.; Meister: EG-Marken-Richtlinie, MA 1990, 60ff.; v. Mühlendahl: Markenrecht, GRUR Int. 1989, 353ff.; siehe auch den Vorschlag einer ersten Richtlinie des Rates zur Angleichung des Markenrechts der Mitgliedstaaten vom 27.11.1980, ABl. 1980 C351/1ff. = GRUR Int. 1981, 30ff.

46 In Widerspruch dazu legt Art.32 des kurz vor Erlaß der Markenrechtsrichtlinie verkündeten spanischen Markengesetzes (Gesetz Nr.32/1988 über Marken vom 10.11.1988, abgedr. in engl. Übersetzung in der Gesetzgebungsbeilage von 28 Ind.Prop. No.6 (June 1989): Spain, Text 3-001, 1, abgedr. in dt. Übersetzung in GRUR Int. 1989, 552ff. = Bl.f.PMZ 1989, 202ff.) nur eine nationale Erschöpfung fest.

rechtsrichtlinie nicht mehr ausdrücklich als Ausnahme vom Erschöpfungsgrundsatz normiert.

Im Hinblick auf den Problemkreis von selektivem Vertrieb und Erschöpfungsgrundsatz wurde in Frankreich vor Erlaß des durch die Markenrechtsrichtlinie veranlaßten Markengesetzes 1991 in die Diskussion gebracht, ob nicht auch das Betreiben eines zulässigen selektiven Vertriebssystems einen berechtigten Grund i.S.v. Art.7 Abs.2 Markenrechts-RL darstelle, der es dem Vertriebsbinder erlaube, sich dem weiteren Vertrieb der Waren durch Außenseiter zu widersetzen.[47]
Eine derartige Ausnahme vom Erschöpfungsgrundsatz geht aber über die Funktionen der Marke hinaus. Zudem wären dadurch dem Markeninhaber weitergehendere Rechte als nach den Bestimmungen des EWG-Vertrages eingeräumt. Es bestehen keine Anhaltspunkte, daß dies bezweckt war.

b. Vertrieb von aus Drittstaaten importierter Originalware

aa. Art.30 und Art.36 EWGV

Art.30 und Art.36 EWGV sind grundsätzlich nur dann anwendbar, wenn die Ware in einem Mitgliedstaat in den Verkehr gebracht worden ist. Auf Importe aus Drittstaaten findet der gemeinschaftsrechtliche Erschöpfungsgrundsatz deshalb keine Anwendung. Derartige Importe können daher mit Hilfe des nationalen Rechts unterbunden werden.[48]

---

47 Siehe hierzu 4. Kap. II.3., S.119f.
48 EuGH, Slg. 1976, 913ff., 950f. - EMI Records/CBS Schallplatten; Beier: Rechtsschutz, GRUR Int. 1989, 603ff., 613; siehe zur Beurteilung von Parallelimporten in den Mitgliedstaaten der EG Beier/v. Mühlendahl: Grundsatz, Mitt. 1980, 101ff., 103ff.; Möschel: Behandlung, S.80ff.; siehe auch 4. Kap. II.2., S.117f., 5. Kap. II.2., S.141f., 6. Kap. II.2., S.164ff.; insbesondere in Italien gehen die Ansichten auseinander; Parallelimporte sehen als zulässig an: Trib. Prato, Giur.it. 1987, I, 2,

Bei einem Import aus einem Drittland in einen Mitgliedstaat, der der weltweiten Erschöpfung folgt, und einem anschließenden Import in einen Mitgliedstaat, der nicht der weltweiten Erschöpfung folgt, ist aber auch in diesem letzten Staat dem Markeninhaber wegen Art.30 und Art.36 EWGV eine Berufung auf das nationale Recht abgeschnitten,[49] obwohl die Ware in dem ersten Mitgliedstaat nicht von dem Markeninhaber oder mit seiner Zustimmung von einem Dritten in den Verkehr gebracht worden ist.

Das Gleiche wie bei Importen aus Drittstaaten allgemein gilt auch bei Importen aus Staaten, mit denen die EWG Freihandelsabkommen abgeschlossen hat.[50]
Art.13 und Art.20 FHA EWG/A und FHA EWG/CH sind wegen der unterschiedlichen Zielsetzung des EWG-Vertrages und der Freihandelsabkommen trotz ähnlichen Wortlauts nicht wie Art.30 und Art.36 EWGV auszulegen. Dies hat der Europäische Gerichtshof zu den gleichlautenden Art.14 Abs.1 und Art.23 FHA EWG/Portugal[51] ausgesprochen.[52] Importe können also auch insoweit mit Hilfe des nationalen Rechts verhindert werden.

bb. Vorschlag einer Gemeinschaftsmarkenverordnung

Nach Art.11 Abs.1 des Vorschlags einer Gemeinschaftsmarken-VO räumt die Marke ihrem Inhaber nicht das Recht ein, einem Dritten zu verbieten, die Marke für Waren zu benutzen, die unter dieser Marke von ihm oder mit seiner Zustimmung in der

---

44; Trib. Venice, [1987] EIPR D-229; Parallelimporte sehen als unzulässig an: Pret. Bologna, [1988] EIPR D-10; Pret. Vigevano, Giur.it. 1988, I, 2, 364.

49 Beier: Rechtsschutz, GRUR Int. 1989, 603ff., 614.

50 Beier: Rechtsschutz, GRUR Int. 1989, 603ff., 613f.

51 Abkommen zwischen der EWG und der Portugiesischen Republik vom 22.7.1972, ABl. 1972 L301/165ff.

52 EuGH, Slg. 1982, 329ff., 348ff. - Polydor/Harlequin (betr.: Urheberrecht); siehe auch Kucsko: Parallelimporte, GRUR Int. 1980, 138ff., 142ff.; Veelken: Anwendbarkeit, RIW 1988, 112ff., 115ff.

Gemeinschaft in den Verkehr gebracht worden sind.
Im Gegensatz zu Art.11 Abs.1 des Vorschlags einer Gemeinschaftsmarkenverordnung aus dem Jahre 1980 ist damit keine weltweite, sondern nur noch eine EG-weite Erschöpfung ausgesprochen.[53]

cc. Markenrechtsrichtlinie

Nach Art.7 Abs.1 Markenrechts-RL gewährt die Marke ihrem Inhaber nicht das Recht, einem Dritten zu verbieten, die Marke für Waren zu benutzen, die unter dieser Marke von ihm oder mit seiner Zustimmung in der Gemeinschaft in den Verkehr gebracht worden sind.
Im Gegensatz zu Art.6 Abs. des Vorschlags einer Markenrechtsrichtlinie aus dem Jahre 1980 ist damit keine weltweite, sondern nur noch eine EG-weite Erschöpfung normiert.

Es stellt sich damit die Frage, welche Auswirkungen dies auf den Import aus Drittstaaten hat.[54]
Nach dem Wortlaut der Vorschrift soll nur ein Inverkehrbringen der Ware in der Gemeinschaft die Markenrechte einschränken.[55]
Die historische Auslegung, belegt durch die auffällige Abweichung des Art.7 Abs.1 Markenrechts-RL von Art.6 Abs.1 des Vorschlags einer Markenrechtsrichtlinie aus dem Jahre 1980 und das Hinwirken der europäischen Markenartikelindustrie auf eine derartige Beschränkung des Erschöpfungsgrundsatzes,[56] bestätigt dieses Ergebnis.

---

53 Siehe zu der daraus resultierenden Problematik hinsichtlich der insoweit gleich lautenden Markenrechtsrichtlinie 3. Kap. II.2.cc., S.94ff.
54 Siehe hierzu Beier: Rechtsschutz, GRUR Int. 1989, 603ff., 614f.
55 Siehe auch Cornish: Intellectual property, § 18-017, S.493.
56 Siehe hierzu Beier: Rechtsschutz, GRUR Int. 1989, 603ff., 614f.

Zieht man in Betracht, daß Art.5 Markenrechts-RL die Rechte aus der Marke bestimmt und daß nach den einleitenden Erwägungen zur Markenrechtsrichtlinie erreicht werden soll, daß die Marken in Zukunft im Recht aller Mitgliedstaaten einen einheitlichen Schutz genießen, könnte nur die in Art.7 Abs.1 Markenrechts-RL angesprochenen EG-weite Erschöpfung die Rechte aus der Marke einschränken.[57] Die Aufrechterhaltung einer weltweiten Erschöpfung im deutschem Recht wäre damit nicht zu vereinbaren.

Dagegen ließe sich argumentieren, daß die Rechtsvereinheitlichung kein durchgängig mit der Markenrechtsrichtlinie angestrebtes Ziel ist. So nimmt etwa schon Art.5 Abs.2 und Abs.5 Markenrechts-RL[58] einen unterschiedlichen Rechtszustand beim Markenschutz gegen Rufausbeutung und Rufbeeinträchtigung hin.[59]
Da die Beibehaltung einer weltweiten Erschöpfung nach deutschem Recht den freien Warenverkehr zwischen den Mitgliedstaaten nicht beeinträchtigen würde und die Markenrechtsrichtlinie die Rechtsvereinheitlichung nicht durchgehend anstrebt, müßte der deutsche Gesetzgeber nicht als verpflichtet angesehen werden, von einer weltweiten Erschöpfung abzugehen.[60]

Allerdings ist auch in Art.11 Abs.1 des VO-Vorschlags Gemeinschaftsmarke 1988 nur eine EG-weite Erschöpfung vorgesehen. Wegen des Verordnungscharakters und der letztlich abschließenden Regelung über die Gemeinschaftsmarke bliebe es hier für alle Mitgliedstaaten bei einer bloß EG-weiten Er-

57 Ähnlich auch Kunz-Hallstein: Europäisierung, GRUR Int. 1990, 747ff., 758f.
58 Siehe auch Art.12 Abs.1a VO-Vorschlag Gemeinschaftsmarke 1988; siehe zum Markenschutz außerhalb des Gleichartigkeitsbereichs in den Mitgliedstaaten der EG Sack: Markenschutz, RIW 1985, 597ff.
59 Siehe zu Art.5 Abs.2 und Abs.5 Markenrechts-RL Meister: EG-Marken-Richtlinie, MA 1990, 60ff., 67.
60 Im Ergebnis ebenso Beier: Rechtsschutz, GRUR Int. 1989, 603ff., 615.

schöpfung der Rechte aus der Marke. Damit würden aber nationale Marken und Gemeinschaftsmarken unterschiedlich behandelt.
Dies hätte bei Beibehaltung der weltweiten Erschöpfung der Markenrechte im deutschen Recht zur Folge, daß die Inhaber inländischer Marken den Import von Originalware aus Drittstaaten hinnehmen müßten, daß aber die inländischen Inhaber von Gemeinschaftsmarken den Import von Originalware aus Drittstaaten verhindern könnten.

Um einerseits diesen Widerspruch zu verhindern und um andererseits doch zu einer einheitlichen weltweiten Erschöpfung der Markenrechte zu gelangen, bleibt einzig und allein die Möglichkeit, in gewissem Gegensatz zum gesetzgeberischen Willen, aber im Einklang mit den Funktionen der Marke, sowohl in Art.7 Abs.1 Markenrechts-RL als auch in Art.11 Abs.1 des VO-Vorschlags Gemeinschaftsmarke 1988 nur eine Teilregelung dahingehend zu sehen, daß sich die Markenrechte auf jeden Fall EG-weit erschöpfen, daß aber auch eine weltweite Erschöpfung nicht ganz ausgeschlossen sein soll.[61]
Gegen eine solche Interpretation wird jedoch bereits der Einwand einer unzulässigen gesetzesübersteigenden Auslegung vorgebracht.[62]

Dieser Einwand ist angesichts des klaren Wortlauts von Art.11 Abs.1 des VO-Vorschlags Gemeinschaftsmarke 1988, der nur eine EG-weite Erschöpfung vorsieht, berechtigt.
Da aber Art.7 Abs.1 Markenrechts-RL den gleichen Wortlaut aufweist und in diesem Punkt kein Grund für eine unterschiedliche Behandlung von nationaler Marke und Gemeinschaftsmarke ersichtlich ist, wäre dem deutschen Gesetzgeber die Normierung einer weltweiten Erschöpfung für nationale Marken verwehrt.

---

61 Siehe hierzu Cornish: Intellectual property, § 18-017, S.493.
62 Meister: EG-Marken-Richtlinie, MA 1990, 60ff., 68.

Das gegenteilige Ergebnis ließe sich allenfalls unter Heranziehung der Herkunftsfunktion der Marke vertreten; denn nach den einleitenden Erwägungen zur Markenrechtsrichtlinie ist insbesondere die Gewährleistung der Herkunftsfunktion der Zweck des durch die eingetragene Marke gewährten Schutzes. Der Parallelimport von Originalware aus Drittstaaten könnte deshalb mangels Beeinträchtigung der Herkunftsfunktion auch auf der Grundlage der Markenrechtsrichtlinie als grundsätzlich zulässig angesehen werden.[63]
Soweit aber aufgrund von nicht unerheblichen Beschaffenheitsunterschieden Verwechselungen über die Herkunft der parallelimportierten Ware entstehen können, ließe sich ein berechtigter Grund bejahen, daß der Markeninhaber sich dem Vertrieb dieser aus Nicht-EG-Mitgliedstaaten importierten Ware widersetzt. So würde die Markenrechtsrichtlinie eine flexible Handhabung von Parallelimporten aus Nicht-EG-Mitgliedstaaten ermöglichen.
Allerdings ließe sich dem Markeninhaber auch entgegenhalten, daß er Verwechselungen selbst vermeiden kann, indem er Waren von unterschiedlicher Qualität nicht mit der gleichen Marke versieht. Dann bliebe es doch bei einer weltweiten Erschöpfung, soweit man eine solche entgegen dem Wortlaut von Art.7 Abs.1 Markenrechts-RL, jedoch im Einklang mit der Herkunftsfunktion der Marke befürworten würde.

Um aber den Schutzbereich der nationalen Marken mit dem der Gemeinschaftsmarken in Einklang zu bringen, ist die Reichweite der Erschöpfung - EG-weit oder weltweit - einerseits für alle EG-Mitgliedstaaten und andererseits für die Gemeinschaftsmarken und für die nationalen Marken nach Umsetzung der Markenrechtsrichtlinie gleich zu behandeln.
Letztlich wird der Europäische Gerichtshof über die Frage der einheitlichen Auslegung der Markenrechtsrichtlinie und der Gemeinschaftsmarkenverordnung (nach deren Inkraftset-

63 Siehe hierzu Kunz-Hallstein: Europäisierung, GRUR Int. 1990, 747ff., 759.

zung) und die Reichweite des Erschöpfungsgrundsatzes entscheiden müssen.

2. Benutzung fremder Marken in der Werbung

Nach Art.5 Abs.3 lit.d Markenrechts-RL (ebenso Art.8 Abs.2 lit.d des Vorschlags einer Gemeinschaftsmarken-VO) kann, wenn die Voraussetzungen des Absatzes 1 erfüllt sind, verboten werden, das Zeichen in den Geschäftspapieren und in der Werbung zu benutzen. Aus der Bezugnahme auf Absatz 1 ergibt sich aber, daß durch diese Vorschrift nicht die Werbung für Originalware beschränkt werden soll.
Im Umkehrschluß aus dieser Vorschrift und mit Blick auf Art.6 und Art.7 Markenrechts-RL (ebenso Art.10 und Art.11 des Vorschlags einer Gemeinschaftsmarken-VO) ergibt sich vielmehr, daß die Benutzung der Marke für Originalware in der Werbung von Außenseitern grundsätzlich nicht verboten werden kann.
Dabei ist aber der Vorbehalt, den Art.6 Abs.1 Markenrechts-RL (ebenso Art.10 des Vorschlags einer Gemeinschaftsmarken-VO) über Beschränkungen der Wirkungen der Marke enthält, bemerkenswert. Die dort genannten Beschränkungen gelten nämlich nur, sofern die Benutzung der Marke den anständigen Gepflogenheiten in Gewerbe oder Handel entspricht. Vergleichbar tritt nach Art.7 Abs.2 Markenrechts-RL (ebenso Art.11 Abs.2 lit.d des Vorschlags einer Gemeinschaftsmarken-VO) keine Erschöpfung der Markenrechte nach Absatz 1 ein, wenn berechtigte Gründe es rechtfertigen, daß der Inhaber sich dem weiteren Vertrieb der Waren widersetzt.
Bei Berücksichtigung dieser Vorschriften lassen sich auch die im Rahmen von § 15 Abs.1 Alt.3 WZG diskutierten Ansätze zur Beschränkung mißbräuchlicher Ankündigungen durch Außenseiter fortentwickeln.[64]

---

64 Siehe hierzu 3. Kap. I.2., S.83ff.

4. Kapitel
Schutz von Vertriebs- und Preisbindungen gegen Außenseiter in Frankreich*

I. Kartellrechtliche Beurteilung von Vertriebs- und Preisbindungen

1. Beurteilung von Vertriebsbindungen

a. Ansatzpunkte

Die kartellrechtliche Zulässigkeit von Wettbewerbsbeschränkungen, die Voraussetzung eines Schutzes von Vertriebsbindungen gegen Außenseiter ist, beurteilt sich nach der Ord. Nr.86-1243,[1] die an die Stelle der Ord. Nr.45-1483[2] getreten ist.

---

* Soweit nicht ausdrücklich etwas anderes angegeben wird, handelt es sich bei den in diesem Kapitel angeführten Vorschriften um französische Vorschriften, die in J.Cl., Concurrence-Consommation, Tome 1: Concurrence (Paris: Editions Techniques) und in J.Cl., Marques de fabrique. Appelations d'origine. Dessins et modèles, Tome 1: Marques (Paris: Editions Techniques) abgedruckt sind.

1 Ord. n.86-1243 relative à la liberté des prix et de la concurrence vom 1.12.1986, abgedr. in dt. Übersetzung in WuW 1988, 38ff.; siehe auch Déc. n.86-1309 fixant les conditions d'application de l'ordonnance n.86-1243 vom 29.12. 1986; Circ. du ministère de la justice CIV 87-6 concernant les modalités d'application de l'ordonnance n.86-1243 vom 6.5.1987; siehe hierzu Boutard-Labarde: Concurrence; Decocq/Pedamon: Ordonnance; Fourgoux/Marchi: Réflexions, Gaz.Pal.1987.Doctr.23; Jeantet: Esprit, J.C.P., éd.G., 1987.I.3277; Mousseron/Sélinsky: Concurrence; Mousseron/Sélinsky/Ferrier: Commentaire, J.C.P., éd.E., 1987.II.14840, 1; Bach: Reform, RIW 1987, 419ff.; Kleemann: Wettbewerbsrecht, WuW 1987, 628ff.; Langer: Wettbewerbsrecht, WRP 1991, 11ff., 14ff.; Lob: Wettbewerbsbeschränkungen, RIW 1988, 92ff.; Roudard: Schwerpunkte, GRUR Int. 1989, 647ff.

2 Ord. n.45-1483 relative aux prix vom 30.6.1945 i.d.F. der Loi n.85-1408 portant amélioration de la concurrence vom 30.12.1985 (abgedr. in D.1986.L.132).

Diese hatte erst ein Jahr zuvor durch das Gesetz Nr.85-1408[3] einige Neuerungen erfahren, die in die Ord. Nr.86-1243 übernommen worden sind.
Bei der Betrachtung der kartellrechtlichen Zulässigkeit von selektiven Vertriebsbindungen[4] waren nach altem Recht zwei Regelungsbereiche von Bedeutung, woran sich auch nach neuem Recht nichts geändert hat.[5] Zum einen behandeln die Art.7ff. Ord. Nr.86-1243, wie schon Art.50f. Ord. Nr.45-1483, wettbewerbsbeschränkende Vereinbarungen (pratiques anticoncurrentielles) und zum anderen Art.36 Abs.1 Ziff.2 Ord. Nr.86-1243, wie schon Art.37 Ziff.1 lit.a Ord. Nr.45-1483, die Verkaufsverweigerung (refus de vente).

b. Das alte Recht: Ord. Nr.45-1483

aa. Wettbewerbsbeschränkende Vereinbarungen

Nach Art.50 Abs.1 Ord. Nr.45-1483[6] waren wettbewerbsbeschränkende Vereinbarungen verboten und gemäß Art.50 Abs.3 Ord. Nr.45-1483 nichtig.
Nach Art.51 Ziff.2 Ord. Nr.45-1483[7] galt dies nicht,[8] wenn

---

3 Siehe hierzu Burst/Ferrier/Momège: Commentaire, J.C.P., éd.E., 1986.II.14682, 197; Kerber: Reform, WuW 1986, 373ff.

4 Siehe hierzu Bénabent: Note, D.1989.J.429, 429; Bonet/Mousseron: Distribution, Cah.dr.entr. 1989/2, 12, 13-17; Ferrier: Distribution, Cah.dr.entr. 1988/2, 18; Le Tallec: Symbiose, Rev.trim.dr.europ. 1988, 437, 441-443.

5 Burst/Ferrier/Momège: Commentaire, J.C.P., éd.E., 1986. II.14682, 197, 201; Roudard: Schwerpunkte, GRUR Int. 1989, 647ff., 649.

6 Art.50 Ord. n.45-1483 i.d.F. von Art.14 der Loi n.77-806 relative au contrôle de la concentration économique et à la répression des ententes illicites et des abus des positions dominantes vom 19.7.1977 (abgedr. in D.1977. L.327, 328).

7 Art.51 Ord. n.45-1483 i.d.F. von Art.3 der Ord. n.67-835 relative au respect de la loyauté en matière de concurrence vom 28.9.1967 (abgedr. in D.1967.L.375, 376).

8 Siehe als weitere Ausnahme Art.51 Ziff.1 Ord. Nr.45-1483.

diese Vereinbarungen die Entwicklung des technischen Fortschritts zur Folge hatten. Im Jahr 1985 wurde daran die weitere Voraussetzung geknüpft, daß dem Verbraucher ein angemessener Anteil des daraus resultierenden Gewinn zukommen muß. Diese Voraussetzungen sollten als gegeben angesehen werden, wenn die Vereinbarungen die durch eine Verordnung (hier: Arrêté) festgelegten Bedingungen erfüllten.[9]

Nicht alle selektiven Vertriebsbindungen wurden aber nach der Praxis der Commission de la concurrence und des durch die Wettbewerbsreform an dessen Stelle getretenen Conseil de la concurrence von Art.50 Ord. Nr.45-1483 erfaßt.[10]
Wenn derartige Bindungssysteme nicht von marktmächtigen Unternehmen ausgingen und wenn nicht ein großer Teil der Unternehmen einer Branche solche Systeme praktizierte, war Art.50 Ord. Nr.45-1483 nicht ohne weiteres anwendbar.[11]

Vielmehr war eine Auswahl der Händler nach qualitativen Kriterien, um eine sachgemäße Kundenberatung und einen erfor-

9 Art.51 Ord. n.45-1483 i.d.F. von Art.2 der Loi n.85-1408 portant amélioration de la concurrence vom 30.12.1985 (abgedr. in D.1986.L.132, 132).

10 Siehe etwa Comm. conc., 27 mai 1982, B.O.C.C. (8 nov.) 1983, 317 - ski et fixations; Comm. conc., 1 juill. 1982, B.O.C.C. (31 déc.) 1982, 419 - produits horlogers; Comm. conc., 16 déc. 1982, B.O.C.C. (5 avr.) 1984, 103 - Fichet-Bauche; Comm. conc., 20 oct. 1983, B.O.C.C. (29 déc.) 1983, 401 - jeans; Comm. conc., 1 déc. 1983, B.O.C.C. (28 déc.) 1984, 390 - produits de parfumerie; Cons. conc., 9 juin 1987, B.O.C.C.R.F. (17 juin) 1987, 177 - produits cosmétiques = Zusammenfassung bei Durquet/Turek: Rechtsprechung I, RIW 1988, 483ff., 484; siehe hierzu Ferrier/Sélinsky: Actualités, Cah.dr.entr. 1985/2, 20, 20; Sélinsky: Distribution, Cah.dr.entr. 1984/2, 17; Sélinsky: Atteintes, in: Centre de Droit de l'Entreprise: Aspects, S.295ff., 312ff. (fr.)/ S.315ff., 335ff.(dt.); Lob: Vertriebssysteme, WuW 1985, 277ff., 285ff.; Storp/Schuberl: Vertriebsvereinbarungen, WRP 1988, 15ff., 19.

11 Comm. conc., B.O.C.C. 1983, 401, 403 - jeans; Comm. conc., B.O.C.C. 1984, 390, 399 - produits de parfumerie; siehe auch Cour de Paris, D.1988.I.R.158.

derlichen Reparaturservice sicherzustellen, erlaubt.[12]
Zulässig waren auch Anforderungen an die Darbietung der Produkte und die Verpflichtung, einen bestimmten Lagerbestand zu halten.[13]
Das Verbot, an Außenseiter zu liefern, war kartellrechtlich zulässig.[14] Querlieferungen zwischen gebundenen Händlern mußten aber erlaubt bleiben.[15]
Bestimmte Vertriebswege durften nicht von vorneherein ausgeschlossen werden. So wurde bei kosmetischen Erzeugnissen ein ausschließlicher Vertrieb über Apotheken als unzulässig angesehen.[16]
Eine zahlenmäßige Beschränkung der Händler des Vertriebsnet-

---

12 Comm. conc., B.O.C.C. 1982, 419, 424 - produits horlogers; Comm. conc., B.O.C.C. 1984, 390, 400 - produits de parfumerie; Cons. conc., B.O.C.C.R.F. 1987, 177, 178 - produits cosmétiques = Zusammenfassung bei Durquet/Turek: Rechtsprechung I, RIW 1988, 483ff., 484; Cour de Paris, D.1989.J.499, 503, note Bolze, = Gaz.Pal.1988. J.208, 211, note Marchi, = Zusammenfassung bei Durquet/Turek: Rechtsprechung II, RIW 1989, 63ff., 64; siehe auch Cass. com., D.1990.J.64, note Lavillaine-Juliet, - Pierre Fabre c. Ministre de l'Economie et des Finances; ebenso Cour de Paris, J.C.P., éd.E., 1987.II.14931, 261, 261-262, obs. Vincent; Cour de Versailles, Gaz.Pal.1989. J.523, 524, note Estoup.

13 Comm. conc., B.O.C.C. 1982, 419, 424 - produits horlogers; Cons. conc., B.O.C.C.R.F. 1987, 177, 178 - produits cosmétiques = Zusammenfassung bei Durquet/Turek: Rechtsprechung I, RIW 1988, 483ff., 484.

14 Comm. conc., B.O.C.C. 1982, 419, 422 - produits horlogers.

15 Comm. conc., B.O.C.C. 1984, 390, 401 - produits de parfumerie; Cons. conc., B.O.C.C.R.F. 1987, 177, 178-179 - produits cosmétiques = Zusammenfassung bei Durquet/Turek: Rechtsprechung I, RIW 1988, 483ff., 484.

16 Comm. conc., B.O.C.C. 1984, 390, 400 - produits de parfumerie; Cons. conc., B.O.C.C.R.F. 1987, 177, 179 - produits cosmétiques = Zusammenfassung bei Durquet/Turek: Rechtsprechung I, RIW 1988, 483ff., 484; Cour de Paris, D.1989.J.499, 503, note Bolze, = Gaz.Pal.1988. J.208, 211, note Marchi, = Zusammenfassung bei Durquet/Turek: Rechtsprechung II, RIW 1989, 63ff., 64; siehe auch Cass. com., D.1990.J.64, note Lavillaine-Juliet, - Pierre Fabre c. Ministre de l'Economie et des Finances; siehe hierzu Boutard-Labarde: Vente, Cah.dr. entr., 1988/2, 7; Calvo: Distribution, Gaz.Pal.1988. Doctr.403.

zes war grundsätzlich unzulässig.[17]
Die qualitativen und quantitativen Kriterien mußten genau bestimmt sein und ohne Diskriminierung angewandt werden.[18]
Um die Einhaltung dieser Anforderung abzusichern, wurde die schriftliche Abfassung von Vertriebsbindungsverträgen als erforderlich angesehen.[19]
Die Freiheit des Händlers, die Preise selbst festzusetzen, durfte nicht beeinträchtigt werden.[20] Außerdem mußte ihm erlaubt sein, Konkurrenzprodukte zu vertreiben.[21]
Fiel nach diesen Kriterien eine Vertriebsbindung in den Anwendungsbereich von Art.50 Ord. Nr.45-1483, konnte sie aber durch Art.51 Ord. Nr.45-1483 gerechtfertigt sein, wenn sie zur Erreichung eines wirtschaftlichen Fortschritts unverzichtbar war und der Verbraucher aus der Praktizierung der selektiven Vertriebsbindung einen Nutzen zog.[22]

bb. Verkaufsverweigerung

Nach Art.37 Ziff.1 lit.a Ord. Nr.45-1483[23] stand es der

17 Comm. conc., B.O.C.C. 1982, 419, 424 - produits horlogers.
18 Comm. conc., B.O.C.C. 1983, 317, 323 - ski et fixations; Comm. conc., B.O.C.C. 1984, 390, 400 - produits de parfumerie.
19 Comm. conc., B.O.C.C. 1982, 419, 424 - produits horlogers; ebenso Bonnet/Mousseron: Distribution, Cah.dr. entr. 1989/2, 12, 16; siehe auch Sélinsky: Distribution, Cah.dr.entr. 1984/2, 17, 19.
20 Comm. conc., B.O.C.C. 1982, 419, 424 - produits horlogers; Comm. conc., B.O.C.C. 1983, 401, 403 - jeans; Comm. conc., B.O.C.C. 1984, 390, 400 - produits de parfumerie; ebenso Cour de Paris, J.C.P., éd.E., 1987. II.14391, 261, 262, obs. Vincent.
21 Comm. conc., B.O.C.C. 1984, 103, 105 - Fichet- Bauche.
22 Comm. conc., B.O.C.C. 1982, 419, 424 - produits horlogers.
23 Art.37 Ziff.1 lit.a Ord. n.45-1483 i.d.F. von Art.1 Décret n.58-545 modifiant certaines dispositions de l'ordonnance n.45-1483 du 30 juin 1945 relatives au maintien de la libre concurrence vom 24.6.1958 (abgedr. in D.1958.L.229), abgedr. in dt. Übersetzung bei Kraßer: Schutz, S.53.

Handhabung unerlaubter Preise gleich und war damit nach Art.38 Ord. Nr.45-1483 i.V.m. Art.1 Ziff.2 und Art.40 Ord. Nr.45-1484[24] strafbar, wenn ein Erzeuger, Händler, Gewerbetreibender oder Handwerker sich weigert, im Rahmen seiner Verfügungsmöglichkeiten (dans les mesures de ses disponibilités) und unter handelsüblichen Bedingungen (dans des conditions conformes aux usages commerciaux) die Nachfrage von Warenkäufern oder Dienstleistungen zu befriedigen, sofern die Nachfrage nicht anormalen Charakters (caractère anormal) ist, von gutgläubigen Nachfragern (bonne foi) ausgeht und der Warenverkauf oder die Dienstleistung nicht durch Gesetz oder behördliche Vorschrift verboten ist.
An Art.37 Ziff.1 lit.a Ord. Nr.45-1483 wurde 1985 eine weitere Passage angefügt, wonach die Verkaufsverweigerung, auch dann nicht der Handhabung unerlaubter Preise gleichzustellen sei, wenn sie sich aus im Hinblick auf Art.50 und Art.51 Ord. Nr.45-1483 erlaubten Vereinbarungen ergibt.[25]
Damit war erstmals von Gesetzes wegen eine Verbindung zwischen der Rechtfertigung von wettbewerbsbeschränkenden Vereinbarungen und der Rechtfertigung der Verkaufsverweigerung hergestellt.[26]

Bereits zuvor hatte die Cour de cassation eine derartige Verbindung geschaffen. In Anlehnung an frühere Urteile betreffend die Frage, welche Voraussetzungen Alleinvertriebsverträge erfüllen müssen, um die Verkaufsverweigerung zu rechtfertigen,[27] hat die Cour de cassation auch Vertriebs-

24 Ord. n.45-1484 relative à la constatation, la poursuite et la répression des infractions à la législation économique vom 30.6.1945 i.d.F. der Loi n.77-1468 instaurant la gratuité des actes de justice devant les juridictions civiles et administratives vom 30.12.1977 (abgedr. in D.1978.L.49).
25 Art.37 Ziff.1 lit.a Ord. n.45-1483 i.d.F. von Art.1 I Loi n.85-1408 portant amélioration de la concurrence vom 30.12.1985 (abgedr. in D.1986.L.132, 132).
26 Burst/Ferrier/Momège: Commentaire, J.C.P., éd.E., 1986. II.14682, 197, 201; Roudard: Schwerpunkte, GRUR Int. 1989, 647ff., 649.
27 Cass. crim., J.C.P., éd.G., 1962.II.12799 = GRUR Int.

bindungen eine rechtfertigende Kraft im Hinblick auf Außenseiter zuerkannt.[28]
Nach dieser Rechtsprechung ist ein Vertrag über selektiven Vertrieb gekennzeichnet durch die Auswahl der Händler nach qualitativen Kriterien ohne Diskriminierung und ohne unberechtigte quantitative Begrenzung und durch die Freiheit, auch Konkurrenzprodukte zu vertreiben. Wenn ein solcher Vertrag nicht die Freiheit des Wiederverkäufers beschränkt, den Verkaufspreis selbst festzusetzen, sondern vielmehr hauptsächlich dazu dient, durch die gegenseitigen Verpflichtungen beim Vertrieb von Produkten mit hohem technischen Standard, bei Luxus- und sonstigen Markenprodukten einen besseren Verbraucherservice sicherzustellen, kann dieser Vertrag erlaubterweise zur Folge haben, die Ware im Hinblick auf Dritte rechtlich unverfügbar (juridiquement indisponible) zu machen und infolgedessen die Verkaufsverweigerung rechtfertigen.[29]
Demgegenüber wurde in der Lehre teilweise der Nachfrage von Außenseitern ein anormaler Charakter zugeschrieben, der die Verkaufsverweigerung rechtfertige.[30]

1963, 163f. - Brandt; siehe hierzu Sallerin: Zulässigkeit, GRUR Int. 1963, 157ff; Belke: Geschäftsverweigerung, S.237ff.; siehe auch Cass. crim., J.C.P., éd.G., 1965.II.14160, obs. Hémard, - Colin; Cass. crim., J.C.P., éd.G., 1965.II.14160, obs. Hémard, - Brunel.

28 Cass. crim., Gaz.Pal.1982.J.658, note Marchi, - Lanvin (Duo); Cass. crim., Cah.dr.entr. 1983/1, 19 - Nina Ricci (Duo); siehe hierzu Guérin/Decocq: Barrière, J.C.P., éd.C.I., 1983.II.13958, 205; Vilmart: Contrats, Cah.dr. entr. 1983/1, 16; Ferrier/Sélinsky: Actualités, Cah.dr. entr. 1985/2, 20, 27-28; Lob: Vertriebssysteme, WuW 1985, 277ff., 283f.; Storp/Schuberl: Vertriebsvereinbarungen, WRP 1988, 15ff., 16ff.; siehe auch Cass. com., Gaz.Pal.1985.J.676, note Marchi, - Guerlain c. Vallerand; Cass. com., Bull.civ. 1985, IV, n.170, 143 - Sumagri France c. Tecnoma.

29 Cass. crim., Gaz.Pal.1982.J.658, note Marchi, - Lanvin (Duo); Cass. crim., Cah.dr.entr. 1983/1, 19 - Nina Ricci (Duo); ebenso Cour de Limoges, PIBD 1989, 456, III-302, 302; Cour de Versailles, Gaz.Pal.1989.J.523, 524, note Estoup; siehe auch Cour de Toulouse, Gaz.Pal.1986. Somm.25.

30 Azéma: Distribution, J.C.P., éd.C.I., 1983.II.14089, 579, 585.

Die von der Cour de cassation gestellten Anforderungen an selektive Vertriebsbindungen standen vorbehaltlich der nicht konkretisierten Möglichkeit quantitativer Beschränkungen[31] im Einklang mit dem europäischen Gemeinschaftsrecht.[32]

c. Das neue Recht: Ord. Nr.86-1243

aa. Wettbewerbsbeschränkende Vereinbarungen

Die Zulässigkeit von Wettbewerbsbeschränkungen richtet sich nun nach den Art.7ff. Ord. Nr.86-1243.[33]
Für Wettbewerbsbeschränkungen spricht Art.7 Ord. Nr.86-1243, in dessen Anwendungsbereich auch vertikale Wettbewerbsbeschränkungen fallen,[34] ein dem Art.85 Abs.1 EWGV ähnliches Verbot aus. Entsprechende Vereinbarungen sind gemäß Art.9 Ord. Nr.86-1243 (ähnliche Vorschrift wie Art.85 Abs.2 EWGV) unwirksam.
Auf bestimmte Verhaltensweisen ist nach Art.10 Ord. Nr.86-1243 (ähnliche Vorschrift wie Art.85 Abs.3 EWGV) Art.7 Ord. Nr.86-1243 aber nicht anwendbar.

Selektive Vertriebsbindungen werden von Art.7 Ziff.1 Ord. Nr.86-1243 erfaßt,[35] der Vereinbarungen verbietet, die darauf abzielen, den Marktzugang oder die freie Ausübung des Wettbewerbs durch andere Unternehmen zu beschränken. Soweit im Rahmen von selektiven vertriebsbindungen auch Märkte auf-

31 Siehe hierzu Cour de Paris, D.1989.I.R.154.
32 Bonnet/Mousseron: Distribution, Cah.dr.entr. 1989/2, 12, 14; Guérin/Decocq: Barrière, J.C.P., éd.C.I., 1983.II. 13958, 205, 210; siehe auch Vilmart: Contrats, Cah.dr. entr. 1983/1, 16, 18.
33 Siehe hierzu Boutard-Labarde: Concurrence, S.20ff.; Décocq/Pedamon: Ordonnance, S.8ff.; Mousseron: Ententes, Cah.dr.entr. 1987/1, 13.
34 Boutard-Labarde: Concurrence, S.20; Decocq/Pedamon: Ordonnance, S.8.
35 Boutard-Labarde: Concurrence, S.21; Decocq/Pedamon: Ordonnance, S.8.

geteilt werden, greift auch das Verbot nach Art.7 Ziff.4 Ord. Nr.86-1243 ein.[36]
Allerdings ist nach Art.10 Ziff.2 Ord. Nr.86-1243 der Art.7 Ord. Nr.86-1243 nicht auf wettbewerbsbeschränkende Vereinbarungen anwendbar,[37] wenn sie nachweislich die Verbraucher am entstehenden Gewinn beteiligen, zur Förderung des wirtschaftlichen Fortschritts beitragen, nicht die Möglichkeit zur Ausschaltung des Wettbewerbs für einen wesentlichen Teil der betreffenden Waren eröffnen und nur insoweit Wettbewerbsbeschränkungen beinhalten, als diese zur Erreichung des beabsichtigten Fortschritts unerläßlich sind.[38] Die danach erforderliche Abwägung der Vor- und Nachteile wettbewerbsbeschränkender Vereinbarungen wird als Methode der wirtschaftlichen Bilanzierung (bilan économique) bezeichnet.[39]
Bei bestimmten Arten von Vereinbarungen, insbesondere wenn sie eine Verbesserung der Betriebsführung mittlerer oder kleinerer Unternehmen zum Gegenstand haben, kann nach dieser Vorschrift durch Verordnung (hier: Décret) nach entsprechendem Gutachten des Conseil de la concurrence festgestellt werden, daß sie diese Voraussetzungen erfüllen.
Als Elemente, die zur Förderung des wirtschaftlichen Fortschritts beitragen, werden etwa die Rationalisierung des Vertriebs, die Erschließung neuer Märkte, die Verbesserung der Warenqualität und die Verwirklichung eines technologischen Fortschritts und als Elemente, die die Verbraucher am entstehenden Gewinn beteiligen, etwa die Senkung der Preise, der Zugang zu neuen Produkten, die Regelmäßigkeit der Versorgung und die Verbesserung des after-sale-service angesehen.[40]

---

36 Boutard-Labarde: Concurrence, S.22.
37 Siehe als weitere Ausnahme Art.10 Ziff.1 Ord. Nr.86-1243.
38 Siehe hierzu Boutard-Labarde: Concurrence, S.25ff; Decocq/Pedamon: Ordonnance, S.12f.
39 Siehe hierzu Boutard-Labarde: Concurrence, S.27; Décocq/Pedamon: Ordonnance, S.13.
40 Boutard-Labarde: Concurrence, S.27.

Inhaltlich sind die Art.7ff. Ord. Nr.86-1243 den Art.50f. Ord. Nr.45-1483 ähnlich.[41]
Zudem sind die Art.7ff. Ord. Nr.86-1243 im wesentlichen identisch mit Art.85 EWGV.[42]

bb. Verkaufsverweigerung

Art.36 Abs.1 Ziff.2 Ord. Nr.86-1243[43] begründet für eine Verkaufsverweigerung, die gegenüber Gewerbetreibenden nicht mehr strafbar ist, eine Schadensersatzpflicht des Herstellers, es sei denn, die Nachfrage hält sich nicht im Rahmen des Üblichen (z.B. ungewöhnliche Menge, Fehlen der Qualifikation des Nachfragers) oder erfolgt nicht in gutem Glauben (z.B. Herabsetzungspraktiken, Lockpreise, Verlustverkauf, Zahlungsunfähigkeit) oder die Verkaufsverweigerung ist durch Art.10 Ziff.2 Ord. Nr.86-1243 gerechtfertigt.[44]

Inhaltlich ist Art.36 Abs.1 Ziff.2 Ord. Nr.86-1243 dem Art.37 Ziff.1 lit.a Ord. Nr.45-1283 ähnlich, wobei allerdings das Tatbestandsmerkmal der Verfügbarkeit der Ware weggefallen ist.[45]
Die Verkaufsverweigerung kann deshalb nicht mehr mit einer rechtlichen Unverfügbarkeit gerechtfertigt werden, so daß

41 Fourgoux/Marchi: Reflexions, Gaz.Pal.1987. Doctr.23, 25; Mousseron: Ententes, Cah.dr.entr. 1987/1, 13, 14; Mousseron/Sélinsky: Concurrence, Anm.117f., S.101f.; Storp/Schuberl: Vertriebsvereinbarungen, WRP 1988, 15, 19; Cour de Paris, PIBD 1988, 441, III-424, 425.

42 Bonet/Mousseron: Distribution, Cah.dr.entr. 1989/2, 12, 13; Mousseron/Sélinsky: Concurrence, Anm.118, S.102; Dorsner-Dolivet: Obs., J.C.P., éd.G., 1990.II.21391; siehe auch Le Tallec: Symbiose, Rev.trim.dr.europ. 1988, 437, 441.

43 Siehe hierzu Ferrier: Pratiques, Cah.dr.entr. 1987/1, 19, 20-22.

44 Boutard-Labarde: Concurrence, S.38; Ferrier: Pratiques, Cah.dr.entr. 1987/1, 19, 20.

45 Bénabent: Note, D.1989.J.429, 429; Decocq/Pedamon: Ordonnance, S.26f.; Virassamy: Régime, D.1988.Chron.113, 117.

für eine Rechtfertigung die anderen Kriterien des Art.36 Ziff.2 Ord. Nr.86-1243 heranzuziehen sind.[46] Zu nennen ist das Merkmal der ungewöhnlichen Nachfrage und die Verweisung auf Art.10 Ord. Nr.86-1243.[47]
Trotzdem wird teilweise noch auf den Begriff der rechtlichen Unverfügbarkeit abgestellt.[48]

d. Ergebnis

Die Ansichten der Cour de cassation im Hinblick auf die Rechtfertigung der Verkaufsverweigerung und die Ansicht der Commission de la concurrence im Hinblick auf das Vorliegen einer Wettbewerbsbeschränkung und deren Rechtfertigung sind damit zum alten Recht im wesentlichen identisch gewesen.[49]
Unter Berücksichtigung des Gleichklangs von Art.7 Ord. Nr.86-1243 mit Art.85 EWGV und mit Art.50 Ord. Nr.45-1283 ist davon auszugehen, daß einfache Fachhandelsbindungen mit Auswahl der Händler nach qualitativen Kriterien zum einen kartellrechtlich zulässig sind und zum anderen eine Verkaufsverweigerung gegenüber unqualifizierten Außenseitern rechtfertigen.[50]
Weitergehende Anforderungen an die Händler im Sinne qualifizierter Fachhandelsbindungen und eine darüberhinaus gehende quantitative Selektion der Händler[51] sind aber in Übereinstimmung mit dem europäischen Gemeinschaftsrecht und in einem gewissen Gegensatz zum alten Recht als Verstoß gegen

---

46 Siehe hierzu Ferrier: Pratiques, Cah.dr.entr. 1987/1, 19, 21; Mousseron/Sélinsky: Concurrence, Anm.154, S.132f.
47 Boutard-Labarde: Concurrence, S.38; Ferrier: Pratiques, Cah.dr.entr. 1987/1, 19, 21.
48 Trib. com. Nanterre, Gaz.Pal.1988.J.174, 175.
49 Azéma: Distribution, J.C.P., éd.C.I., 1983.II.14089, 579, 580; Sélinsky: Distribution, Cah.dr.entr. 1984/2, 17, 18.
50 Ferrier: Distribution, Cah.dr.entr. 1988/2, 18, 20.
51 Siehe hierzu Cour de Paris, J.C.P., éd.E., 1989.I.18174, 34; siehe auch Cour de Paris, D.1989.I.R.128.

Art.7 Ord. Nr.86-1243 anzusehen.
In diesen Fällen kann die Erfüllung der Kriterien von Art.10 Ord. Nr.86-1243 zur kartellrechtlichen Wirksamkeit führen und aufgrund der Verweisung in Art.36 Ziff.2 Ord. Nr.86-1243 die Verkaufsverweigerung rechtfertigen.[52]

2. Beurteilung von Preisbindungen

Die Bindung von Wiederverkaufspreisen stand nach Art.37 Ziff.4 Ord. Nr.45-1483,[53] der zuletzt im Jahr 1985 ergänzt worden war,[54] der Handhabung unerlaubter Preise gleich[55] und war damit nach Art.38 Ord. Nr.45-1483 i.V.m. Art.1 Ziff.2 und Art.40 Ord. Nr.45-1484 strafbar.
Nun stellt Art.34 Ord. Nr.86-1243 die Bindung der Wiederverkaufspreise[56] unter Strafe.[57]
Vertikale Preisbindungen sind damit nach französischem Recht nicht möglich.

Demgegenüber besteht allerdings nach Art.1 Abs.1 Loi Lang eine gesetzliche Preisfestsetzungspflicht des Herausgebers oder Importeurs von Büchern.[58]

---

52 Ferrier: Distribution, Cah.dr.entr. 1988/2, 18, 21.
53 Art.37 Ziff.4 Ord. n.45-1483 i.d.F. von Art.1 des Décret n.58-545 modifiant certaines dispositions de l'ordonnance n.45-1483 du 30 juin 1945 relatives au maintien de la libre concurrence vom 24.6.1958 (abgedr. in D.1958. L.229), abgedr. in dt. Übersetzung bei Kraßer: Schutz, S.21f.
54 Art.37 Ziff.4 Ord. n.45-1483 i.d.F. von Art.1 III der Loi n.85-1408 portant amélioration de la concurrence vom 30.12.1985 (abgedr. in D.1986.L.132, 132).
55 Siehe auch Art.50 Abs.1 Ord. Nr.45-1483.
56 Siehe hierzu Boutard-Labarde: Concurrence, S.31; Decocq/Pedamon: Ordonnance, S.26; Roudard: Schwerpunkte, GRUR Int. 1989, 647ff., 658.
57 Siehe auch Art.7 Ziff.2 Ord. Nr.86-1243.
58 Siehe im einzelnen 4. Kap. III.3., S.129ff.

II. Vertriebsbindungen und Markenrecht

1. Einleitung

Aufgrund der europäischen Markenrechtsrichtlinie wurde in Frankreich ein neues Markengesetz, das Markengesetz 1991,[59] geschaffen, das nach seinem Art.41 am 28.12.1991 in Kraft treten wird.
Da das alte Markengesetz, das Markengesetz 1964,[60] derzeit noch gültig ist und in der Diskussion um den Schutz von Vertriebsbindungen eine wichtige Rolle gespielt hat, ist zuerst das gegenwärtige und dann das zukünftige Markenrecht im Hinblick auf einen Schutz von Vertriebsbindungen zu erörtern.

2. Das gegenwärtige Markenrecht

a. Markenrechtliche Beurteilung des Vertriebs von Originalware

Die bisherige Grundlage des Markenschutzes sind die strafrechtlichen Vorschriften der Art.422ff. C.pén.[61] in der derzeit noch gültigen Fassung.

---

59 Loi n.91-7 relative aux marques de fabrique, de commerce ou de service vom 4.1.1991, abgedr. in PIBD 1991, 494, I-19.

60 Loi n.64-1360 sur les marques de fabrique, de commerce ou de service vom 31.12.1964 (abgedr. in D.1965.L.59) i.d.F. der Loi n.65-472 modifiant la loi n.64-1360 du 31 décembre 1964 sur les marques de fabrique, de commerce ou de service vom 23.6.1965 (abgedr. in D.1965.L.190), abgedr. in dt. Übersetzung bei Mathély: Markenrecht, S.80ff.; siehe hierzu J.Cl., Marques; Chavanne/Burst: Propriété, Anm.559ff., S.329ff.; Mathély: Signes; Mathély: Markenrecht = GRUR Int. 1966, 1ff. und 79ff.; Schmidt-Szalewski: Propriété, S.94ff.; Schmittbiel/Weber: Marken, Mitt. 1989, 137ff.

61 Art.422ff. C.pén. abgedr. in dt. Übersetzung bei Mathély: Markenrecht, S.86ff.

Eine Markenrechtsverletzung kann nach Art.1382 C.civ., der zentralen Vorschrift des französischen Deliktsrechts,[62] auch zu zivilrechtlichen Ansprüchen des Markeninhabers führen.[63]

Der Umfang des Markenschutzes und damit auch die Frage nach der Erschöpfung des Markenrechts nach dem erstmaligen Inverkehrbringen der Waren war und ist in der französischen Rechtsprechung und Lehre heftig umstritten. In der Praxis ging es überwiegend um die Frage eines markenrechtlichen Schutzes von Vertriebsbindungen.[64]
Der Streit entzündete sich an der Frage, ob nur der Gebrauch einer nachgemachten Marke (usage d'une marque contrefaite) oder jeglicher Gebrauch der Marke ohne Erlaubnis des Berechtigten (usage d'une marque sans autorisation) unzulässig ist.[65]
Der Streit resultierte aus dem Wortlaut von Art.422 Ziff.1 Alt.1 und insbesondere Ziff.2 C.pén., dessen Fassung auf

---

62 Siehe zum französischen Deliktsrecht Biesalski: Grundzüge; Ferid/Sonnenberger: Zivilrecht, Rn.2-O-1ff., S.444ff.
63 Mathély: Signes, S.504; siehe auch, allerdings zivilrechtliche Ansprüche verneinend, Cass. com., Bull.civ. 1988, IV, n.341, 229, 229-230 - Lanvin c. Rocadis Centre Leclerc; Cass. com., PIBD 1989, 458, III-353, 354 - Lonpondis Centre Leclerc c. OPAL; Cass. com., D.1989. J.427, 427-428, note Bénabent, - Berry Distribution Centre Leclerc c. OPAL; Cass. com., Bull.civ. 1989, IV, n.97, 64, 64-65 - Edouard Leclerc c. Christian Dior.
64 Siehe hierzu Bénabent: Note, D.1989.J.429, 429-430; Bonet/Mousseron: Distribution, Cah.dr.entr. 1989/2, 12, 17-18; Burst: Note, Gaz.Pal.1989.J.421, 422-423; Françon: Epuisement, J.C.P., éd.E., 1990.II.15669, 31 = J.C.P., éd.G., 1990.I.3428; Jourdain: Réseaux, D.1990. Chron.43; Le Tallec: Symbiose, Rev.trim.dr.europ. 1988, 437, 447-449; Lebel/Aicardi: Aspects, [1990] EIPR 246, 247-248; Plaisant: Influence, in: FS f. Pedrazzini, S.641ff., 644ff.; Reboul: Distribution, Cah.dr.entr. 1988/2, 35.
65 Siehe hierzu Fourgoux: Art, Rev.science crim. 1987, 893; Le Court: Utilisation, Gaz.Pal.1987.Doctr.483; Plaisant, in: J.Cl., Marques, fasc. 19-B (11, 1980), Anm.10f., S.3f., fasc. 19-B (5, 1988), Anm.10, 12, S.1f.; Reboul: Distribution, Cah.dr.entr. 1988/2, 35.

Art.27 des Markengesetzes 1964[66] i.d.F. von Abs.7 des Gesetzes vom 23.6.1965[67] zurückgeht.

Nach Art.422 Ziff.1 Alt.1 C.pén. machen sich diejenigen strafbar, die eine Marke nachmachen (contrefaçon), und nach Art.422 Ziff.2 C.pén. diejenigen, die eine Marke ohne Erlaubnis des Berechtigten gebrauchen (usage d'une marque sans autorisation), selbst wenn dies unter Hinzufügung von Worten wie Formel, Form, System, Nachahmung oder Art erfolgt.
Demgegenüber waren nach Art.7 Ziff.1 des Markengesetzes 1857,[68] diejenigen, die eine Marke nachmachen (contrefaçon) oder eine nachgemachte Marke gebrauchen (usage d'une marque contrefaite), mit Strafe bedroht.

Ein Teil der Lehre führt den von Art.7 Ziff.1 Alt.2 Markengesetz 1857 abweichenden Wortlaut des Art.422 Ziff.2 C.pén. auf ein redaktionelles Versehen des Gesetzgebers, nicht aber auf eine bewußte Erweiterung des Straftatbestandes zurück und befürwortet eine enge Auslegung.[69]
Dabei wird zum einen darauf hingewiesen, daß sich nach Art.422 Ziff.1 C.pén. i.d.F. von Art.27 des Markengesetzes 1964 in seiner ursprünglichen Fassung diejenigen strafbar

---

66 Art.27 Loi n.64-1360 sur les marques de fabrique, de commerce ou de service vom 31.12.1964 (abgedr. in D.1965.L.59, 60), abgedr. in dt. Übersetzung in GRUR Int. 1965, 201ff., 203 = Bl.f.PMZ 1965, 166ff., 168.

67 Abs.7 Loi n.65-472 modifiant la loi n.64-1360 du 31 décembre sur les marques de fabrique, de commerce ou de service vom 23.6.1965 (abgedr. in D.1965.L.190, 190), abgedr. in dt. Übersetzung in Bl.f.PMZ 1966, 6f., 6.

68 Loi sur les marques de fabrique et de commerce vom 27.6.1857, abgedr. in D.1857.L.97, 97.

69 Azéma: Obs., J.C.P., éd.E., 1985.II.14602, 659, 660; Chavanne/Burst: Propriété, Anm.830, S.516; Françon: Obs., J.C.P., éd.C.I., 1977.II.12505, 405, 406 = J.C.P., éd.G., 1977.II.18616; Plaisant, J.Cl., Marques, fasc. 19-B (5, 1988), Anm.10, S.3f.; Pochon: Note, Gaz.Pal. 1976.J.795, 796; a.A. Mathély: Obs., Ann.Prop.Ind. 1988, II, 128, 130; Mathély: Signes, S.618; Mathély: Markenrecht, S.62 = GRUR Int. 1966, 1ff. und 79ff., 87; siehe hierzu Fourgoux: Art, Rev.science crim. 1987, 893, 893; Reboul: Distribution, Cah.dr.entr. 1988/2, 35, 36.

machten, die irgendeinen Gebrauch von einer Marke ohne Erlaubnis des Berechtigten machen (usage quelconque d'une marque sans autorisation) und daß der Gesetzgeber bei der Neufassung von Art.422 C.pén. durch Art.27 des Markengesetzes 1964 i.d.F. des Gesetzes vom 23.6.1965, das im Zusammenhang mit dem Wort "Gebrauch" (usage) verwendete Wort "irgendeinen" (quelconque) gestrichen habe, worin zum Ausdruck komme, daß gerade nicht jeder Gebrauch der Marke ohne Erlaubnis des Berechtigten strafbar sein solle.[70]
Daneben wird auch Art.30 Loi Scrivener[71] ins Feld geführt. Nach dieser Vorschrift können sich Markeninhaber dem widersetzen, daß Werbetexte, die ihre Marke namentlich betreffen, verbreitet werden, wenn die Benutzung dieser Marke zum Ziel hat, den Konsumenten zu täuschen, oder wenn sie bösgläubig erfolgt.[72] So fällt etwa der Einsatz vertriebsgebundener Ware, um den Verkauf des sonstigen Sortiments zu fördern, unter Art.30 Loi Scrivener, weil in einem solchen Fall die Benutzung der Marke als bösgläubig qualifiziert wird.[73]
In der Lehre wird vertreten, daß es dieser Norm nicht bedurft hätte, wenn Art.422 Ziff.2 C.pén. weit auszulegen sei.[74]

---

70 Françon: Obs., J.C.P., éd.C.I., 1977.II.12505, 405, 405 = J.C.P., éd.G., 1977.II.18616; Pochon: Note, Gaz.Pal. 1976.J.795, 796; Reboul: Distribution, Cah.dr.entr. 1988/2, 35, 36.

71 Loi n.78-23 sur la protection et l'information des consommateurs de produits et de services vom 10.1.1978 (Loi Scrivener) i.d.F. der Loi n.83-660 relative à la sécurité des consommateurs et modifiant diverses dispositions de la loi du 1er août 1905 vom 21.7.1983; Art.30 Loi Scrivener abgedr. in dt. Übersetzung bei Dutoit: Ausnutzung, GRUR Int. 1986, 1ff., 4.

72 Siehe hierzu Plaisant/Arbousset, in: J.Cl., Marques, fasc.10 (11, 1988), Anm.17, S.6; Chavanne, in: J.Cl., Concurrence, fasc.160 (11, 1984), Anm.39, S.11.

73 Chavanne, in: J.Cl., Concurrence, fasc.160 (11, 1984), Anm.39, S.11; Chanterac/Fabre: Publicité, S.249; siehe auch Roux/Voillemot: Pratiques, Anm.460, S.167; Trib. gr. inst. Paris, PIBD 1990, 471, III-85, 86.

74 Plaisant, in: J.Cl., Marques, fasc.19-B (11, 1980), Anm.10, S.4.

Demgegenüber hat die Rechtsprechung einen strafbaren Markengebrauch auch ohne Vorliegen einer Nachahmung bejaht.[75] Diese Rechtsprechung gipfelte in Urteilen der Cour de cassation vom 24.2.1987, wonach Art.422 Ziff.2 C.pén. den Gebrauch einer Marke ohne Einverständnis des Markeninhabers unabhängig davon unter Strafe stelle, ob eine Nachahmung vorliege, und wonach auch ein Außenseiter, der vertriebsgebundene Ware zum Zwecke des Weiterverkaufs lagere, diesen Straftatbestand erfülle.[76]

Eine Auflockerung dieser Rechtsprechung zeichnete sich aber bereits drei Monate später in Urteilen der Cour de cassation vom 18.5.1987 ab, wonach ein gebundener Händler sich nicht nach Art.422 Ziff.2 C.pén. strafbar mache, wenn er vertriebsgebundene Ware von einer vom Vertriebsbinder nicht genehmigten Verkaufsstelle aus vertreibe, weil die Waren ordnungsgemäß erworben (regulièrement acquis) seien.[77] Aller-

---

75 Cass. com., J.C.P., éd.C.I., 1977.II.12505, 404, 405, obs. Françon = J.C.P., éd.G., 1977.II.18616, obs. Françon, = Gaz.Pal.1976.J.795, 795, note Pochon, - Skai; Cass. crim., J.C.P., éd.C.I., 1977.I.6240, 152 - Rocourt; Cour de Versailles, Gaz.Pal.1985.Somm.112; Cour de Paris, Gaz.Pal.1984.Somm.198, 198; siehe zu weiteren Urteilen Fourgoux: Art, Rev.science crim. 1987, 893, 894-896; Reboul: Distribution, Cah.dr.entr. 1988/2, 35, 36.

76 Cass. crim., J.C.P., éd.E., 1987.II.15015, 477, 478, obs. Rosenfeld, = D.1987.J.558, 559, note Parléani, = GRUR Int. 1988, 686, m. Anm. v. Stuckel, - Pham Cong Suu I (Nina Ricci); Cass. crim., Ann.Prop.Ind. 1988, II, 125 et 133, 134, obs. Mathély, - Pham Cong Suu II (Estée Lauder); ebenso Cour de Versailles, Ann.Prop.Ind. 1988, II, 125 et 129, 131-133, obs. Mathély; Trib. gr. inst. Paris, PIBD 1987, 419, III-371.

77 Cass. crim., D.1987.J.558, 558-559, note Parléani, = GRUR Int. 1988, 687f., 687f. - Mandonnaud I (Guerlain); Cass. crim., Gaz.Pal.1987.J.544, note Marchi, - Mandonnaud II (Guerlain) = Zusammenfassung bei Durquet/Turek: Rechtsprechung I, RIW 1988, 483ff., 484; a.A. Cour de Lyon, J.C.P., éd.E., 1985.II.14602, 656, 658-659, obs. Azéma, = D.1987.J.7, 8-9, note Parléani, = GRUR Int. 1986, 726f., 727; Cour d'Aix-en-Provence, Gaz.Pal.1985. J.760, 761, note Marchi; siehe auch Plaisant: Influence, in: FS f. Pedrazzini, S.641ff., 648ff.

dings soll ein derartiges Verhalten die Kündigung des Vertriebsbindungsvertrages rechtfertigen.[78]
Weitere fünf Monate später vollzog die Cour de cassation mit Urteil vom 5.10.1987 eine Kehrtwendung.[79] Ein Außenseiter mache sich nicht nach Art.422 Ziff.2 C.pén. strafbar, wenn er vertriebsgebundene Ware verkaufe, weil die gebrauchte Marke nicht nachgemacht sei.[80] Der Markeninhaber habe kein Folgerecht (droit de suite) bezüglich der gekennzeichneten Waren. Vielmehr erschöpfe sich das Markenrecht mit dem ersten Inverkehrbringen der Waren (épuisement). Außerdem könne der Vertrag zwischen dem Vertriebsbinder und dem gebundenen Händler nicht demjenigen entgegengehalten werden, der die Waren als ordnungsgemäßer Erwerber (acquéreur régulier) von einem gebundenen Händler erworben habe.[81]
Diese Rechtsprechung wurde durch weitere Urteile bestätigt[82]

---

78 Cass. com., D.1987.Somm.24 - J. Z. Parfums c. Y. Saint-Laurent; siehe auch Cour de Versailles, D.1988.I.R.168.
79 Lebel/Aicardi: Aspects, [1990] EIPR 246, 248.
80 Cass. crim., D.1988.J.450, 450, note Fourgoux - Trassard (Dior); so schon Trib. gr. inst. Paris, J.C.P., éd.E., 1987.II.15015, 477, 479, obs. Rosenfeld, = D.1987.J.389, 389-390, note S. M.; ebenso Cour de Versailles, D.1987. I.R.92; Cour de Versailles, Gaz.Pal.1988.Somm.103; Cour de Limoges, PIBD 1989, 456, III-302, 302-303; ebenso Plaisant/Arbousset, in: J.Cl., Marques, fasc.10 (11, 1988), Anm.16, S.6; a.A. Mathély: Signes, S.323; Mathély: Markenrecht, S.39 = GRUR Int. 1966, 1ff. und 79ff., 79.
81 Cass. crim., D.1988.J.450, 450, note Fourgoux, - Trassard (Dior); so schon Trib. gr. inst. Paris, J.C.P., éd.E., 1987.II.15015, 477, 479, obs. Rosenfeld, = D.1987.J.389, 389-390, note S. M.
82 Cass. crim., PIBD 1988, 445, III-559, 560 - Abihssira (Guerlain) = Zusammenfassung bei Durquet/Turek: Rechtsprechung II, RIW 1989, 63ff., 64; Cass. crim., PIBD 1988, 445, III-557, 558 - de Guitar (Yves-Saint-Laurent); Cass. com., Bull.civ. 1988, IV, n.341, 229, 230 - Lanvin c. Rocadis Centre Leclerc; Cass. com., D.1989.J.427, note Bénabent, - Givenchy c. Rocadis Centre Leclerc; Cass. com., PIBD 1989, 458, III-353, 354 - Lonpondis Centre Leclerc c. OPAL; Cass. com., D.1989. J.427, 428, note Bénabent, - Berry Distribution c. OPAL; Cass. crim., J.C.P., éd.E., 1989.I.18348, 85 - Dietrich; Cass. com., Bull.civ. 1989, IV, n.97, 64, 65 - Edouard Leclerc c. Christian Dior.

und dürfte damit als gefestigt gelten, auch wenn einige unterinstanzliche Gerichte weiterhin den entgegengesetzten Standpunkt vertreten.[83]
Auch in der Lehre sind die Meinungen noch gespalten.[84]

b. Markenrechtliche Beurteilung des Imports von Originalware

Unter Anwendung von Art.7 Markengesetz 1857 hat es die Cour de cassation in einem Urteil zuerst nicht als Markenverletzung[85] und dann in einem weiteren Urteil doch als Markenverletzung angesehen,[86] wenn Markenware aus dem Ausland parallelimportiert wird und in Frankreich der vom ausländischen Hersteller autorisierte Alleinimporteur der eingetragene Markeninhaber ist.
Die unterinstanzliche Rechtsprechung hat den Parallelimport und den Vertrieb parallelimportierter Ware auch nach Art.422 Ziff.2 C.pén. als Markenrechtsverletzung angesehen.[87]

Die Cour de cassation hat jedoch in einem Urteil vom 21.3.1989 ausgesprochen, daß der Import und der Vertrieb von Originalware, die vom französischen Markeninhaber gekenn-

---

83 Cour de Paris, Gaz.Pal.1987.J.637, 638, note Le Court; Cour de Paris, D.1988.I.R.158; Cour de Paris, D.1989. Somm.198; Cour de Paris, PIBD 1989, 449, III-86, 87; Cour de Paris, Gaz.Pal.1989.J.419, 420, note Burst; Trib. gr. inst. Paris, PIBD 1989, 453, III-205, 205-206.

84 Gegen eine Erschöpfung der Markenrechte Burst: Note, Gaz.Pal.1989.J.421, 424; Mathély: Obs., Ann.Prop.Ind. 1988, II, 128, 133-134; für eine Erschöpfung der Markenrechte Bénabent: Note, D.1989.J.429, 430; Marchi: Note, Gaz.Pal.1987.J.544, 545.

85 Cass. com., Bull.civ. 1969, IV, n.120, 120 = GRUR Int. 1971, 276 - Körting I; siehe hierzu Kraßer: Beurteilung, GRUR Int. 1971, 256ff.; siehe auch Riehle: Markenrecht, S.260.

86 Cass. com., Bull.civ. 1973, IV, n.300, 268, 268 - Körting II; siehe hierzu Mathély: Signes, S.292; Plaisant, in: J.Cl., Marques, fasc.19-C (11, 1980), Anm.17, S.4.

87 Cour de Paris, PIBD 1979, 246, III-392, 392; Trib. gr. inst. Paris, PIBD 1985, 373, III-223, 223.

zeichnet worden ist, keine Markenverletzung darstellt.[88]
Das Urteil gibt für dieses Ergebnis keine eingehende Begründung und ist dabei auch nicht auf rechtlich geschützte Funktionen der Marke[89] eingegangen.

Die neuere markenrechtliche Rechtsprechung steht im Einklang mit dem europäischen Gemeinschaftsrecht, das auch für die Kehrtwendung der Cour de cassation ursächlich gewesen sein dürfte.[90]
Die Erschöpfung der Markenrechte wird darüberhinaus bisher nicht auf Waren beschränkt, die in einem EG-Mitgliedstaat in den Verkehr gebracht worden sind. Es sieht deshalb so aus, als befürworte die französische Rechtsprechung eine weltweite Erschöpfung der Markenrechte.

3. Das zukünftige Markenrecht

Im Gegensatz zum derzeit noch geltenden Markenrecht ergeben sich die Rechte eines Markeninhabers nach dem zukünftigen Markenrecht nicht erst aus einer strafrechtlichen Vorschrift.

Nach Art.14 Markengesetz 1991 gewährt die Eintragung einer Marke dem Inhaber ein Eigentumsrecht an der Marke und eine Verletzung dieses Rechts stellt zum einen eine nach Art.422 C.pén. i.d.F. von Art.38 Markengesetz 1991 strafbare Markenrechtsverletzung dar und führt zum anderen zu einer zivilrechtlichen Verantwortlichkeit des Verletzers.

---

88 Cass. com., Bull.civ. 1989, IV, n.97, 64, 64-65 - Edourd Leclers c. Christian Dior; a.A. Mathély: Signes, S.340.

89 Siehe hierzu Mathély: Signes distinctifs, S.11ff.; siehe auch Chavanne/Burst: Propriété, Anm.602, S.335, Anm.614, S.344f.; Plaisant, in: J.Cl., Marques, fasc.4-1 (11, 1976), Anm.2f., S.2.

90 Françon: Epuisement, J.C.P., éd.E., 1990.II.15669, 31, 33 = J.C.P., éd.G., 1990.I.3428; Reboul: Distribution, Cah.dr.entr. 1988/2, 35, 38.

Gemäß Art.15 I Markengesetz 1991 ist ohne Erlaubnis des Markeninhabers der Gebrauch der Marke verboten, selbst wenn dies unter Hinzufügung von Worten wie Formel, Form, System, Nachahmung, Art oder Methode erfolgt.[91]

Nach Art. 15 III Abs.1 Markengesetz 1991 erlaubt das durch die Marke gewährte Recht dem Inhaber aber nicht, den Gebrauch der Marke für Waren zu untersagen, die in der Europäischen Gemeinschaft unter dieser Marke von ihm oder mit seiner Zustimmung in den Verkehr gebracht worden sind.[92]
Gemäß Art. 15 III Abs.1 Markengesetz 1991 bleibt dem Markeninhaber jedoch die Möglichkeit offen, sich dem weiteren Vertrieb der Waren zu widersetzen, wenn berechtigte Gründe, insbesondere eine nachträgliche Veränderung oder Verschlechterung des Zustandes der Waren dies rechtfertigen.[93]

Damit wurde die von der Markenrechtsrichtlinie vorgegebene EG-weite Erschöpfung der Markenrechte in das Margengesetz 1991 übernommen.

Ob damit allerdings alle Versuche, das Markenrecht zum Schutz von Vertriebsbindungen einzusetzen, beendet sind, ist jedoch fraglich; denn bei der Diskussion um einen dem Markengesetz 1991 vorausgehenden Markengesetz-Vorschlag[94] wurde eine Erschöpfung der Markenrechte nach dem Inverkehrbringen der Ware im Inland unter Heranziehung der in Art.7 Abs.2 Markenrechts-RL vorgesehenen Ausnahme vom Erschöpfungsgrundsatz wieder in Frage gestellt, wenn die Ware über ein selektives Vertriebssystem vertrieben wird.
Mit Blick auf Art.7 Abs.2 Markenrechts-RL und gestützt auf

---

91 Siehe Art.5 Abs.1 Markenrechts-RL
92 Siehe Art.7 Abs.1 Markenrechts-RL
93 Siehe Art.7 Abs.2 Markenrechts-RL
94 Proposition de loi relative aux marques de fabrique, de commerce ou de service, présentée par M. Mermaz, député et divers membres du groupe socialiste et apparentés vom 17.4.1989 ("proposition Mermaz"), abgedr. in PIBD 1989, 458, I-59.

ein Urteil der Cour d'appel de Paris[95] wurde in der französischen Literatur der erneute Einsatz des Markenrechts zum Schutz selektiver Vertriebsbindungen als möglich erachtet. Nach diesem Urteil ermögliche ein selektives Vertriebssystem dem Vertriebsbinder auch nach dem Inverkehrbringen der Ware eine gewisse Kontrolle über die Ware, weil er diese bei Mängeln oder Überalterung zurücknehmen könne. Der Vertrieb der Ware durch Außenseiter nehme ihm diese Möglichkeit, so daß eine Ausnahme vom Erschöpfungsgrundsatz gerechtfertigt sei.[96]

III. Lauterkeitsrechtlicher Schutz von Vertriebsbindungen und von Preisfestsetzungen bei Büchern

1. Beteiligung an fremdem Vertragsbruch

Ein umfassendes Gesetz zur Bekämpfung unlauteren Wettbewerbs existiert in Frankreich nicht. Neben speziellen Regelungen in verschiedenen Gesetzen, stützt sich der Schutz gegen unlauteren Wettbewerb (concurrence déloyale) auf die zentrale deliktsrechtliche Norm[97] des Art.1382 C.civ.[98]
Genauso wie die markenrechtliche Beurteilung ist aber auch die lauterkeitsrechtliche Beurteilung des Außenseiters, der

---

95 Cour de Paris, Gaz.Pal.1989.J.419, 420, note Burst.

96 Françon: Epuisement, J.C.P., éd.E., 1990.II.15669, 31, 34-35 = J.C.P., éd.G., 1990.I.3428.

97 Siehe zum französischen Deliktsrecht Biesalski: Grundzüge; Ferid/Sonnenberger: Zivilrecht, Rn.2-O-1ff., S.444ff.

98 Langer: Wettbewerbsrecht, WRP 1991, 11ff., 12ff.; Niggemann: Wettbewerbsrecht, WBl 1988, 266ff., 266; siehe auch, allerdings zivilrechtliche Ansprüche verneinend, Cass. com., Bull.civ. 1988, IV, n.341, 229, 229-230 - Lanvin c. Rocadis Centre Leclerc; Cass. com., Bull.civ. 1988, IV, n.344, 231, 231 - Goguet c. Axel Courrèges; Cass. com., D.1989.J.337, 337- 338, note Ph. M., - Nina Ricci c. Les Parfums montois; Cass. com., Bull.civ. 1989, IV, n.97, 64, 64-65 - Edouard Leclerc c. Christian Dior.

vertriebsgebundene Ware vertreibt, in Bewegung geraten.[99]

Die unterinstanzliche Rechtsprechung ging in den letzten Jahren in die Richtung, daß allein aufgrund der Zulässigkeit des selektiven Vertriebs der Verkauf gebundener Ware durch Außenseiter als unlauterer Wettbewerb eingestuft wurde.[100]
Allerdings lehnte es die Cour d'appel de Limoges in zwei Urteilen aus den Jahren 1987 und 1988 ab, daß Vertriebsbindungsverträge Dritten entgegengehalten werden können und daß Dritte durch den Warenvertrieb unlauteren Wettbewerb begehen, wenn der Vertriebsbinder seine Ware in anderen Mitgliedstaaten der EG nicht auch über ein selektives Vertriebssystem vertreibt und wenn das Bindungssystem nicht auch in den anderen Mitgliedstaaten der EG ohne Lücke (sans faille) ist.[101]
Der aus deutscher Sicht interessante Gesichtspunkt der Lückenlosigkeit hat aber ansonsten keinen Eingang in die französische Rechtsprechung und Literatur gefunden.
Die Unlauterkeit wurde zum Teil auch damit begründet, daß der Außenseiter das Prestige der Marke beeinträchtige und das Vertriebsbindungssystem zerrütte, was die gebundenen Händler als Vorwand benutzen könnten, die geschlossenen Verträge in Frage zu stellen.[102]

---

99 Siehe hierzu Bénabent: Note, D.1989.J.429, 430-431; Bonet/Mousseron: Distribution, Cah.dr.entr. 1989/2, 12, 18-21; Burst: Note, Gaz.Pal.1989.J.421, 423-424; Dutoit: Opposabilité, in: Mélanges Piotet, S.409ff., 415ff.; Jourdain: Réseaux, D.1990.Chron.43; Le Tallec: Symbiose, Rev.trim.dr.europ. 1988, 437, 443-447; Lebel/Aicardi: Aspects, [1990] EIPR 246, 248-249.

100 Cour de Paris, 18 déc. 1986, D.1988.Somm.23; Cour de Paris, J.C.P., éd.E., 1987.II.14931, 261, 262, obs. Vincent; Cour de Paris, Gaz.Pal. 1987.J.637, 638, note Le Court; Cour de Paris, PIBD 1988, 441, III-424, 425; Cour de Versailles, 12 mars 1986, D.1988.Somm.23; Cour de Versailles, D.1987.I.R.91; Cour de Versailles, Gaz.Pal.1988.Somm.103; Cour de Versailles, Gaz.Pal. 1989.J.523, 524, note Estoup; Trib. com. Paris, D.1988. Somm.23.

101 Cour de Limoges, D.1988.I.R.24; Cour de Limoges, PIBD 1989, 456, III-302, 302.

102 Cour de Versailles, D.1987.I.R.91; Cour de Versailles,

Ein Teil der Literatur sah in der unterinstanzlichen Rechtsprechung einen unmittelbaren Zusammenhang zwischen der Rechtfertigung der Verkaufsverweigerung und dem Schutz gegen Außenseiter.[103]

Die aus den Vertriebsbindungsverträgen resultierende rechtliche Unverfügbarkeit sollte nicht nur dem Vertriebsbinder die Verkaufsverweigerung erlauben, sondern auch auf Seiten des Außenseiters zu einer rechtlichen Unverfügbarkeit führen, die es dem Außenseiter verbiete, sich die Ware aus anderer Quelle zu beschaffen und sie zu veräußern. Die Rechtfertigung der Verkaufsverweigerung hätte keine Bedeutung, wenn Außenseiter die Ware bei anderen Lieferanten erwerben dürften.[104]

Die Cour de cassation ist diesem Ansatz aber nicht gefolgt. Bereits im Jahr 1983 hatte die Cour de cassation unter Aufgabe ihrer früheren Rechtsprechung ausgesprochen, daß der Import und der Vertrieb von Waren, für die der Hersteller einem Händler vertraglich das Alleinvertriebsrecht in Frankreich eingeräumt hat, ohne Hinzutreten weiterer Umstände keinen unlauteren Wettbewerb darstelle.[105]

Im Jahr 1988 entschied die Cour de cassation, daß auch allein der Verkauf vertriebsgebundener Waren durch Außenseiter ohne Hinzutreten weiterer Umstände keinen unlauteren Wettbewerb darstelle.[106] Dies gelte auch dann, wenn es sich um im-

---

Gaz.Pal.1988.Somm.103; Cour de Versailles, Gaz.Pal. 1989.J.523, 524, note Estoup.

103 Vincent: Obs., J.C.P., éd.E., 1987.II.14931, 263.

104 Vincent: Obs., J.C.P., éd.E., 1987.II.14931, 263; ähnlich Cour de Paris, J.C.P., éd.E., 1987.II.14391, 261, 262, obs. Vincent.

105 Cass. com., D.1984.J.489 note Ferrier - Mitsubishi; Cass. com., D.1984.J.489, note Ferrier - Trio Kenwood; Cass. com., Bull.civ. 1986, IV, n.99, 85, 86 - Gombert c. Melia; a.A. noch Cass. com., Bull.civ. 1965, III, n.199, 170, 171 - Comptoir Typesales c. Omnium.

106 Cass. com., Bull.civ. 1988, IV, n.341, 229, 230 - Lanvin c. Rocadis Centre Leclerc; Cass. com., Bull.civ. 1988, IV, n.344, 231, 231 - Goguet c. Axel Courrèges; Cass. com., Gaz.Pal.1989.J.418 - Goguet c. Paco Rabanne; Cass. com., D.1989.J.427, note Bénabent, -

portierte Waren handele.[107]
Die aus dem Vertriebsbindungsvertrag zwischen dem Hersteller und dem ersten Erwerber (premier acquéreur) resultierende rechtliche Unverfügbarkeit, die die Verkaufsverweigerung des Vertriebsbinders gegen Außenseiter rechtfertigt,[108] sei ordnungsgemäßen Zweiterwerbern (sous-acquéreur) nicht entgegensetzbar.[109]
Auch wenn der Vertriebsbinder also seinerseits aufgrund berechtigter Verkaufsverweigerung einen Außenseiter nicht beliefern muß, so soll es doch grundsätzlich keinen unlauteren Wettbewerb darstellen, wenn sich der Außenseiter die Ware von einem gebundenen Händler beschafft.
Hinter dieser Aussage steht Art.1165 C.civ., wonach Vereinbarungen nur zwischen den vertragschließenden Parteien Wirkungen haben.

Es bedarf deshalb nach Ansicht der Cour de cassation des Hinzutretens weiterer Umstände.[110]
Diese Umstände sieht die Cour de cassation in einem nicht ordnungsgemäßen Erwerb der vertriebsgebundenen Ware (acquisition irregulière).[111]

Givenchy c. Rocadis Centre Leclerc; Cass. com., D.1989. J.337, 338, note Ph. M. - Nina Ricci c. Les Parfums montois; Cass. com., PIBD 1989, 458, III-353, 355 - Lonpondis Centre Leclerc c. OPAL; Cass. com., D.1989. J.427, 428, note Bénabent, - Berry Distribution c. OPAL; Cass. com., D.1989.J.427, 429, note Bénabent, - Allonnes Distribution c. Estée Lauder; Cass. com., Gaz.Pal.1989.Panor.113 - Allonnes Distribution c. Lanvin; ebenso Cour de Paris, D.1989.I.R.266; siehe zur Rechtsprechung bis 1972 Kraßer: Schutz, S.67ff.; E. Ulmer/Kraßer: Frankreich, Anm. 745ff., S.520ff.

107 Cass. com., Bull.civ. 1989, IV, n.97, 64, 65 - Edouard Leclerc c. Christian Dior; Cass. com., D.1989.J.427, 429, note Bénabent - Allonnes Distribution c. Estée Lauder; Cass. com., Gaz.Pal.1989.Panor.113 - Allonnes Distribution c. Lanvin.

108 Siehe hierzu 4. Kap. I.1.b.bb., S.103ff., und I.1.c.bb, S.108f.

109 Cass. com., PIBD 1989, 458, III-353, 355 - Lonpondis Centre Leclerc c. OPAL.

110 Jourdain: Réseaux, D.1990.Chron.43, 49.

111 Cass. com., Bull.civ. 1988, IV, n.344. 231, 231 -

Damit knüpft die Cour de cassation die lauterkeitsrechtliche Beurteilung an der Art und Weise des Warenbezugs an.[112]
Unter welchen Voraussetzungen die Cour de cassation einen nicht ordnungsgemäßen Erwerb sieht, wird nicht ausgeführt,[113] läßt sich jedoch aus zwei weiteren Urteilen entnehmen.
In der einen Sache[114] wurde dem Außenseiter der Klagevorwurf gemacht, gebundene Händler verleitet zu haben (avoir sollicité), ihm vertriebsgebundene Waren zu liefern. Die Cour de cassation stellte fest, daß ein Außenseiter eine deliktische Handlung begehe, wenn er von einem gebundenen Händler vertriebsgebundene Waren zu erlangen versucht (en tentant d'obtenir).
In dem anderen Urteil führte sie aus, daß dem Außenseiter keine Unlauterkeit vorgeworfen werden könne, wenn die Waren ordnungsgemäß bei einem Lieferant bezogen worden seien, der vom Hersteller außerhalb des Gebiets des selektiven Vertriebs beliefert worden sei.[115]

Ein Teil der Literatur entnimmt vor allem dem zuerst geschilderten Urteil der Cour de cassation, daß diese die Beteiligung an fremdem Vertragsbruch (tierce complicité) als unerlaubte Handlung (faute délictuelle) ansehe.[116]

Goguet c. Axel Courrèges; Cass. com., Gaz.Pal.1989. J.418 - Goguet c. Paco Rabanne; Cass. com., PIBD 1989, 458, III-353, 355 - Lonpondis Centre Leclerc c. OPAL; Cass. com., Bull.civ. 1989, IV, n.97, 64, 65 - Edouard Leclerc c. Christian Dior; siehe hierzu Jourdain: Réseaux, D.1990.Chron.43, 48.

112 Bénabent: Note, D.1989.J.429, 431; Jourdain: Réseaux, D.1990.Chron.43, 50.

113 Lebel/Aicardi: Aspects, [1990] EIPR 246, 249.

114 Cass. com., D.1989.J.427, 428, note Bénabent, - Geparo Im En Export c. Cacharel; siehe hierzu Bonet/Mousseron: Distribution, Cah.dr.entr. 1989/2, 12, 19; Jourdain: Réseaux, D.1990.Chron.43, 49-50.

115 Cass. com., PIBD 1989, 458, III-353, 355 - Lonpondis Centre Leclerc c. OPAL.

116 Bonet/Mousseron: Distribution, Cah.dr.entr. 1989/2, 12, 19; Jourdain: Réseaux, D.1990.Chron.43, 49-50; ähnlich auch Ph. M.: Note, D.1989.J.338.

Bei der tierce complicité handelt es sich um eine Figur, mit der Rechtsprechung und Literatur durch das Deliktsrecht einen Schutz von Forderungsrechten gegen Dritte ermöglichen.[117] So vertritt auch die Cour de cassation in anderem Zusammenhang, daß derjenige, der einem anderen hilft, seine vertraglichen Verpflichtungen zu verletzen, durch die Teilnahme an fremdem Vertragsbruch eine unerlaubte Handlung begehe.[118]
Die Figur der tierce complicité wurde bereits in älteren Entscheidungen auch zum Schutz von Bindungssystemen herangezogen.[119]
Auch ein Teil der neueren Literatur[120] und unterinstanzlichen Rechtsprechung[121] befürworten die Figur der tierce complicité zum Schutz von Vertriebsbindungen.

Bei der Figur der tierce complicité wird jede Beteiligung des Dritten als ausreichend und eine Verleitung nicht als erforderlich angesehen.[122]
Alle Sachverhalte, die bei einem Warenbezug von einem gebundenen Händler nach deutscher Rechtsauffassung eine Verleitung zum Vertragsbruch oder eine Ausnutzung fremden Ver-

---

117 Siehe hierzu Ferrier: Note, D.1984.J.489, 490; Kraßer: Schutz, S.28ff.; E. Ulmer/Kraßer: Frankreich, Anm.724, S.503f.

118 Cass. com., Bull.civ. 1964, III, n.4, 3, 4 - Jacquemoz c. Dunand; Cass. com., Bull.civ. 1970, I, n.241, 196 - Verdaguer c. Rufino; Cass. com., Bull.civ. 1971, IV, n.237, 221 - Société européenne de brasseries c. Séchet; Cass. com., D.1980.J.1, 1-2, note Serra, - Dlle Pedelmas c. Epoux Morin.

119 Cass. com., J.C.P., éd.G., 1969.II.15964, obs. Prieur, - Sté Y. c. da S.; Cour d'Aix, J.C.P., éd.G., 1959.II. 10924; Cour de Bordeaux, J.C.P., éd.G, 1959.II. 10933; Kraßer: Schutz, S.69ff., 75ff.; E. Ulmer/Kraßer: Frankreich, Anm.746, S.520f.

120 Dorsner-Dolivet: Obs., J.C.P., éd,G., 1990.II.21391; Jourdain: Réseaux, D.1990.Chron.43, 49-50.

121 Cour de Nîmes, 13 nov. 1985, auszugsweise abgedr. bei K. Troller: Aperçu, SMI 1987, 23, 30, Fn.6; Trib. com. Seine, 4 nov. 1985, auszugsweise abgedr. bei K. Troller: Aperçu, SMI 1987, 23, 30, Fn.6.

122 Kraßer: Schutz, S.69, 28ff.; E. Ulmer/Kraßer: Frankreich, Anm.746, S.520.

tragsbruchs darstellen, sind nach französischer Rechtsauffassung eine Beteiligung am fremdem Vertragsbruch.

Entgegen dem ersten Anschein ermöglicht die Figur der tierce complicité aber keinen effektiven Schutz von Vertriebsbindungen gegen Außenseiter.
Hat ein Außenseiter vertriebsgebundene Ware von einem anderen Außenseiter erworben, der die Ware von einem vertragsbrüchigen Händler bezogen hat, so nutzt er mittelbar fremden Vertragsbruch aus, er beteiligt sich aber nicht an dem bereits abgeschlossenen Vertragsbruch. Die mittelbare Ausnutzung fremden Vertragsbruchs läßt sich daher nicht als tierce complicité einstufen.[123]
Zudem hat der Vertriebsbinder in einem Prozeß gegen einen Außenseiter neben der kartellrechtlichen Zulässigkeit der Vertriebsbindung[124] auch die fehlende Ordnungsmäßigkeit des Erwerbs zu beweisen.[125] Diese Beweislastverteilung beruht

---

123 Kraßer: Schutz, S.69f., 31f.; E. Ulmer/Kraßer: Frankreich, Anm.747, S.521.

124 Cass. com. Bull.civ. 1988, IV, n.76, 53 - Centre Leclerc Limoges dis c. Hermès; Cass. com. Bull.civ. 1988, IV, n.343, 230, 231 - Centre Leclerc Limoges dis c. Société de soins et de parfums; Cass. com. Bull.civ. 1988, IV, n.344, 231, 231 - Goguet c. Axel Courrèges; Cass. com., Gaz.Pal.1989.J.418 - Goguet c. Paco Rabanne; Cass. com. D.1989.J.335, note Malaurie - Vitry Distribution c. Lanvin; Cass. com., D.1989.J.427, 428, note Bénabent, - Vitry Distributions c. Parfums Givenchy; Cass. com., J.C.P., éd.G., 1990.II.21391, obs. Dorsner-Dolivet, - Rocadis c. Yves Saint-Laurent; Cass. com., Gaz.Pal.1989.Panor.82 - Rocadis c. Dior; Cass. com., D.1989.J.427, 428, note Bénabent, - Geparo Im En Export c. Cacharel; Cass. com., Gaz.Pal.1989.Panor.97 - Boulogne Distribution c. Société de soins et de parfums; Cass. com., D.1989.J.427, 428-429, note Bénabent, - Allonnes Distribution c. Estée Lauder; Cass. com., Gaz.Pal.1989.Panor.113 - Allonnes Distribution c. Lanvin; Jourdain: Réseaux, D.1990.Chron.43, 48; kritisch dazu Malaurie: Note, D.1989.J.335, 337.

125 In diese Richtung Cass. com., Bull.civ. 1988, IV, n.344, 231, 231 - Goguet c. Axel Courrèges; Cass. com., Gaz.Pal.1989.J.418 - Goguet c. Paco Rabanne; Cass. com., PIBD 1989, 458, III-353, 355 - Lonpondis Centre Leclerc c. OPAL; Cass. com., Bull.civ. 1989, IV, n.97, 64, 65 - Edouard Leclerc c. Christian Dior.

auf Art.1315 Abs.1 C.civ., wonach derjenige, der die Vollstreckung einer Verpflichtung beansprucht, diese beweisen muß.[126] Dieser Beweis läßt sich aber in der Praxis schwer erbringen.[127]
Überlegungen in Richtung einer Beweiserleichterung werden kaum angestellt.[128] Eine Beweiserleichterung etwa mit Hilfe der für das deutsche Recht so bedeutsamen Lückenlosigkeit des Bindungssystems wäre auch nicht überzeugend, weil eine Beteiligung an fremdem Vertragsbruch bei dem in der Praxis häufigen Fall mittelbarer Ausnutzung fremden Vertragsbruchs nicht mehr vorliegt.

Mit der Figur der tierce complicité läßt sich auch nicht der Schleichbezug erfassen. Man wird aber dem Gesichtspunkt des nicht ordnungsgemäßen Erwerbs einen über die Figur der tierce complicité hinausgehenden Anwendungsbereich zumessen können.
Auch die Täuschung eines gebundenen Händlers zum Zwecke des Warenbezugs läßt sich als eine Form nicht ordnungsgemäßen Erwerbs einordnen. Ähnlich hat die Cour d'appel de Bourdeaux in einem älteren Urteil einen Fall des Schleichbezugs als direkten Verstoß gegen die normalen Handelsbräuche angesehen und diesen einem Warenbezug durch tierce complicité gleichgestellt.[129]

Ein Teil der Lehre fordert gegenüber der neuen Rechtsprechung der Cour de cassation einen weitergehenden Schutz von Vertriebsbindungen. Da selektive Vertriebssysteme erlaubt seien, verlange der lautere Handelsverkehr, daß Dritte dieser Unternehmensorganisation keinen Schaden zufügen. Die Zerrüttung eines konkurrierenden Unternehmens sei vielmehr

126 Cass. com., PIBD 1989, 458, III-353, 355 - Lonpondis Centre Leclerc c. OPAL.
127 Bonet/Mousseron: Distribution, Cah.dr.entr. 1989/2, 12, 21; Ph. M.: Note, D.1989.J.338.
128 Siehe aber Bonet/Mousseron: Distribution, Cah.dr.entr. 1989/2, 12, 19.
129 Cour de Bordeaux, J.C.P., éd.G, 1959.II.10933.

ein typischer unlauterer Wettbewerb.[130]
Dabei komme es nicht auf die Art und Weise des Warenbezugs an, weil der Außenseiter das im Inland praktizierte Vertriebssystem auch dann zerrütte, wenn er die Ware im Ausland ordnungsgemäß erworben habe.[131]

2. Entfernung von Kontrollnummern und Vertrieb derartig decodierter Ware

Nach Art.1 Gesetz vom 24.6.1928[132] i.V.m. Art.1 Gesetz vom 1.8.1905[133] macht sich strafbar, wer betrügerisch Namen, Unterschriften, Monogramme, Buchstaben, Ziffern, Seriennummern, Embleme oder Zeichen jeder Art, die auf den Waren angefügt sind und dazu dienen, sie zu identifizieren, beseitigt, unkenntlich macht, verfälscht oder verändert.
Art.2 Gesetz vom 24.6.1928 i.V.m. Art.4 Gesetz vom 1.8.1905 bedroht darüberhinaus denjenigen mit Strafe, der wissentlich die so verfälschte Waren ausstellt, zum Verkauf anbietet oder verkauft oder der in seinen Geschäftsräumen im Besitz solcher Waren angetroffen wird.

Diese Vorschriften erfassen somit Fabrikationsnummern und darüberhinaus nach der Rechtsprechung der Cour de cassation auch Codenummern.[134]

---

130 Bénabent: Note, D.1989.J.429, 430; ähnlich Burst: Note, Gaz.Pal.1989.J.421, 423; siehe auch Dorsner-Dolivet: Obs., J.C.P., éd,G., 1990.II.21391; Rosenfeld: Obs., éd.E., 1987. II.15015, 479, 482.
131 Bénabent: Note, D.1989.J.429, 431.
132 Loi relative à la protection des numéros et signes quelconques servant à identifier les marchandises vom 24.6.1928; siehe hierzu Saint-Gal, in: J.Cl., Concurrence, fasc.151 (11, 1983), Anm. 57ff., S.11.
133 Loi sur les fraudes et falsifications en matière de produits ou de services vom 1.8.1905 i.d.F. der Loi n.83-660 relative à la sécurité des consommateurs et modifiant diverses dispositions de la loi du ler août 1905 vom 21.7.1983; siehe hierzu Boudon: Werbeangaben, S.12ff.
134 Cass. crim., J.C.P., éd.E., 1987.II.15015, 477, 478,

Die Kontrolle des Warenweges ist deshalb aufgrund des eigenständigen Schutzes von Codenummern erfolgversprechend.

3. Verkauf von Büchern unter dem festgesetzten Preis

Während vertragliche Preisbindungen grundsätzlich unzulässig sind,[135] ist bei Büchern eine Preisfestsetzung durch die Loi Lang[136] seit 1982[137] gesetzlich vorgeschrieben.[138]
Einige Vorschriften betreffend die Preisfestsetzungspflicht bei importierten und reimportierten Büchern hat der Europäische Gerichtshof in ihrer ursprünglichen Fassung aber als nicht vereinbar mit Art.30 und Art.36 EWGV angesehen.[139]

Nach Art.1 Abs.1 Loi Lang ist jeder Herausgeber oder Impor-

---

obs. Rosenfeld, = GRUR Int. 1988, 686, m. Anm. v. Stuckel, - Pham Cong Suu I (Nina Ricci); ebenso Cour de Versailles, Ann.Prop.Ind. 1988, II, 125 et 129, 133.

135 Siehe hierzu 4. Kap. I.2., S.110.

136 Loi n.81-766 relative au prix du livre vom 10.8.1981 (abgedr. in D.1981.L.308) i.d.F. der Loi n.85-500 vom 13.5.1985 (abgedr. in D.1985.L.304); siehe hierzu auch Circ. relative au prix du livre vom 30.12.1981, abgedr. in D.1982.L.65-66.

137 Siehe zur Lage auf dem Büchermarkt vor Einführung der Loi Lang: Götting: Preisbildung, GRUR Int. 1982, 109ff., 109f.; Schweizerische Kartellkommission: Das Verhältnis zwischen Verlegern, Buchhandel und Buchclubs in der Deutschschweiz, VKK 1982, 117ff., 127f.

138 Siehe hierzu Biolay, in: J.Cl., Concurrence, fasc.286 (6, 1988), Anm.18ff., S.6ff.; Jestaz: Prix, Rev.trim. dr.civ. 1981, 914; Fabre: Concurrence, Anm.28ff., S.25ff.; de Roux/Voillemot: Pratiques, Anm.344ff., S.96f.; Körner: Durchsetzbarkeit, WuW 1988, 194ff., 197f.; Götting: Preisbildung, GRUR Int. 1982, 109ff., 109; Schweizerische Kartellkommission, VKK 1982, 117ff., 127f.; Cass. com., D.1988.I.R.151 - Superouest c. Graffiti; Cass. crim., J.C.P., éd.E., 1989.I.18263, 62 - Cognet; Cass. com., Bull. civ. 1989, IV, n.48, 31 - Carrefour Sogara c. Association Librairies Présentes en Aquitanie; Cour de Paris, D.1988.I.R.126.

139 EuGH, Slg. 1985, 1ff., 17ff., 34f. - Centres Leclerc; EuGH, Slg. 1986, 2253ff., 2257ff., 2260 - Franz. Gesetz über den Buchpreis; siehe hierzu 2. Kap. II.2., S.59f.

teur von Büchern verpflichtet, für diese einen Endverbraucherpreis festzusetzen.
Nach Art.1 Abs.4 Loi Lang müssen die Buchhändler den festgesetzten Verkaufspreis einhalten, wobei eine Preisherabsetzung bis zu 5% zulässig ist.
Die Buchhändler können nach Art.5 Loi Lang für Bücher, die vor mehr als zwei Jahren herausgegeben oder importiert wurden und deren letzte Lieferung mehr als sechs Monate zurückliegt, einen niedrigeren Preis verlangen.
Darüberhinaus ist nach Art.7 Loi Lang jede Werbung für einen niedrigeren als den von Art.1 Abs.1 Loi Lang erwähnten Verkaufspreis verboten.

Handelt es sich bei den importierten Büchern um in Frankreich herausgegebene Bücher, muß nach Art.1 Abs.5 Loi Lang der vom Importeur festzusetzende Preis mindestens so hoch sein, wie der vom Herausgeber festgesetzte Preis.
Dies gilt aber nach Art.1 Abs.6 Loi Lang nicht bei Büchern, die aus einem Mitgliedstaat der EWG importiert werden, es sei denn, objektive Umstände, vor allem das Fehlen einer wirklichen Vermarktung in diesem Staat, belegen, daß dieses Vorgehen den Zweck hat, den Verkauf an den Endverbraucher den Verfügungen des Art.1 Abs.4 Loi Lang zu entziehen. Der Importeur kann somit den von ihm festzusetzenden Endverbraucherpreis selbst bestimmen.

Bei Büchern, die im Ausland herausgegeben worden sind, ist nach Art.4 Abs.1 Déc, Nr.81-1068[140] derjenige Importeur, der die Formalität der amtlichen Hinterlegung eines Exemplars dieses Buches zu erfüllen hat (Hauptdepositär), zur Preis-

140 Décret n.81-1068 pris pour l'application de la loi n.81-766 du 10 août 1981 relative au prix du livre et portant modification du régime du dépôt légal vom 3.12.1981 (abgedr. in D.1981.L.387) i.d.F. des Décret n.90-73 vom 10.1.1990 (abgedr. in D.1990.L.105); siehe hierzu auch Circ. relative au prix des livres edités hors de France et proposés à la vente en France vom 10.1.1990, abgedr. in D.1990.L.105.

festsetzung verpflichtet.
Der von diesem festgesetzte Preis gilt auch für die von anderen Importeuren eingeführten Bücher.
Wenn es sich bei den importierten Büchern aber um Bücher handelt, die in einem anderen Mitgliedstaat der EWG herausgegeben wurden oder sich in einem Mitgliedstaat im freien Warenverkehr befanden, darf nach Art.4 Abs.2 Déc. Nr.81-1068 der Endverbraucherpreis in Frankreich nicht niedriger sein als der vom Herausgeber für diesen Verkauf festgesetzte oder empfohlene Verkaufspreis oder als der vom Herausgeber für das Land, in dem die Bücher herausgegeben wurden oder sich im freien Warenverkehr befanden, festgesetzte oder empfohlene, in französischen Francs ausgedrückte Verkaufspreis sein. In diesem Fall gilt nach Ziff.1 der Circ. vom 10.1.1990 nicht einheitlich der vom Hauptdepositär fetsgesetzte Preis. Vielmehr hat jeder Importeur den entsprechenden Preis festzusetzen, was aber aufgrund der genannten Festsetzungsmaßstäbe faktisch zum gleichen Preis führt. Kann ein Importeur die Bücher in einem Mitgliedstaat aber zu einem gegenüber den üblichen Handelsbedingungen günstigeren Preis erwerben, ist nach Ziff.1 der Circ. vom 10.1.1990 der Verkaufspreis im entsprechenden Verhältnis niedriger festzusetzen.

Mit diesen Regelungen soll offenbar der Rechtsprechung des Europäischen Gerichtshofs Rechnung getragen werden.
Aber auch diese Regelungen sind nicht mit dessen Rechtsprechung zu Art.30 und Art.36 EWGV vereinbar; denn der Europäische Gerichtshof sah es als unzulässig an, daß ein Importeur, der auf einer anderen Handelsstufe tätig sei als der Verleger, zur Preisfestsetzung verpflichtet sei, und daß ein Importeur keinen Verkaufspreis praktizieren dürfe, den er im Hinblick auf seinen Einstandspreis für angemessen halte.[141]
Auch nach der neuen Rechtslage trifft den Importeur eine

141 EuGH, Slg. 1985, 1ff., 17ff., 34f. - Centres Leclerc; EuGH, Slg. 1986, 2253ff., 2257ff., 2260 - Franz. Gesetz über den Buchpreis.

Preisfestsetzungspflicht, die der Importeur zudem in der zweiten Fallkonstellation nicht in freier Entscheidung ausüben kann.

Nach Art.8 Loi Lang kann jeder, der gegen dieses Gesetz verstößt, insbesondere von Konkurrenten, Verbraucherschutzverbänden, Verlegerverbänden, Buchhändlerverbänden, Autoren und Autorenschutzverbänden auf Unterlassung und Schadensersatz in Anspruch genommen werden.
Verstöße gegen die Loi Lang können nach Art.1 Déc. Nr.85-556[142] auch mit Geldstrafe geahndet werden.

142 Décret n.85-556 relatif aux infractions à la loi n.81-766 du 10 août 1981 modifiée relative au prix du livre vom 29.5.1985, abgedr. in D.1985.L.317.

5. Kapitel
Schutz von Vertriebs- und Preisbindungen gegen Außenseiter in Österreich*

I. Kartellrechtliche Beurteilung von Vertriebs- und Preisbindungen

1. Systematik des österreichischen Kartellrechts im Hinblick auf Vertriebs- und Preisbindungen

Die kartellrechtliche Zulässigkeit von Vertriebs- und Preisbindungen, die Voraussetzung eines Schutzes derartiger Bindungen gegen Außenseiter ist, ist nach dem Kartellgesetz 1988[1] zu beurteilen.
Das Kartellgesetz 1988, das an die Stelle des Kartellgesetzes 1972 getreten ist, enthält in den §§ 9ff. (§§ 1f. KartG 1972) Legaldefinitionen verschiedener Arten von Kartellen.
Vertikale Preisbindungen werden in § 13 Abs.1 KartG 1988 (§ 2 Abs.2 KartG 1972) und Vertriebsbindungen[2] in § 13 Abs.2 KartG 1988 (erstmalige Regelung) als Unterfälle der Kartelle definiert. Deshalb ist das Kartellgesetz 1988 auf Vertriebs-

---

* Soweit nichts anderes angegeben wird, handelt es sich bei den in diesem Kapitel angeführten Vorschriften um österreichische Vorschriften, abgedr. in: Bydlinski (Hrsg.): Österreichische Gesetze, Wien: Manz und München: C.H. Beck.

1 Siehe hierzu Barfuß: Kartellgesetz, GRUR Int. 1989, 529ff.; Barfuß: Neues Kartellgesetz, ÖJZ 1989, 482ff.; Barfuß/Auer: Kartellrecht; Farnleitner: Änderungen, WuW 1989, 482ff.; Gugerbauer: Kartellgesetz; Schinas: Bemerkungen, JBl 1990, 426ff.; Straberger: Kartellgesetz 1988, WBl 1989, 37ff.

2 Der zivilrechtlichen Gültigkeit von Vertriebsbindungsverträgen steht § 879 Abs.1 ABGB nicht entgegen, weil nur eine übermäßige oder in auffallendem Mißverhältnis zu den zu schützenden Interessen des Bindenden stehende Einengung der wirtschaftlichen Dispositionsfreiheit gegen diese Vorschrift verstößt: OGH, ÖBl 1987, 17f., 18 = GRUR Int. 1987, 264f., 265 - Guerlain-Depositärvertrag.

und Preisbindungen nur anwendbar, soweit diese Kartellcharakter besitzen.[3]

Verträge mit wettbewerbsbeschränkendem Vertragszweck sind nach § 10 Abs.1 KartG 1988 Vereinbarungskartelle in der Form von Absichtskartellen,[4] die unter der Geltung des Kartellgesetzes 1972 als Zweckkartelle bezeichnet wurden. Absichtskartelle sind gemäß § 22 i.V.m. § 18 Abs.1 Ziff.1 KartG 1988 (§ 7 Abs.1 S.1 KartG 1972) bis zu einer rechtskräftigen Genehmigung durch das Kartellgericht unwirksam. Sie sind nur genehmigungsfähig, wenn sie den Anforderungen von § 23 KartG 1988 (§ 24 KartG 1972) entsprechen. Dabei ist nach § 23 Ziff.3 KartG 1988 vor allem erforderlich, daß sie volkswirtschaftlich gerechtfertigt sind.

Verträge, bei denen eine Wettbewerbsbeschränkung zwar bewirkt, aber nicht bezweckt wird, sind nach Art.10 Abs.1 KartG 1988 Vereinbarungskartelle in der Form von Wirkungskartellen.[5] Diese sind gemäß § 18 Abs.1 Ziff.1 KartG 1988 (§ 7 Abs.2 Ziff.2 KartG 1972) auch ohne Genehmigung wirksam.

Soweit die beschriebenen Kartelle auf dem inländischen Markt nur einen Anteil an der Versorgung von weniger als 5% und auf einem Teilmarkt nur einen Anteil von weniger als 25% besitzen, handelt es sich nach § 16 KartG 1988 (§ 2 Abs.1 KartG 1972) um Bagatellkartelle.[6] Diese sind gemäß § 18 Abs.1 Ziff.1 KartG 1988 (§ 7 Abs.2 Ziff.1 KartG 1972) ebenfalls ohne Genehmigung wirksam.

Wirkungskartelle können aber nach den §§ 57, 44, 25 Ziff.1 und 2, §§ 23, 22 KartG 1988 und Bagatellkartelle nach den

3 Gugerbauer: Kartellgesetz, § 13, Rn.1, S.47.
4 Siehe hierzu Gugerbauer: Kartellgesetz, § 10, Rn.20, S.35; Koppensteiner: Wettbewerbsrecht, S.130ff.
5 Siehe hierzu Gugerbauer: Kartellgesetz, § 10, Rn.21, S.35f.; Koppensteiner: Wettbewerbsrecht, S.133.
6 Siehe hierzu Gugerbauer: Kartellgesetz, § 16, Rn.1f., S.53f.; Koppensteiner: Wettbewerbsrecht, S.134ff.

§§ 58, 57, 44, 25 Ziff.2 und 3, §§ 44, 23, 22 KartG 1988 durch das Kartellgericht untersagt werden, wenn sie nicht die Anforderungen von § 23 KartG 1988 erfüllen.

2. Beurteilung von Vertriebsbindungen

Kartelle i.S. der §§ 10 bis 12 KartG 1988, die einen oder mehrere Angehörige einer, mehrerer oder aller nachfolgenden Wirtschaftsstufen anders als hinsichtlich der Preise im Vertrieb von Waren oder beim Erbringen von Leistungen beschränken, sind nach § 13 Abs.2 KartG 1988, Vertriebsbindungen.[7]

Eine kartellrechtlich relevante Vertriebsbindung liegt nur vor, wenn die betreffende Bindung Kartellcharakter besitzt.[8] Ob und inwieweit diese Voraussetzung gegeben ist, war unter dem Kartellgesetz 1972 umstritten.[9]
Zum einen handelte es sich um die Frage, ob einfache Fachhandelsbindungen überhaupt eine Wettbewerbsbeschränkung darstellen,[10] oder ob ihnen dieses Merkmal in Anlehnung an die Auslegung von Art.85 Abs.1 EWGV durch den Europäischen Gerichtshof fehlt.[11]
Zum anderen war vor allem die Frage umstritten, ob Vertriebsbindungen die für das Vorliegen eines Kartells erforderliche Beschränkung des Wettbewerbs im "gemeinsamen Interesse" i.S.v. § 1 Abs.1 Ziff.1 KartG 1972 (§ 10 Abs.1 KartG

---

7 Siehe hierzu Gugerbauer: Kartellgesetz, § 13, Rn.5f., S.49f.

8 Barfuß: Kartellgesetz, GRUR Int. 1989, 529ff., 532; Legat: Anzeige, WBl 1989, 168ff., 169.

9 Koppensteiner: Vertrieb, WBl 1988, 241ff., 247ff.; Lindinger: Beurteilung, ÖBl 1985, 145ff.

10 So KOG, ÖBl 1978, 82ff., 82 - Vertriebsbindung; KG, ÖBl 1978, 82ff., 84; Koppensteiner: Vertrieb, WBl 1988, 241ff., 248.

11 So Lindinger: Beurteilung, ÖBl 1985, 145ff., 152; so auch für das neue Recht Legat: Anzeige, WBl 1989, 168ff., 169f.

1988)[12] aufweisen. Es bestand aber im Ergebnis Einigkeit, daß auch bei Vertriebsbindungen das Kriterium des "gemeinsamen Interesses" vorliegt. Nach Sinn und Zweck derartiger Verträge würde sich auch der Vertriebsbinder gegenüber den Händlern zur Einhaltung der Selektionskriterien verpflichten. Aufgrund der daraus resultierenden Wettbewerbsbeschränkung auf Händlerebene sei auch bei derartigen "Sternverträgen" das "gemeinsame Interesse" zu bejahen.[13]
Schließlich bestand keine Einigkeit darüber, ob Vertriebsbindungen genehmigungspflichtige Zweckkartelle[14] oder genehmigungsfreie Wirkungskartelle[15] sind.

Im Hinblick auf diese Streitfragen, die auch unter Geltung des Kartellgesetzes 1988 nicht gänzlich geklärt sind,[16] ist aber § 17 KartG 1988 von maßgeblicher Bedeutung.
Nach § 17 Abs.3 Ziff.1 KartG 1988 (erstmalige Regelung)[17] können Vertriebsbindungen nach § 13 Abs.2 KartG 1988, die die Angehörigen einer, mehrerer oder aller nachfolgenden Wirtschaftsstufen dadurch beschränken, daß sie nur zugelassene Wiederverkäufer beliefern dürfen, sofern jeder Bewerber als Wiederverkäufer zugelassen wird, der bestimmte fachliche Voraussetzungen erfüllt (Fachhandelsbindungen), nach § 17 Abs.1 Ziff.2 KartG 1988 durch Verordnung von der Anwendung des Kartellgesetzes 1988 ausgenommen werden, soweit sie of-

---

12 Siehe hierzu Gugerbauer: Kartellgesetz, § 10, Rn.10, S.30f.

13 KOG, ÖBl 1978, 82ff., 82 - Vertriebsbindung; KG, ÖBl 1978, 82ff., 84; Braumann/Nowotny: Interesse, ÖBl 1984, 57ff., 64; Koppensteiner: Vertrieb, WBl 1988, 241ff., 247; Lindinger: Beurteilung, ÖBl 1985, 145ff., 149.

14 So Braumann/Nowotny: Interesse, ÖBl 1984, 57ff., 64; Koppensteiner: Vertrieb, WBl 1988, 241ff., 247; Lindinger: Beurteilung, ÖBl 1985, 145ff., 149.

15 So KOG, ÖBl 1978, 82ff., 82 - Vertriebsbindung; KG, ÖBl 1978, 82ff., 84; so auch für das neue Recht Nowotny: Meldepflicht, ÖRdW 1989, 120f., 120.

16 Barfuß: Kartellgesetz, GRUR Int. 1989, 529ff., 531f.; siehe auch Legat: Anzeige, WBl 1989, 168ff., 169f.; Nowotny: Meldepflicht, ÖRdW 1989, 120f., 120.

17 Siehe hierzu Gugerbauer: Kartellgesetz, § 17, Rn.1ff., S.55f.

fensichtlich volkswirtschaftlich geboten sind. Wie sich aus dem Gesamtzusammenhang von § 17 KartG 1988 und aus der Wortwahl von § 20 Abs.3 S.1 KartG 1988 ergibt, bezieht sich die Verordnungsermächtigung im Hinblick auf Vertriebsbindungen nicht auf die Ziff.1, sondern auf die Ziff.2 von § 17 Abs.1 KartG 1988. Aus dem in dieser Vorschrift genannten Erfordernis des offensichtlichen volkswirtschaftlichen Gebotenseins einer bestimmten Gattung von Kartellen läßt sich eine positive gesetzgeberische Einschätzung von Fachhandelsbindungen entnehmen.

Die dazu ergangene Verordnung[18] erklärt nach § 1 Ziff.2 i.V.m. § 2 Abs.1 eine Freistellung für derartige Vertriebsbindungen, die Waren zum Gegenstand haben, bei deren Vertrieb es im Hinblick auf die Beschaffenheit der Ware sowie die Sicherung der Qualität, der Beratung und des Kundendienstes geboten ist, Wiederverkäufern eine, mehrere oder alle der im Absatz 3 aufgezählten Verpflichtungen aufzuerlegen.

Die Freistellung erstreckt sich nicht nur auf einfache Fachhandelsbindungen. Vielmehr stehen nach § 2 Abs.3 der Verordnung etwa auch die für eine qualifizierte Fachhandelsbindung typischen Verpflichtungen, vertriebsfördernde Maßnahmen zu ergreifen und eine bestimmte Verkaufsausstattung zu unterhalten, der Freistellung nicht entgegen.

Die Wettbewerbsbeschränkung darf sich nach § 2 Abs.2 der Verordnung nur darauf beziehen, die Ware nur an gebundene Wiederverkäufer zu liefern oder nur von solchen zu beziehen. Die oben angeführten Streitpunkte sind aufgrund dieser Sonderregelungen gegenwärtig als gegenstandslos anzusehen. Mit § 17 Abs.3 Ziff.1 i.V.m. Abs.1 KartG 1988 hat der Gesetzgeber zu erkennen gegeben, daß die Einordnung von Vertriebsbindungen als Kartelle in aller Regel nicht am Merkmal des

18 Verordnung vom 6.4.1989, öst.BGBl. 1989/185, S.1534f., auch abgedruckt bei Barfuß/Auer: Kartellrecht, S.149ff.; siehe hierzu Gugerbauer: Kartellgesetz, § 17, Rn.5, S.58ff.

"gemeinsamen Interesses" scheitern dürfte,[19] und daß auch einfache Fachhandelsbindungen eine Wettbewerbsbeschränkung darstellen. Zudem sind Vertriebsbindungen durch die "Freistellungsverordnung" von der Anwendung des Kartellgesetzes 1988 unabhängig davon ausgenommen, ob es sich um Wirkungs- oder um Absichtskartelle handelt.

Auf freigestellte Fachhandelsbindungen bleibt gemäß § 20 Abs.3 S.1 aber § 20 Abs.1 und Abs.2 KartG 1988 (erstmalige Regelung) anwendbar.
Sie sind daher vor ihrer Durchführung vom bindenden Unternehmen unter Beifügung eines Vertragsmusters dem Kartellgericht anzuzeigen, dem halbjährlich auch die Namen beigetretener, ausgetretener und abgelehnter Händler mitzuteilen sind. Die Schriftform der Verträge ist aber kein Wirksamkeitserfordernis.
Nach § 20 Abs.3 S.1 hat die Anzeige einer Fachhandelsbindung auch die Voraussetzungen für die Zulassung als Wiederverkäufer anzugeben.

3. Beurteilung von Preisbindungen

Kartelle i.S. der §§ 10 bis 12 KartG 1988, die einen oder mehrere Angehörige einer, mehrerer oder aller nachfolgender Wirtschaftsstufen an gleiche Preise für Waren oder Leistungen binden, sind nach § 13 Abs.1 KartG 1988 Preisbindungen.[20]
Damit wird auch die durchlaufende Bindung der Endverbraucherpreise erfaßt.[21]

---

19 In diese Richtung auch Legat: Anzeige, WBl 1989, 168ff., 169; Nowotny: Meldepflicht, ÖRdW 1989, 120ff., 121.

20 Siehe hierzu Gugerbauer: Kartellgesetz, § 13, Rn.2ff., S.48f.; siehe auch Engelich: Grundsätzliches, ÖJZ 1963, 119ff.

21 So ausdrücklich auch Engelich: Grundsätzliches, ÖJZ 1963, 119ff., 122, zur ähnlichen Bestimmung eines früheren Kartellgesetzes.

Da der Zweck von Preisbindungen darauf ausgerichtet ist, dem Preisbinder Gewähr dafür zu bieten, daß seine Produkte überall zum gleichen Preis angeboten werden, handelt es sich um Absichtskartelle,[22] so daß diese nur nach einer Genehmigung durch das Kartellgericht wirksam sind, soweit es sich nicht um Bagatellkartelle handelt.
Die deshalb nach § 23 Ziff.3 KartG 1988 erforderliche volkswirtschaftliche Rechtfertigung fehlt nach § 23 Ziff.3 KartG 1988 zumindest dann, wenn die den Händlern eingeräumten Spannen die branchenüblichen überschreiten.[23]
Soweit vertikale Preisbindungen genehmigungspflichtig sind, muß dem Genehmigungsantrag nach § 62 Ziff.1 und 4 KartG 1988 (§ 7 Abs.1 S.2 KartG 1972) ein Vertragsmuster und eine Beschreibung der Ware, die Gegenstand der Preisbindung ist, beigefügt werden. Die Schriftform der Verträge ist aber kein Wirksamkeitserfordernis.

Die Preisbindung bei Büchern beruht nicht auf vertikalen Verträgen zwischen dem einzelnen Verleger und dem einzelnen Buchhändler, sondern auf einem Beschluß des Verleger- und Buchhändlerverbandes,[24] und ist damit ebenfalls als Absichtskartell anzusehen, weil auch Beschlüsse von Unternehmensvereinigungen das Merkmal des Vertrages i.S.v. § 10 Abs.1 KartG 1988 erfüllen.[25]
Nach § 5 Abs.2 Ziff.2 KartG 1988 (§ 5 Abs.1 Ziff.7 KartG 1972) sind aber die §§ 9 bis 30 KartG 1988 nicht auf Kartellverträge über die Bindung des Letztverkäufers im Buch-, Kunst-, Musikalien-, Zeitschriften- und Zeitungshandel an den vom Verleger festgesetzten Verkaufspreis anwendbar.

---

22 So wohl auch Gugerbauer: Kartellgesetz, § 13, Rn.4, S.49, aufgrund seiner Einstufung von Preisbindungssystemen als Sternverträge.
23 Siehe hierzu Gugerbauer: Kartellgesetz, § 23, Rn.15ff., S.71ff.; siehe auch Engelich: Grundsätzliches, ÖJZ 1963, 119ff., 123.
24 Siehe im einzelnen 5. Kap. III.3., S.150ff.
25 Gugerbauer: Kartellgesetz, § 10, Rn.23, S.36f.; Koppensteiner: Wettbewerbsrecht, S.88ff.

4. Einfluß des Freihandelsabkommens zwischen der EWG und Österreich

Der Oberste Gerichtshof hat eine unmittelbare Anwendbarkeit von Art.23 FHA EWG/A abgelehnt.[26]
Dies wird aber dadurch ausgeglichen, daß sich einerseits § 17 Abs.3 Ziff.1 i.V.m. Abs.1 KartG 1988 und die dazu er gangene Verordnung im Hinblick auf Vertriebsbindungen an das europäische Gemeinschaftsrecht anlehnen und daß andererseits die Genehmigung von Kartellen mangels volkswirtschaftlicher Rechtfertigung nach § 23 Ziff.3 KartG 1988 (§ 24 Abs.2 KartG 1972) scheitert, wenn diese mit dem Freihandelsabkommen zwischen Österreich und der EWG unvereinbar sind.[27]
Ebenso gilt die Nichtanwendbarkeit des Kartellgesetzes 1988 nach § 7 Abs.1 Ziff.1 KartG 1988 (§ 5 Abs.2 KartG 1972) nicht, soweit die Verwirklichung eines der in den §§ 9 bis 40 KartG 1988 geregelten Tatbestände geeignet ist, den Handelsverkehr, der unter das Freihandelsabkommen zwischen Österreich und der EWG fällt, zu beeinträchtigen.

II. Vertriebsbindungen und Markenrecht

1. Markenrechtliche Beurteilung des Vertriebs von Originalware

Nach § 1 MSchG ist eine Marke ein Zeichen, das dazu dient, Waren eines Unternehmens von gleichartigen Waren anderer Unternehmen zu unterscheiden. Sie dient daher im Interesse des Markeninhabers und der Allgemeinheit allein dem Schutz der

26 OGH, ÖBl 1989, 120ff., 121 = GRUR Int.1989, 699ff., 700 - Schallplatten-Parallelimporte II; Koppensteiner: Import, JBl. 1982, 18ff., 23; siehe auch Dittrich: Verträge, ÖBl 1977, 81ff., 81; Veelken: Anwendbarkeit, RIW 1988, 112ff., 120f.

27 Siehe hierzu Gugerbauer: Kartellgesetz, § 23, Rn.10ff., S.69ff.; Koppensteiner: Wettbewerbsrecht, S.171ff.

Herkunftsfunktion.[28]
Dementsprechend setzt § 9 UWG als die maßgebliche Schutznorm eine Verwechslungsgefahr voraus.[29]
Mangels Verwechslungsgefahr wird die Herkunftsfunktion nicht als beeinträchtigt und § 9 UWG nicht als verletzt angesehen, wenn die vom Markeninhaber im Inland in den Verkehr gesetzte Ware weitervertrieben wird. Vielmehr tritt durch das Inverkehrsetzen eine Erschöpfung der Markenrechte ein.[30]

2. Markenrechtliche Beurteilung des Imports von Originalware

In seiner älteren Rechtsprechung stand der Oberste Gerichtshof auf dem Standpunkt nur national wirkender Erschöpfung.[31]
Davon ist der Oberste Gerichtshof aber in späteren Urteilen zu Gunsten einer weltweiten Erschöpfung abgerückt.
Danach werde die Herkunftsfunktion mangels Verwechslungsgefahr auch dann nicht beeinträchtigt, wenn die Ware vom ausländischen und zugleich inländischen Markeninhaber im Ausland in den Verkehr gesetzt und dann von Dritten importiert

28 OGH, ÖBl 1971, 21ff., 22f. = GRUR Int. 1971, 90ff., 92, m. Anm. v. Beier, - AGFA; OGH, ÖBl 1974, 84, 84 - Lanvin; OGH, ÖBl 1984, 24f., 24 = GRUR Int. 1984, 369ff., 370 - Bichlhof.

29 Koppensteiner: Unlauterer Wettbewerb, S.157; Rummel, in: Koziol: Haftpflichtrecht, Bd.II, S.291.

30 OGH, ÖBl 1971, 21ff., 22f. = GRUR Int. 1971, 90ff, 92, m. Anm. v. Beier, - AGFA; OGH, ÖBl 1974, 114f., 115 - Semperit-Schwimmreifen; OGH, ÖBl 1974, 84f., 84 - Lanvin; OGH, ÖBl 1984, 24f., 24 = GRUR Int. 1984, 369ff., 370 - Bichlhof; OGH, ÖBl 1986, 92ff., 96, m. Anm. v. Schmidt, = GRUR Int. 1987, 50ff., 53 - Noverox/Ferrox; Feil: Bundesgesetz, § 9, Rn.22, S.63; so insoweit auch schon OGH, ÖBl 1957, 87f., 88, m. Anm. v. Schönherr, = GRUR Int. 1958, 520ff., 521 - Brunswick; OGH, ÖBl 1960, 71ff., 74 = GRUR Int. 1960, 557ff., 560 - Seeburg; ebenso Koppensteiner: Unlauterer Wettbewerb, S.154f.

31 OGH, ÖBl 1957, 87ff., 88, m. Anm. v. Schönherr, = GRUR Int. 1958, 520f., 521 - Brunswick; OGH, ÖBl 1960, 71ff., 74 = GRUR Int. 1960, 557ff., 560 - Seeburg; ebenso OLG Wien, ÖBl 1955, 67f., 67f. - Nescafé.

wird. Vielmehr trete auch in dieser Konstellation eine Erschöpfung der Markenrechte ein.[32]
Dies gilt auch für Parallelimporte von Waren, die im Ausland hergestellt und im Inland ausschließlich von einer Tochtergesellschaft, einem Lizenznehmer oder einem Alleinvertriebsberechtigten, auch wenn diese im Inland als Markeninhaber eingetragen sind, vertrieben werden sollen.[33]
In den entschiedenen Fällen handelte es sich immer um identische und im Ausland hergestellte Waren, so daß der inländische Markeninhaber ausschließlich mit deren Vertrieb beschäftigt war.[34]
Ob eine Erschöpfung auch dann anzunehmen ist, wenn der Verbraucher die Ware dem österreichischen Markeninhaber und nicht dem ausländischen Hersteller zurechnet oder wenn Beschaffenheitsunterschiede zwischen der vom österreichischen Markeninhaber vertriebenen und der von Dritten importierten Ware bestehen, wird nicht erörtert.

3. Einfluß des Freihandelsabkommens zwischen der EWG und Österreich

Ob Art.13 FHA EWG/A unmittelbar anwendbar ist, hat der Ober-

32 OGH, ÖBl 1971, 21ff., 22f. = GRUR Int. 1971, 90ff, 92, m. Anm. v. Beier, - AGFA; OGH, ÖBl 1984, 24f., 24 = GRUR Int. 1984, 369ff., 370 - Bichlhof; so wohl auch schon OGH, ÖBl 1957, 87ff., 88, m. Anm. v. Schönherr, = GRUR Int. 1958, 520f., 521 - Brunswick; OGH, ÖBl 1960, 71ff., 74 = GRUR Int. 1960, 557ff., 560 - Seeburg; ebenso Koppensteiner: Unlauterer Wettbewerb, S.155.

33 OGH, ÖBl 1971, 21ff., 22f. = GRUR Int. 1971, 90ff, 92, m. Anm. v. Beier, - AGFA; OGH ÖBl 1984, 24f., 25 = GRUR Int. 1984, 369ff., 370 - Bichlhof; Feil: Bundesgesetz, § 9, Rn.27, S.64; Koppensteiner, Unlauterer Wettbewerb, S.155; siehe auch Krenn: Verbraucherschutz, ÖJZ 1977, 225ff., 228; Schönherr: Fragen, GesRZ 1978, 58ff., 61; Stölzle: Parallelimport, GesRZ 1973, 106ff., 106f.; Wiltschek: Wettbewerbsrecht, § 9 UWG, E.805ff., S.563.

34 OGH, ÖBl 1971, 21ff., 23 = GRUR Int. 1971, 90ff., 90, m. Anm. v. Beier, - AGFA; OGH, ÖBl 1984, 24f., 24 = GRUR Int. 1984, 369ff., 369 - Bichlhof.

ste Gerichtshof offengelassen.[35] Er hat aber entschieden, daß Art.13 und 20 FHA EWG/A nicht wie Art.30 und 36 EWGV auszulegen seien und der Ausübung von Immaterialgüterrechten nicht entgegenstünden.[36] Damit wäre ein markenrechtlicher Schutz in den noch nicht entschiedenen Fallkonstellationen nicht ausgeschlossen.

III. Lauterkeitsrechtlicher Schutz von Vertriebs- und Preisbindungen

1. Schleichbezug, Verleitung zum Vertragsbruch und Ausnutzung fremden Vertragsbruchs

Die lauterkeitsrechtliche Beurteilung des Außenseiters, der sich vertriebs- oder preisgebundene Ware von einem gebundenen Händler beschafft und diese vertreibt, setzt unter Heranziehung von § 1 UWG bei der Art und Weise des Warenbezugs (Schleichbezug, Verleitung zum Vertragsbruch und Ausnutzung fremden Vertragsbruchs) an.[37]
Vertriebs- und Preisbindungen erfahren dabei die gleiche Behandlung.[38]

---

35 OGH, ÖBl 1989, 120ff., 122 = GRUR Int. 1989, 699ff., 701 - Schallplatten-Parallelimporte II; verneinend Dittrich: Import, ÖBl 1982, 141ff., 145; bejahend Koppensteiner: Import, JBl 1982, 18ff., 23; siehe hierzu Veelken: Anwendbarkeit, RIW 1988, 112ff., 120; Kucsko: Parallelimporte, GRUR Int. 1980, 138ff.

36 OGH, ÖBl 1989, 120ff., 122 = GRUR Int. 1989, 699ff., 700 - Schallplatten-Parallelimporte II; andeutungsweise so auch schon OGH, ÖBl 1980, 25, 30 = GRUR Int. 1980, 185ff., 188, m. Anm. v. Ulmer, - Schallplatten-Parallelimporte I; ebenso Dittrich: Import, ÖBl 1982, 141ff., 150; a.A. Koppensteiner: Import, JBl 1982, 18ff., 25.

37 Siehe hierzu Koppensteiner: Vertrieb, WBl 1988, 241ff., 249f.; Lindinger: Rechtsschutz, JBl 1990, 694ff., 696; Sack: Probleme, ÖBl 1988, 113ff. und 145ff., 146ff.; Wiltschek: Beurteilung, GRUR Int. 1988, 299ff., 302ff.; siehe auch Wiltschek: Wettbewerbsrecht, Anm.1148ff., S.336ff., Anm.1253ff., S.347.

38 Siehe hierzu etwa OGH, ÖBl 1985, 68ff., 70 = GRUR Int.

Wenn sich ein gebundener Händler über seine vertraglichen Pflichten hinwegsetzt, um die Vertragstreue seiner Mitbewerber zum eigenen Vorteil auszunutzen, wird dieser Vertragsbruch als Verstoß gegen § 1 UWG angesehen.[39]
Der Sittenwidrigkeitsvorwurf entfällt aber dann, wenn das Bindungssystem keine theoretische und praktische Lückenlosigkeit aufweist, weil dann die Einhaltung des Vertrages wegen der sonst eintretenden Wettbewerbsnachteile unzumutbar wird.[40]

Der Schleichbezug von einem gebundenen Händler begründet wegen der Täuschung einen Sittenwidrigkeitsvorwurf gegen den Außenseiter.[41]
Der Lückenlosigkeit bedarf es dafür nicht.[42]

Die Verleitung zum Vertragsbruch wird überwiegend ebenfalls als Verstoß gegen § 1 UWG eingeordnet.[43]

1986, 210ff., 211, m. Anm. v. Knaak, - Grundig-Vertriebsbindung.

39 OGH, JBl 1987, 730f., 731; OGH, MuR 1988, 203ff., 205 - Traktorseilwinde; Koppensteiner: Vertrieb, WBl 1988, 241ff., 249; Rummel: Unlauterer Wettbewerb, in: Koziol: Haftpflichtrecht, Bd.II, S.279; ähnlich bei Alleinvertriebsvereinbarungen OGH, ÖBl 1980, 6f., 6f. - Alleinvertriebsrecht.

40 OGH, ÖBl 1985, 68ff., 70 = GRUR Int. 1986, 210ff., 211, m. Anm. v. Knaak, = ÖRdW 1985, 310 (Leitsatz), m. Anm. v. Holeschofsky, - Grundig-Vertriebsbindung; OGH, ÖBl 1987, 17f., 18 = GRUR Int. 1987, 264f., 265 - Guerlain-Depositärvertrag; Koppensteiner: Vertrieb, WBl 1988, 241ff., 249f.; Rummel: Unlauterer Wettbewerb, in: Koziol: Haftpflichtrecht, Bd.II, S.279.

41 OGH, ÖBl 1985, 68ff., 70 = GRUR Int. 1986, 210ff., 211, m. Anm. v. Knaak, - Grundig-Vertriebsbindung; OGH, ÖBl 1987, 17f., 17 = GRUR Int. 1987, 264f., 265 - Guerlain-Depositärvertrag; Koppensteiner: Vertrieb, WBl 1988, 241ff., 250; Feil: Bundesgsetz, § 1, Rn.74, S.31.

42 Koppensteiner: Vertrieb, WBl 1988, 241ff., 250; so wohl auch OGH, ÖBl 1985, 68ff., 70 = GRUR Int. 1986, 210ff., 211, m. Anm. v. Knaak, - Grundig-Vertriebsbindung; OGH, ÖBl 1987, 17f., 17 = GRUR Int. 1987, 264f., 265 - Guerlain-Depositärvertrag.

43 OGH, ÖBl 1987, 17f., 17 = GRUR Int. 1987, 264f., 265 - Guerlain-Depositärvertrag; OGH, ÖBl 1985, 68ff, 70 = GRUR Int. 1986, 210ff., 211, m. Anm. v. Knaak, -

Da der Vertragsbruch zwecks Vorteilserlangung unlauter ist und ein unlauteres Verhalten zugleich eine unerlaubte Handlung darstellt, läßt sich dies auch damit begründen, daß nach § 1301 ABGB eine Verleitung zum Vertragsbruch verboten ist.[44]

Daneben wird jedes aktive Mitwirken durch planmäßiges Fördern oder Unterstützen einer Vertragsverletzung als unlauter angesehen.[45] Der Außenseiter muß aber den Vertrag gekannt oder grob fahrlässig nicht gekannt haben.[46] Angesichts der neuen Rechtsprechung des Obersten Gerichtshofs zur lauterkeitsrechtlichen Beurteilung erscheint es aber fraglich, ob ein grob fahrlässiges Fördern fremden Vertragsbruchs als unlauter angesehen werden kann.
Nicht von Bedeutung ist es dabei, wenn der gebundene Händler schon zum Vertragsbruch entschlossen war.[47]
Außerdem ist die theoretische und praktische Lückenlosigkeit des Bindungssystems erforderlich, weil sonst dem gebundenen Händler die Einhaltung der Bindung nicht zugemutet werden kann[48] und es damit am Vorliegen eines Vertragsbruchs fehlen würde.

Grundig-Vertriebsbindung; OGH, ÖBl 1989, 99ff., 101 - Sani-Zelle; OGH, ÖBl 1987, 45ff., 46 - Bezirksjournale; OGH, ÖBl 1984, 120ff., 121 - Fertighäuser; Wien, MuR 1985/2, A16; Koppensteiner: Vertrieb, WBl 1988, 241ff., 250; Koppensteiner: Unlauterer Wettbewerb, S.222; Feil: Bundesgesetz, § 1, Rn.74, S.31.

44 Siehe insoweit zum schweizerischen Recht 6. Kap. III.1., S.171f.

45 OGH, ÖBl 1989, 99ff., 101 - Sani-Zelle; OGH, ÖBl 1987, 45ff., 46 - Bezirksjournale; OGH, ÖBl 1984, 120, 121 - Fertighäuser; Koppensteiner: Unlauterer Wettbewerb, S.222; Feil: Bundesgesetz, § 1, Rn.70, S.30.

46 OGH, ÖBl 1970, 99f., 100 - Abbauvertrag; Koppensteiner: Vertrieb, WBl 1988, 241ff., 250; Koppensteiner: Unlauterer Wettbewerb, S.222.

47 OGH, ÖBl 1987, 45ff., 46 - Bezirksjournale; OGH, ÖBl 1984, 120, 122 - Fertighäuser; OLG Wien, MuR 1985/2, A16; Koppensteiner: Unlauterer Wettbewerb, S.222; Feil: Bundesgesetz, § 1, Rn.70, S.30.

48 OGH, ÖBl 1985, 68ff., 70 = GRUR Int. 1986, 210ff., 211, m. Anm. v. Knaak, - Grundig-Vertriebsbindung; ÖBl 1987, 17f., 17 = GRUR Int. 1987, 264ff., 265 - Guerlain-Depo-

In Österreich sind aber die Kriterien der Lückenlosigkeit bisher kaum diskutiert worden.[49] Die Anforderungen an die Lückenlosigkeit will der Oberste Gerichtshof aber nicht überspannt sehen. Im allgemeinen müsse es genügen, wenn sich das Bindungssystem als geeignet zeige, alle Abnehmer zu erfassen, wobei gelegentliches Versagen nicht schade.[50] Soweit Vertriebsbindungen branchenüblich sind, scheint der Oberste Gerichtshof auch keine allzu hohen Anforderungen an die Darlegung der Lückenlosigkeit stellen zu wollen.[51]

Koppensteiner will neben dem Lückenlosigkeitserfordernis zusätzlich auf die beabsichtigte Erlangung eines Wettbewerbsvorsprungs durch den Außenseiter abstellen.[52]

Demgegenüber sieht Koziol die Verleitung zum Vertragsbruch des gebundenen Händlers bei Bindungssystemen nicht als unlauter an.[53]

Zwar dürften Dritte, wenn ihnen ein Forderungsrecht bekannt ist, das Recht des Gläubigers auf obligationsgemäße Willensausübung des Schuldners nicht beeinträchtigen, so daß die Verleitung zum Vertragsbruch bei typischen Austauschverträgen rechtswidrig sei.[54]

Bei den Bindungsverträgen handele es sich aber um "drittgerichtete" Verträge, die gerade die Rechtsbeziehungen des ge-

---

sitärvertrag; OLG Wien, MuR 1985/2, A16; Koppensteiner: Vertrieb, WBl 1988, 241ff., 250; siehe auch Knaak: Anm., GRUR Int. 1986, 212f., 213.

49 Koppensteiner: Vertrieb, WBl 1988, 241ff., 250.

50 OGH, MuW 1929, 471ff., 473; OGH, MuW 1931, 116f. 116; OGH, ÖBl 1973, 52f., 53 = JBl 1974, 43ff., 44, m. Anm. v. Koziol, - Reverssystem; OLG Wien MuR 1985/2, A16.

51 OGH, ÖBl 1987, 17f., 18 = GRUR Int. 1987, 264ff., 265 - Guerlain-Depositärvertrag.

52 Koppensteiner: Vertrieb, WBl 1988, 241ff, 250; ebenso Hohenecker/Friedl: Wettbewerbsrecht, S.84.

53 Koziol: Beeinträchtigung, S.191ff.; Koziol: Haftpflichtrecht, Bd.II, S.51; ebenso Rummel: Unlauterer Wettbewerb, in: Koziol: Haftpflichtrecht, Bd.II, S.280.

54 Koziol: Beeinträchtigung, S.159ff.; Koziol: Haftpflichtrecht, Bd.II, S.47f.; ebenso Rummel: Unlauterer Wettbewerb, in: Koziol: Haftpflichtrecht, Bd.II, S.280.

bundenen Händlers zu Dritten regeln, womit erheblich in die Bewegungsfreiheit dieser Dritten eingegriffen werde. Eine Abwägung der Interessen des bindenden Unternehmens und des Außenseiters falle zu Gunsten des Außenseiters aus, so daß dieser das Forderungsrecht des bindenden Unternehmens nicht beachten müsse und die Verleitung zum Vertragsbruch insoweit nicht als sittenwidrig beurteilt werden könne.[55]

Die bloße Ausnutzung fremden Vertragsbruchs beim Bezug gebundener Ware sieht der Oberste Gerichtshof selbst bei Lückenlosigkeit und Vorsprungserlangung nach mehrfachem Wechsel seiner Rechtsprechung derzeit nicht als unlauter i.S.v. § 1 UWG an.[56]
Die Lückenlosigkeit des Bindungssystems sei nur Voraussetzung dafür, daß dem gebundenen Händler die Einhaltung der Bindung zugemutet werden könne,[57] mache aber nicht das Verhalten von Außenseitern sittenwidrig. Ein ungerechtfertigter Vorsprung des Außenseiters durch den anschließenden Vertrieb der Ware liege nicht vor, weil die Bindungsverträge nur Rechte gegen die gebundenen Händler geben und ein Anspruch

55 Koziol: Beeinträchtigung, S.191ff.; Koziol: Haftpflichtrecht, Bd.II, S.51; ebenso Rummel: Unlauterer Wettbewerb, in: Koziol: Haftpflichtrecht, Bd.II, S.280.

56 OGH, ÖBl 1985, 68ff, 70 = GRUR Int. 1986, 210ff., 211, m. Anm. v. Knaak, - Grundig-Vertriebsbindung; ÖBl 1987, 17f., 17 = GRUR Int. 1987, 264f., 265 - Guerlain-Depositärvertrag; so auch schon OGH, JBl 1958, 272ff., 281 = ÖBl 1958, 43 (Leitsatz) = GRUR Int. 1959, 243ff., 251 - Waschmittel; in einem Urteil vom gleichen Tage offengelassen OGH, ÖBl 1958, 43ff., 44; danach a.A. OGH, ÖBl 1973, 37, 37 - Parfümeriewaren; OGH, ÖBl 1973, 52f., 53 = JBl 1973, 43ff, 44, m. Anm. v. Koziol, - Reverssystem; ähnlich bei Alleinbezugsvereinbarungen OGH, ÖBl 1973, 51f., 52 - Flüssiggas; danach wieder offengelassen OGH, ÖBl 1981, 157, 159 - Marktregelungsvertrag Ski; siehe auch OGH, WBl 1990, 243 (Leitsatz) - Piccadilly.

57 OGH, ÖBl 1985, 68ff., 70 = GRUR Int. 1986, 210ff., 211, m. Anm. v. Knaak, - Grundig-Vertriebsbindung; OGH, ÖBl 1987, 17f., 18 = GRUR Int. 1987, 264f., 265 - Guerlain-Depositärvertrag; Koppensteiner: Vertrieb, WBl 1988, 241ff., 249f.; Rummel: Unlauterer Wettbewerb, in: Koziol: Haftpflichtrecht, Bd.II, S.279.

auf Respektierung der Verträge durch Außenseiter nicht bestehe.[58]
Das bindende Unternehmen ist aber zumindest in der Lage, die Einhaltung seiner Bindung durch Testkäufe zu überwachen. Der Einsatz von Testkäufern ist zulässig, so lange sie sich wie gewöhnliche Käufer verhalten und nicht bewußt wahrheitswidrige Behauptungen aufstellen.[59]

Weil damit aber der Schutz von Vertriebs- und Preisbindungen nicht gesichert ist, wird eine weitere Diskussion der Problematik von Koppensteiner als erforderlich angesehen.[60]

So will jetzt Lindinger selektiven Vertriebsbindungen einen wettbewerbsrechtlichen Schutz einräumen, indem er sich einerseits auf die kartellrechtlich positive Beurteilung von selektiven Vertriebsbindungen stützt und andererseits die Leistungsbezogenheit des Außenseiterverhaltens verneint.
Ein Außenseiter, der durch sein Verhalten die Bewirkung der aufgrund der Vertriebsbindungsverträge geschuldeten Leistungen verhindere, greife in das Forderungsrecht des bindenden Herstellers ein. Dieser Eingriff stelle keine leistungsbezogene Handlung dar.[61] Außerdem seien selektive Vertriebsbindungen nach österreichischem Kartellrecht ausdrücklich po-

---

58 OGH, ÖBl 1985, 68ff, 70 = GRUR Int. 1986, 210ff., 211, m. Anm. v. Knaak, - Grundig-Vertriebsbindung; ÖBl 1987, 17f., 17 = GRUR Int. 1987, 264f., 265 - Guerlain-Depositärvertrag; Koppensteiner: Vertrieb, WBl 1988, 241ff, 250; Feil: Bundesgesetz, § 1, Rn.70, S.30f.; Rummel: Unlauterer Wettbewerb, in: Koziol: Haftpflichtrecht, Bd.II., S.280, Fn.133; Koziol: Beeinträchtigung, S.196; Koziol: Anm., JBl 1974, 44f., 44; Holeschofsky: Anm., ÖRdW 1985, 310; kritisch dazu Lindinger: Rechtsschutz, JBl 1990, 694ff., 697ff.

59 OGH, ÖBl 1983, 129ff., 131 - Skibindungs-Testkäufe; OGH, ÖBl 1985, 135f., 136 - Einkaufsausweis-Testkauf; OGH, ÖBl 1986, 9ff., 12 - Wecker-Rabatt; OGH, MuR 1988, 98f., 98f. - Toyota-Testkäufer; OGH, WBl 1990, 215 - Testkäufer mit Tonband; Feil: Bundesgesetz, § 1, Rn.76, S.32; Hohenecker/Friedl: Wettbewerbsrecht, S.21; siehe auch Koppensteiner: Unlauterer Wettbewerb, S.226f.

60 Koppensteiner: Vertrieb, WBl 1988, 241ff., 250.

61 Lindinger: Rechtsschutz, JBl 1990, 694ff., 704.

sitiv bewertet. Außenseiter würden sich deshalb außerhalb der gesetzlich gewünschten Wettbewerbsfreiheit bewegen und die gesetzlich gewünschten Marktstrukturen gefährden.[62]
Das Fehlen der Leistungsbezogenheit in Kombination mit der negativen Marktfolge mache die Unlauterkeit des Außenseiterverhaltens aus.[63]
Die Unlauterkeit fehle nur dann, wenn das Bindungssystem aufgrund nennenswerten Außenseiterwettbewerbs lückenhaft ist und deshalb schon den gebundenen Händlern die Einhaltung der Bindung unzumutbar sei.[64]

2. Entfernung von Kontrollnummern und Vertrieb derartig decodierter Ware

In einer älteren Entscheidung sah der Oberste Gerichtshof in der Entfernung von Codenummern allenfalls dann unlauteren Wettbewerb, wenn dieses Verhalten sittenwidriges Preisschleudern ermöglichen soll.[65]
Die Frage nach der Unlauterkeit der Entfernung von Codenummern und der Verkauf von derartig decodierter Ware hat in Österreich aber noch keine besondere Diskussion erfahren.[66]

Für Fabrikationsnummern hat der Oberste Gerichtshof entschieden, daß bei deren Entfernung auf Tonbandgeräten und den entsprechenden Garantiescheinen die Geräte nicht mehr als fabrikneu verkauft werden dürften. Der Verkauf von derartigen Geräten unter Beifügung des Garantiescheins, der zudem, unabhängig von der Entfernung der Fabrikationsnummer, überhaupt keine Gültigkeit für das Inland habe, stelle eine Irreführung der Käufer dar und schädige den Ruf des Herstel-

62 Lindinger: Rechtsschutz, JBl 1990, 694ff., 705.
63 Lindinger: Rechtsschutz, JBl 1990, 694ff., 705.
64 Lindinger: Rechtsschutz, JBl 1990, 694ff., 704.
65 OGH, MuW 1929, 471ff., 472.
66 Koppensteiner: Vertrieb, WBl 1988, 241ff., 251; Lindinger: Rechtsschutz, JBl 1990, 694ff., 695.

lers, wenn er berechtigterweise die Erbringung von Garantieleistungen verweigere.[67]
In einer weiteren Entscheidung gewährte der Oberste Gerichtshof keinen Rechtsschutz gegen die Entfernung von Fabrikationsnummern. Allerdings erfolgte die Entfernung nicht zum Zweck der Verdeckung der Bezugsquelle. Auch für Garantie- und Serviceleistungen war die Fabrikationsnummer nicht erforderlich.[68] Weil der Kunde zudem von der Entfernung wußte und ihm die Originalfabrikationsnummer bekannt war, wurde eine Irreführung verneint.

3. Verkauf von Büchern unter dem gebundenen Preis

Die Preisbindung bei Büchern beruht in Österreich auf Verbandsrecht.[69]
Gemäß § 5 Ziff.1 Abs.1 S.1 der Verkaufsordnung[70] und § 4 lit.a Verkehrsordnung[71] des Hauptverbandes des österreichischen Buchhandels,[72] einem Verband mit freiwilliger Mitgliedschaft, bestimmt der Verleger den Ladenpreis von Büchern.[73]

Für alle Buchhändler besteht aber gemäß § 3 Abs.2 HKG[74] auch

---

67 OGH, ÖBl 1961, 87f., 88 = GRUR Int. 1962, 458f., 459 - Grundig.
68 OGH, ÖBl 1977, 121ff., 122 - Schlammtauchpumpe.
69 Siehe hierzu Franzen: Preisbindung, Rn.124, S.128; Schönherr/Torggler: Rechtsgutachten, S.1ff.; Barfuß: Rechtsgutachten, Anz.d.öst.Buchhandels Nr.8/Mitte April 1983, S.82ff.
70 Verkaufsordnung für den Buch-, Kunst-, Musikalien- und Zeitschriftenhandel in Österreich vom 24.11.1947.
71 Verkehrsordnung für den Buch-, Kunst-, Musikalien- und Zeitschriftenhandel in Österreich vom 24.11.1947.
72 Neubenennung seit 8.5.1965, zuvor Verein der Österreichischen Buch-, Kunst- und Musikalien-, Zeitungs- und Zeitschriftenhändler.
73 Siehe hierzu Schönherr/Torggler: Rechtsgutachten, S.7ff.; Barfuß: Rechtsgutachten, Anz.d.öst.Buchhandels Nr.8/Mitte April 1983, S.82ff.
74 Bundesgesetz vom 24.7.1946 (öst. BGBl 1946/182, S.363ff.) id.F. des Bundesgesetzes vom 14.12.1983 (öst.

eine Zwangsmitgliedschaft in der für sie zuständigen Kammer der gewerblichen Wirtschaft. Diese ist gemäß § 29 Abs.5 i.V.m. § 37 HKG und § 8 Abs.1 FachgruppenO[75] die Sektion Handel, zu welcher nach § 3 Abs.2 Ziff.13 Fachgruppenkatalog das Bundesgremium des Handels mit Büchern, Kunstblättern, Musikalien, Zeitungen und Zeitschriften gehört.[76]
Die Bundeswirtschaftskammer hat durch das Bundesgremium des Handels mit Büchern, Musikalien, Zeitungen und Zeitschriften den Landesgremien mit Schreiben vom 12.7.1948 mitgeteilt, daß die Leitung der Sektion Handel auf Antrag des Bundesgremiums zur "Hintanhaltung unlauteren Wettbewerbs" zwischen den Mitgliedern des Bundesgremiums vorläufig die vom Verein der österreichischen Buch-, Kunst-, Musikalien-, Zeitungs- und Zeitschriftenhändler im Jahre 1947 festgelegte Verkehrs- und Verkaufsordnung für verbindlich erklärt hat. Verstöße gegen die Ordnungsvorschriften könnten entsprechend den Bestimmungen des § 139 Abs.2 lit.a GewO 1907 von der Sektionsleitung auf Antrag des Bundesgremialausschusses mit Ordnungstrafen geahndet werden. Diese würden in analoger Anwendung des § 67 HKG verhängt werden können.[77] Dieser Beschluß wurde auch veröffentlicht.[78]

Der Oberste Gerichtshof ging nun in seiner Entscheidung "Baedekers Reiseführer" davon aus, daß die Festsetzung von Ladenpreisen durch den Verleger ein Handelsbrauch ist.[79] Ein

---

BGBl 1983/663, S.2753f.).

75 Verordnung vom 15.7.1947 (öst. RGBl 1947/223, S.937ff.) i.d.F. der Verordnung vom 23.6.1988 (öst. BGBl 1988/348, S.2553f.) mit Fachgruppenkatalog als Anhang.

76 Siehe hierzu OGH, ÖBl 1985, 153ff., 155 - Baedeckers Reiseführer.

77 Siehe hierzu Schönherr/Torggler: Rechtsgutachten, S.9ff.; Barfuß: Rechtsgutachten, Anz.d.öst.Buchhandels Nr.8/Mitte April 1983, S.82ff., 82f.; OGH, ÖBl 1985, 153ff., 155 - Baedeckers Reiseführer.

78 Beschluß vom 12.7.1948, Anz.f.d.Buchhandel 1948, Heft Nr.14, S.7.

79 OGH, ÖBl 1985, 153ff., 155 - Baedeckers Reiseführer; ebenso Schönherr/Torggler: Rechtsgutachten, S.19ff.; Barfuß: Rechtsgutachten, Anz.d.öst.Buchhandels Nr.8/

Handelsbrauch ohne vertragliche Bindung genüge aber nicht, um eine Preisunterbietung sittenwidrig zu machen, weil ein Verstoß gegen einen Handelsbrauch nicht für sich allein als wettbewerbswidrig gelte.[80]
Da die gesetzliche Interessenvertretung aber in einem veröffentlichten Beschluß an ihre Mitglieder den bestehenden Handelsbrauch der festen Ladenpreise mitgeteilt und seine Nichtbeachtung mit Strafsanktionen bedroht habe, sei ein dagegen verstoßendes, in der Absicht unternommenes Verhalten, sich einen Wettbewerbsvorsprung vor den standestreuen Mitbewerbern zu verschaffen, wettbewerbswidrig i.S.v. § 1 UWG.[81]

In der Argumentation abweichend vertraten Schönherr und Torggler die Ansicht, daß der Handelsbrauch Inhalt der vom Buchhändler mit seinen Lieferanten geschlossenen Verträge wird und daß der Buchhändler, der in der Absicht, sich durch Preisunterbietung gegenüber vertragstreuen Mitbewerbern einen Vorteil zu verschaffen sucht, sittenwidrig handele.[82]
In seiner späteren Entscheidung "Rupertitag" hat der Oberste Gerichtshof aber ausgeführt, daß seiner früheren Entscheidung unausgesprochen auch der Gedanke zugrundegelegen habe, daß der Buchhändler durch seine Preisunterbietung gegen den mit dem Verleger geschlossenen Kaufvertrag verstoßen habe, dem der festgesetzte Ladenpreis kraft Handelsbrauchs als Geschäftsbestandteil angehöre.[83]
Die Ansicht von Barfuß, daß es sich bei dem Beschluß aus dem Jahr 1948 um eine möglicherweise fehlerhafte, jedoch ver-

---

Mitte April 1983, S.82ff., 84; Feil: Bundesgesetz, § 1, Rn.51, S.21.

80 OGH, ÖBl 1985, 153ff., 155 - Baedeckers Reiseführer; OGH, WBl 1990, 25f., 26 - Rupertitag; Koppensteiner: Unlauterer Wettbewerb, S.223.

81 OGH, ÖBl 1985, 153ff., 155 - Baedeckers Reiseführer; OGH, WBl 1990, 25f., 26 - Rupertitag; Feil: Bundesgesetz, § 1, Rn.51, S.21f.

82 Schönherr/Torggler: Rechtsgutachten, S.21; Barfuß: Rechtsgutachten, Anz.d.öst.Buchhandels Nr.8/Mitte April 1983, S.82ff., 84.

83 OGH, WBl 1990, 25f., 26 - Rupertitag.

bindliche Rechtsverordnung handelt, so daß ein Verstoß gegen diese, um sich einen geschäftlichen Vorteil gegenüber gesetzestreuen Mitbewerbern zu verschaffen, als Verstoß gegen die guten Sitten i.S.v. § 1 UWG anzusehen sei,[84] hat der Oberste Gerichtshof dahingestellt gelassen.[85]

Wie aber Koppensteiner anmerkt, ist die Entscheidung problematisch, weil § 139 Abs.2 lit.a GewO 1907 schon seit 1952[86] nicht mehr den Inhalt hat, den der Oberste Gerichtshof zugrundegelegt hat.[87]
Wenn man dem Obersten Gerichtshof nicht mangelnde Kenntnis der Rechtslage vorwerfen will, wird man ihn wohl dahingehend zu verstehen haben, daß er die Strafbewehrung entgegen der dahingehenden Formulierung nicht als Voraussetzung für das Unlauterkeitsurteil angesehen hat. Es dürfte ihm vor allem auf das Bestehen einer Bindung ankommen, die aus dem jeweiligen Kaufvertrag und aus dem Beschluß aus dem Jahr 1948 resultiert, und die er dann mit der zu weit gefaßten Formulierung der Möglichkeit von Strafsanktionen bejaht.
Zudem fügt er auch noch die Begründung bei, daß das System fester Ladenpreise nicht nur eine berufsständische Ordnung sei, die die Verfolgung von Vermögensinteressen der Mitglieder des Berufsstandes bezwecke, sondern daß für die Einführung des festen Ladenpreises kulturpolitische Gründe aus-

---

84 Barfuß: Rechtsgutachten, Anz.d.öst.Buchhandels Nr.8/ Mitte April 1983, S.82ff., 84.

85 OGH, ÖBl 1985, 153ff., 155 - Baedeckers Reiseführer; letztlich offengelassen auch von Schönherr/Torggler: Rechtsgutachten, S.17.

86 Die im Jahre 1948 gültige Fassung von § 139 Abs.2 lit.a GewO 1907 ergibt sich aus dem Gesetz vom 5.2.1907 (öst. RGBl 1907/26, S.219ff. 257), geändert durch das Bundesgesetz vom 19.10.1934 (öst. BGBl 1934/322, S.747ff., 763), ein Bundesgesetz aus dem Jahre 1935 (öst. BGBl 1935/548, S.2066ff., 2070) und ein Bundesgesetz aus dem Jahre 1937 (öst. BGBl 1937/228, S.920ff, 924); auch die GewO 1973 (öst. BGBl 1974/50, S.529ff.) i.d.F. des Bundesgesetzes vom 6.7.1988 (öst. BGBl 1988/399, S.2867ff.) enthält keine entsprechende Regelung.

87 Koppensteiner, Unlauterer Wettbewerb, S.223.

schlaggebend gewesen seien, um die Angebotsvielfalt im Buchhandel aufrechtzuerhalten.[88]

Die Verpflichtung zur Einhaltung des festen Ladenpreises gilt nach § 2 Ziff.2 und § 5 Ziff.1 Abs.4 Verkaufsordnung auch für ausländische Verlagserzeugnisse, wobei die vom Hauptverband angegebenen Umrechungskurse maßgeblich sind.

Umgekehrt ist aber die Preisbindung in der Bundesrepublik Deutschland gegen preisbindungsfreie Reimporte aus Österreich nicht geschützt, weil dort üblicherweise keine ausdrücklichen Preisbindungsverträge abgeschlossen werden.
Einem deutschen Verleger muß daher mit Blick auf Reimporte geraten werden, entgegen der österreichischen Praxis Preisbindungsverträge abzuschließen, weil Gegenstand des österreichischen Handelsbrauchs nicht die Einhaltung fester Ladenpreise im Ausland ist.

88 OGH, ÖBl 1985, 153ff., 155f. - Baedeckers Reiseführer.

6. Kapitel
Schutz von Vertriebs- und Preisbindungen gegen Außenseiter in der Schweiz*

I. Kartellrechtliche Beurteilung von Vertriebs- und Preisbindungen

1. Systematik des schweizerischen Kartellrechts im Hinblick auf Vertriebs- und Preisbindungen

Die kartellrechtliche Zulässigkeit von Vertriebs- und Preisbindungen, die Voraussetzung eines Schutzes derartiger Bindungen gegen Außenseiter ist, ist nach dem Kartellgesetz 1985[1] zu beurteilen.
Das Kartellgesetz 1985, das das Kartellgesetz 1962 ersetzt hat, ist gemäß Art.1 Abs.1 (Art.1 KartG 1962) auf Kartelle i.S.v. Art.2 KartG 1985 (Art.2 Abs.1 KartG 1962) und auf ähnliche Organisationen i.S.v. Art.4 KartG 1985 (Art.3 KartG 1962) anwendbar.
Vertikale Preisbindungen sind unter den Voraussetzungen von Art.3 KartG 1985 (Art.2 Abs.2 KartG 1962) den Kartellen und Vertriebsbindungen[2] sind unter den Voraussetzungen von Art.5 KartG (erstmalige Regelung) den ähnlichen Organisationen gleichgestellt.

---

* Soweit nichts anderes angegeben wird, handelt es sich bei den in diesem Kapitel angeführten Vorschriften um schweizerische Vorschriften, abgedruckt in: Schweizerische Bundeskanzlei (Hrsg.): Systematischen Sammlung des Bundesrechts, Bern: Verlag der Bundesdruckerei.

1 Siehe hierzu L. David: Wettbewerbsrecht, S.127ff.; Schmidhauser: Kartellgesetz, WuR 1986, 361ff; Schürmann/ Schluep: Kartellgesetz.

2 Der zivilrechtlichen Gültigkeit von Vertriebsbindungsverträgen steht Art.27 Abs.2 ZGB nicht entgegen, weil nur übermäßige, die wirtschaftliche Existenz des Verpflichteten gefährdende Beschränkung der Entschlußfreiheit gegen diese Vorschrift verstößt: BGE 104 II 6ff., 8; BGE 95 II 55ff., 57; Pedrazzini/Oberholzer: Grundriß, S.123.

Die Zulässigkeit von Vertriebs- und Preisbindungen ist nicht an inhaltliche Voraussetzungen geknüpft. Sie dürfen aber wie Kartelle und ähnliche Organisationen nach Art.6 KartG 1985 (Art.4 KartG 1962) Dritte im Wettbewerb nicht behindern, es sei denn, die Wettbewerbsbehinderung ist durch Art.7 KartG 1985 (Art.5 KartG 1962) gerechtfertigt.

2. Beurteilung von Vertriebsbindungen

Vertriebsbindungen i.S.v. Art.5 KartG 1985 sind Abreden zwischen Lieferanten und Abnehmern über die Beschränkung des Weitervertriebs von Waren, soweit solche Abreden den Markt maßgeblich beeinflussen.[3]

Ein maßgeblicher Markteinfluß ist vor allem dann zu bejahen, wenn die Vertriebsbindung von einem Kartell oder einer ähnlichen Organisation, insbesondere also einem einzelnen Unternehmen, das nach Art.4 Abs.1 lit.a KartG 1985 den Markt für bestimmte Waren beherrscht oder maßgeblich beeinflußt, ausgeht.[4] Darüberhinaus ist von maßgeblicher Marktbeeinflussung auszugehen, wenn eine erhebliche Anzahl von Unternehmen in inhaltlich ähnlicher Weise gebunden ist und Dritten der Marktzugang verstopft wird.[5]
Das Bundesgericht hat in seiner Entscheidung "Dior-Vertriebsbindung" einen maßgeblichen Markteinfluß bei Dior-Kosmetika verneint.[6]

Soweit aber eine Vertriebsbindung aufgrund von Art.5 KartG 1985 als eine kartellähnliche Organisation einzustufen ist,

---

3 Siehe hierzu Schluep, in: Schürmann/Schluep: Kartellgesetz, Art.5 KartG, Anm.I.ff., S.278ff.
4 Schluep, in: Schürmann/Schluep: Kartellgesetz, Art.5 KartG, Anm.V.2., S.287.
5 Schluep, in: Schürmann/Schluep: Kartellgesetz, Art.5 KartG, Anm.V.2., S.289f.
6 BGE 114 II 91ff, 94 = GRUR Int. 1988, 706ff., 706, m. Anm. v. Kraßer, - Dior-Vertriebsbindung.

sind nach Art.6 Abs.1 KartG 1985 Wettbewerbsbehinderungen ("Vorkehren") unzulässig, wenn sie Dritte vom Wettbewerb ausschließen oder in dessen Aufnahme oder Ausübung in erheblicher Weise behindern,[7] wofür in Art.6 Abs.2 KartG 1985 Beispielsfälle angeführt sind.
Daraus resultiert aber kein Anspruch auf ungehinderte Teilnahme am Wettbewerb. Unzulässige Vorkehren sind vielmehr nur solche Maßnahmen, die objektiv gesehen darauf angelegt sind, die Wettbewerbsfreiheit Dritter zu verletzen.[8] Betriebswirtschaftlich gerechtfertigte Verhaltensweisen sind zulässig, wenn sie nicht auf Behinderung Dritter angelegt sind, und damit nicht bezweckt, sondern allenfalls bewirkt werden.[9] Somit ist auch ein selektiver Vertrieb praktizierbar, wenn es sich um Luxusgüter oder um technisch anspruchsvolle Produkte handelt und wenn sachlich gerechtfertigte Kriterien den Ausschlag geben.[10]

Wettbewerbsbehinderungen sind nur erheblich, wenn sie eine gewisse Intensität aufweisen und vom Betroffenen auch als solche empfunden werden, weil sie seine Handlungsfreiheit unmittelbar oder mittelbar beeinflussen.[11]
Die Erheblichkeit kann fehlen, wenn der Dritte auf Konkurrenzprodukte ausweichen kann.[12] Die Nichtbelieferung von

---

7 Siehe hierzu Schluep, in: Schürmann/Schluep: Kartellgesetz, Art.6 KartG, Anm.I.ff., S.320ff.; Merz: Kartellgesetz, S.39ff.; Schnegelsberg: Kartellgesetz, S.40ff.

8 BGE 107 II 277ff., 287 = GRUR Int. 1982, 467ff., 470, m. Anm. v. Lehmann, - Denner-Preisaktionen; AppG Basel-Stadt, VKK 1986, 413ff., 419f.; Schluep, in: Schürmann/Schluep: Kartellgesetz, Art.6 KartG, Anm.IV.1., S.331f.; Schnegelsberg: Kartellgesetz, S.41.

9 Schluep, in: Schürmann/Schluep: Kartellgesetz, Art.6 KartG, Anm.IV.6., S.351f.

10 HG Zürich, VKK 1986, 114ff., 119f.; KassG Zürich, VKK 1986, 121ff., 123; Schluep, in: Schürmann/Schluep: Kartellgesetz, Art.6 KartG, Anm.IV.6., S.350.

11 BGE 112 II 268ff., 276 = GRUR Int. 1988, 597ff., 598 - Denner-Bierliefersperre; BGE 90 II 501ff. 513; siehe auch Schluep, in: Schürmann/Schluep: Kartellgesetz, Art.6 KartG, Anm.I.ff., S.341f.; Merz: Kartellgesetz, S.41; Schnegelsberg: Kartellgesetz, S.41.

12 Schluep, in: Schürmann/Schluep: Art.6, Anm.V.1.a.,

Händlern, die nicht spezialisiert sind und keinen Kundendienst gewährleisten, kann mangels Erheblichkeit der Behinderung ebenfalls zulässig sein.[13]

Nach Art.7 KartG 1985 sind aber "Vorkehren" zulässig, wenn sie durch überwiegende schutzwürdige private Interessen gerechtfertigt sind und ihre Auswirkungen das Gesamtinteresse nicht verletzen. Der Wettbewerb darf zudem im Verhältnis zum angestrebten Ziel sowie nach Art und Durchführung der Wettbewerbsbehinderung nicht übermäßig beeinträchtigt werden.[14]
Art.7 Abs.2 KartG 1985 führt beispielhaft als überwiegend schutzwürdige Interessen etwa die Verwirklichung angemessener beruflicher und betrieblicher Voraussetzungen auf.
Die beruflichen Voraussetzungen beziehen sich auf die kaufmännische und technische Ausbildung.[15] Betriebliche Voraussetzungen betreffen vor allem die betrieblichen Einrichtungen, worunter im Zusammenhang mit technisch hochstehenden oder Luxusgütern auch ein besonderes Ansehen (standing) des Händlers verstanden werden kann.[16] Die Gewährleistung eines angemessenen Kundendienstes ist ebenfalls als fachliche Voraussetzung anzusehen, wenn dieser notwendig ist.[17]
Voraussetzung einer zulässigen Vorkehr ist die Beachtung des Grundsatzes der Gleichbehandlung.[18] Deshalb muß jeder belieferte Händler im Sinne einer theoretischen Lückenlosig-

S.370; Schürmann: Bundesgesetz, S.74.

13 Schürmann: Bundesgesetz, S.74.

14 Siehe hierzu Schluep, in: Schürmann/Schluep, Art.7, Anm.I.ff., S.388ff.; Merz: Kartellgesetz, S.48ff.; Schnegelsberg: Kartellgesetz, S.42ff.

15 Schürmann: Bundesgesetz, Art.5 KartG, Anm.V.2., S.89; Merz: Kartellgesetz, S.57.

16 Schluep, in: Schürmann/Schluep: Kartellgesetz, Art.7 KartG, Anm.IV.2., S.423.

17 Schluep, in: Schürmann/Schluep: Kartellgesetz, Art.7 KartG, Anm.IV.2., S.423f.; Schnegelsberg: Kartellgesetz, S.45.

18 BGE 112 I 268ff., 280f. = GRUR Int. 1988, 597ff., 599 - Denner-Bierliefersperre; BGE 108 II 6ff., 13f.; Schluep in: Schürmann/Schluep,: Kartellgesetz, Art.7 KartG, Anm.III.13., S.414; Merz: Kartellgesetz, S.52f.; Mattmann: Preisbindung, S.73, 78.

keit gebunden werden und die Umgehung der Bindung darf nicht geduldet werden.[19] Die Einhaltung der Bindung ist durch geeignete Kontrollmaßnahmen, wie etwa Testkäufe, zu überwachen.[20] Praktische Lückenhaftigkeit liegt erst vor, wenn Bindungsverstöße schon einige Zeit nicht mehr unterbunden werden.[21] Die Anforderungen an die Lückenlosigkeit sind damit nicht zu hoch angesetzt.

Selektive Vertriebsbindungen in der Form von einfachen Fachhandelsbindungen sind also kartellrechtlich zulässig.
Aber auch qualifizierten Fachhandelsbindungen steht das Kartellgesetz 1985 nur in Ausnahmefällen entgegen. Dieses ist ohne maßgeblichen Markteinfluß der Vertriebsbindung schon überhaupt nicht anwendbar und selbst bei dessen Anwendbarkeit läßt sich die Verpflichtung zur Ergreifung vertriebsfördernder Maßnahmen und zur Unterhaltung einer bestimmten Verkaufsausstattung betriebswirtschaftlich rechtfertigen.
Vertriebsbindungen bedürfen nach Art.14 Abs.3 KartG 1985 (erstmalige Regelung) zu ihrer Gültigkeit nicht der Schriftform.

Das Bundesgericht führt in seiner Entscheidung "Dior-Vertriebsbindung" auch Art.29 KartG 1986 (Art.20 KartG 1962) und das Preisüberwachungsgesetz als Prüfungsmaßstab für Vertriebsbindungen an.[22]
Nach Art.29 KartG 1986 sind Kartelle und ähnliche Organisa-

---

19 BGE 112 I 268ff., 280f. = GRUR Int. 1988, 597ff., 599 - Denner-Bierliefersperre; KartKomm: Das Verhältnis zwischen Verlegern, Buchhandel und Buchclubs in der Deutschschweiz, VKK 1982, 117ff., 171; Mattmann: Preisbindung, S.74, 77; diese Aussagen wurden zwar für Preisbindungen gemacht, gelten aber aufgrund der gleichen Problemlage auch für Vertriebsbindungen.

20 KartKomm: Das Verhältnis zwischen Verlegern, Buchhandel und Buchclubs in der Deutschschweiz, VKK 1982, 117ff., 171.

21 BGE 112 I 268ff., 280f. = GRUR Int. 1988, 597ff., 599 - Denner-Bierliefersperre.

22 BGE 114 II 91ff, 94 = GRUR Int. 1988, 706ff., 706, m. Anm. v. Kraßer, - Dior-Vertriebsbindung.

tionen bedenklich, wenn sie volkswirtschaftlich oder sozial schädliche Auswirkungen zeitigen.[23] Soweit sich ein Vertriebsbinder nur gerechtfertigter "Vorkehren" bedient, sind diese Voraussetzungen als nicht gegeben anzusehen.
Nach Art.12 Abs.1 PÜG liegt ein Preismißbrauch vor, wenn die Preise auf dem betreffenden Markt nicht das Ergebnis wirksamen Wettbewerbs sind.[24] Da bei reinen Vertriebsbindungen die Preisfestsetzung der gebundenen Händler nicht beeinträchtigt wird, ist das Preisüberwachungsgesetz für Vertriebsbindungen nicht von besonderer Bedeutung.
Verstöße gegen die genannten Vorschriften können zu verwaltungsbehördlichem Einschreiten führen.

3. Beurteilung von Preisbindungen

Preisbindungen sind nach Art.3 Abs.1 KartG 1985 zwischen Lieferanten und ihren Abnehmern getroffene Abreden, die bei der Weiterveräußerung von Waren die Einhaltung bestimmter Preise oder Geschäftsbedingungen vorschreiben, wenn ein Kartell oder eine kartellähnliche Organisation, insbesondere also ein einzelnes Unternehmen, das nach Art.4 Abs.1 lit.a KartG 1985 den Markt für bestimmte Waren beherrscht oder maßgeblich beeinflußt, eine solche Bindung auferlegt oder durchsetzt.[25]
Damit wird auch die durchlaufende Bindung der Endverbraucherpreise erfaßt.[26]

Auch bei Preisbindungen sind "Vorkehren" nach Art.6 KartG

---

23 Siehe hierzu Schürmann in: Schürmann/Schluep: Kartellgesetz, Art.29 KartG, Anm.I.ff., S.657ff.

24 Siehe hierzu Schürmann in: Schürmann/Schluep: Kartellgesetz, Art.12 PÜG, Anm.I.ff., S.837ff.; Richli: Eindrücke, WuR 1989, 191ff., 202ff.

25 Siehe hierzu Schluep, in: Schürmann/Schluep: Kartellgesetz, Art.3 KartG, Anm.I.ff., S.236ff.; Mattmann: Preisbindung.

26 Schluep, in: Schürmann/Schluep: Kartellgesetz, Art.3 KartG, Anm.II.2., S.240; Mattmann: Preisbindung, S.38f.

1985 unzulässig, die aber durch Art.7 KartG 1985 gerechtfertigt sein können.
Nach Art.7 Abs.2 lit.d KartG 1985 zählt zu den überwiegend schutzwürdigen Interessen die Durchsetzung von Preisbindungen der zweiten Hand, soweit sie nötig sind, um die Qualität der Ware oder den Kundendienst zu gewährleisten.[27] Daneben kann sich eine Rechtfertigung auch aus den anderen aufgezählten Gründen ergeben.[28]
Voraussetzung einer zulässigen Vorkehr ist auch hier die Beachtung des Grundsatzes der Gleichbehandlung.[29] Der Preisbinder muß daher das Bindungssystem lückenlos einführen und durchsetzen.[30]

Die Preisbindung bei Büchern beruht nicht auf vertikalen Verträgen zwischen dem einzelnen Verleger und dem einzelnen Buchhändler, sondern auf Beschlüssen der Verleger- und Buchhändlerverbände,[31] und wird damit von einem Kartell i.S.v. Art.2 Abs.1 KartG 1985 auferlegt, weil auch Beschlüsse als Kartelle gelten.[32]
Für Vorkehren und deren Rechtfertigung sind auch hier Art.6 und Art.7 KartG 1985 maßgeblich.

---

27 Siehe hierzu Schluep, in: Schürmann/Schluep: Kartellgesetz, Art.7 KartG, Anm.V.4., S.426ff.; Merz: Kartellgesetz, S.66ff.; Schnegelsberg: Kartellgesetz, S.46f.; Mattmann: Preisbindung, S.61ff..

28 BGE 112 II 268ff., 279 = GRUR Int. 1988, 597ff., 598 - Denner-Bierliefersperre; Schluep, in: Schürmann/Schluep: Kartellgesetz, Art.7 KartG, Anm.V.4., S.426; Mattmann: Preisbindung, S.60f.

29 BGE 112 II 268ff., 280f. = GRUR Int. 1988, 597ff., 599 - Denner-Bierliefersperre; BGE 108 II 6ff., 13f.; KartKomm: Das Verhältnis zwischen Verlegern, Buchhandel und Buchclubs in der Deutschschweiz, VKK 1982, 117ff., 171; Mattmann: Preisbindung, S.73ff., 79, 86; Merz: Kartellgesetz, S.52f.

30 BGE 112 I 268ff., 280f. = GRUR Int. 1988, 597ff., 599 - Denner-Bierliefersperre; KartKomm: Das Verhältnis zwischen Verlegern, Buchhandel und Buchclubs in der Deutschschweiz, VKK 1982, 117ff., 171; Mattmann: Preisbindung, S.74, 77.

31 Siehe im einzelnen 6. Kap. III.3., S.176ff.

32 Siehe hierzu Schluep, in: Schürmann/Schluep: Kartellgesetz, Art.3 KartG, Anm.II., S.238.

Die Kartellkommission betrachtet die Preisbindung bei Büchern als volkswirtschaftlich und sozial unschädlich.[33] Sie geht dabei davon aus, daß das Buch nicht nur ein Wirtschaftsgut, sondern auch ein Kulturgut ist und daß die Preisbindung insbesondere die Erhaltung einer großen Sortimentsbreite im Buchhandel ermöglicht.[34]

Die dem Kartellgesetz 1985 unterstellten Preisbindungen der zweiten Hand bedürfen zu ihrer Gültigkeit nach Art.14 Abs.3 KartG 1985 (Art.11 Abs.3 KartG 1962) nicht der schriftlichen Form.

4. Einfluß des Freihandelsabkommens zwischen der EWG und der Schweiz

Das Bundesgericht hat eine unmittelbare Anwendbarkeit von Art.23 FHA EWG/CH abgelehnt.[35]
Mit Art.42 und Art.43 KartG 1985 (erstmalige Regelung),[36] wurde aber die Möglichkeit geschaffen, vertragswidrige Praktiken zu beseitigen. Macht die EWG geltend, daß wettbewerbsbeschränkende Abreden mit dem Freihandelsabkommen zwischen der EWG und der Schweiz unvereinbar seien, kann die Kartell-

---

33 KartKomm: Die Wettbewerbsverhältnisse auf dem Büchermarkt, VKK 1973, 187ff., 212; KartKomm: Das Verhältnis zwischen Verlegern, Buchhandel und Buchclubs in der Deutschschweiz, VKK 1982, 117ff., 132.

34 KartKomm: Die Wettbewerbsverhältnisse auf dem Büchermarkt, VKK 1973, 187ff., 210f.; KartKomm: Das Verhältnis zwischen Verlegern, Buchhandel und Buchclubs in der Deutschschweiz, VKK 1982, 117ff., 131.

35 BGE 104 IV 175ff, 179f - Adams; ebenso Baldi: Wettbewerbsbestimmungen, WuR 1989, 53ff., 59; Blankart: Wettbewerb, WuR 1989, 5ff., 7; Schluep, in: Schürmann/Schluep: Kartellgesetz, Einleitung, S.59; siehe auch Veelken: Anwendbarkeit, RIW 1988, 112ff, 118.

36 Siehe hierzu Baldi: Wettbewerbsbestimmungen, WuR 1989, 53ff., 62; Schluep, in: Schürmann/Schluep: Kartellgesetz, Vorbem. Art.42-43 KartG, S.748ff.; Art.42, Anm.I.ff., S.754ff.; Art.43 KartG, Anm.I.f., S.759ff.; Veelken: Anwendbarkeit, RIW 1988, 112ff., 121.

kommission derartige Abreden verbieten, wenn diese mit dem guten Funktionieren des Freihandelsabkommens unvereinbar sind.
Ohne eine solche Entscheidung haben aber derartige den Wettbewerb beschränkende Abreden keinen Einfluß auf die Zulässigkeit von Kartellen und ähnlichen Organisationen.[37]

II. Vertriebsbindungen und Markenrecht

1. Markenrechtliche Beurteilung des Vertriebs von Originalware

Das Markenrecht[38] verletzt nach Art.24 lit.a MSchG, wer die Marke eines anderen nachmacht oder so nachahmt, daß das Publikum irregeführt wird, und nach Art.24 lit.b MSchG, wer die Marke eines anderen für seine Erzeugnisse oder Waren verwendet. Eine Verletzung begeht nach Art.24 lit.c MSchG auch, wer Erzeugnisse oder Waren, von denen er weiß, daß sie mit einer nachgemachten, nachgeahmten oder rechtswidrigerweise angebrachten Marke versehen sind, verkauft, feilhält oder in Verkehr bringt.
Art.24 MSchG soll den Markeninhaber nur gegen Handlungen schützen, durch die die Verbraucher über die Herkunft der Ware getäuscht werden können,[39] weil allein die Kennzeichnung der Herkunft nach Art.1 Ziff.2 MSchG als rechtliche Funktion der Marke anzusehen sei.

---

37 In diese Richtung auch Veelken: Anwendbarkeit, RIW 1988, 112ff., 121.

38 Zur Zeit ist eine Revision des MSchG in Vorbereitung; siehe hierzu Kläy: Bundesgesetzgebung, SZW, 1990, 122ff., 127; Schorer: Bundesgesetzgebung, SAG 1989, 57ff., 57.

39 BGE 105 II 49ff., 53 = GRUR Int. 1979, 569ff., 570 - OMO; BGE 95 II 461ff., 464f.; BGE 95 II 191ff., 193; BGE 86 II 270ff., 279 = GRUR Int. 1961, 294ff., 296, m. Anm. v. A. Troller, - Philips; BGE 84 IV 119ff., 124f. = GRUR Int. 1959, 241ff., 242 - Saba; BGE 78 II 164ff., 172 = GRUR Int. 1953, 42f., 43 - Lux; Schluep: Markenrecht, S.133; a.A. A. Troller: Unabhängigkeit, GRUR Int. 1960,

Es stellt damit keinen Verstoß gegen Markenrechte dar, vom Inhaber gekennzeichnete und im Inland in den Verkehr gesetzte Waren weiter zu vertreiben.[40]

2. Markenrechtliche Beurteilung des Imports von Originalware

Das Bundesgericht schloß in seiner älteren Rechtsprechung aus der Tatsache, daß das im Inland für eine Muttergesellschaft geschützte Zeichen in einem anderen Land von einer Tochtergesellschaft als dortiger Markeninhaberin berechtigterweise angebracht worden war, auch auf die Rechtmäßigkeit des Imports und des inländischen Vertriebs der Ware nach schweizerischem Recht. Durch den Vertrieb der gleichen Ware werde Art.24 lit.c MSchG nicht verletzt, zumal der Verbraucher dadurch nicht irregeführt werde.[41]
In späteren Urteilen ist das Bundesgericht in Anlehnung an Art.11 Abs.1 MSchG vom Universalitätsprinzip, das nach deutscher Terminologie dem Grundsatz der weltweiten Erschöpfung entspricht, abgewichen.
Art.24 lit.c MSchG untersage in erster Linie den Handel mit Waren, die im Sinne von Art.24 lit.a und lit.b MSchG rechtswidrig mit der Marke gekennzeichnet worden seien. Diese Vorschrift erhalte aber für den internationalen Warenverkehr noch eine selbständige Bedeutung, da die Kennzeichnung im Ausland vom schweizerischen Recht nicht erfaßt werde. Sie sei deshalb als rechtswidrig anzusehen, wenn die Ware ohne Zustimmung des inländischen Markeninhabers eingeführt wird, auch wenn ein Fall konzernmäßiger Verflechtung vorliegt.[42]

244ff., 250; Trüeb: Markenschutz, SJZ 1961, 345ff., 347f.

40 H. David: Kommentar, Art.24, Rn.30, S.281; Schluep: Markenrecht, S.158f.

41 BGE 50 I 328ff., 330ff. - Digalen; siehe aber auch BGE 32 I 148ff., 157; BGE 34 I 800ff., 826.

42 BGE 105 II 49ff., 53 = GRUR Int. 1979, 569ff., 570 - OMO; BGE 89 II 96ff., 101f. = GRUR Int. 1964, 27ff., 28

Stammt die importierte Ware aber von einem ausländischen Markeninhaber, der zugleich der inländische Markeninhaber ist, liegt mangels Täuschung des Publikums über die Herkunft der Ware keine Markenrechtsverletzung vor.[43]
An einer Markenrechtsverletzung fehlt es aber auch dann, wenn die Abnehmer die Waren ohne Unterscheidung der einzelnen Konzernfirmen dem Konzern als Ganzes zurechnen und es damit an einer Täuschung über die Herkunft fehlt.[44] Dies gilt unter den gleichen Voraussetzungen auch dann, wenn es sich bei dem inländischen Markeninhaber um einen Alleinimporteur oder Lizenznehmer handelt.[45]
Wird hingegen die Ware nur mit dem einen Unternehmen, das Inhaber der inländischen Marke ist, in Verbindung gebracht, verletzt das Inverkehrbringen von Ware, die aus einem ausländischen Konzernunternehmen stammt und auf der Marken angebracht sind, die zur Verwechslung mit denen des inländischen Berechtigten Anlaß geben, dessen Markenrecht nach Art.24 lit.c MSchG.[46]

Bei der Frage, ob die Verbraucher über die Herkunft der Ware

- Columbia; BGE 86 II 270ff., 272f. = GRUR Int. 1961, 294ff., 295 - Philips; BGE 85 IV 53ff., 56f. = GRUR Int. 1960, 256f., 257 - His Master's Voice; BGE 78 II 164ff., 169 = GRUR Int. 1953, 42f., 42 - Lux; A. Troller: Immaterialgüterrecht, Bd.II, S.660; ähnlich Schluep: Markenrecht, S.133; für eine generelle weltweite Erschöpfung Graz: Propriété, S.78ff.

43 A. Troller: Immaterialgüterrecht, Bd.II, S.658; L. David: Supplement, in: H. David: Kommentar, Note 30c, S.80.

44 BGE 105 II 49ff., 53 = GRUR Int. 1979, 569ff., 570 - OMO; BGE 84 IV 119ff., 126f. = GRUR Int. 1959, 241ff., 243 - Saba; A. Troller: Immaterialgüterrecht, Bd.II, S.658; Spoendlin: Täuschung, SJZ 1962, 161ff., 164; ähnlich Schluep: Markenrecht, S.133; a.A. A. Troller: Unabhängigkeit, GRUR Int. 1960, 244ff., 250f.; Trüeb: Markenschutz, SJZ 1961, 345ff., 348.

45 HG Zürich, SJZ 1962, 166ff., 167 = GRUR Int. 1963, 109f., 110 - Asahi Pentax; HG St.Gallen, SMI 1985, 214ff., 217, m. Anm. v. Maday, = GRUR Int. 1986, 568ff., 569f - Schweppes.

46 BGE 105 II 49ff., 53 = GRUR Int. 1979, 569ff., 570 - OMO; A. Troller: Immaterialgüterrecht, Bd.II, S.658.

getäuscht werden, ist auch eine unterschiedliche Qualität der Waren von Bedeutung.
Besondere Vorteile einer Ware haben mit der Funktion der Marke im Sinne von Art.1 Ziff.2 MSchG an sich nichts zu tun.[47] Gleichwohl dürften sie bei Beurteilung der Täuschungsgefahr mitberücksichtigt werden. Sie wecken in Verbindung mit der Marke Qualitätsvorstellungen, individualisieren die Ware und können deshalb selbst innerhalb eines Konzerns auf einen bestimmten Betrieb hinweisen.[48]
Der Abnehmer habe ein schützenswertes Interesse, in seiner auf Erfahrung begründeten Erwartung nicht dadurch getäuscht zu werden, daß unter der gleichen Marke Waren angeboten werden, deren Qualität erheblich voneinander abweicht. Obwohl die Qualitätserwartung nicht durch die Marke garantiert sei, sei auf die Interessen der Abnehmer Rücksicht zu nehmen,[49] so daß sich der inländische Markeninhaber gegen den Import von Ware geringerer Qualität erfolgreich zur Wehr setzen kann.[50]
Verstöße gegen Art.24 lit.c MSchG wegen Verwechselungsgefahr sind auch unlauterer Wettbewerb nach Art.3 lit.d UWG 1986 (Art.1 Abs.2 lit.d UWG 1943).[51]

3. Einfluß des Freihandelsabkommens zwischen der EWG und der Schweiz

Nach Ansicht des Bundesgerichts sind Art.13 und Art.20 FHA EWG/CH nicht wie Art.30 und Art.36 EWGV auszulegen.[52] Art.13

---

47 BGE 105 II 49ff., 56 = GRUR Int. 1979, 569ff., 571 - OMO.
48 BGE 105 II 49ff., 56f. = GRUR Int. 1979, 569ff., 571 - OMO; A. Troller: Immaterialgüterrecht, Bd.I, S.209; ähnlich auch Spoendlin: Markenrecht: S.29f.
49 BGE 105 II 49ff., 57 = GRUR Int. 1979, 569ff., 571 - OMO; ähnlich auch HG Zürich, SJZ 1980, 60ff., 62.
50 BGE 105 II 49ff., 57 = GRUR Int. 1979, 569ff., 571 - OMO.
51 BGE 105 II 49ff., 57 - OMO.
52 BGE 105 II 49ff, 59f = GRUR Int. 1979, 569ff., 571 -

FHA EWG/CH wende sich zudem nur an den Gesetzgeber und an die Verwaltung, ziehe aber keine zivilrechtlichen Folgen nach sich,[53] so daß die bejahten markenrechtlichen Ansprüche nicht an diesen Vorschriften scheitern.[54]

III. Lauterkeitsrechtlicher Schutz von Vertriebs- und Preisbindungen

1. Schleichbezug, Verleitung zum Vertragsbruch und Ausnutzung fremden Vertragsbruchs

Die lauterkeitsrechtliche Beurteilung des Außenseiters, der sich vertriebs- oder preisgebundene Ware von einem gebundenen Händler beschafft, geht gestützt auf das UWG 1986,[55] das an die Stelle des UWG 1943 getreten ist, von der Art und Weise des Warenbezugs (Schleichbezug, Verleitung zum Vertragsbruch und Ausnutzung fremden Vertragsbruchs) aus.[56]

OMO; ebenso Baldi: Verbot, WuR 1987, 73ff., 93f.; a.A. Graz: Propriété, S.172f.; siehe hierzu Veelken: Anwendbarkeit, RIW 1988, 112ff., 118f.; Kucsko: Parallelimporte, GRUR Int. 1980, 138ff.

53 BGE 105 II 49ff, 60 = GRUR Int. 1979, 569ff., 571 - OMO; a.A. Baldi: Verbot, WuR 1987, 73ff., 90f.; Graz: Propriété, S.56ff., unter Bezug auf BGE 112 Ib 183ff., 184ff. - Maison G./Direction générale des douanes, BGE 98 Ib 385ff., 387 - Banque de Crédit international.

54 BGE 105 II 49ff., 60f. = GRUR Int. 1979, 569ff., 572 - OMO.

55 Siehe hierzu Baudenbacher: Schwerpunkte, in: Baudenbacher: UWG, S.15ff.; L. David: Wettbewerbsrecht; Dutoit: Délits, in: Caruzzo/Oberson: Loi, S.17ff.; Martin-Achard: Loi; Sack: Schweizerisches UWG, in: Baudenbacher: UWG, S.113ff.; Botschaft UWG, BBl. 1983 II 1009ff., 1057ff.

56 Siehe hierzu Baudenbacher: Beurteilung, GRUR Int. 1988, 310ff., 314; Baudenbacher: Schutz, GRUR Int. 1988, 931ff.; Dutoit: Jurisprudence, SAG 1989, 111ff.; Dutoit: Opposabilité, in: Mélanges Piotet, S.409ff., 415ff.; K. Troller: Aperçu, SMI 1987, 23ff.; K. Troller: Importation, [1988] EIPR 67.

Vertriebs- und Preisbindungen werden dabei gleich behandelt.[57]

Ein Vertragsbruch wird nicht ohne weiteres als unlauterer Wettbewerb angesehen.[58] Bei Bindungssystemen kann jedoch die Mißachtung der geschaffenen Wettbewerbssituation zu einem Unlauterkeitsurteil führen.[59]
Wird das bindende Unternehmen einer lückenlosen und gleichmäßigen Einführung und Durchsetzung nicht gerecht, fällt aber, weil das bindende Unternehmen damit seiner diesbezüglichen, aus Treu und Glauben herzuleitenden Verpflichtung nicht nachkommt, die Bindung der Abnehmer dahin.[60]

Das Bundesgericht sah in der Beeinträchtigung fremder Forderungsrechte keinen Verstoß gegen Treu und Glauben i.S.v. Art.1 Abs.1 UWG 1943 (Art.2 UWG 1986). Allenfalls das Hinzutreten besonderer Umstände könnte eine andere Beurteilung rechtfertigen.[61]

---

57 Siehe hierzu etwa BGE 114 II 91ff., 101 = GRUR Int. 1988, 706ff., 708, m. Anm. v. Kraßer, - Dior-Vertriebsbindung.

58 Germann: Concurrence, S.308; Schluep: Aspekte, in: Mélanges Voyame, S.241ff., 263.

59 V. Büren: Kommentar, Art.1 Abs.1 (Generalklausel), Rn.60, S.63; Schluep: Aspekte, in: Mélanges Voyame, S.241ff., 264; Zulliger: Eingriffe, S.162; a.A. Germann: Concurrence, S.309.; siehe auch Eulau: Verleitung, S.70f., der dies aber nur bei Vertragspartnern auf der gleichen Wirtschaftsstufe vertritt, was bei Vertriebsbindungen aber nicht der Fall ist.

60 Mattmann: Preisbindung, S.77; diese Aussage wurde zwar nur im Hinblick auf Preisbindungen gemacht, gilt aber aufgrund der gleichen Problemlage auch für Vertriebsbindungen.

61 BGE 114 II 91ff, 100f. = GRUR Int. 1988, 706ff., 708, m. Anm. v. Kraßer, - Dior-Vertriebsbindung; BGE 86 II 108ff., 113f. - Eschenmoser; BGE 52 II 370ff., 376f. - Zigarettenindustrie (zu Art.41 Abs.2 OR); BGE 57 II 334ff., 339 - Bäckermeister (zu Art.48 OR); ebenso C.just. Genève, SMitt. 1979, 135ff., 138; C.just. Genève, SMI 1987, 241ff., 244 - Chanel/Victoria; ObG Luzern, ZBJV 1954, 239f., 239; ObG Luzern, ZBJV 1958, 361ff., 361; ObG Luzern, SJZ 1972, 98; ObG Luzern, LGVE 1987 I Nr.26, S.68ff., 73; ObG Zürich, SMI 1987, 249ff.,

Derartige besondere Umstände können sich aus Art und Zweck des Vorgehens, etwa bei Schädigungsabsicht aus bloßer Rachsucht, ergeben.[62]
Das Erlangen eines Vorteils im Wettbewerb durch den Außenseiter oder die Existenz eines lückenlosen Bindungssystems seien aber keine derartigen Umstände,[63] selbst wenn solche Bindungen sich zur Erhaltung der gesunder Verhältnisse in einem bestimmten Gewerbezweig strukturpolitisch als notwendig erweisen.[64] Auch das Unterbieten gebundener Preise sei kein derartiger besonderer Umstand.[65]
Auch eine Verletzung der Persönlichkeit i.S.v. Art.28 ZGB, der auch die wirtschaftliche Betätigung einer Person schützt,[66] wird aufgrund der Relativität der Forderungsrechte verneint.[67]

252, m. Anm. v. L. David, - Packungsbeschädigung; L. David: Wettbewerbsrecht, Rn.72, S.42; v. Büren: Kommentar, Art.1 Abs.1 (Generalklausel), Rn.62, S.65; Allgemeines, Rn.19, S.10; Germann: Concurrence, Geleitwort, I.C.8., S.309f.; kritisch dazu Baudenbacher: Schutz, GRUR Int. 1988, 931ff., 932; Dutoit: Jurisprudence, SAG 1989, 111ff., 114; Fezer: Vertriebsbindungssysteme, GRUR 1990, 551ff., 556ff.

62 BGE 114 II 91ff., 101 = GRUR Int. 1988, 706ff., 708, m. Anm. v. Kraßer, - Dior-Vertriebsbindung; BGE 52 II 370ff., 376f. - Zigarettenindustrie (zu Art.41 Abs.2 OR); L. David: Wettbewerbsrecht, Rn.72, S.42.

63 BGE 114 II 91ff., 102 = GRUR Int. 1988, 706ff., 708, m. Anm. v. Kraßer, - Dior-Vertriebsbindung; insoweit zustimmend Baudenbacher: Schutz, GRUR Int. 1988, 931ff., 932f.; ähnlich auch Eulau: Verleitung, S.97.

64 BGE 114 II 91ff., 101 = GRUR Int. 1988, 706ff., 708, m. Anm. v. Kraßer, - Dior-Vertriebsbindung; a.A. erwägend BGE 86 II 108ff., 113 - Eschenmoser.

65 BGE 86 II 108ff., 113 - Eschenmoser; BGE 57 II 334ff., 339 - Bäckermeister (zu Art.48 OR); ebenso C.just Genève, SJ 1954, 525ff., 531f.; C.just. Genève, SMI 1987, 241ff., 244 - Chanel/Victoria; ObG Luzern, ZBJV 1958, 361ff., 361; ObG Luzern, LGVE 1987 I Nr.26, S.68ff., 73; ObG Zürich, SMI 1987, 249ff., 252, m. Anm. v. L. David, - Packungsbeschädigung; v. Büren: Kommentar, Art.1 Abs.1 (Generalklausel), Rn.62, S,.65; Allgemeines, Rn.19, S.11.

66 Pedrazzini/Oberholzer: Grundriß, S.132f.; BGE 86 II 365ff., 376 = GRUR Int. 1962, 84ff., 87 - Vertglas.

67 BGE 114 II 91ff., 105 = GRUR Int. 1988, 706ff., 709, m. Anm. v. Kraßer, - Dior-Vertriebsbindung; a.A. K.

Das Bundesgericht hat aber offengelassen, ob die Ausnutzung fremden Vertragsbruchs nach dem neuen Recht abweichend zu beurteilen ist.[68]

Auch Zulliger sieht in der Ausnutzung fremden Vertragsbruchs zumindest dann keine Unlauterkeit, wenn sich ein Außenseiter die unter Verletzung einer Vertriebs- oder Preisbindung an einen anderen veräußerte Ware von diesem und nicht vom vertragsbrüchigen Teil beschafft oder wenn sich die Mitwirkung am Vertragsbruch auf eine "notwendige Beihilfe" in Gestalt eines Vertragsabschlusses beschränkt.[69]

Ausgehend davon, daß von selektiven Vertriebssystemen vor allem hinsichtlich der Erschließung von Märkten und in Auseinandersetzung mit nachfragemächtigen Handelsunternehmen "wettbewerbspolitisch gute Effekte" ausgehen, vertritt Baudenbacher die Auffassung, daß unlauter handelt, wer solche Effekte vereitelt, indem er fremde Vertragsbrüche fortgesetzt ausnützt und damit das System selbst gefährdet.[70]

Während die Ausnutzung fremden Vertragsbruchs durch Außenseiter somit überwiegend nicht als unlauter angesehen wird, wird die Verleitung zum Vertragsbruch mehrheitlich in einem für Außenseiter ungünstigeren Licht gesehen.
In Art.4 UWG 1986 (lit.a erstmalige Regelung; lit.b, c und d wie schon Art.1 Abs.2 lit.e, f und k UWG 1943) werden bestimmte Fälle von Verleitungen zu Vertragsverletzungen be-

---

Troller: Aperçu, SMI 1987, 23ff., 35; K. Troller: Importation, [1988] EIPR 67, 69.

68 BG in zwei Urteilen vom 24.3.1988 in der Sache Jil Sander gegen Tapex, Erw.4.b. und in der Sache Jil Sander gegen Strässle, Erw.4.b., laut Baudenbacher: Schutz, GRUR Int. 1988, 931ff., 933.

69 Zulliger: Eingriffe, S.158f.

70 Baudenbacher: Schutz, GRUR Int. 1988, 931ff., 933; in diese Richtung auch Dutoit: Jurisprudence, SAG 1989, 111ff., 114; Dutoit: Opposabilité, in: Mélanges Piotet, S.409ff., 413f.; siehe auch K. Troller: Aperçu, SMI 1987, 23ff., 29ff.; K. Troller: Importation, [1988] EIPR 67, 68.

reits von Gesetzes wegen als unlauter qualifiziert.
Art.4 lit.a UWG 1986 erfaßt aber nicht die Verleitung eines gebundenen Händlers eines Vertriebs- oder Preisbindungssystems zum Vertragsbruch, weil diese Vorschrift nur die Verleitung eines Abnehmers des Verleitenden erfaßt.[71] Nach einerin der Literatur vertretenen Ansicht ist diese Vorschrift nicht anwendbar, weil diese verlange, daß der Verleitende an die Stelle des ausgebooteten Vertragspartners tritt, was bei einem Außenseiter eines Bindungssystems nicht der Falls sei.[72]
Das Bundesgericht sieht die Verleitung zum Vertragsbruch in sonstigen Fällen aber nur dann als unlauter an, wenn besondere Umstände hinzutreten.[73] Es hat diese Frage für Bindungssysteme aber offengelassen.[74]

Schluep knüpft bei der Verleitung daran an, daß marktordnende Verträge, wie Vertriebs- und Preisbindungen, aufgrund ihrer kartellrechtlichen Wirksamkeit ebenso einzuhalten sind wie andere Verträge und daß wegen der durch diese Bindungen geschaffenen gleichen Wettbewerbslage ein Vertragsbruch unlauter ist. Da unlauteres Verhalten zugleich eine unerlaubte Handlung darstelle, sei nach Art.50 OR auch die Verleitung zum Vertragsbruch verboten und damit unlauter.[75]

---

71 Baudenbacher: Schwerpunkte, in: Baudenbacher: UWG, S.15ff., 27; so wohl auch BGE 114 II 91ff., 99 = GRUR Int. 1988, 706ff., 707f., m. Anm. v. Kraßer, - Dior-Vertriebsbindung.

72 Dutoit: Jurisprudence, SAG 1989, 111ff., 114; Dutoit: Délits, in: Caruzzo/Oberson: Loi, S.17ff., 32; so wohl auch Martin-Achard: Loi, S.73; siehe auch A. Troller: Immaterialgüterrecht, Bd.II, S.948; entgegengesetzt verstehen Art.4 lit.a UWG 1986 BGE 114 II 91ff., 99 = GRUR Int. 1988, 706ff., 707f., m. Anm. v. Kraßer, - Dior-Vertriebsbindung; Schluep: Aspekte, in: Mélanges Voyame, S.241ff., 255.

73 BGE 52 II 370ff., 376f. - Zigarettenindustrie (zu Art.41 Abs.2 OR); L. David: Wettbewerbsrecht, Rn.72, S.42; v. Büren: Kommentar, Art.1 Abs.1 (Generalklausel), Rn.62, S.65.

74 BGE 114 II 91ff., 101 = GRUR Int. 1988, 706ff., 708, m. Anm. v. Kraßer, - Dior-Vertriebsbindung.

75 Schluep: Aspekte, in: Mélanges Voyame, S.241ff., 264f.;

Zulliger sieht im Wettbewerb das "Ringen" um den Geschäftsabschluß als erforderlich an. Dies müsse aber ein Ende haben, wenn es zum Geschäftsabschluß gekommen sei. Für die Funktionsfähigkeit wettbewerblicher Koordination sei dann die Erfüllung der eingegangenen Verpflichtung erforderlich. Eine Verleitung zum Vertragsbruch sei deshalb nach Art.2 UWG 1986 unlauter.[76]
Zusätzlich - insoweit besteht ein Unterschied zur Argumentation Schlueps - ergebe sich die Unlauterkeit auch daraus, daß die Verletzung von Vertriebs- und Preisbindungen durch den gebundenen Händler einen Lauterkeitsverstoß darstelle, so daß aufgrund von Art.50 OR auch die Verleitung hierzu unlauter sei.[77]

Eulau sieht in der Verleitung bei Vertriebs- und Preisbindungen, die die Organisation einer wirtschaftlichen Betätigung darstellen, einen unlauteren Eingriff in diese Organisation des bindenden Unternehmens.[78] Die Heranziehung des Vorsprungsgedankens lehnt er ab, weil sich die Frage eines Vorsprungs nur im Verhältnis von Konkurrenten auf der gleichen Wirtschaftsstufe stelle, aber nicht begründen könne, ob der verleitende Außenseiter vom bindenden Unternehmen belangt werden könne.[79]

Im Gegensatz zur Ausnutzung und Verleitung besteht bei der lauterkeitsrechtlichen Beurteilung des Schleichbezugs durch die Täuschung eines Lieferanten über die fehlende Eigenschaft als gebundener Händler Einigkeit.
Das Bundesgericht erfaßt diese Konstellation mit der Formulierung, daß die Ausnutzung fremden Vertragsbruchs unter

---

siehe auch Eulau, S.70ff., der dies aber nur bei Vertragspartnern auf der gleichen Wirtschaftsstufe vertritt, was bei Vertriebsbindungen aber gerade nicht der Fall ist.

76 Zulliger: Eingriffe, S.160f.
77 Zulliger: Eingriffe, S.162.
78 Eulau: Verleitung, S.84f.
79 Eulau: Verleitung, S.87f.

arglistiger Täuschung des Lieferanten wettbewerbswidrig i.S.v. Art.1 Abs.1 UWG 1943 (Art.2 Abs. UWG 1986) sei.[80]

Daneben werden in der Literatur alternative Ansatzpunkte für den Schutz von Vertriebsbindungen angeführt.
Über die Generalklausel sei es etwa als unlauter zu werten, daß Außenseiter sich die Leistungen anderer zu nutze machen, um daraus Gewinn zu schlagen.[81]
Dies würde aber voraussetzen, daß der Vertriebsbinder konsequent sein System aufbaut und verteidigt, ohne daß damit aber das deutsche Konzept der Lückenlosigkeit übernommen werden soll.[82]
Daneben wird erwogen, daß ein solches Verhalten wegen der Ausnutzung des Rufs einer Marke gegen Art.5 lit.b UWG 1986 (Rufausbeutung als Verwertung eines fremden Arbeitsergebnisses) und wegen der vertragswidrigen Belieferung von Außenseitern durch gebundene Händler gegen Art.4 lit.b UWG 1986 (Kaufpreiszahlung an gebundene Händler als ein Gewähren unrechtmäßiger Vorteile durch Außenseiter) verstoßen könnte.[83]

Trotz der Schwierigkeiten beim Schutz von Bindungssystemen können die bindenden Unternehmen deren Einhaltung aber zumindest durch Testkäufe kontrollieren. Diese werden als wettbewerbsrechtlich zulässig angesehen.[84]

---

80 BGE 52 II 370ff., 376f. - Zigarettenindustrie (zu Art.41 Abs.2 OR); BGE 114 II 91ff., 101 = GRUR Int. 1988, 706ff., 708, m. Anm. v. Kraßer, - Dior-Vertriebsbindung; ebenso C.just Genève, SMitt. 1979, 135ff., 138f.; L. David: Wettbewerbsrecht, Rn.72, S.42; Germann: Concurrence, S.310; A. Troller: Immaterialgüterrecht, Bd.II, S.948.

81 Dutoit: Jurisprudence, SAG 1989, 111ff., 114; K. Troller: Aperçu, SMI 1987, 23ff., 28; K. Troller: Importation, [1988] EIPR 67, 67-68; ebenso schon Martin-Achard: Droit, SMitt. 1953, 119ff., 132.

82 Dutoit: Jurisprudence, SAG 1989, 111ff., 115.

83 Dutoit: Jurisprudence, SAG 1989, 111ff., 114; K. Troller: Aperçu, SMI 1987, 23ff., 31ff.; K. Troller: Importation, [1988] EIPR 67, 68-69.

84 Siehe hierzu KartKomm: Das Verhältnis zwischen Verle-

2. Entfernung von Kontrollnummern und Vertrieb derartig decodierter Ware

Die Entfernung von Codenummern und der Vertrieb von Waren mit entfernter Codenummer wird überwiegend nicht als unlauterer Wettbewerb angesehen.[85]
Da die Ausnutzung fremden Vertragsbruchs nicht unlauter sei, sei auch dessen Verdeckung durch die Entfernung von Codenummern nicht unlauter.[86] Dagegen wird aber eingewandt, daß es Treu und Glauben widerspreche, Vertragsbrüche durch das Beseitigen von Beweismitteln noch zu begünstigen.[87]
Nach überwiegender Meinung habe der Hersteller auch kein rechtlich geschütztes Interesse, jeden auch noch so kleinen Eingriff in die ästhetische Erscheinung der Verpackung zu verhindern, weil etwa die Kunden in Discountgeschäften dem keine Bedeutung beimessen würden.[88]
Ausnahmen seien etwa denkbar bei einer Veränderung der Qualität der Ware oder schutzwürdigen Interessen des Herstellers an einer unversehrten Ausstattung.[89]

---

gern, Buchhandel und Buchclubs in der Deutschschweiz, VKK 1982, 117ff., 171.

85 BGE 114 II 91ff, 103 = GRUR Int. 1988, 706ff., 709, m. Anm. v. Kraßer, - Dior-Vertriebsbindung; BGE 86 II 108ff., 112 - Eschenmoser; C.just. Genève, SJ 1954, 525ff., 534; C.just. Genève, SMI 1987, 241ff., 245f. - Chanel/Victoria; ObG Luzern, LGVE 1987 I Nr.26, 68ff., 73; ObG Zürich, SMI 1987, 249ff., 252, m. Anm. v. L. David, - Packungsbeschädigung; a.A. L. David, Wettbewerbsrecht, Rn.133, S.60.

86 ObG Luzern, ZBJV 1958, 361f., 361; ObG Zürich, SMI 1987, 249ff., 252, m. Anm. v. L. David, - Packungsbeschädigung; v. Büren: Kommentar, Allgemeines, Rn.19, S.11, Art.1 Abs.1 (Generalklausel), Rn.52, S.61.

87 L. David: Wettbewerbsrecht, Rn.133, S.60.

88 BGE 114 II 91ff., 104 = GRUR Int. 1988, 706ff., 709, m. Anm. v. Kraßer, - Dior-Vertriebsbindung; C.just. Genève, SMI 1987, 241ff., 245 - Chanel/Victoria; ObG Zürich, SMI 1987, 249ff., 254, m. Anm. v. L. David, - Packungsbeschädigung.

89 BGE 114 II 91ff., 103 = GRUR Int. 1988, 706ff., 709, m. Anm. v. Kraßer, - Dior-Vertriebsbindung.

Eine Verletzung der Persönlichkeit i.S.v. Art.28 ZGB wird verneint.[90]

In der Literatur wird in der Entfernung von Codenummern ein Verstoß gegen Art.3 lit.a UWG 1986 gesehen, weil das Aussehen der Waren beschädigt und damit das Ansehen des Herstellers beeinträchtigt wird.[91]

Sind Fabrikationsnummern für die Ersatzteilbeschaffung erforderlich, besteht durch die Entfernung der Kontrollnummer die Gefahr einer Qualitätsbeeinträchtigung oder verliert die Ware die Herstellergarantie, dann ist es unlauter, insbesondere rufschädigend, sie zum vollen Preis zu verkaufen.[92]
Fehlt es an diesen Umständen, gibt der Händler etwa eine gleichwertige Garantie, dann liege kein unlauteres Verhalten und insbesondere auch keine Rufschädigung vor.[93]
Dann sei auch die Bezeichnung der Ware als fabrikneu nicht zu beanstanden, weil die Fabrikneuheit nur verloren gehe, wenn sich die Ware schon in privatem Besitz befunden habe und gebraucht worden sei.[94]
Den Außenseiter trifft nach einer in der Literatur vertretenen Meinung zumindest eine Hinweispflicht, wenn die Ware infolge der Entfernung der Kontrollnummer nicht mehr mit der

---

90 Obergericht Zürich SMI 1987, 249ff, 255, m. Anm. v. L. David, - Packungsbeschädigung

91 L. David: Wettbewerbsrecht, Rn.159, S.64f.; K. Troller: Importation, [1988] EIPR 67, 68

92 BGE 86 II 108ff., 114f. - Eschenmoser; ObG Luzern, ZBJV 1958, 361f., 362; ObG Luzern, LGVE 1987 I Nr.26, S.68ff., 73f.; C.just. Genève, SMI 1987, 241ff., 245f. - Chanel/Victoria; ObG Zürich, SMI 1987, 249ff., 253, m. Anm. v. L. David, - Packungsbeschädigung; siehe auch Martin-Achard: Grattage, SJ 1955, 49ff., 51, der nicht auf die Höhe des Verkaufspreises, sondern auf die Bedeutung der Fabrikationsnummer abstellt; mehr in diese Richtung auch BG, SJZ 1957, 367f., 368 - Omega.

93 BGE 86 II 108ff., 115ff. - Eschenmoser.

94 BGE 86 II 108ff., 116f. - Eschenmoser; siehe aber mehr in diese Richtung auch ObG Luzern, ZbJV 1958, 361f., 361, das zur Fabrikneuheit alle Eigenschaften und Vorzüge zählt, die die Ware beim Verlassen der Fabrik aufweist.

Herstellergarantie verbunden ist; denn der Kunde müsse darauf hingewiesen werden, wenn er nicht die Zusatzleistungen erhält, die er beim Kauf eines fabrikneuen Produkts erwarten darf.[95]

Durch die Entfernung von Fabrikationsnummern an Kosmetikartikeln sieht das schweizerische Bundesgericht, auch wenn diese der Qualitätskontrolle dienen, keine Konsumenteninteressen gefährdet, wenn sie vom Konsumenten ohne weitere Angaben nicht zu entschlüsseln sind. Zudem erscheine auch die Möglichkeit, ganze Serien wegen Gefährdung der Gesundheit zurückzurufen, zu entfernt, um ein anderes Ergebnis zu rechtfertigen.[96]

3. Verkauf von Büchern unter dem gebundenen Preis

Die Preisbindung bei Büchern beruht in der Schweiz auf Verbandsrecht.[97]
Nach Art.7 und Art.44 der Marktordnung des SBVV[98] wird der Ladenpreis für Bücher vom Verleger festgesetzt und ist für die verbandsangehörigen Buchhändler verbindlich. Die gleiche Regelung trifft auch Ziff.3 der Conditions de vente au public der SLESR.[99]

---

95 A. Troller: Immaterialgüterrecht, Bd.II, S.940f., 941, Fn.227.

96 BGE 114 II 91ff., 103f. = GRUR Int. 1988, 706ff., 709, m. Anm. v. Kraßer, - Dior-Vertriebsbindung.

97 Siehe hierzu Recher: Schwarzer Peter, Börsenblatt Sonderheft Schweiz vom 13.6.1979, S.70ff.; KartKomm, VKK 1973, 187ff., 195ff.; Franzen: Preisbindung, Rn.123, S.126f.

98 Marktordnung des SBVV vom 21.10.1974 i.d.F. vom 29.6.1983; der SBVV ist der Buchhändler- und Verlegerverband für den deutschsprachigen Teil der Schweiz; dem SBVV können sich auch Buchhändler aus Liechtenstein anschließen.

99 Conditions de vente au public des SLESR vom 28.10.1967; die SLESR ist der Buchhändler- und Verlegerverband für den französischsprachigen Teil der Schweiz; neben dem SBVV und der SLESR gibt es noch die SESI und die ALSI

Ein Buchhändler, der nicht Mitglied des SBVV ist, darf nach Art.3 der Marktordnung von einem Verbandsmitglied nur beliefert werden, wenn er sich mit einem vom SBVV vorgegebenen Vertragsmuster (sog. Formular 111)[100] als "Buchverkaufsstelle ohne Verbandszugehörigkeit" gegenüber dem betreffenden Verbandsmitglied zur Einhaltung der Ladenpreise verpflichtet hat, es sei denn, er hat sich schon mit einem ebenfalls vom SBVV vorgegebenen Vertragsmuster (sog. Formular 101)[101] als "Vertragsfirma" gegenüber dem SBVV zur Einhaltung der Ladenpreise verpflichtet.
Verstöße gegen die Marktordnung werden nach Art.59 der Marktordnung mit Verwarnungen, Konventionalstrafen oder Liefer- beziehungsweise Abnahmesperren geahndet. Das gleiche gilt nach Formular 101 auch für Vertragsfirmen. Für Vertragsverletzungen von Buchverkaufstellen sieht Formular 111 Konventionalstrafen vor.

Trotz diese ausgefeilten Systems ist aufgrund der bloß freiwilligen Mitgliedschaft ein Außenseiterwettbewerb nicht ausgeschlossen.
Bei der Bindung der Ladenpreise kann man zwar von einer Branchenusance sprechen. Ein Verstoß gegen Branchenusancen wird aber nicht als unlauterer Wettbewerb angesehen.[102]
Vielmehr beurteilt sich die Frage der Wettbewerbswidrigkeit nach den Grundsätzen wie bei anderen Preisbindungen und bei Vertriebsbindungen.[103]

Bei Büchern, die im Ausland herausgegeben worden sind, ergibt sich der einzuhaltende Ladenpreis nach Art.10 der Marktordnung aus einer verbindlichen Kurs- und Kostenum-

---

als die Buchhändler- und Verlegerverbände für den italienischsprachigen Teil der Schweiz.

100 Formular 111, vom Zentralvorstand des SBVV genehmigt am 15.12.1984.

101 Formular 101, vom Zentralvorstand des SBVV genehmigt am 29.9.1974.

102 L. David: Wettbewerbsrecht, Rn.431, S.125.

103 L. David: Wettbewerbsrecht, Rn.76, S.43.

rechnungstabelle.[104] Eine ähnliche Regelung trifft Ziff.3 der Conditions de vente au public.
Eine Besonderheit besteht für deutsche Verlagserzeugnisse. Nach einem Vertrag über die Preisbindung deutscher Verlagserzeugnisse in der Schweiz[105] zwischen dem SBVV und den diesem Vertrag beitretenden deutschen Verlagen und Exporteuren, vertreten durch die deutschen Preisbindungstreuhänder[106] verpflichtet der SBVV seine Mitglieds- und Vertragsfirmen zur Einhaltung des von den beigetretenen deutschen Verlagen festgesetzten Ladenpreises und bei Reexporten nach Deutschland zur Weitergabe dieser Verpflichtung.[107]
Soweit deutsche Verlage diesem Vertrag beitreten und in der Schweiz nur mit dem SBVV verbundene Buchhändler beliefern, können deutsche Außenseiter aus der Schweiz reimportierte Bücher nur anbieten, wenn ein gebundener Händler einen Vertragsbruch begangen hat.

---

104 Siehe hierzu Recher: Schwarzer Peter, Börsenblatt Sonderheft Schweiz vom 13.6.1979, S.70ff., 72.
105 Vertrag über die Preisbindung deutscher Verlagserzeugnisse in der Schweiz vom 2.12.1975.
106 Preisbindungstreuhänder sind die Rechtsanwälte Dr. Franzen und Partner in Wiesbaden.
107 Siehe hierzu Recher: Schwarzer Peter, Börsenblatt Sonderheft Schweiz vom 13.6.1979, S.70ff., 72.

7. Kapitel
Beurteilung des Parallelimports von Originalware in Großbritannien

I. Ansatzpunkte

Für den Schutz der Marke in Großbritannien sind der Trade Marks Act 1938,[1] der allerdings aufgrund der europäischen Markenrechtsrichtlinie grundlegend reformiert werden wird,[2] und das common law in Form der Klage wegen passing off[3] von Bedeutung, die gemäß Sec.2 Trade Marks Act 1938 beide nebeneinander zur Anwendung kommen können.[4]
Während der Schutz nach dem Trade Marks Act 1938 nur eingetragenen Marken gewährt wird, kommt es bei der Klage wegen passing off nicht auf die Eintragung an.[5]

---

1 Das britische Markengesetz existiert in zwei Versionen, wobei der Trade Marks Act 1938 die Warenmarken und der Trade Marks (Amendment) Act 1984 die Dienstleistungsmarken behandelt; Trade Marks Act 1938 vom 13.4.1938 i.d.F. des Patent, Design and Marks Act 1986, abgedr. in der Gesetzgebungsbeilage von 26 Ind.Prop. No.3 (March 1987): United Kingdom, Text 3-001, S.1-30, abgedr. in dt. Übersetzung in Bl.f.PMZ 1990, 299-317.

2 Siehe hierzu 7. Kap. IV., S.192.

3 Siehe hierzu Cornish: Intellectual property, § 16-001ff., S.403ff.; Drysdale/Silverleaf: Passing Off; Meinhardt/Havelock: Trade Mark, § 20:1ff., S.113ff.; White/Jacob: Kerly, § 16-01ff., S.343ff.; Kroher: Entwicklung, GRUR Int. 1982, 92ff.; Ulmer/Graf v. Westerholt: Großbritannien, Anm.128ff., S.91ff., Anm.174ff., S.124ff.; Graf v. Westerholt: Passing off.

4 Cornish: Intellectual property, § 17-001, S.432; Firth: Colgate, [1988] EIPR 278, 278; Drysdale/Silverleaf: Passing Off, § 10.49f., S.172; Meinhardt/Havelock: Trade Mark, § 1:2, S.4; White/Jacob: Kerly, § 16-13f., S.355f.

5 Firth: Colgate, [1988] EIPR 278, 278; Meinhardt/Havelock: Trade Mark, § 1:1f., S.4.

II. Parallelimport und Warenzeichenverletzung

1. Die gesetzlichen Vorschriften

Nach Sec.4(1) Trade Marks Act 1938[6] gibt die gültige Eintragung einer Person im Teil A des (Warenzeichen-)Registers als Eigentümer einer Handelsmarke für irgendwelche Waren dieser Person das ausschließliche Recht zur Benutzung der Handelsmarke für diese Waren. Nach Sec.4(1)(a) Trade Marks Act 1938 gilt es auf jeden Fall als eine Verletzung dieses Rechts, wenn jemand, der nicht Eigentümer oder eingetragener Benutzer ist, eine gleiche oder ähnliche Marke ("a mark identical with or nearly resembling") im geschäftlichen Verkehr für Waren, für die die Marke eingetragen ist, in einer Weise benutzt, daß die Benutzung als eine handelsmarkenmäßige angesehen werden muß.

Für in Teil B des (Warenzeichen-)Registers eingetragene Marken gilt nach Sec.5(1) Trade Marks Act 1938[7] mit einer Einschränkung nach Sec.5(2) Trade Marks Act 1938 das Gleiche.[8] Im Verhältnis zu den nach Sec.9 Trade Marks Act 1938 in Teil A eintragbaren Marken sind nach Sec.10 Trade Marks Act 1938 in Teil B Marken mit geringerer Unterscheidungskraft eintragbar.[9]

Verstößt ein Dritter gegen dieses ausschließliche Benutzungsrecht, so begeht er eine Warenzeichenverletzung (trademark infringement).[10]

---

6 Sec.4 Trade Marks Act 1938 i.d.F. des Trade Marks (Amendment) Act 1984, abgedr. in dt. Übersetzung in Bl.f.PMZ 1990,299ff., 300f.

7 Sec.5 Trade Marks Act 1938, abgedr. in dt. Übersetzung in Bl.f.PMZ 1990, 229ff., 301.

8 Meinhardt/Havelock: Trade Mark, § 5:1, S.27f.; White/Jacob: Kerly, § 14-36, S.285.

9 Meinhardt/Havelock: Trade Mark, § 3:2:1, S.14f.; White/Jacob: Kerly, § 8-73, S.128.

10 Siehe hierzu Cornish: Intellectual property, § 17-063ff., S.472ff.; Meinhardt/Havelock: Trade Mark, § 14:1ff., S.69ff., § 15:1ff., S.76ff.; White/Jacob: Kerly, § 14-01ff., S.261ff., § 15-01ff., S.292ff.

Nach Sec.4(3)(a) Trade Marks Act 1938 wird aber das durch die Eintragung gewährte Recht zur Benutzung der Handelsmarke nicht dadurch verletzt, daß sie ein anderer in bezug auf Waren verwendet, die im geschäftlichen Verkehr mit dem Eigentümer oder eingetragenen Benutzer zusammenhängen, wenn einer der beiden die Handelsmarke auf den Waren angebracht hat oder ausdrücklich oder stillschweigend deren Gebrauch zugestimmt hat.

Daraus ergibt sich, daß der inländische Weitervertrieb der vom britischen Warenzeicheninhaber im Inland in den Verkehr gebrachten Originalware keine Warenzeichenverletzung darstellt.[11]

Für den Parallelimport von Originalware[12] läßt sich eine derartige Feststellung nicht treffen.

2. Der Champagne-Heidsieck-Fall

Unter der Geltung des Trade Marks Act 1905[13] hat der High Court of Justice im Champagne-Heidsieck-Fall entschieden, daß der Import von Champagner, den der ausländische und zugleich inländische Markeninhaber im Ausland vertreibt, trotz vorhandener Geschmacksunterschiede zu dem vom Markeninhaber im Inland vertriebenen Champagner keine Markenrechtsverletzung darstelle. Es handele sich dennoch um Originalware und fehle daher an einer Irreführung (deception), an der die Frage zu messen sei, ob eine Verletzung vorliege (test of infringement).[14]

---

11 Meinhardt/Havelock: Trade Mark, § 14:4, S.72; White/Jacob: Kerly, § 14-29, S.278.

12 Siehe zur besonderen Problematik von Parallelimporten pharmazeutischer Produkte Morcom: Importation, [1988] EIPR 47; Welcome Foundation Ltd. v. Secretary of State for Social Services, [1988] 1 W.L.R. 635, 642 (H.L.) = GRUR Int. 1988, 859f., 860 - Septrin.

13 Trade Marks Act 1905 vom 11.8.1905 i.d.F. des Trade Marks Act 1919; abgedr. in White/Jacob: Kerly, Appendix 8, S.740-762.

14 Champagne Heidsieck et Cie Monopole Société Anonyme v.

Die aktuelle Gesetzeslage erlaubt aber wohl nur einen beschränkten Rückgriff auf dieses Urteil.[15] Nach Sec.39 Trade Marks Act 1905[16] gab, ähnlich wie jetzt nach Sec.4(1) Trade Marks Act 1938, die gültige Eintragung einer Person als Eigentümer einer Handelsmarke dieser Person das ausschließliche Recht zur Benutzung der Handelsmarke auf oder in Verbindung mit Waren, für welche sie eingetragen war. Gesetzliche Ausnahmen, wie etwa jetzt in Sec.4(3)(a) Trade Marks Act 1938, bestanden nicht.

3. Der Revlon-Fall

Der Parallelimport von Originalware[17] wird heute grundsätzlich als eine Warenzeichenverletzung nach Sec.4(1) Trade Marks Act 1938 angesehen, wenn nicht die Voraussetzungen von Sec.4(3)(a) Trade Marks Act 1938 vorliegen.[18]

Sec.4(3)(a) Trade Marks Act 1938 erlaubt den Gebrauch des Warenzeichens durch Dritte in bezug auf Waren, die im geschäftlichen Verkehr mit dem Inhaber oder dem eingetragenen

---

Buxton, [1930] 1 Ch. 330, 341 (H.C.); siehe hierzu Paefgen: Graumarktimporte, RIW 1988, 181ff., 186f.

15 Revlon Inc. v. Cripps & Lee Ltd., [1980] F.S.R. 85, 94-95 (H.C.) = GRUR Int. 1980, 234ff., 235f. - Revlon.

16 Sec.39 Trade Marks Act 1905 abgedr. in dt. Übersetzung in Bl.f.PMZ 1906, 12ff., 17.

17 Siehe zu dieser Problematik Horner: Imports, § 3:26ff., S.72ff.; White/Jacob: Kerly, § 14-30, S.279.

18 Revlon Inc. v. Cripps & Lee Ltd., [1980] F.S.R. 85, 94 (H.C.) = GRUR Int. 1980, 234ff., 235 - Revlon; Revlon Inc. v. Cripps & Lee Ltd., [1980] F.S.R. 85, 105, 106 (C.A.) = GRUR Int. 1980, 234ff., 239 - Revlon; Castrol Ltd. v. Automotive Oil Supplies Ltd., [1983] R.P.C. 315, 321 (H.C.) = GRUR Int. 1984, 362f., 362 - Castrol GTX, m. ablehnender Anm. v. Kroher; Colgate-Palmolive Ltd. v. Markwell Finance Ltd., [1988] R.P.C. 283, 315 (H.C.) = GRUR Int. 1989, 320ff., 322 - Colgate, m. ablehnender Anm. v. Kroher; Colgate-Palmolive Ltd. v. Markwell Finance Ltd., [1989] R.P.C. 497, 518-519 (Slade), 532 (Lloyd; C.A.) = GRUR Int. 1991, 50ff., 52 - Colgate II, m. ablehnender Anm. v. Kroher.

Benutzer zusammenhängen.
Als Inhaber wird dabei auch im Hinblick auf konzernangehörige Unternehmen nur der in Großbritannien eingetragene Inhaber angesehen.[19]
Von Bedeutung ist in diesem Zusammenhang, daß die Funktion des Warenzeichens, das in Sec.68(1) Trade Marks Act 1938 definiert wird, darin besteht, auf die Herkunft der gekennzeichneten Waren hinzuweisen.[20] Wenn die einzelnen Gesellschaften eines Konzerns ihre Waren in einer Weise kennzeichnen, die unterstreicht, daß diese Waren Erzeugnisse dieser internationalen Unternehmensorganisation sind, das Warenzeichen also eine Konzernmarke darstellt, hängen die im Ausland vom dortigen Markeninhaber mit dem Warenzeichen versehenen Waren mit dem inländischen Warenzeicheninhaber zusammen.[21]
Bei dieser Begründung spielt es keine Rolle, ob der inländische Warenzeicheninhaber die Muttergesellschaft oder eine Tochtergesellschaft ist.

Weiterhin ist nach Sec.4(3)(a) Trade Marks Act 1938 erforderlich, daß der Inhaber oder der eingetragene Benutzer die Marke auf den Waren angebracht oder dem Gebrauch der Marke zugestimmt hat.
Da als Inhaber nur der in Großbritannien eingetragene Inhaber anzusehen ist, sind nach der Mehrheitsbegründung des

---

19 Revlon Inc. v. Cripps & Lee Ltd., [1980] F.S.R. 85, 94 (H.C.) = GRUR Int. 1980, 234ff., 235 - Revlon; Revlon Inc. v. Cripps & Lee Ltd., [1980] F.S.R. 85, 105-106 (C.A.) = GRUR Int. 1980, 234ff., 239 - Revlon; siehe hierzu Kitchin: Revlon, [1980] EIPR 86; Vitoria: Trade marks, [1980] JBL 283.

20 Revlon Inc. v. Cripps & Lee Ltd., [1980] F.S.R. 85, 105, 106 (C.A.) = GRUR Int. 1980, 234ff., 239 - Revlon; In re Powell's Trade Mark, [1893] 2 Ch. 388, 403-404 (C.A.); Aristoc Ltd. v. Rysta Ltd., [1945] A.C. 68, 96 (H.L.); Kitchin: Revlon, [1980] EIPR 86, 88; Meinhardt/Havelock: Trade Mark, § 1:1, S.3f.; siehe auch White/Jacob: Kerly, § 2-08, S.12.

21 Revlon Inc. v. Cripps & Lee Ltd., [1980] F.S.R. 85, 97 (H.C.) = GRUR Int. 1980, 234ff., 236 - Revlon; Revlon Inc. v. Cripps & Lee Ltd., [1980] F.S.R. 85, 106, 107 (C.A.) = GRUR Int. 1980, 234ff., 239 - Revlon.

Court of Appeal im Revlon-Fall die von der ausländischen Muttergesellschaft angebrachten Marken nicht als von der inländischen Tochtergesellschaft angebracht anzusehen.[22]
Zwar wurde in anderem Zusammenhang in einer Entscheidung der Gebrauch der Marke durch eine Tochtergesellschaft als Gebrauch durch die Muttergesellschaft angesehen.[23] Der Court of Appeal äußerte aber in der Mehrheitsbegründung zumindest für die umgekehrte Konstellation Bedenken, die Handlung der ausländischen Muttergesellschaft, nämlich das Anbringen der Marke, als Handlung der inländischen Tochtergesellschaft anzusehen, die die Muttergesellschaft nicht kontrollieren könne.[24]
Nach der Minderheitsbegründung des Court of Appeal im Revlon-Fall seien die Marken unabhängig davon, ob die Waren im Ausland von der Muttergesellschaft oder einer Tochtergesellschaft mit der Marke versehen worden seien, als von dem inländischen Markeninhaber angebracht anzusehen.[25]

Die Gerichte im Revlon-Fall waren aber der Meinung, daß die Lage so anzusehen sei, als habe die als Warenzeicheninhaberin im Inland eingetragene Tochtergesellschaft dem Gebrauch der Marke zugestimmt.[26]

---

22 Buckley und Bridge in: Revlon Inc. v. Cripps & Lee Ltd., [1980] F.S.R. 85, 107, 108 (C.A.) = GRUR Int. 1980, 234ff., 239, 240 - Revlon; Revlon Inc. v. Cripps & Lee Ltd., [1980] F.S.R. 85, 97 (H.C.) = GRUR Int. 1980, 234ff., 236 - Revlon, erwägt diese Alternative überhaupt nicht.
23 GE Trade Mark, [1970] R.P.C. 339, 395 (C.A.).
24 Buckley und Bridge in: Revlon Inc. v. Cripps & Lee Ltd., [1980] F.S.R. 85, 107, 108 (C.A.) = GRUR Int. 1980, 234ff., 239, 240 - Revlon.
25 Templeman in: Revlon Inc. v. Cripps & Lee Ltd., [1980] F.S.R. 85, 116 (C.A.) = GRUR Int. 1980, 234ff., 242 - Revlon.
26 Buckley und Bridge in: Revlon Inc. v. Cripps & Lee Ltd., [1980] F.S.R. 85, 107, 108 (C.A.) = GRUR Int. 1980, 234ff., 239, 240 - Revlon; Dillon in: Revlon Inc. v. Cripps & Lee Ltd., [1980] F.S.R. 85, 97, 98 (H.C.) = GRUR Int. 1980, 234ff., 236 - Revlon; so hilfsweise auch Templeman in: Revlon Inc. v. Cripps & Lee Ltd., [1980] F.S.R. 85, 117 (C.A.) = GRUR Int. 1980, 234ff., 239, 242

Dabei war von Bedeutung, daß die US-amerikanische Muttergesellschaft die Ware in den USA auf den Markt gebracht hatte, ohne ihren Abnehmern ein Exportverbot aufzuerlegen.[27] Weil die ausländische Muttergesellschaft aber auch selbst ihre Waren nach Großbritannien exportieren könnte und sich aufgrund der konzernmäßigen Kontrolle über Einwendungen ihrer inländischen Tochtergesellschaft, die die eingetragene Markeninhaberin ist, hinwegsetzen könnte, sei die Sachlage hier so anzusehen, als habe die inländische Tochtergesellschaft dem Gebrauch der Marke im Inland zugestimmt.[28] Da die inländische Tochtergesellschaft den Import seitens der ausländischen Muttergesellschaft somit nicht verhindern könne, könne sie auch nicht den Import durch Abnehmer der ausländischen Muttergesellschaft verhindern, wenn diese ihren Abnehmern kein Exportverbot auferlegt habe.

Aus dieser Begründung läßt sich dann aber auch folgern, daß in der umgekehrten Konstellation von ausländischer Tochtergesellschaft und inländischer Muttergesellschaft und in der Konstellation zweier Tochtergesellschaften mangels konzernmäßiger Kontrollmöglichkeit der ausländischen Tochtergesellschaft über die inländische Muttergesellschaft oder über die inländische Tochtergesellschaft von einer Zustimmung zum Gebrauch der Marke im Inland nicht ausgegangen werden kann.

- Revlon; siehe hierzu White/Jacob: Kerly, § 14-31, S.279.

27 Revlon Inc. v. Cripps & Lee Ltd., [1980] F.S.R. 85, 107 (C.A.) = GRUR Int. 1980, 234ff., 239 - Revlon; siehe hierzu auch Kitchin: Revlon, [1980] EIPR 86, 86; Vitoria: Trade marks, [1980] J.B.L. 283, 286.

28 Buckley und Bridge in: Revlon Inc. v. Cripps & Lee Ltd., [1980] F.S.R. 85, 107, 108 (C.A.) = GRUR Int. 1980, 234ff., 239, 240 - Revlon; Dillon in: Revlon Inc. v. Cripps & Lee Ltd., [1980] F.S.R. 85, 97, 98 (H.C.) = GRUR Int. 1980, 234ff., 236 - Revlon; so hilfsweise auch Templeman in: Revlon Inc. v. Cripps & Lee Ltd., [1980] F.S.R. 85, 117 (C.A.) = GRUR Int. 1980, 234ff., 239, 242 - Revlon; siehe hierzu White/Jacob: Kerly, § 14-31, S.279.

4. Der Castrol-Fall und der Colgate-Fall

Im Castrol-Fall[29] und im Colgate-Fall[30] handelte es sich um Waren, die von verschiedenen Tochtergesellschaften eines Konzerns in verschiedenen Ländern auf den Markt gebracht worden waren. Im Castrol-Fall war eine der Tochtergesellschaften die Warenzeicheninhaberin und im Colgate-Fall die Muttergesellschaft die Warenzeicheninhaberin und eine der Tochtergesellschaften eingetragene Benutzerin.
In beiden Fällen wurde eine Warenzeichenverletzung bejaht, weil die Voraussetzungen nach Sec.4(3)(a) Trade Marks Act 1938 nicht als gegeben angesehen wurden.[31]
Wenn eine ausländische Tochtergesellschaft ihre Waren mit der Marke versehe, geschehe dies nach Ansicht der Gerichte in bezug auf die ausländischen Markenrechte, nicht aber in Ausübung des der inländischen Tochtergesellschaft durch die Eintragung im Inland gewährten Rechts, so daß die Anbringung der Marke im Ausland nicht als Anbringung der Marke i.S. der 1. Alternative von Sec.4(3)(a) Trade Marks Act 1938 anzusehen sei.[32]

---

29 Castrol Ltd. v. Automotive Oil Supplies Ltd., [1983] R.P.C. 315 (H.C.) = GRUR Int. 1984, 362f. - Castrol GTX; siehe hierzu Drysdale: Castrol, [1983] EIPR 224; Paefgen: Graumarktimporte, RIW 1988, 181ff., 188ff.

30 Colgate-Palmolive Ltd. v. Markwell Finance Ltd., [1988] R.P.C. 283 (H.C.) = GRUR Int. 1989, 320ff. - Colgate; Colgate-Palmolive Ltd. v. Markwell Finance Ltd., [1989] R.P.C. 497 (C.A.) = GRUR Int. 1991, 50ff. - Colgate II; siehe hierzu Firth: Colgate, [1988] EIPR 278; Alexander: Colgate, [1989] EIPR 456.

31 Castrol Ltd. v. Automotive Oil Supplies Ltd., [1983] R.P.C. 315, 324 (H.C.) = GRUR Int. 1984, 362f., 362 - Castrol GTX; Colgate-Palmolive Ltd. v. Markwell Finance Ltd., [1988] R.P.C., 283, 318 (H.C.) = GRUR Int. 1989, 320ff., 323f. - Colgate; Colgate-Palmolive Ltd. v. Markwell Finance Ltd., [1989] R.P.C. 497, 527 (Slade), 535 (Lloyd), 535 (Waller; C.A.) = GRUR Int. 1991, 50ff., 53 - Colgate II; kritisch dazu Alexander: Colgate, [1989] EIPR 456, 459; Cornish: Intellectual property, § 18-004, S.484.

32 Castrol Ltd. v. Automotive Oil Supplies Ltd., [1983] R.P.C. 315, 323 (H.C.) = GRUR Int. 1984, 362, 363 - Castrol GTX; Colgate-Palmolive Ltd. v. Markwell Finance

Trotz des von der Entscheidung im Revlon-Fall abweichenden Wortlauts stimmt diese formalistische Begründung[33] inhaltlich mit der Entscheidung im Revlon-Fall überein.
Wenn schon der Court of Appeal im Revlon-Fall in der Mehrheitsbegründung Bedenken hatte, die Handlung der ausländischen Muttergesellschaft, nämlich das Anbringen der Marke, als Handlung der inländischen Tochtergesellschaft anzusehen, die die Muttergesellschaft in keiner Weise kontrollieren könne,[34] dann mußte dies umsomehr in der Fallkonstellation von zwei Tochtergesellschaften gelten, bei denen die inländische Tochtergesellschaft als Markeninhaberin oder eingetragene Benutzerin die ausländische Tochtergesellschaft ebenfalls nicht kontrollieren kann.

Außerdem wurde auch das Vorliegen der Voraussetzungen der 2. Alternative von Sec.4(3)(a) Trade Marks Act 1938 verneint.
Eine Zustimmung der inländischen Tochtergesellschaft sei nicht gegeben, wenn die ausländische Tochtergesellschaft aufgrund konzerninterner Abmachungen die Marke nur in bestimmten Ländern benutzen dürfe.[35]
Zudem hatte sich im Castrol-Fall die ausländische Tochtergesellschaft selbst durch einen entsprechenden Verpackungsauf-

---

Ltd., [1988] R.P.C., 283, 316 (H.C.) = GRUR Int. 1989, 320ff., 323 - Colgate; Colgate-Palmolive Ltd. v. Markwell Finance Ltd., [1989] R.P.C. 497, 522 (Slade), 533-534 (Lloyd; C.A.) = GRUR Int. 1991, 50ff., 52f. - Colgate II.

33 So auch Kroher: Anm. II, GRUR Int. 1989, 324f., 324; siehe auch Kroher: Anm. III, GRUR Int. 1991, 53ff., 54; Kroher: Anm. I, GRUR Int. 1984, 363ff., 364.

34 Buckley und Bridge in: Revlon Inc. v. Cripps & Lee Ltd., [1980] F.S.R. 85, 107, 108 (C.A.) = GRUR Int. 1980, 234ff., 239, 240 - Revlon.

35 Castrol Ltd. v. Automotive Oil Supplies Ltd., [1983] R.P.C. 315, 323-324 (H.C.) = GRUR Int. 1984, 362f., 362f. - Castrol GTX; Colgate-Palmolive Ltd. v. Markwell Finance Ltd., [1988] R.P.C., 283, 316-317 (H.C.) = GRUR Int. 1989, 320ff., 323 - Colgate; so auch Horner: Imports, § 3.28, S.76f.; in diese Richtung auch Drysdale: Castrol, [1983] EIPR 224, 225; siehe hierzu White/Jacob: Kerly, § 14-31, S.279.

druck gegen den Export ihrer Ware ausgesprochen[36] und im Colgate-Fall fehlte ein von der ausländischen Tochtergesellschaft ausgesprochenes Exportverbot nach Großbritannien, weil ihr Abnehmer nach eigenen Angaben die Waren zum Export in ein Drittland erwerben wollte.[37] Zudem soll allein das objektive Fehlen einer Zustimmung ausreichend sein, ohne daß der Dritte Kenntnis davon haben muß.[38]
Damit konnte nicht - wie im Revlon-Fall - von einer Zustimmung der inländischen Tochtergesellschaft zum Gebrauch der Marke ausgegangen werden.[39]
Festzustellen bleibt, daß es bei der warenzeichenrechtlichen Beurteilung nicht auf Beschaffenheitsunterschiede zwischen den Waren, wie sie im Castrol-Fall und im Colgate-Fall bestanden haben,[40] ankommt[41], obwohl dem Warenzeichen auch die Funktion zugewiesen wird, eine Angabe über die Qualität der Ware zu machen.[42]

Ein ergänzendes Hilfsmittel gibt Sec.64A Trade Marks Act 1938.[43] Wenn der Warenzeicheninhaber oder der eingetragene

---

36 Castrol Ltd. v. Automotive Oil Supplies Ltd., [1983] R.P.C. 315, 323 (H.C.) = GRUR Int. 1984, 362f., 362f. - Castrol GTX.
37 Colgate-Palmolive Ltd. v. Markwell Finance Ltd., [1988] R.P.C., 283, 316 (H.C.) = GRUR Int. 1989, 320ff., 321 - Colgate.
38 Colgate-Palmolive Ltd. v. Markwell Finance Ltd., [1988] R.P.C., 283, 316-317 (H.C.) = GRUR Int. 1989, 320ff., 323 - Colgate; nicht so deutlich Castrol Ltd. v. Automotive Oil Supplies Ltd., [1983] R.P.C. 315, 323-324 (H.C.) = GRUR Int. 1984, 362, 363 - Castrol GTX.
39 Drysdale: Castrol, [1983] EIPR 224, 225.
40 Castrol Ltd. v. Automotive Oil Supplies Ltd., [1983] R.P.C. 315, 324-325 (H.C.) = GRUR Int. 1984, 362, 363 - Castrol GTX; Colgate-Palmolive Ltd. v. Markwell Finance Ltd., [1988] R.P.C., 283, 304 (H.C.) = GRUR Int. 1989, 320ff., 321 - Colgate.
41 Firth: Colgate, [1988] EIPR 278, 282; Cornish: Intellectual property, § 18-005, S.484f.
42 In re Powell's Trade Mark, [1893] 2 Ch. 388, 403-404 (C.A.); Aristoc Ltd. v. Rysta Ltd., [1945] A.C. 68, 96 (H.L.); Kitchin: Revlon, [1980] EIPR 86, 88; Templeman in: Revlon Inc. v. Cripps & Lee Ltd., [1980] F.S.R. 85, 114 (C.A.) = GRUR Int. 1980, 234ff., 241 - Revlon.
43 Sec.64A Trade Marks Act 1938 i.d.F. des Trade Descrip-

Benutzer den Zollbehörden Nachricht gibt, daß der Verdacht des Imports warenzeichenrechtsverletzender Waren besteht, sollen nach dieser Vorschrift die Zollbehörden den Import dieser Waren verbieten.[44]
Anerkannt ist aber, daß das Markenrecht nicht zur Verhinderung von Importen aus EG-Mitgliedstaaten eingesetzt werden kann, wenn die Ware vom Markeninhaber oder mit seiner Zustimmung in einem Mitgliedstaat in den Verkehr gebracht worden ist.[45]

III. Parallelimport und passing off

Neben der Warenzeichenverletzung kann der Vertrieb parallelimportierter Originalware auch als passing off zu beurteilen sein.[46]
Passing off ist anzunehmen, wenn eine Irreführung der Verbraucher (misrepresentation) vorliegt und dadurch die Gefahr einer Schädigung des Ansehens des Betroffenen (goodwill, reputation) droht.[47]
Die relevante Irreführung kann sich dabei auf die Herkunft der Ware oder auf die Qualität der Ware beziehen.[48]

---

tions Act 1968, abgedr. in dt. Übersetzung in Bl.f.PMZ 1990, 229ff., 314.

44 Siehe hierzu Meinhardt/Havelock: Trade Mark, § 14:3, S.70f.

45 White/Jacob: Kerly, § 12-08, S.223.

46 Siehe zu dieser Problematik Drysdale/Silverleaf: Passing Off, § 4.24, S.62f.; Horner: Imports, § 3.24, S.69ff., § 3.29, S.77f.

47 Erven Warnink Besloten Vennootschap v. J. Townend & Sons (Hull) Ltd., [1979] 3 W.L.R. 68, 74-75 (H.L.) = GRUR Int. 1980, 120ff., 121f. - Advocaat; Revlon Inc. v. Cripps & Lee Ltd., [1980] F.S.R. 85, 101 (C.A.) = GRUR Int. 1980, 234ff., 237 - Revlon; siehe auch Meinhardt/Havelock: Trade Mark, § 20:1, S.113; White/Jacob: Kerly, § 16:02f., S.344f.

48 Revlon Inc. v. Cripps & Lee Ltd., [1980] F.S.R. 85, 92 (H.C.) = GRUR Int. 1980, 234ff., 235 - Revlon; Revlon Inc. v. Cripps & Lee Ltd., [1980] F.S.R. 85, 102-103 (C.A.) = GRUR Int. 1980, 234ff., 237f. - Revlon; Colgate-Palmolive Ltd. v. Markwell Finance Ltd., [1988]

Für die Frage, ob eine Irreführung über die Herkunft oder die Qualität der Waren vorliegt, ist der inländische Goodwill festzustellen.[49]

Im Revlon-Fall entschieden die Gerichte aber, daß bereits die Aufschrift auf den Waren "Revlon / New York, Paris, London" auf den internationalen Zuschnitt der Herkunft der Erzeugnisse hinweise und daß damit der international tätige Revlon-Konzern als Quelle der Waren angegeben sei.[50] Der inländische, eingetragene Markenbenutzer partizipiere daher an einem internationalen Goodwill, der durch den Parallelimport von Originalware mangels einer Irreführung über die Herkunft der Waren nicht beeinträchtigt werde.[51]
Auch eine Irreführung über die Qualität[52] sahen die Gerichte im Revlon-Fall nicht als gegeben an,[53] weil es sich bei der

---

R.P.C. 283, 304-305 (H.C.) = GRUR Int. 1989, 320ff., 322 - Colgate; Colgate-Palmolive Ltd. v. Markwell Finance Ltd., [1989] R.P.C. 497, 509 (Slade), 529 (Lloyd; C.A.) = GRUR Int. 1991, 50ff., 50f. - Colgate II; Wilkinson Sword Ltd. v. Cripps & Lee Ltd., [1982] F.S.R. 16, 18-19 (H.C.); siehe auch Erven Warnink Besloten Vennootschap v. J. Townend & Sons (Hull) Ltd., [1979] 3 W.L.R. 68, 74-75 (H.L.) = GRUR Int. 1980, 120ff., 121f. - Advocaat.

49 Revlon Inc. v. Cripps & Lee Ltd., [1980] F.S.R. 85, 102 (C.A.) = GRUR Int. 1980, 234ff., 237 - Revlon; Colgate-Palmolive Ltd. v. Markwell Finance Ltd., [1988] R.P.C. 283, 307 (H.C.) = GRUR Int. 1989, 320ff., 322 - Colgate; Colgate-Palmolive Ltd. v. Markwell Finance Ltd., [1989] R.P.C. 497, 510 (Slade), 531 (Lloyd, C.A.) = GRUR Int. 1991, 50ff., 51f. - Colgate II.

50 Revlon Inc. v. Cripps & Lee Ltd., [1980] F.S.R. 85, 92 (H.C.) = GRUR Int. 1980, 234ff., 235 - Revlon; Revlon Inc. v. Cripps & Lee Ltd., [1980] F.S.R. 85, 103 (C.A.) = GRUR Int. 1980, 234ff., 238 - Revlon.

51 Revlon Inc. v. Cripps & Lee Ltd., [1980] F.S.R. 85, 92 (H.C.) = GRUR Int. 1980, 234ff., 235 - Revlon; Revlon Inc. v. Cripps & Lee Ltd., [1980] F.S.R. 85, 103 (C.A.) = GRUR Int. 1980, 234ff., 238 - Revlon.

52 Siehe auch Erven Warnink Besloten Vennootschap v. J. Townend & Sons (Hull) Ltd., [1979] 3 W.L.R. 68 (H.L.) = GRUR Int. 1980, 120ff. - Advocaat; A. G. Spalding Brothers v. A. W. Gamage Ltd., [1914-15] All E.R.Rep. 147 (H.L.).

53 Revlon Inc. v. Cripps & Lee Ltd., [1980] F.S.R. 85, 92 (H.C.) = GRUR Int. 1980, 234ff., 235 - Revlon; Revlon Inc. v. Cripps & Lee Ltd., [1980] F.S.R. 85, 104 (C.A.)

parallelimportierten Ware nach Ansicht der Gerichte nicht um ein gegenüber der britischen Ware minderwertigeres Produkt, sondern um ein in Großbritannien überhaupt nicht vertriebenes Produkt handelte.[54]

Im Colgate-Fall und im Wilkinson-Fall, in dem der Beklagte die vom Kläger für das Ausland produzierte Ware nach Großbritannien importiert hatte, waren die parallelimportierten Waren aber von geringerer Qualität als die für den inländischen Markt bestimmten Produkte, so daß die Gerichte zu dem Ergebnis kamen, daß die Verbraucher nicht nur über die Herkunft, sondern auch über die Qualität der Waren irregeführt würden und daß damit dem Goodwill des Markeninhabers Schaden zugefügt würde.[55] Wären weltweit alle Produkte von gleicher Qualität gewesen, hätte auch kaum von einem gesonderten nationalen Goodwill hinsichtlich der Herkunft der Ware gesprochen werden können.[56]

Auch beim Vertrieb von aus anderen EG-Mitgliedstaaten importierten Ware geringerer Qualität ohne entsprechenden Hinweis auf den Qualitätsunterschied soll eine Klage wegen passing off insoweit möglich bleiben.[57]

= GRUR Int. 1980, 234ff., 238 - Revlon.

54 Revlon Inc. v. Cripps & Lee Ltd., [1980] F.S.R. 85, 92 (H.C.) = GRUR Int. 1980, 234ff., 235 - Revlon; Revlon Inc. v. Cripps & Lee Ltd., [1980] F.S.R. 85, 103-104 (C.A.) = GRUR Int. 1980, 234ff., 238 - Revlon.

55 Wilkinson Sword Ltd. v. Cripps & Lee Ltd., [1982] F.S.R. 16, 28 (H.C.); Colgate-Palmolive Ltd. v. Markwell Finance Ltd., [1988] R.P.C., 283, 304-305 (H.C.) = GRUR Int. 1989, 320ff., 322 - Colgate; Colgate-Palmolive Ltd. v. Markwell Finance Ltd., [1989] R.P.C. 497, 517 (Slade), 531 (Lloyd), 535 (Waller; C.A.) = GRUR Int. 1991, 50ff., 51f. - Colgate II; kritisch dazu Alexander: Colgate, [1989] EIPR 456, 458.

56 Siehe hierzu Firth: Colgate, [1988] EIPR 278, 279.

57 White/Jacob: Kerly, § 12-08, S.224; in diese Richtung auch Drysdale/Silverleaf: Passing Off, § 4.25, S.63.

IV. Ergebnis

Der Parallelimport von Originalware ist warenzeichenrechtlich unzulässig, wenn der ausländische Markeninhaber keinen Export nach Großbritannien wünscht oder er ein Exportverbot zumindest in irgendeiner Form zum Ausdruck gebracht hat.
Mit Hilfe der Klage wegen passing off kann der Vertrieb parallelimportierter Originalware verhindert werden, wenn der Verbraucher den inländischen Markeninhaber als Quelle der Ware ansieht oder mit der inländischen Ware eine bestimmte Qualität verbindet, die die ausländische Ware nicht aufweist.

Aufgrund der europäischen Markenrechtsrichtlinie wird das britische Markenrecht allerdings einer grundlegenden Reform unterzogen werden.
Die britische Regierung hat zu diesem Zweck im September 1990 ein Weißbuch über die Reform des Markengesetzes (White Paper "Reform of Trade Marks Law")[58] vorgelegt.

58 Siehe hierzu Firth: Reform, [1990] EIPR D-220; Morcom: Reform, [1990] EIPR 391.

8. Kapitel
Beurteilung des Parallelimports von Originalware in den Vereinigten Staaten von Amerika

I. Beurteilung des Parallelimports von Originalware bis zur Katzel-Entscheidung des Supreme Court

In den USA ist seit Beginn der achtziger Jahre die Frage der Zulässigkeit von Parallelimporten (parallel imports, gray market imports, importation of genuine trademarked goods)[1] Gegenstand zahlreicher Gerichtsverfahren, die eine doppelte Stoßrichtung der amerikanischen Markeninhaber und autorisierten Markenbenutzer erkennen lassen.

In Prozessen gegen Parallelimporteure und nicht autorisierte Händler versuchen Markeninhaber gestützt auf § 32, § 42 und § 43 Lanham Act[2] und § 526 Tariff Act[3] sowie mit Verfahren

---

1 Siehe zu den Ursachen von Graumarktimporten Hilke: Free Trading, W.Comp. 32, 75 (1988); Miller: Gray Market, 76 TMR 363, 373-378 (1986); Staaf: Gray Market, 19 U.Miami Interam. L.R. 37 (1987).

2 Gebräuchliche Bezeichnung für den Trademark Act of 1946 vom 5.7.1946 i.d.F. des Trademark Law Revision Act of 1988 vom 16.11.1988 = 15 U.S.C. § 1051-§ 1127, abgedr. in der Gesetzgebungsbeilage von 28 Ind.Prop. No.4 (April 1989): USA, Text 3-001, 1; § 32(1) Lanham Act i.d.F. von 1962 = 15 U.S.C. § 1114(1), abgedruckt in dt. Übersetzung in Bl.f.PMZ 1963, 196ff., 199; § 42 Lanham Act i.d.F. von 1978 = 15 U.S.C. § 1124, abgedr. in dt. Übersetzung bei Jander/Nürnberger: Grey Market, RIW 1986, 325ff., 329, Fn.24; § 43(a) Lanham Act i.d.F. von 1988 = 15 U.S.C. § 1125(a); § 43(b) Lanham Act i.d.F. von 1946 = 15 U.S.C. § 1125(b) i.d.F. von 1946, abgedr. in dt. Übersetzung in Bl.f.PMZ 1949, 164ff., 172; siehe zum Trademark Law Revision Act of 1988 Hellwig: Trademark, 79 TMR 287 (1989); Polak/Lichtenstein: Novellierung, Mitt. 1989, 231ff.

3 § 526 Tariff Act of 1930 i.d.F. des Custom Procedural Reform and Simplification Act of 1978 = 19 U.S.C. § 1526, abgedr. bei Vivitar Corp. v. U.S., 225 USPQ 990, 1004-1005 (C.A. F.C. 1985); abgedr. in dt. Übersetzung

vor der International Trade Commission, gestützt auf § 337(a) Tariff Act,[4] den Import und den Vertrieb von Originalware (genuine goods) als Verstoß gegen das Markenrecht[5] zu unterbinden.[6] Daneben strebten Markeninhaber in Prozessen gegen die Zollbehörden deren Verpflichtung an, aufgrund von § 526 Tariff Act den Import von Originalware zu verhindern.[7] Dabei spielen ältere Gerichtsentscheidungen und die damit verbundene Entstehungsgeschichte von § 526 Tariff Act eine maßgebliche Rolle.

Am Ende des 19. Jahrhunderts und zu Beginn des 20. Jahrhunderts sind die Gerichte dem "Universalitätsprinzips" (principle of universality), das nach deutscher Terminologie dem Grundsatz der weltweiten Erschöpfung entspricht, gefolgt und sahen durch den Parallelimport von Originalware keine Markenrechte als verletzt an.[8]
Später sollte unter der Geltung von § 27 Trademark Act of 1905[9] der Import von Waren, die eine eingetragene Marke

---

bei Jander/Nürnberger: Grey Market, RIW 1986, 325ff., 331f.

4 § 526(a) Tariff Act of 1930 i.d.F. des Omnibus Trade and Competitiveness Act of 1988 = 19 U.S.C. § 1337(a), abgedr. in der Gesetzgebungsbeilage von 28 Ind.Prop. No.3 (March 1989): USA, Text 1-002, 1, 3-4.

5 Siehe zur neueren markenrechtlichen Rechtsprechung Fletcher/Kunstadt: Forty-First Year, 78 TMR 683 (1988).

6 Diese Problematik behandeln: Coggio/Gordon/Coruzzi: History, 75 TMR 433; Hiebert: Importation, 35 Maine L.R. 315 (1983); Lipner: Gray Market, 77 TMR 77 (1987); Palladino: Trademark, 79 TMR 158 (1989); Jander/Nürnberger: Grey Market, RIW 1986, 325ff.; Schiffer: Parallelimporte, DB 1987, 81ff.

7 Diese Problematik behandeln: Coggio/Gordon/Coruzzi: History, 75 TMR 433; Lipner: Gray Market, 77 TMR 77 (1987); Palladino: Trademark, 79 TMR 158 (1989); Warlick IV: Perpetuation, 39 Emory L.J. 347 (1990); Jander/Nürnberger: Grey Market, RIW 1986, 325ff.

8 Appolinaris Co., Ltd, v. Scherer, 27 F. 18, 20 (C.C. S.D. N.Y. 1886); siehe auch Russia Cement Co. v. Frauenhar, 133 F. 518, 520 (2d Cir. 1904); siehe hierzu Coggio/Gordon/Coruzzi: History, 75 TMR 433, 445-447 (1985).

9 § 27 Trademark Act of 1905 vom 20.2.1905; abgedruckt in Fred Gretsch Mfg. Co. v. Schoening, 238 F. 780, 781 (2d

nachahmen oder vortäuschen ("... which shall copy or simulate a trademark ..."), von den Zollbehörden unterbunden werden. Mangels Nachahmung oder Vortäuschung einer eingetragenen Marke beim Parallelimport von Originalware verneinten die Gerichte auch hier eine Markenrechtsverletzung, zumal der Normzweck, die Verbraucher und Markeninhaber zu schützen, nicht berührt werde.[10]

In diesem Sinne entschied im Jahr 1921 auch ein Court of Appeals im Katzel-Fall.[11] Hier hatte der Kläger das Geschäft eines ausländischen Herstellers in den USA samt Markenrechten erworben und vertrieb als autorisierter Alleinimporteur die vom ausländischen Hersteller produzierte Ware. Dazu verpackte er die Originalware neu und vermerkte neben der Originalmarke seinen Namen und seine Stellung als Alleinimporteur auf der Verpackung. Dadurch hatte er einen eigenen, vom Hersteller unabhängigen Goodwill für den inländischen Markt aufgebaut.[12]

Weil der amerikanische Markeninhaber bei dem Court of Appeals keinen Erfolg hatte, erließ der Kongreß, während der Rechtstreit noch vor dem Supreme Court anhängig war, § 526 Tariff Act.[13]

Cir. 1916), auszugsweise angeführt in dt. Übersetzung bei Jander/Nürnberger: Grey Market, RIW 1986, 325ff., 327, Fn.12.

10 Fred Gretsch Mfg. Co. v. Schoening, 238 F. 780, 781-782 (2d Cir. 1916); Hunyadi Janos Corp. v. Steger, 285 F. 861, 863-864 (2d Cir. 1922); siehe hierzu Coggio/Gordon/Coruzzi: History, 75 TMR 433, 447 (1985).

11 A. Bourjois & Co., Inc., v. Katzel, 275 F. 539, 543 (2d Cir. 1921), rev'd 43 S.Ct. 244 (1923); siehe hierzu Coggio/Gordon/Coruzzi: History, 75 TMR 433, 448 (1985); Palladino: Gray Market, 79 TMR 158, 174-176 (1989); Warlick IV: Perpetuation, 39 Emory L.J. 347, 383-390 (1990); Jander/Nürnberger: Grey Market, RIW 1986, 325ff., 327; Schiffer: Parallelimporte, DB 1987, 81ff., 82.

12 A. Bourjois Co., Inc., v. Katzel, 275 F. 539, 539-540 (2d Cir. 1921), rev'd 43 S.Ct. 244 (1923).

13 K Mart Corp. v. Cartier, Inc., 12 W.Comp. 1, 75, 76 (1988/89) = GRUR Int. 1989, 68ff., 68f., m. Anm. v. Hoebbel, - COPIAT.

Nach § 526(a) Tariff Act ist die Einfuhr von Handelsware ausländischer Herstellung in die Vereinigten Staaten von Amerika rechtswidrig, falls solche Handelsware ein Warenzeichen trägt, welches einem Bürger der Vereinigten Staaten oder einer in den Vereinigten Staaten gegründeten oder errichteten Gesellschaft oder Vereinigung gehört und von einer Person mit Sitz in den Vereinigten Staaten beim Patent- und Warenzeichenamt registriert wurde, und wenn eine Abschrift der Eintragungsbescheinigung eines solchen Warenzeichens beim Finanzministerium eingereicht wurde, es sei denn, daß eine schriftliche Einverständniserklärung des Inhabers eines solchen Warenzeichens zum Zeitpunkt der Einfuhr vorgelegt wird.

Ohne diese neue Vorschrift anzuwenden, entschied der Supreme Court im Katzel-Fall, daß nach § 27 Trademark Act of 1905 der Gebrauch einer Marke durch ein inländisches Unternehmen, das die Markenrechte von einem ausländischen Hersteller erworben habe, von Gesetzes wegen anzeige (" ... indicates in law ..."), daß die Waren von dem inländischen Erwerber der Markenrechte stammen, auch wenn diese nicht von ihm produziert werden. Der Supreme Court bejahte die Wahrscheinlichkeit einer Verwechslung durch Verbraucher, weil diese glauben würden, die Waren kommen von dem inländischen Alleinimporteur und Markeninhaber, womit letztlich dessen Goodwill gefährdet würde.[14]

Die Beurteilung des Parallelimports bei konzernmäßiger Verbindung von inländischem und ausländischem Markeninhaber war damit aber noch nicht geklärt.[15]

---

14 A. Bourjois & Co., Inc., v. Katzel, 43 S.Ct. 244, 245 (1923), rev'g 275 F. 539 (2d Cir. 1921); ebenso A. Bourjois & Co., Inc., v. Aldrige, 44 S.Ct. 4 (1923), answering in the affirmative the two questions certified by 292 F. 1013 (2d Cir. 1922).

15 Siehe hierzu o.V.: Developments, 68 Harv.L.Rev. 814, 914 (1954/55).

II. Der Streit um die Rechtsgültigkeit der Ausführungsbestimmungen der Zollbehörden zu § 526 Tariff Act

1. Der Regelungsinhalt von § 526 Tariff Act und den dazu ergangenen Ausführungsbestimmungen

Im Hinblick auf den zollrechtlichen Aspekt hatten mehrere Gerichte die Frage zu entscheiden, ob die Ausführungsvorschriften der Zollbehörden in Gestalt von § 133.21(c) C.S.R.[16] eine zutreffende Auslegung von § 526(a) Tariff Act beinhalten.[17]

Handelsware, deren Einfuhr gegen § 526(a) Tariff Act verstößt, ist nach § 526(b) Tariff Act der Beschlagnahme und Einziehung unterworfen, was § 133.21(b) C.S.R. sinngemäß wiederholt.

Nach § 133.21(c) C.S.R. soll dies aber unter anderem dann nicht gelten,

- wenn sowohl das ausländische wie das US-amerikanische

16 § 133.21 C.S.R. (1987) = 19 C.F.R. § 133.21 (1987), abgedr. in K Mart Corp. v. Cartier, Inc., 12 W.Comp. 1, 75, 77, fn.1 (1988/89), abgedr. in deutscher Übersetzung in K Mart Corp. v. Cartier, Inc., GRUR Int. 1989, 68ff., 69, Fn.2 - COPIAT.

17 Zur Vereinbarkeit kamen: Vivitar Corp. v. U.S., 585 F.Supp. 1419, (CIT 1984; decision on the jurisdiction) and 593 F.Supp. 420, 435-436 (CIT 1984; decision on the merits) respectively, aff'd 225 USPQ 990, 1003-1004 (C.A. F.C. 1985), cert. denied 106 S.Ct. 791 (1986); Olympus Corp. v. U.S., 227 USPQ 1003, 1010-1011 (E.D. N.Y. 1985), aff'd 230 USPQ 123, 126 (2d Cir. 1986); Coalition to Preserve the Integrity of American Trademarks v. U.S., 224 USPQ 701, 707 (D.C. D.C. 1984), rev'd and rem'd 229 USPQ 641 (C.A. D.C. 1986); zur Unvereinbarkeit kamen: Coalition to Preserve the Integrity of American Trademarks v. U.S., 229 USPQ 641, 651-652 (C.A. D.C. 1986), rev'g and rem'g 224 USPQ 701 (D.C. D.C. 1984); siehe hierzu Coggio/Gordon/Coruzzi: History, 75 TMR 433, 468-475 (1985); Lipner: Gray Market, 77 TMR 77, 79-88 (1987); Palladino: Trademark, 79 TMR 158, 177-183 (1989); Warlick IV: Perpetuation, 39 Emory L.J. 347, 367-369 (1990); Schwartz: Parallelimporte, GRUR Int. 1986, 505ff., 507f., 510.

Warenzeichen derselben Person (same person) oder demselben Unternehmen (same business entity) gehören (§ 133.21(c)(1) C.S.R.),

- wenn die aus- und inländischen Inhaber des Warenzeichens Mutter- und Tochtergesellschaften (parent und subsidiary companies) sind oder in anderer Weise Gegenstand einheitlicher Inhaberschaft (common ownership) oder einheitlicher Kontrolle (common control) sind (§ 133.21(c)(2) C.S.R.); gemeinsame Inhaberschaft bedeutet nach § 133.2 (d)(1) C.S.R.[18] die einzelne oder gesamte Inhaberschaft von mehr als 50 Prozent des Unternehmens; gemeinsame Kontrolle bedeutet nach § 133.2(d)(2) C.S.R. tatsächliche Kontrolle über Geschäftspolitik und Geschäftsführung und ist nicht notwendigerweise gleichbedeutend mit gemeinsamer Inhaberschaft; oder
- wenn die Gegenstände ausländischer Herstellung ein hinterlegtes Warenzeichen tragen, das mit Genehmigung durch den US-Inhaber (authorization of the U.S. owner) angebracht worden ist (§ 133.21(c)(3) C.S.R.).
- Für andere Fälle des Parallelimports (insbesondere die Konstellation des Katzel-Falles) bleibt es mangels Ausnahmevorschrift bei dem Verbot nach § 133.21(b) C.S.R.

Die mit der Frage, ob § 133.21(c) C.S.R. eine mit § 526(a) Tariff Act vereinbare Auslegung ist, befaßten Gerichte erörterten mit unterschiedlichen Ergebnissen die Aspekte, ob sich die Vereinbarkeit aus der Gesetzgebungsgeschichte zu § 526 Tariff Act, aus dem Umstand einer langwährenden Verwaltungspraxis, aus einer stillschweigenden Ratifikation durch den Kongreß im Rahmen späterer Gesetzesänderungen oder aufgrund Verwaltungsermessen ergibt.[19]

---

18 § 133.2(d) C.S.R. (1987) = 19 C.F.R. § 133. 2(d) (1987), abgedr. bei Coggio/Gordon/Coruzzi, 75 TMR 433, 443, fn.58 (1988).

19 Siehe hierzu die tabellarische Zusammenstellung der von den Gerichten in Vivitar, Olympus und Copiat vertretenen Meinungen bei Lipner: Gray Market, 77 TMR 77, 89, fn.82

2. Die K Mart-Entscheidung des Supreme Court

Im Jahre 1988 hat der Supreme Court mit der K Mart-Entscheidung[20] zu der Problematik des § 526 Tariff Act Stellung genommen.

Die von Justice Kennedy verfaßte Mehrheitsbegründung beruht auf reiner Wortlautauslegung von § 526 Tariff Act und nimmt nicht grundsätzlich zur Frage der Zulässigkeit von Parallelimporten Stellung.[21] Der Supreme Court kommt mit unterschiedlichen Mehrheiten zu dem Ergebnis,

- daß für den Fall der Identität des inländischen und ausländischen Warenzeicheninhabers § 133.21(c)(1) C.S.R., der den Import zuläßt, eine vertretbare Auslegung sei,[22]
- daß für den Fall gemeinsamer Inhaberschaft oder Kontrolle (vom Supreme Court als Fallgruppe 2 mit den Untergruppen

---

(1987); siehe auch Jander/Nürnberger: Grey Market, RIW 1986, 325ff., 327ff.

20 K Mart Corp. v. Cartier, Inc., 108 S.Ct. 950, 5 USPQ 2d 1913, 56 U.S.L.W. 4219 (1988; decision on the jurisdiction) and 108 S. Ct. 1811, 6 USPQ 2d 1897, 56 U.S.L.W. 4478 (1988; decision on the merits) respectively, aff'g in part and rev'g in part 229 USPQ 641 (C.A. D.C. 1986); die Sachentscheidung ist auch abgedruckt in 12 W.Comp. 1, 75 (1988/89) = GRUR Int. 1989, 68ff., m. Anm. v. Hoebbel, - COPIAT; in diesem Urteil wurde über folgende drei Klagen entschieden: K Mart Corp. v. Cartier, Inc., 47th Street Photo, Inc., v. Coalition To Preserve The Integrity Of American Trademarks und U.S. v. Coalition To Preserve The Integrity Of American Trademarks; siehe hierzu Joelson/Griffin: Gray-Market, [1988] Int'l Bus.Law. 346; Palladino: Trademark, 79 TMR 158, 186-192 (1989); Paine: Copiat Case, [1988] EIPR 56; Palmeter: Gray Market, 12 W.Comp. 1, 49 (1988/89) = 22 JWT 5, 89 (1988); Remington: Comments, 12 W.Comp. 1, 53 (1988/ 89) = 22 JWT 5, 93 (1988); Saber: Supreme Court, [1988] EIPR 311; Warlick IV: Perpetuation, 39 Emory L.J. 347, 369-381 (1990); Träm: Gray Market, RIW 1989, 519ff.

21 Siehe die Kritik von Palladino: Trademark, 79 TMR 158, 188-192 (1989).

22 K Mart Corp. v. Cartier, Inc., 12 W.Comp. 1, 75, 79 (1988/89) = GRUR Int. 1989, 68ff., 70 - COPIAT; a.A. Scalia, 12 W.Comp. 1, 75, 92 (1988/89) = GRUR Int. 1989, 68ff., 74.

(a) bis (c) bezeichnet) § 133.21(c)(2) C.S.R., der den Import zuläßt, ebenfalls eine vertretbare Auslegung sei[23] und

- daß für den Fall, daß ein inländisches Unternehmen, das von einem unabhängigen ausländischen Unternehmen das Recht zu Eintragung und Gebrauch eines letzterem gehörenden Warenzeichens als US-Warenzeichen erworben hat, um hier dessen im Ausland hergestellte Produkte zu verkaufen (vom Supreme Court als Fallgruppe 1 bezeichnet; Konstellation des Katzel-Falles), das Fehlen einer Ausnahmevorschrift vom Einfuhrverbot nach § 133.21(b) C.S.R. schließlich auch eine vertretbare Auslegung sei,[24]
- daß aber für den Fall, daß ein inländischer Inhaber eines US-Warenzeichens einen unabhängigen ausländischen Hersteller zu dessen Gebrauch im Ausland ermächtigt hat (vom Supreme Court als Fallgruppe 3 bezeichnet), § 133.21 (c)(3) C.S.R., der den Import von Waren des ausländischen Herstellers zuläßt, keine vertretbare Auslegung sei, so daß auch hier die Einfuhr unzulässig sei.[25]

Somit ist die Zulassung des Parallelimports von ausländischen Waren aus konzernmäßig verbundenen Unternehmen eine vertretbare Auslegung von § 526(a) Tariff Act und die Zulassung des Parallelimports von ausländischen Waren nach einer Markenrechtsübertragung im In- oder Ausland § 526(a) Tariff Act rechtswidrig. Über markenrechtliche Ansprüche von Mar-

---

23 K Mart Corp. v. Cartier, Inc., 12 W.Comp. 1, 75, 79 (1988/89) = GRUR Int. 1989, 68ff., 70 - COPIAT; ebenso, aber mit abweichender Begründung, Brennan, 12 W.Comp. 1, 75, 81-89 (1988/89) = GRUR Int. 1989, 68ff., 71ff.; a.A. Scalia, 12 W.Comp. 1, 75, 92 (1988/89) = GRUR Int. 1989, 68ff., 74.

24 K Mart Corp. v. Cartier, Inc., 12 W.Comp. 1, 75, 79 (1988/89) = GRUR Int. 1989, 68ff., 70 - COPIAT.

25 K Mart Corp. v. Cartier, Inc., 12 W.Comp. 1, 75, 79-80 (1988/89) = GRUR Int. 1989, 68ff., 70 - COPIAT; a.A. Brennan, 12 W.Comp. 1, 75, 89-92 (1988/89) = GRUR Int. 1989, 68ff., 71, 73f.

keninhabern gegenüber Parallelimporteuren wurde damit nicht unmittelbar entschieden.[26]

III. Beurteilung des Parallelimports von Originalware auf markenrechtlicher Grundlage

1. § 32 Lanham Act

Die grundlegende Vorschrift zum Schutz gegen Warenzeichenverletzungen ist § 32(1) Lanham Act.
Nach dieser Vorschrift kann jede Person, die ohne Zustimmung des eingetragenen Markeninhabers im Handelsverkehr eine Nachbildung, Fälschung, Kopie oder sklavische Nachahmung einer eingetragenen Marke in einer Weise gebraucht, die geeignet ist, Verwechslungen oder Irrtümer hervorzurufen oder zu täuschen, durch den eingetragenen Markeninhaber zivilrechtlich verklagt werden.
Damit ist die Wahrscheinlichkeit einer Irreführung (likelihood of confusion)[27] wichtigste Voraussetzung eines Anspruches wegen Warenzeichenverletzung nach Bundesgesetzesrecht (federal statutory trademark infringement).[28]

Den Marken werden vier Funktionen zugewiesen.[29] Sie dienen

---

26 Joelson/Griffin: Gray-Market, [1988] Int'l Bus.Law. 346, 347; Palladino: Trademark, 79 TMR 158, 190 (1989).

27 Siehe hierzu McCarthy: Trademarks, Vol.2, Ch.23, S.41ff.; Kane: Trademark, Ch.7, S.117ff.

28 Monte Carlo Shirt, Inc., v. Daewoo Int. (America) Corp., 219 USPQ 594, 597 (9th Cir. 1983); Selchow & Righter Co. v. Goldex Corp., 225 USPQ 815, 818 (S.D. Fla 1985); Coggio/Gordon/Coruzzi: History, 75 TMR 433, 440-441 (1985); McCarthy: Trademarks, Vol.2, § 23:1, S.42f.; Kane: Trademark, Ch.7, S.117.

29 Callmann: Grundlagen, GRUR Int. 1969, 29ff., 29; Coggio/Gordon/Coruzzi: History, 75 TMR 433, 436 (1985); Hiebert: Importation, 35 Maine L.Rev. 315, 315 (1983); McCarthy: Trademarks, Vol.1, § 3:2-§ 3:5, S.105ff.; Kane: Trademark, Ch.1, S.8ff.; Bell & Howell: Mamiya Co. v. Masel Supply Co., 215 USPQ 870, 876 (E.D. N.Y. 1982); In the Matter of Certain Alkaline Batteries, 225 USPQ

nach § 45 Lanham Act[30] zur Kennzeichnung und Unterscheidung (identification) von Waren,[31] weisen auf die Herkunft (source) von Waren hin,[32] sollen dazu dienen, eine vom Verbraucher mit der Marke verbundene gleichbleibende Qualität (quality) der Waren zu signalisieren,[33] und haben außerdem eine wichtige Funktion für die Werbung (advertising).[34] Neben der Herkunftsfunktion ist also auch die Qualitätsfunktion eine rechtlich geschützte Funktion.[35]

Marken werden als Symbole des Goodwills angesehen,[36] weil sie für die Kaufentscheidung der Verbraucher und für den Geschäftserfolg des Markeninhabers von erheblicher Bedeutung sind.[37]

823, 829 (ITC 1984); siehe auch Gilson: Trademark, § 1.03, S.1-14.

30 § 45 Lanham Act = 15 U.S.C. § 1127 i.d.F. des Trademark Law Revision Act of 1988, abgedr. in der Gesetzgebungsbeilage von 28 Ind.Prop. No.4 (April 1989): USA, Text 3-001, 1, 22.

31 Siehe hierzu Hanover Star Milling Co. v. D.D. Metcalf, 36 S.Ct. 357, 360 (1916); R.G. Smith, doing business under the name and style of Ta'Ron, Inc., v. Chanel, Inc., 402 F.2d 562, 566 (9th Cir. 1968).

32 Siehe hierzu Hanover Star Milling Co. v. D.D. Metcalf, 36 S.Ct. 357, 360 (1916); Scandia Down Corp. v. Euroquilt, Inc., 227 USPQ 138, 142 (7th Cir. 1985), cert. denied, 106A S.Ct. 1801 (1986); siehe auch Gilson: Trademark, § 1.03[1], S.1-18 - 1-19.

33 Siehe hierzu Scandia Down Corp. v. Euroquilt, Inc., 227 USPQ 138, 142 (7th Cir. 1985), cert. denied, 106A S.Ct. 1801 (1986); siehe auch Dawn Donut Co., Inc., v. Hart's Food Stores, Inc., 267 F.2d 358, 367 (2d Cir. 1959).

34 Northam Warren Corp. v. Universal Cosmetic Co., 18 F.2d 774, 774-775 (7th Cir. 1927); siehe auch Mishawaka Rubber & Woolen MFG. Co. v. S.S. Kresge Co., 62 S.Ct. 1022, 1024 (1942).

35 McCarthy: Trademarks, Vol.1, § 3:4, S.114; Henning-Bodewig: Qualitätsfunktion, GRUR Int. 1985, 445ff., 447f.

36 Hanover Star Milling Co. v. D.D. Metcalf, 36 S.Ct. 357, 361 (1916); Scandia Down Corp. v. Euroquilt, Inc., 227 USPQ 138, 142 (7th Cir. 1985), cert. denied, 106A S.Ct. 1801 (1986); Callmann: Grundlagen, GRUR Int. 1969, 29ff., 29; Coggio/Gordon/Coruzzi: History, 75 TMR 433, 437 (1985); McCarthy: Trademarks, Vol.1, § 2:7, S.69; Kane: Trademark, Ch.1, S.10f.

37 Mishawaka Rubber & Woolen MFG. Co. v. S. S. Kresge Co.,

Das Markenrecht dient deshalb dazu, den Goodwill des Markeninhabers vor Eingriffen Dritter und die Fähigkeit der Verbraucher, zwischen konkurrierenden Produkten zu unterscheiden, zu schützen.[38]

Gemessen an diesen Kriterien begeht ein Händler, der Markenware, die der amerikanische Markeninhaber in den USA in den Verkehr gebracht hat, durch den Weitervertrieb keine Markenverletzung.[39]
Läßt ein amerikanischer Markeninhaber seine Ware von Dritten im Ausland produzieren, nimmt er jedoch eine Lieferung aber wegen Verspätung nicht an und wird die gekennzeichnete Ware dann von dem Auftragnehmer abgesetzt,[40] sehen darin einige Gerichte auch keine Markenverletzung, weil die Ware vom Markeninhaber in Auftrag gegeben worden war und es sich deshalb um Originalware handele.[41] Ein Gericht vertrat die entgegengesetzte Ansicht, weil dem Markeninhaber vor dem Inver-

---

62 S.Ct. 1022, 1024 (1942); Scandia Down Corp. v. Euroquilt, Inc., 227 USPQ 138, 142 (7th Cir. 1985), cert. denied, 106A S.Ct. 1801 (1986).

38 Park 'N Fly, Inc., v. Dollar Park and Fly, Inc., 105 S.Ct. 658, 663 (1985); In the Matter of Certain Alkaline Batteries, 225 USPQ 823, 829-830 (ITC 1984); siehe auch Bell & Howell: Mamiya Co. v. Masel Supply Co., 215 USPQ 870, 876 (E.D. N.Y. 1982); Prestonettes, Inc., v. Coty, 44 S.Ct. 350 (1924); Champion Spark Plug Co. v. Sanders, 67 S.Ct. 1136, 1138 (1947); Coggio/Gordon/Coruzzi: History, 75 TMR 433, 437 (1985); Hiebert: Importation, 35 Maine L.Rev. 315, 322 (1983); Kane: Trademark, Ch.1, S.11f.; Gilson: Trademark, § 1.03[4], S.1-25 - 1-26.

39 Trail Chevrolet, Inc., v. General Motors Corp., 381 F.2d 353, 354 (5th Cir. 1967); McCarthy: Trademarks, Vol.2, § 25.11, S.260f.; siehe auch Stern: Imports, [1980] EIPR 285, 286; Sasson Jeans, Inc., v. Sasson Jeans, L.A., Inc., 229 USPQ 834, 836 (S.D. N.Y. 1986); Alfred Dunhill Ltd. v. Interstate Cigar Co., Inc., 177 USPQ 346, 349 (S.D. N.Y. 1973).

40 Siehe zu dieser Konstellation Coggio/Gordon/Coruzzi: History, 75 TMR 433, 465-468 (1985).

41 Monte Carlo Shirt, Inc., v. Daewoo Int. (America) Corp., 219 USPQ 594, 596-597 (9th Cir. 1983); EL GRECO Leather Products Co., Inc., v. Shoe World, Inc., 224 USPQ 921, 930-931 (E.D. N.Y. 1984).

kehrbringen der Ware das Recht zur Kontrolle der Qualität zustehe.[42]

Identische, aus dem Ausland parallelimportierte Waren sollen aber zumindest in bestimmten Konstellationen die Wahrscheinlichkeit einer Irreführung der Verbraucher hervorrufen, eine Schädigung des Goodwill verursachen und damit eine Markenverletzung darstellen können.

Eine relevante Irreführung beziehe sich nicht nur auf die Ursprungsquelle (source of origin), weil der Kongreß 1962 am Ende von § 32(1)(a) Lanham Act nach den Worten "... is likely to cause confusion, or to cause mistake, or to deceive" die Worte "purchasers as to the source of origin of such goods or services" gestrichen hat.[43]
Deshalb liege auch bei der Irreführung der Verbraucher über die Identität des Unternehmens, das "hinter den Waren steht" und ihre Qualität sichert (likelihood of confusion as to the source, origin or sponsorship), eine Markenverletzung vor.[44]
Das so verstandene Erfordernis der Irreführung der Verbraucher setzt voraus, daß sich der inländische Markeninhaber einen eigenen, vom ausländischen Hersteller getrennten und

42 EL GRECO Leather Products Co., Inc., v. Shoe World, Inc., 1 USPQ 2d 1016, 1017-1018 (2d Cir. 1986), cert. denied 108 S.Ct. 71 (1987).

43 Bell & Howell: Mamiya Co. v. Masel Supply Co., 215 USPQ 870, 877 (E.D. N.Y. 1982); Osawa & Co. v. B & H Photo, 223 USPQ 124, 132 (S.D. N.Y. 1984); Weil Ceramics & Glass, Inc., v. Dash, 227 USPQ 737, 740 (D. N.J. 1985); NEC Electronics, Inc., v. Cal Circuit ABCO, Inc., 231 USPQ 956, 961 (C.D. Cal. 1986).

44 Bell & Howell: Mamiya Co. v. Masel Supply Co., 215 USPQ 870, 877 (E.D. N.Y. 1982); Monte Carlo Shirt, Inc., v. Daewoo Int. (America) Corp., 219 USPQ 594, 597 (9th Cir. 1983); Weil Ceramics & Glass, Inc., v. Dash, 227 USPQ 737, 740 (D. N.J. 1985); Disenos Artisticos E Industriales SA v. Edward Work, 676 F.Supp. 1254, 1268-1269 (E.D. N.Y. 1987); NEC Electronics, Inc., v. Cal Circuit ABCO, Inc., 231 USPQ 956, 961 (C.D. Cal. 1986); Kane: Trademark, Ch.1, S.12.

unabhängigen Goodwill (separate, factually independent/ distinct goodwill) geschaffen hat.[45]
Ein eigenständiger Goodwill kann sich daraus ergeben, daß der amerikanische Markeninhaber eine Garantie gewährt, einen Reparaturservice eingerichtet hat und Werbung für die Waren betreibt.[46] Ein damit aufgebauter Goodwill hängt damit auch von der Art der Waren ab.[47]
Wenn Beschaffenheitsunterschiede bestehen,[48] sei die Wahrscheinlichkeit der Irreführung der Verbraucher zu bejahen, weil durch den Vertrieb der ausländischen, anders beschaffenen Waren der Goodwill des inländischen Markeninhabers geschädigt wird.[49]
Hat der amerikanische Markeninhaber einen unabhängigen Goodwill, dann gelte das Territorialitätsprinzip (principle of territoriality) und ansonsten komme die Erschöpfungslehre (exhaustion doctrine) zur Anwendung.[50]

Eine Irreführung der Verbraucher soll auch nicht dadurch ausgeschlossen werden können, daß die parallelimportierte Ware mit einer klarstellenden Aufschrift (disclaimer)[51] ver-

---

45 Osawa & Co. v. B. & H. Photo, 223 USPQ 124, 132 (S.D. N.Y. 1984); Weil Ceramics & Glass, Inc., v. Dash, 227 USPQ 737, 744 (D. N.J. 1985).
46 Bell & Howell: Mamiya Co. v. Masel Supply Co., 215 USPQ 870, 883-884 (E.D. N.Y. 1982); Selchow & Righter Co. v. Goldex Corp., 225 USPQ 815, 822 (S.D. Fla 1985).
47 Siehe hierzu Lipner: Gray Market, 77 TMR 77, 97-98 (1987).
48 Siehe zu dieser Konstellation Palladino: Grey Market, 79 TMR 158, 161-163 (1989).
49 Selchow & Righter Co. v. Goldex Corp., 225 USPQ 815, 822 (S.D. Fla 1985); Original Appalachian Artworks, Inc., v. Granada Electronics, Inc., 2 USPQ 2d 1343, 1346-1347 (2d Cir. 1987), cert. denied 108 S.Ct. 143 (1987); siehe auch Bell & Howell: Mamiya Co. v. Masel Supply Co. Corp., 719 F.2d 42, 46 (2d Cir. 1983); DEP Corp. v. Interstate Cigar Co., Inc., 206 USPQ 673, 674, fn.1 (2d Cir. 1980).
50 Osawa & Co. v. B. & H. Photo, 223 USPQ 124, 132 (S.D. N.Y. 1984); Weil Ceramics & Glass, Inc., v. Dash, 227 USPQ 737, 744 (D. N.J. 1985).
51 Siehe hierzu allgemein Charles of the Ritz Group, Ltd., v. Quality King Distributors, Inc., 4 USPQ 2d 1778 (2d

sehen wird, daß mit dem amerikanischen Markeninhaber keine Verbindung bestehe[52] oder daß es sich nicht um die Ware des amerikanischen Markeninhabers handele.[53]
Andererseits könne durch eine Aufschrift aber auf das Fehlen einer Garantie hingewiesen werden.[54]

Bei konzernmäßiger Verflechtung, wenn also der US-amerikanische Markeninhaber nur Teil eines internationalen Konzerns ist,[55] ist eine Irreführung der Verbraucher mangels eines eigenen inländischen Goodwills ausgeschlossen.[56] In dieser Konstellation liegt meist nur ein globaler, dem Konzern zurechenbarer Goodwill vor.[57]
Es wird aber auch vertreten, daß § 32 Lanham Act nur in Konstellationen wie dem Katzel-Fall anwendbar sei.[58] Mit Blick auf die K Mart-Entscheidung hat ein Gericht mit dieser Be-

---

Cir. 1987) = GRUR Int. 1989, 159ff. - Opium.

52 Model Rectifier Corp. v. Takachiho International, Inc., 220 USPQ 508, 510 (C.D. Cal. 1982); siehe auch Reliance Electric Company v. Canova, doing business as Riverside Toledo Scale, 180 USPQ 483, 485 (C.D. Cal. 1973); Stern: Imports, [1980] EIPR 285, 286; Horwitz: Goods, [1981] EIPR 286, 288; siehe aber auch Prestonettes, Inc., v. Coty 44 S.Ct. 350, 351 (1924).

53 In the Matter of Certain Alkaline Batteries, 225 USPQ 823, 840 (ITC 1984); Palladino: Grey Market, 79 TMR 158, 199 (1989); Miller: Gray Market, 76 TMR 363, 387 (1986).

54 Bell & Howell: Mamiya Co. v. Masel Supply Co. Corp., 719 F.2d 42, 46 (2d Cir. 1983).

55 Siehe zu dieser Konstellation Coggio/Gordon/Coruzzi: History, 75 TMR 433, 463-465 (1985).

56 Bell & Howell: Mamiya Co. v. Masel Supply Co. Corp., 719 F.2d 42, 46 (2d Cir. 1983); Parfums Stern, Inc., v. U.S. Customs Services, 223 USPQ 7, 10 (S.D. Fla 1983); Weil Ceramics & Glass, Inc., v. Dash, [1989] EIPR D-170 (3d Cir. 1989); NEC Electronics v. CAL Circuit Abco, 1 USPQ 2d 2056, 2059 (9th Cir. 1987); Yamaha Corp. of America v. ABC International Traders Corp., [1989] EIPR D-52 (C.D. Cal. 1988); a.A. In the Matter of Certain Alkaline Batteries, 225 USPQ 823, 826, 833-837 (ITC 1984); NEC Electronics v. Cal Circuit ABCO, 231 USPQ 956, 961 (C.D. Cal. 1986).

57 Siehe hierzu Lipner: Gray Market, 77 TMR 77, 96-97 (1987).

58 NEC Electronics v. CAL Circuit Abco, 1 USPQ 2d 2056, 2059 (9th Cir. 1987).

gründung bereits die Anwendung von § 32 Lanham Act abgelehnt.[59]

Soweit es sich bei dem inländischen Markeninhaber um einen Lizenznehmer und autorisierten Alleinimporteur des ausländischen Herstellers handelt, der dessen im Ausland produzierte Waren im Inland vertreibt,[60] kann das Bestehen eines eigenständigen Goodwill zu einer Irreführung führen.[61] Das Gleiche muß auch im umgekehrten Fall gelten.
Zum Teil argumentierten die Gerichte auch damit, daß sogar dem ausländischen Partner vertraglich der Import der Ware in die USA untersagt gewesen sei.[62]

2. § 42 Lanham Act

Nach § 42 Lanham Act darf kein Artikel von importierter Ware, der ein eingetragenes Warenzeichen nachahmen oder dem ähnlich sein könnte (... which shall copy or simulate a trademark ...), Einlaß bei einem Zollamt der Vereinigten Staaten von Amerika finden.
§ 42 Lanham Act ist insoweit die identische Nachfolgevorschrift von § 27 Trademark Act 1905, die der Supreme Court im Katzel-Fall angewandt hat.

---

59 Weil Ceramics & Glass, Inc., v. Dash, [1989] EIPR D-170 (3d Cir. 1989).

60 Siehe zu dieser Konstellation Coggio/Gordon/Coruzzi: History, 75 TMR 433, 456-463 (1985).

61 Model Rectifier Corp. v. Takachiho International, Inc., 220 USPQ 508, 510 (C.D. Cal. 1982); Model Rectifier Corp. v. Takachiho International, Inc., 221 USPQ 502, 503 (9th Cir. 1983); Osawa & Co. v. B. & H. Photo, 223 USPQ 124, 132 (S.D. N.Y. 1984); Selchow & Righter Co. v. Goldex Corp., 225 USPQ 815, 818 (S.D. Fla 1985); Weil Ceramics & Glass, Inc., v. Dash, 227 USPQ 737, 744 (D. N.J. 1985); siehe auch Duracell, Inc., v. Global Imports, Inc., [1990] EIPR D-31.

62 Selchow & Righter Co. v. Goldex Corp., 225 USPQ 815, 822 (S.D. Fla 1985); Original Appalachian Artworks, Inc., v. Granada Electronics, Inc., 231 USPQ 221, 224 (S.D. N.Y. 1986).

Auch bei § 42 Lanham Act wird teilweise mit dem Vorliegen einer Irreführung der Verbraucher[63] und dem Bestehen eines eigenständigen Goodwills argumentiert.[64]
Daneben wird aber auch auf eine Formulierung des Supreme Court im Katzel-Fall[65] abgehoben, daß die Marke von Gesetzes wegen anzeige (... indicates in law ...), daß die Ware vom inländischen Markeninhaber stamme,[66] was einen Verzicht auf das Vorliegen weiterer Voraussetzungen darstellen könnte.

Nach einer Ansicht greife § 42 Lanham Act, wenn nicht die Situation des Katzel-Falles vorliege, nur ein, wenn eine Marke nachgeahmt werde oder eine täuschend ähnliche Marke gebraucht wird (copy or simulate).[67] Mit Blick auf die K Mart-Entscheidung hat ein Gericht mit dieser Begründung bereits die Anwendung von § 42 Lanham Act abgelehnt.[68]
Nach anderer Ansicht kommt es auf die Beziehung zwischen inländischem und ausländischem Markeninhaber nicht an,[69] so daß § 42 Lanham Act auch bei Konzernware anwendbar ist. Ein-

63 Siehe Gilson: Trademark, § 4.05, S.4-39.

64 Bell & Howell: Mamiya Co. v. Masel Supply Co. Corp., 719 F.2d 42, 46 (2d Cir. 1983); Weil Ceramics & Glass, Inc., v. Dash, 227 USPQ 737, 748 (D. N.J. 1985); International Armament Corp. v. Matra Manurhin International, Inc., 229 USPQ 450, 453-455 (E.D. Va 1986); Jander/Nürnberger: Grey Market, RIW 1986, 325ff., 330.

65 A. Bourjois & Co., Inc., v. Katzel, 43 S.Ct. 244, 245 (1923), rev'g 275 F. 539 (2d Cir. 1921).

66 Siehe hierzu Bell & Howell: Mamiya Co. v. Masel Supply Co., 215 USPQ 870, 883 (E.D. N.Y. 1982).

67 Coalition to Preserve the Integrity of American Trademarks v. U.S., 224 USPQ 701, 704 (D. D.C. 1984); American Honda v. Carolina Autosports Leasing and Sales, 645 F.Supp. 863, 866 (W.D. N.C. 1986); Olympus Corp. v. U.S., 230 USPQ 123, 127-128 (2d Cir. 1986); Disenos Artisticos E Industriales SA v. Work, 676 F.Supp. 1254, 1271 (E.D. N.Y. 1987); Lever Brothers v. U.S., 1 USPQ 2d 1820, 1823 (D. D.C. 1987); NEC Electronics v. CAL Circuit Abco, 1 USPQ 2d 2056, 2059 (9th Cir. 1987); Staaf: Gray Market, 19 U.Miami Inter-Am.L.Rev. 37, 39 (1987).

68 Weil Ceramics & Glass, Inc., v. Dash, [1989] EIPR D-170 (3d Cir. 1989).

69 In the Matter of Certain Alkaline Batteries, 225 USPQ 823, 833 (ITC 1984).

schränkend wird auch vertreten, daß dies nur dann gelte, wenn Beschaffenheitsunterschiede bestehen.[70]

3. § 526(c) Tariff Act

§ 526 Tariff Act ist nicht ausschließlich eine zollrechtliche Vorschrift. Vielmehr bestimmt § 526(c) Tariff Act, daß keine Person innerhalb der Vereinigten Staaten von Amerika mit solchen Waren handeln darf, deren Import nach § 526(a) Tariff Act rechtswidrig ist.
Im Gegensatz zu § 42 Lanham Act gewährt § 526 Tariff Act nur amerikanischen eingetragenen Markeninhabern, nicht aber ausländischen eingetragenen Markeninhabern Schutz.[71]

Dabei wird auch hier mit den Kriterien, ob parallelimportierte Waren zu der Wahrscheinlichkeit einer Irreführung der Verbraucher führen[72] und ob ein eigenständiger Goodwill besteht, gearbeitet.[73]
Daneben wird dahingehend argumentiert, daß § 526 Tariff Act keine Markenverletzung im üblichen Sinne voraussetze, weil ansonsten § 526 Tariff Act neben § 42 Lanham Act überflüssig sei und weil § 526(c) Tariff Act vorschreibe, daß derjenige, der mit der Ware handelt, für den gleichen Schadensersatz und Gewinn haftbar sei, wie es für den widerrechtlichen Gebrauch eines Warenzeichens vorgeschrieben sei.[74]

---

70 Lever Brothers v. U.S., [1989] EIPR D-170, D-171 (D.C. Cir. 1989).

71 Coggio/Gordon/Coruzzi: History, 75 TMR 433, 438, fn.26 (1985); Horwitz: Importation, [1981] EIPR 286, 286; Palladino: Grey Market, 79 TMR 158, 170 (1989).

72 Siehe Gilson: Trademark, § 4.05, S.4-39.

73 Weil Ceramics & Glass, Inc., v. Dash, 227 USPQ 737, 748 (D. N.J. 1985); International Armament Corp. v. Matra Manurhin International, Inc., 229 USPQ 450, 453-455 (E.D. Va 1986); Premier Dental Products Co. v. Darby Dental Supply Co., Inc., 230 USPQ 233, 239 (3d Cir. 1986); Schwartz: Vorgehen, GRUR Int. 1986, 505ff., 510.

74 Vivitar Corp. v. U.S., 225 USPQ 990, 998 (C.A. F.C.

Einige Gerichte wollen § 526 Tariff Act nur bei der Konstellation eines inländischen Markeninhabers, der die Markenrechte von einem ausländischen Hersteller erworben hat (Katzel-Fall), anwenden.[75]
Andere Gerichte sehen eine Anwendung von § 526 Tariff Act bei allen Parallelimporten als möglich an.[76] Dies wird auch damit begründet, daß nach 48 U.S.C. § 1643[77] § 526 Tariff Act nicht anwendbar sein soll auf Importe von echter ausländischer Ware auf die Virgin Islands, aber anwendbar bleiben soll auf Importe solcher Ware von den Virgin Islands in die Vereinigten Staaten oder ihre Besitzungen. Wenn § 526 Tariff Act Originalwaren nicht erfassen würde, hätte es der Vorschrift des 48 U.S.C. § 1643 nicht bedurft.[78] Einschränkend ließe sich auch hier vertreten, daß dies nur dann gelte, wenn Beschaffenheitsunterschiede bestehen.[79]

In der Literatur wird vertreten, daß der Goodwill des amerikanischen Markeninhabers, der die Markenrechte von einem

---

1985); Jander/Nürnberger: Grey Market, RIW 1986, 325ff., 329.

75 EL GRECO Leather Products Co., Inc., v. Shoe World, Inc., 224 USPQ 921, 936 (E.D. N.Y. 1984); In the Matter of Certain Alkaline Batteries, 225 USPQ 823, 832 (ITC 1984); Vivitar Corp. v. U.S., 585 F.Supp. 1419 (CIT 1984) and 593 F.Supp. 420, 435 (CIT 1984) respectively; Olympus Corp. v. U.S., 227 USPQ 1003, 1010 (E.D. N.Y. 1985); Olympus Corp. v. U.S., 230 USPQ 123, 126 (2d Cir. 1986); Yamaha Corp. of America v. ABC International, [1989] EIPR D-52 (C.D. Cal. 1988).

76 Osawa & Co. v. B. & H. Photo, 223 USPQ 124, 133-134 (S.D. N.Y. 1984); Coalition to Preserve the Integrity of American Trademarks v. U.S., 229 USPQ 641, 649 (D.C. Cir. 1986); U.S. v. Eighty-Nine (89) Bottles of "Eau de Joy", 230 USPQ 775, 778 (9th Cir. 1986); Vivitar Corp. v. U.S., 225 USPQ 990, 998 (C.A.F.C. 1985), cert. denied 106 S.Ct. 791 (1986); Duracell, Inc., v. Global Imports, Inc., 4 USPQ 2d 1479, 1483 (S.D. N.Y. 1987).

77 48 U.S.C. § 1643 (1982), auszugsweise angeführt bei Palladino: Gray Market, 79 TMR 158, 203 (1989).

78 Weil Ceramics & Glass, Inc., v. Dash, 227 USPQ 737, 748 (D. N.J. 1985); U.S. v. Eighty-Nine (89) Bottles of "Eau de Joy", 230 USPQ 775, 778 (9th Cir. 1986).

79 Siehe hierzu Lever Brothers v. U.S., [1989] EIPR D-170, D-171 (D.C. Cir. 1989).

ausländischen Hersteller erworben hat und unabhängige Entscheidungen über den Markengebrauch trifft, gegen Parallelimporte zu schützen sei.[80]
Aufgrund der Anstrengungen, die amerikanische Markeninhaber in Form von Qualitätskontrollen, Kundendienst und Werbung[81] erbringen, wird teilweise auch ein weitergehender Schutz vor Parallelimporten gefordert. Graumarktimporteure erbrächten keine vergleichbaren Leistungen und profitierten nur von den Anstrengungen des Markeninhabers (free riding), wodurch der Verbraucher getäuscht und der Goodwill des Markeninhabers geschädigt werde.[82]
Aufgrund dieser Umstände und des weitreichenden Wortlauts von § 526 Tariff Act fielen alle Parallelimporte in den Anwendungsbereich dieser Vorschrift, auch wenn die Ware von ausländischen Konzernunternehmen stamme.[83]

Amerikanische Gerichte erörtern auch, ob die Benutzung des Markenrechts zur Verhinderung von Parallelimporten gegen die Antitrust-Gesetze verstößt.[84]
Im Jahre 1957 entschied ein amerikanisches Gericht auf Klage der US-amerikanischen Regierung, daß der US-amerikanische Teil eines internationalen Unternehmens nicht mit Hilfe von § 526 Tariff Act Parallelimporte verhindern könne. Ein solches Verhalten begründe vielmehr eine nach § 2 Sherman Act[85]

---

80 Hiebert: Importation, 35 Maine L.Rev. 315, 339 (1983).

81 Siehe hierzu Palladino: Grey Market, 79 TMR 158, 193-196 (1989); Miller: Gray Market, 76 TMR 363, 373-374 (1986).

82 Palladino: Grey Market, 79 TMR 158, 197 (1989); Miller: Gray Market, 76 TMR 363, 374-375 (1986); Jander/Nürnberger: Grey Market, RIW 1986, 325ff., 326.

83 Palladino: Grey Market, 79 TMR 158, 197, 205 (1989); Miller: Gray Market, 76 TMR 363, 381- 384 (1986); Gilson: Trademark, § 4.05, S.4-41; o.V.: Importation, 67 Yale L.J. 1110, 1130 (1957/58).

84 Siehe hierzu Coggio/Gordon/Coruzzi: History, 75 TMR 433, 493-494 (1985).

85 § 2 Sherman Act = 15 U.S.C. § 2, abgedr. bei Blechmann, in: Frankf.Komm., Ausland, USA, Rn.110, S.84, abgedr. in dt. Übersetzung bei Jander/Nürnberger: Grey Market, RIW 1986, 325ff., 330, Fn.30.

gesetzeswidrige Monopolisierung.[86]
Als die Klage vor dem Supreme Court anhängig war, nahm die US-amerikanische Regierung die Klage aber zurück.

Hinsichtlich der Verhinderung von Parallelimporten wird ein Verstoß gegen die Antitrust-Gesetze heute meist verneint, weil das natürliche Monopol, das ein Markeninhaber über sein Produkt habe, die Antitrust-Gesetze nicht verletze, wenn es nicht dazu benutzt wird, Kontrolle über den relevanten Markt zu erlangen,[87] und weil die Auswirkungen auf den intrabrand-Wettbewerb weniger wettbewerbsschädlich seien als Beschränkungen des interbrand- Wettbewerbs.[88]
Diese Einschätzung ist nicht zuletzt durch eine Entscheidung des Supreme Court aus dem Jahre 1977 beeinflußt, wonach vertikale, nicht preisbezogene Wettbewerbsbeschränkungen nach der rule of reason zu beurteilen sind und nicht nach § 1 Sherman Act[89] einem per se-Verbot unterfallen.[90]

86 U.S. v. Guerlain, Inc., 155 F.Supp. 77, 91 (S.D. N.Y. 1957) = GRUR Int. 1958, 48 - Guerlain, vac'd and rem'd 78 S.Ct. 285 (1958), dis'd 172 F.Supp. 107 (S.D. N.Y. 1959); in diesem Urteil wurde über folgende drei Klagen entschieden: U.S. v. Guerlain, Inc., U.S. v. Parfums Corday, Inc., und U.S. v. Lanvin Parfums, Inc.; siehe hierzu Coggio/Gordon/Coruzzi: History, 75 TMR 433, 451-452 (1985); Jander/Nürnberger: Grey Market, RIW 1986, 325ff., 330; o.V.: Importation, 67 Yale L.J. 1110 (1957/58); Stern: Imports, [1980] EIPR 285, 287.
87 Model Rectifier Corp. v. Takachiho International, Inc., 221 USPQ 502, 504 (9th Cir. 1983); siehe auch Trixler Brokerage Company v. Ralston Purina Company, 505 F.2d 1045, 1051 (9th Cir. 1974).
88 Siehe hierzu Coggio/Gordon/Coruzzi: History, 75 TMR 433, 493-494 (1985).
89 § 1 Sherman Act = 15 U.S.C. § 1, abgedr. bei Blechmann, in: Frankf.Komm., Ausland, USA, Rn.110, S.84.
90 Continental T.V., Inc., v. GTE Sylvania, Inc., 97A S.Ct. 2549, 2561-2562 (1977) = GRUR Int. 1978, 300ff., 303 - Sylvania; offengelassen in The White Motor Company v. U.S., 83 S.Ct. 696, 702 (1963) = GRUR Int. 1964, 97ff., 99 - White Motor; a.A. U.S. v. Arnold, Schwinn & Co. 87A S.Ct. 1856, 1867 (1967) = GRUR Int. 1967, 416ff., 419 - Schwinn; siehe hierzu Lipner: Gray Market, 77 TMR 77, 92-93 (1987); Miller: Gray Market, 76 TMR 363, 364-368 (1988); Roth: Änderung, RIW 1977, 605ff.; siehe auch Schmidt/Kirschner: Darstellung, WuW 1985, 781ff.; siehe

4. § 43 Lanham Act

Nach § 43(a) Lanham Act kann jede Person zivilrechtlich belangt werden, die auf oder im Zusammenhang mit Waren ein Zeichen, eine falsche Herkunftsangabe oder falsche oder irreführende Tatsachenangaben benutzt, die geeignet sind, Verwechselungen oder Irrtümer über das unternehmerische Herrschaftsverhältnis, die Verbindung oder die Beziehung einer solchen Person mit einer anderen oder über die Herkunft, Bürgschaft oder Zustimmung zu ihren Waren hervorzurufen.
Nach § 43(b) Lanham Act sind die Zollbehörden verpflichtet, Waren, die § 43(a) Lanham Act verletzen, nicht in die Vereinigten Staaten von Amerika importieren zu lassen.
Im Gegensatz zu § 32 und § 42 Lanham Act und § 526 Tariff Act kommt es bei § 43 Lanham Act nicht auf die Eintragung der Marke an,[91] so daß sich auch ein autorisierter Markenbenutzer darauf berufen kann, der von einem ausländischen Hersteller und eingetragenen Markeninhaber das ausschließliche Recht zum Import der Ware erhalten hat.[92]

Diese Vorschrift setzt die Wahrscheinlichkeit einer Irreführung der Verbraucher über die Herkunft der Ware voraus,[93] was seit einer Gesetzesänderung im Jahre 1988 ausdrücklich

---

zum amerikanischen Antitrust-Recht Buxbaum: Enforcement, WuW 1989, 577ff.; Thümmel: Regelungen, RIW 1989, 171ff.; Toepke: Per se Verbot, WuW 1990, 563ff.

91 Quabaug Rubber Co. v. Fabiano Shoe, Inc., 567 F.2d 154, 160 (1st Cir. 1977); Coggio/Gordon/Coruzzi: History, 75 TMR 433, 439-440 (1985); Palladino: Grey Market, 79 TMR 158, 160 (1989).

92 Siehe zu dieser Konstellation Coggio/Gordon/Coruzzi: History, 75 TMR 433, 439-440 (1985).

93 Quabaug Rubber Co. v. Fabiano Shoe, Inc., 567 F.2d 154, 160 (1st Cir. 1977); Diamond Supply Co. v. Prudential Paper Products Co., Inc., 223 USPQ 869, 873 (S.D. N.Y. 1984); EL GRECO Leather Products Co., Inc., v. Shoe World, Inc., 224 USPQ 921, 928 (E.D. N.Y. 1984); die Gerichtsentscheidungen ergingen zu § 43(a) Lanham Act i.d.F. bis zur Änderung durch den Trademark Law Revision Act of 1988, abgedr. in der Gesetzgebungsbeilage von 24 Ind.Prop. (July/August 1985): USA, Text 3-001, 1, 18,

in der Vorschrift aufgeführt wird.[94]
Wenn es sich um Originalware handelt, schließt dies in der Regel die Anwendbarkeit von § 43 Lanham Act aus.[95] Bei Beschaffenheitsunterschieden von parallelimportierter Ware kann aber ein Anspruch aus § 43 Lanham Act gegeben sein.[96]
Ansonsten sei § 43 Lanham Act nur in Konstellationen wie im Katzel-Fall anwendbar,[97] greife jedoch nicht in Fällen konzernmäßiger Verflechtung ein.[98]

§ 43(a) Lanham Act ist aber verletzt, wenn der unzutreffende Eindruck erweckt wird, auf die parallelimportierte Ware werde eine Herstellergarantie gewährt.
Dieser Umstand gewähre jedoch keinen vollen Anspruch auf Unterlassung des Warenvertriebs, sondern nur einen Anspruch darauf, daß auf das Fehlen der Garantie hingewiesen wird.[99]

5. Sonstige rechtliche Ansatzpunkte

Neben den erläuterten Vorschriften erörtern die Gerichte am Rande auch, ob Parallelimporte gegen common law, gegen § 337

---

abgedr. in dt. Übersetzung in Bl.f.PMZ 1949, 164ff., 172.

94 Siehe zu § 43(a) Lanham Act i.d.F. des Trademark Law Revision Act of 1988 Driscoll: The "New" 43(a), 79 TMR 238 (1989); Thompson: Consumer, 79 TMR 341 (1989).

95 Diamond Supply Co. v. Prudential Paper Products Co., Inc., 223 USPQ 869, 873 (S.D. N.Y. 1984); siehe auch Alfred Dunhill Ltd. v. Interstate Cigar Co., Inc., 183 USPQ 193, 196-197 (2d Cir. 1974); Ballet Makers, Inc., v. The United States Shoe Corp., 230 USPQ 247, 251-252 (S.D. N.Y. 1986).

96 Dial Corp. v. Encina Corp., 643 F.Supp. 951, 955 (S.D. Fla 1986).

97 NEC Electronics v. CAL Circuit Abco, 1 USPQ 2d 2056, 2059 (9th Cir. 1987).

98 American Honda v. Carolina Autosports Leasing and Sales, 645 F.Supp. 863, 866-867 (W.D. N.C. 1986).

99 Normann M. Morris Corp. v. Weinstein, 175 USPQ 130, 134 (5th Cir. 1972); Seiko Time Corp. v. Alexander's, Inc., 218 USPQ 560, 566-567 (S.D. N.Y. 1982).

Tariff Act oder Anti-Dilution Statutes verstoßen.[100]

Ein Anspruch nach commom law der Teilstaaten wegen Markenverletzung (common law trademark infringement) setzt ebenfalls die Wahrscheinlichkeit einer Irreführung der Verbraucher voraus, was wie bei § 32 Lanham Act zu beurteilen ist.[101]

Nach einer Entscheidung der International Trade Commission könne auch bei konzernmäßiger Verflechtung der Parallelimport von Originalware wegen Verstoßes gegen § 32, § 42 und § 43 Lanham Act nach § 337 Tariff Act unterbunden werden.[102] Nach dieser Vorschrift sind unlautere Handlungen bei Importen ungesetzlich, wenn sie geeignet sind, der inländischen Wirtschaft erheblichen Schaden zuzufügen. Seit einer Gesetzesänderung im Jahre 1988 wird ohne Nachweis einer derartigen Beeinträchtigung der Import markenrechtsverletzender Waren als ungesetzlich bezeichnet.[103]
Die Entscheidung der International Trade Commission wurde aber vom Präsidenten der USA wegen Unvereinbarkeit mit den Ausführungsvorschriften der Zollbehörden aufgehoben.[104]

---

100 Siehe zu weiteren, nicht markenrechtlichen Ansatzpunkten zur Verhinderung von Parallelimporten Coggio/ Gordon/Coruzzi: History, 75 TMR 433, 486-493 (1985).

101 Monte Carlo Shirt, Inc., v. Daewoo Int. (America) Corp, 219 USPQ 594, 597 (9th Cir. 1983); Selchow & Righter Co. v. Goldex Corp., 225 USPQ 815, 818 (S.D. Fla 1985); Coggio/ Gordon/Coruzzi; History, 75 TMR 433, 440-441 (1985); McCarthy: Trademarks, Vol.2, § 23:1, S.42f.; Kane: Trademark, Ch.7, S.117.

102 In the Matter of Certain Alkaline Batteries, 225 USPQ 823, 826 (ITC 1984); diese Entscheidung erging noch zu § 337(a) Tariff Act i.d.F. bis zur Änderung durch den Omnibus Trade and Competitiveness Act of 1988, abgedr. bei Schwendemann/Schill/Brunsvold: Schutz, GRUR Int. 1983, 721ff., 722, abgedr. in dt. Übersetzung bei Schwartz: Vorgehen, GRUR Int. 1986, 505ff., 506.

103 Siehe zu § 337(a) Tariff Act i.d.F. des Omnibus Trade and Competitiveness Act of 1988 Burchfield: Bestimmungen, GRUR Int. 1990, 179ff., 186; Lehat: Protection, [1989] EIPR 262, 262; Schaumberg: Änderungen, RIW 1989, 355ff., 356f.

104 In the Matter of Certain Alkaline Batteries, 225 USPQ

Einen Verstoß gegen Anti-Dilution Statutes[105] der Teilstaaten verneinen die amerikanischen Gerichte bei Parallelimporten.[106]

6. Neue Gesetzesvorschläge

Nach einem Gesetzesvorschlag von Senator Hatch[107] soll der Lanham Act um einen § 51 ergänzt werden.

Nach § 51(a) soll niemand im Ausland hergestellte Waren importieren und vertreiben dürfen, wenn diese eine Marke tragen, die mit einer eingetragenen Marke identisch ist, die einem amerikanischen Unternehmen gehört. Dieses Verbot soll nach § 51(b) unabhängig davon anwendbar sein, ob der ausländische Hersteller oder Markeninhaber mit dem inländischen Markeninhaber konzernmäßig oder in sonstiger Weise verbunden ist, ob der inländische Markeninhaber zugleich der ausländische Markeninhaber ist, oder ob er dem Gebrauch der Marke im Ausland zugestimmt hat.

Dieser Gesetzesvorschlag ist aber aus inhaltlichen und gesetzestechnischen Gründen abzulehnen, weil er sich vollkom-

---

862 (President of the U.S.A. 1985).

105 Siehe etwa § 368-d N.Y.Gen.Bus.Laws, abgedr. in: Kane: Trademark, Ch.7, S.141; eine Auflistung der in Kraft befindlichen Anti-Dilution Statutes ist abgedruckt bei Driscoll: The "New" 43(a), 79 TMR 238, 245, fn.31 (1989); siehe hierzu McCarthy: Trademarks, Vol.2, § 24:13-§ 24:16, S.212ff.; Kane: Trademark, Ch.7, S.140ff.

106 EL GRECO Leather Products Co., Inc., v. Shoe World, Inc., 224 USPQ 921, 932 (E.D. N.Y. 1984); Yamaha Corp. of America v. ABC International Traders Corp., [1989] EIPR D-52 (C.D. Cal. 1988).

107 Senate Bill S.2903 amending Lanham Act to prohibit gray market imports, auch bezeichnet als "Trademark Protection Act of 1988", eingebracht von Senator Hatch am 6.7.1988, abgedr. bei Palladino: Grey Market, 79 TMR 158, 209-211 (1989); ähnlich auch Senate Bill S.626 amending Lanham Act to prohibit gray market imports, auch bezeichnet als "Trademark Protection Act of 1989", eingebracht von Senator Hatch am 16.3.1989, laut Warlick IV: Perpetuation, 39 Emory L.J. 347, 402, fn.229 (1990).

men vom Schutzzweck des Markenrechts entfernt und allein den Schutz von inländischer Industrie und Handel durch eine Abschottung des amerikanischen Marktes anstrebt. Daneben erleichtert es die Rechtsanwendung nicht, wenn neben die bereits vorhandenen Vorschriften eine weitere gesetzt wird, anstatt mit einer einzigen Vorschrift die Parallelimportproblematik eindeutig zu regeln.

Nach einem Gesetzesvorschlag des Abgeordneten Chandler sollen die Ausführungsbestimmungen der Zollbehörden zu § 526 Tariff Act gesetzlich normiert werden.[108] Offen bliebe aber dabei die Beurteilung von Parallelimporten nach den Vorschriften des Lanham Act.

IV. Das Verhältnis der K Mart-Entscheidung des Supreme Court zur markenrechtlichen Rechtsprechung der sonstigen Bundesgerichte

Obwohl die Prüfungsrichtung und die Begründung des Supreme Court im zollrechtlichen K Mart-Fall keinen engen Zusammenhang mit der markenrechtlichen Fragestellung aufweisen, bestätigt seine Entscheidung doch die soeben beschriebenen Grundlinien der markenrechtlichen Rechtsprechung, ohne aber die Beurteilung von Parallelimporten definitiv geklärt zu haben.

§ 526 Tariff Act erfaßt unstreitig den Katzel-Fall, was auch vom Supreme Court bestätigt worden ist.[109] Die Zulassung des

---

108 House of Representatives Bill H.R.771, eingebracht von dem Abgeordneten Chandler am 2.2.1989, laut Palladino: Gray Market, 79 TMR 158, 205, fn.161 (1989); ähnlich schon House of Representatives Bill H.R.4803, eingebracht von dem Abgeordneten Chandler am 14.6.1988, laut Warlick IV: Perpetuation, 39 Emory L.J. 347, 402, fn.231 (1990).

109 K Mart Corporation v. Cartier, Inc., 12 W.Comp. 1, 75, 79 (1988/89) = GRUR Int. 1989, 68ff., 70 - COPIAT.

Warenimports im umgekehrten Fall durch die Ausführungsvorschriften der Zollbehörden hat der Supreme Court nicht als zulässige Auslegung von § 526 Tariff Act angesehen.[110]
Bei diesen Fallkonstellationen kann es typischerweise auch zu einer Irreführung der Verbraucher kommen, weil hier in der Regel ein eigenständiger Goodwill des inländischen Markeninhabers besteht, so daß hier auch Ansprüche nach § 32 und § 42 Lanham Act möglich sind.
Wenn der Supreme Court bei Markenrechtsübertragungen nur den Ausschluß durch die Zollbehörden als rechtmäßig nach § 526(a) Tariff Act ansieht, dann dürfte es aber auch für den privatrechtlichen Anspruch aus § 526(c) Tariff Act nicht auf weitere Voraussetzungen, wie das Bestehen eines eigenständigen Goodwill und die Wahrscheinlichkeit von Irreführungen, ankommen.
Einen Anspruch des Markeninhabers gegen die Zollbehörden auf Nennung des Importeurs möglicherweise markenrechtsverletzender Importwaren lehnt die Rechtsprechung aber bisher ab.[111]

Hinsichtlich der Konstellation von Konzernunternehmen hat der Supreme Court die Ausführungsvorschriften der Zollbehörden, die den Import nicht behindern, als zulässige Auslegung von § 526 Tariff Act angesehen.[112]
In dieser Konstellation fehlt es typischerweise auch an einer Irreführung der Verbraucher im Sinne von § 32 und § 42 Lanham Act.
Da der Supreme Court bei Konzernverhältnissen den Einlaß durch die Zollbehörden als eine zulässige Auslegung von § 526(a) Tariff Act ansieht, könnte dies aber bedeuten, daß bei einem privatrechtlichen Anspruch nach § 526(c) Tariff Act auch gegenteilig entschieden werden könnte.

---

110 K Mart Corporation v. Cartier, Inc., 12 W.Comp. 1, 75, 79-80 (1988/89) = GRUR Int. 1989, 68ff., 70 - COPIAT.

111 Swank, Inc., v. Carnes, GRUR Int. 1989, 167 (11th Cir. 1988).

112 K Mart Corporation v. Cartier, Inc., 12 W.Comp. 1, 75, 79 (1988/89) = GRUR Int. 1989, 68ff., 70 - COPIAT.

So soll die Auslegung von § 526(a) Tariff Act durch die Zollbehörden auch nach Ansicht der Gerichte aus der Zeit vor der K Mart-Entscheidung des Supreme Court nicht die Reichweite des Schutzes nach § 526(a) Tariff Act begrenzen.[113] Dies gelte auch für § 42 Lanham Act.[114]
Es stellt sich dann aber die Frage, ob für den privatrechtlichen Anspruch aus § 526(c) Tariff Act dann weitere Voraussetzungen, wie das Bestehen eines eigenständigen Goodwill und die Wahrscheinlichkeit von Irreführungen, erforderlich sind.

Die Entscheidung des Supreme Court läßt damit viele Fragen zum Anwendungsbereich von § 526 Tariff Act offen.
Schließlich gibt die K Mart-Entscheidung auch keine Hinweise auf die Beurteilung von Parallelimporten nach den Vorschriften des Lanham Act.

---

113 Vivitar Corp. v. U.S., 225 USPQ 990, 1002-1004 (C.A. F.C. 1985); Weil Ceramics & Glass, Inc., v. Dash, 227 USPQ 737, 750 (D. N.J. 1985); Dial Corp. v. Encina Corp., 643 F.Supp. 951, 956 (S.D. Fla 1986); Olympus Corp. v. U.S., 230 USPQ 123, 127 (2d Cir. 1986); Disenos Artisticos E Industriales SA v. Work, 676 F.Supp. 1254, 1271-1272 (E.D. N.Y. 1987); Duracell, Inc., v. Global Imports, Inc., 4 USPQ 2d 1479, 1483 (S.D. N.Y. 1987); Lever Brothers v. U.S., 1 USPQ 2d 1820, 1821 (D. D.C. 1987); siehe auch Coggio/Gordon/Coruzzi: History, 75 TMR 433, 475 (1985).

114 Weil Ceramics & Glass, Inc., v. Dash, 227 USPQ 737, 750 (D. N.J. 1985).

9. Kapitel
Beurteilung des Parallelimports von Originalware in Japan

Nach Art.37 Ziff.5 des japanischen Handelsmarkengesetzes[1] gilt der Import von Gegenständen, die eine Wiedergabe einer eingetragenen Handelsmarke oder einer ähnlichen Handelsmarke zum Zwecke der Benutzung dieser Handelsmarke an den bezeichneten Waren oder an gleichartigen Waren tragen, als Markenrechtsverletzung. Die japanische Rechtsprechung sieht aber den Import von Originalware, nicht per se als Markenrechtsverletzung an.[2]

Das LG Osaka ging von dem gesetzlich niedergelegten Zweck des Handelsmarkengesetzes aus,[3] der nach dessen Art.1 die Aufrechterhaltung des geschäftlichten Ansehens von Markenbenutzern und den Schutz der Verbraucherinteressen umfaßt. Daran anknüpfend führte das LG Osaka aus, daß mit einer Marke eine bestimmte Vorstellung der Verbraucher über Herkunft und Qualität der gekennzeichneten Ware verbunden sei. Aus dem Verbraucherschutzzweck der Marke ergebe sich, daß die Herkunfts- und die Qualitätsfunktion rechtlich geschützte Funktionen der Marke seien. Die weitere, rechtlich geschützte Funktion der Marke sei der Schutz des Goodwill des Mar-

---

1 Gesetz Nr.127 vom 13.4.1959 i.d.F. des Gesetzes Nr.89 von 1978, abgedr. in engl. Übersetzung in der Gesetzgebungsbeilage von 20 Ind.Prop. No. 7/8 (July/August 1981): Japan, Text 3-001, S.1-26, abgedr. in dt. Übersetzung in Bl.f.PMZ 1984, 338-350; siehe zum japanischen Markenrecht Kakinuki: Protection, [1990] EIPR 6; Teruo Doi, in: Pinner, Nr.72, Japan, S.1ff.

2 LG Osaka, Urteil vom 27.2.1970 in der Sache M. C. Kabushiki Kaisha gegen Shriro Trading Co., Ltd., GRUR Int. 1971, 276ff., m. Anm. v. Kuwata, - Parker; LG Tokio, Urteil vom 7.12.1984 in der Sache La Chemise Lacoste u. Sanyo Seiko AG gegen Shinsei Boeki AG u. Miura GmbH, GRUR Int. 1986, 420ff., m. Anm. v. Kuwata, - Lacoste-Parallelimport; siehe auch Beier/v. Mühlendahl: Grundsatz, Mitt. 1980, 101ff., 107.

3 LG Osaka, GRUR Int. 1971, 276ff., 277 - Parker.

kenberechtigten, den sich dieser durch den Gebrauch der betreffenden Marke für die Ware erworben habe.[4]
Wenn ein Unternehmen, das als ausschließlicher Lizenznehmer und Alleinvertriebsberechtigter in Japan die im Ausland vom Markeninhaber mit einer berühmten Marke gekennzeichneten Waren vertreibt, werde durch einen Parallelimport der ebenfalls vom Markeninhaber oder von einem anderen Lizenznehmer des Markeninhabers hergestellten Waren die Herkunftsfunktion nicht beeinträchtigt, weil die Herkunft derartiger Waren grundsätzlich nicht die Vertriebsquelle im Inland, sondern die in diesem Fall im Ausland liegende Produktionsstätte sei.[5]
Wenn die parallelimportierten Waren die gleiche Qualität aufweisen oder sich vorhandene Qualitätsabweichungen im "zulässigen Bereich" halten, werde auch die Qualitätsfunktion nicht beeinträchtigt.[6]
Wenn der gute Ruf, den das auf dem inländischen Markt tätige Unternehmen genieße, mit dem guten Ruf der Waren auf dem Weltmarkt in untrennbarer Verbindung stehe, werde auch sein Goodwill durch parallelimportierte Waren nicht geschädigt.[7]
Nach dieser Rechtsprechung wird also bei Wahrung der Herkunfts- und der Qualitätsfunktion weder der Schutz der Verbraucher beeinträchtigt, noch der gute Ruf des auf dem inländischen Markt tätigen Unternehmens gefährdet, so daß ein Parallelimport von Originalware zulässig ist.[8]

---

4 LG Osaka, GRUR Int. 1971, 276ff., 277 - Parker; ebenso, aber ohne eingehende Herleitung, LG Tokio, GRUR Int. 1986, 420ff., 422 - Lacoste-Parallelimport.

5 LG Osaka, GRUR Int. 1971, 276ff., 277 - Parker; ebenso, aber ohne eingehende Herleitung, LG Tokio, GRUR Int. 1986, 420ff., 422 - Lacoste-Parallelimport.

6 LG Osaka, GRUR Int. 1971, 276ff., 277 - Parker; im Ergebnis ebenso LG Tokio, GRUR Int. 1986, 420ff., 422 - Lacoste-Parallelimport.

7 LG Osaka, GRUR Int. 1971, 276ff., 277 - Parker; im Ergebnis ebenso LG Tokio, GRUR Int. 1986, 420ff., 422 - Lacoste-Parallelimport.

8 LG Osaka, GRUR Int. 1971, 276ff., 277 - Parker; in der Sache bestätigt durch Berufungsentscheidung des OLG Osaka vom 6.8.1971, laut Kuwata: Bekanntmachung, GRUR Int. 1973, 74; zustimmend auch eine Stellungnahme der

Dies gilt auch dann, wenn der Parallelimport auf eine Vertragsverletzung eines Lizenznehmers zurückzuführen ist, weil für die markenrechtliche Beurteilung Zuwiderhandlungen gegen vertragliche Exportbeschränkungen nicht von Bedeutung sind.[9]

Auch die zollrechtlichen Bestimmungen in Japan stehen mit dieser Rechtsprechung in Einklang.
Art.21 Abs.1 Ziff.4 des japanischen Zolltarifgesetzes[10] verbietet die Einfuhr von Erzeugnissen, die ein inländisches Warenzeichen verletzen würden. Nach Abs.5 einer Bekanntmachung der japanischen Zollbehörden vom 25.8.1972[11] sind solche Erzeugnisse, die von einem ausländischen Händler in Verkehr gebracht worden sind, der mit dem inländischen Markeninhaber identisch oder gleichzusetzen ist, aber als das Warenzeichen nicht verletzende Originalwaren anzusehen, es sei denn, daß das inländische Warenzeichen in seinem Gebrauch als selbständig zu beurteilen ist. Dies sei der Fall, wenn die sich gegenüberstehenden Warenzeichen eine verschiedene Herkunft kennzeichnen oder eine verschiedene Qualität garantieren.

---

japanischen Fair Trade Commission vom 29.6.1972, laut Kuwata: Bekanntmachung, GRUR Int. 1973, 74; im Ergebnis ebenso LG Tokio, GRUR Int. 1986, 420ff., 422 - Lacoste-Parallelimport; a.A. noch LG Tokio in einem Beschluß vom 1.6.1964 (- Parker) und in einem Beschluß vom 22.12.1964 (- Nescafé), laut Kuwata: Anm. I, GRUR Int. 1971, 278f., 278.

9 LG Tokio, GRUR Int. 1986, 420ff., 422 - Lacoste-Parallelimport; Kuwata: Anm. II, GRUR Int. 1986, 422f., 423.

10 Sinngemäße Wiedergabe bei Kuwata: Bekanntmachung, GRUR Int. 1973, 74

11 Auszugsweise Übersetzung bei Kuwata: Bekanntmachung, GRUR Int. 1973, 74.

10. Kapitel
Schutz internationaler Vertriebs- und Preisbindungen gegen den Vertrieb gebundener Waren durch Außenseiter nach deutschem Recht

I. Ansätze in Rechtsprechung und Literatur zum Schutz von Vertriebs- und Preisbindungen

1. Der Schutz von Vertriebs- und Preisbindungen als wettbewerbsrechtliche Konkretisierung des Schutzes von Forderungsrechten gegen Dritte

a. Ausgangspunkt dieses Ansatzes

Für den lauterkeitsrechtlichen Schutz von Vertriebs-[1] und Preisbindungen[2] knüpfen Rechtsprechung und Literatur mit den

---

1 Siehe hierzu vor allem Baumbach/Hefermehl: Wettbewerbsrecht, § 1, Rn.789ff., S.666ff.; Beier: Schutz, GRUR 1987, 131ff.; Belz: Schutz, WRP 1990, 297ff.; Bunte: Bedeutung, GRUR 1987, 90ff.; Fezer: Vertriebsbindungssysteme, GRUR 1990, 551ff.; Hootz: Durchsetzung, BB 1984, 1648ff.; Kraßer: Schutz, S.260ff.; Kunath: Darlegungspflicht, GRUR 1988, 804ff.; Regelmann: Lückenlosigkeit, WRP 1989, 779ff.; Rowedder: Gedanken, in: FS f. Pfeiffer, S.751ff.; Sack: Probleme, ÖBl 1988, 113ff. und 145ff., 146ff.; Sack: Beurteilung, GRUR Int. 1988, 320ff., 335ff.; Schricker: Bemerkungen, GRUR 1976, 528ff.; Veelken: Probleme, RabelsZ 1986, 508ff.; siehe auch Emmerich, in: Immenga/Mestmäcker, § 18, Rn.279ff., S.560ff.; Fikentscher/Straub, in: Gem.Komm., § 18, Rn.348ff., S.175ff.; Gaedertz: Gedanken, WuW 1987, 476ff.; Heidmeier: Maßstäbe, S.216ff.; Kapp: Schleichbezug, WRP 1987, 71ff.; Lehmpfuhl: Vertriebsbindung, S.84ff.; Messer: Schutz, WRP 1977, 378ff.; Schütz: Strohmann-Bezug, GRUR 1986, 588ff.; Ulrich: Beweisführung, WRP 1986, 584ff., 585; Wagner: Fachhandelsbindung, S.208ff.; siehe aus der öst. und schweiz. Literatur die im 5. Kap. III.1., S.143, Fn.37 und die im 6. Kap. III.1., S.167, Fn.56 Genannten; siehe zu Vertriebsbindungen aus betriebswirtschaftlicher Sicht Ahlert: Bedeutung, WRP 1987, 215ff.; Ahlert: Einführung, in: Schwier: Probleme, S.2ff.

2 Siehe hierzu vor allem Baumbach/Hefermehl: Wettbewerbsrecht, § 1, Rn.709ff., S.368ff.; Harms: Lückenlosigkeit;

Fallgruppen Schleichbezug, Verleitung zum Vertragsbruch und Ausnutzung fremden Vertragsbruchs überwiegend an der Art und Weise des Warenbezugs durch Außenseiter an.[3] Dreh- und Angelpunkt ist dabei in der aktuellen Diskussion das Erfordernis der Lückenlosigkeit des Bindungssystems.
Aus dieser Sicht ist der lauterkeitsrechtliche Schutz von Vertriebs- und Preisbindungen ein Ausschnitt der Problematik des deliktsrechtlichen Schutzes von Forderungsrechten gegen Dritte.[4]

Teilweise werden die erwähnten Formen des Warenbezugs durch Außenseiter in der Rechtsprechung und der Literatur auch unter dem Blickwinkel eines Eingriffs in den eingerichteten und ausgeübten Gewerbebetrieb gemäß § 823 Abs.1 BGB gesehen.[5]

Kraßer: Schutz, S.182ff.; siehe auch Emmerich, in: Immenga/Mestmäcker, § 16, Rn.72ff., S.445ff.; Fikentscher/Krauß, in: Gem.Komm., § 16, Rn.177ff., S.77ff.; Knöpfle: Bedeutung, NJW 1969, 1001ff.; Knöpfle: Gewährleistung, NJW 1972, 1393ff.; Koenigs: Schutz, JuS 1965, 384ff.; Langen: Kommentar, § 16, Rn.72ff., S.445ff.; Lukes/Munk: Lückenhaftigkeit, DB 1973, 1107ff.; Markert: Preisbindung, BB 1973, 638ff.; siehe zu Buchpreisbindungen aus verfassungsrechtlicher Sicht Fezer: Verfassungsnähe, GRUR 1988, 185ff.

3 Siehe etwa BGH, GRUR 1964, 154ff., 157 - Trockenrasierer II; BGH, GRUR 1968, 272ff., 274f. - Trockenrasierer III; BGH, GRUR 1985, 1059ff, 1059 - Vertriebsbindung; BGH, GRUR 1989, 832ff., 833 - Schweizer Außenseiter; Baumbach/Hefermehl: Wettbewerbsrecht, § 1, Rn.761, S.656f., Rn.799, S.670f.; Kraßer: Schutz, S.191ff., 268ff.

4 Siehe hierzu aus der deutschen Literatur, jeweils mit Betrachtung ausländischer Rechtsordnungen, Kraßer: Schutz vertraglicher Rechte, S.289ff., 311ff.; Löwisch: Deliktsschutz, S.91ff., 138ff.; Rehbein: Verletzung, S.27ff., 238ff.; Bernitz: Eingreifen, GRUR Int. 1989, 799ff.; aus der österreichischen Literatur Koziol: Beeinträchtigung, S.159ff., 191ff.; aus der schweizerischen Literatur Eulau: Verleitung, S.84ff.; Schluep: Aspekte, in: Mélanges Voyame, S.241ff., 264f.; Zulliger: Eingriffe, S.158ff.; siehe auch 5. Kap. III.1., S.143ff. und 6. Kap. III.1., S.167ff.

5 Beier: Schutz, GRUR 1987, 131ff., 133; Kraßer: Schutz, S.236ff., 284ff.; Lehmpfuhl: Vertriebsbindungen, S.125ff.; Rowedder: Gedanken, in: FS f. Pfeiffer,

Soweit aber nur die lauterkeitsrechtlichen Überlegungen einschließlich des Lückenlosigkeitserfordernisses übernommen werden,[6] eröffnet der deliktsrechtliche Weg keinen weitergehenden Schutz. Insoweit tritt bei Wettbewerbsverstößen der deliktsrechtliche Unternehmensschutz wegen Subsidiarität gegenüber § 1 UWG zurück.[7]

Das Verhalten des Außenseiters stellt in aller Regel auch keinen Verstoß gegen ein Schutzgesetz i.S.v. § 823 Abs.2 BGB dar.
So läßt sich der Warenbezug des Außenseiters im Normalfall nicht als Hehlerei (§ 259 StGB) qualifizieren, weil der gebundene Händler, der den Außenseiter beliefert, bei seinem Warenbezug vom bindenden Unternehmen keine strafbare Handlung, etwa in Form eines Betruges (§ 263 StGB), begangen hat.[8]

S.751ff., 759; Wagner: Fachhandelsbindung, S.241f.

6 Kraßer: Schutz, S.248f., 284f.; Wagner: Fachhandelsbindung, S.241f.; OLG Düsseldorf, WuW/E OLG 660ff., 663; OLG Düsseldorf, GRUR 1965, 194ff., 195 - VAT 69; OLG Düsseldorf, WRP 1986, 150ff., 155f. - Selektives Vertriebsbindungssystem; OLG Köln, GRUR 1989, 275ff., 279 - Außenseitervertrieb.

7 BGH, GRUR 1988, 826ff., 827f. - Entfernung von Kontrollnummern II; BGH, GRUR 1989, 110ff., 111 - Synthesizer; Baumbach/Hefermehl: Wettbewerbsrecht, Allg., Rn.130, S.82.

8 Siehe hierzu OLG Stuttgart, NJW-RR 1987, 1120ff., 1121, das einen Anspruch aus § 1004, § 823 Abs.2 BGB i.V.m. § 259 StGB gegen den Außenseiter bejaht, ein wenn ein gebundener Händler bei Vorliegen einer wirksamen Vertriebsbindung beim Hersteller in betrügerischer Absicht i.S.v. § 263 StGB gegenüber Normalpackungen verbilligte Anstaltspackungen von Medikamenten bezieht, um sie entgegen der Verpflichtung nicht nur an Krankenhäuser, sondern auch an Apotheker zum Einzelverkauf zu veräußern und diese davon Kenntnis haben.

b. Probleme dieses Ansatzes bei internationalen Vertriebs- und Preisbindungen

Die Rechtverfolgung gegen Außenseiter wird durch die herrschende Meinung im Grundsatz dadurch erleichtert, daß es nicht des Nachweises eines konkreten Vertragsbruchs bedarf, sondern daß durch den Nachweis der Lückenlosigkeit des Bindungssystems auf einen Vertragsbruch geschlossen wird.
Da vertriebsbindende Unternehmen ihre Waren meistens weltweit vertreiben, stellt die Rechtsprechung aber hohe Anforderungen an den Nachweis der Lückenlosigkeit. Dies räumt der Bundesgerichtshof selbst ein.[9] Reimporte und Parallelimporte lassen sich deshalb häufig nicht verhindern und stellen so die Durchsetzbarkeit der Vertriebs- oder Preisbindung im Inland in Frage.

In erster Linie stellt sich die Frage, welches nationale Recht zur Anwendung kommt, wenn Bezugsmarkt und Absatzmarkt des Außenseiters auseinanderfallen, wenn also der Außenseiter sich die Ware im Ausland verschafft und im Inland veräußert.[10]
Diese Frage wird im Anschluß an die Darstellung der Fallgruppen des unlauteren Warenbezugs durch Außenseiter erörtert werden.[11]

Selbst bei Anwendbarkeit deutschen Rechts kann aber ausländisches Sachrecht von Bedeutung sein.[12]

9 BGH, GRUR 1988, 823ff., 825 - Entfernung von Kontrollnummern I; BGH, GRUR 1988, 826ff., 828 - Entfernung von Kontrollnummern II; BGH, GRUR 1989, 110ff., 112 - Synthesizer.

10 Siehe zum anwendbaren Recht bei Auseinanderfallen von Werbe- und Absatzmarkt Sack: Probleme, ÖBl 1988, 113ff. (und 145ff.), 113ff.; Sack: Beurteilung, GRUR Int. 1988, 320ff., 320ff.

11 Siehe 10. Kap. III.2., S.257ff.

12 Siehe zur Bedeutung ausländischen Sachrechts bei Auseinanderfallen von Werbe- und Absatzmarkt Sack: Probleme, ÖBl 1988, 113ff. (und 145ff.), 119ff.; Sack: Beurteilung, GRUR Int. 1988, 320ff., 331ff.

So kann es aus rechtlichen oder tatsächlichen Gründen im Ausland an einem Vertragsbruch fehlen, so daß der Warenbezug von Außenseitern dort ohne Ausnutzung fremden Vertragsbruchs erfolgt.
Auch wenn im Ausland die Ausnutzung fremden Vertragsbruchs selbst bei Hinzutreten weiterer Umstände nicht als unlauter angesehen wird, kann sich dies auf die Durchsetzbarkeit der Vertriebs- oder Preisbindung im Inland nachteilig auswirken. So kann nach Ansicht des Bundesgerichtshofs der Bezug gebundener Ware von einem ausländischen Außenseiter, der die Ware unter Ausnutzung fremden Vertragsbruchs, aber nach der für den Erwerbsakt maßgeblichen Rechtsordnung rechtmäßig erworben habe, im Inland nicht als wettbewerbswidrige Ausnutzung fremden Vertragsbruchs angesehen werden.[13]
Nach Ansicht des Bundesgerichtshofs ist letztlich auch die rechtliche Möglichkeit eines unmittelbaren Vorgehens gegen Außenseiter im Ausland erforderlich. Daran fehle es aber, wenn im Ausland die Ausnutzung fremden Vertragsbruchs als Ansatzpunkt eines Unlauterkeitsurteils ausscheide.[14]
Auch auf diese Problematik wird im Anschluß an die Darstellung der Fallgruppen des unlauteren Warenbezugs durch Außenseiter eingegangen werden.[15]

Da die Bezugsquelle des Außenseiters zumeist nicht bekannt ist, weisen inländische Außenseiter auf die beschriebenen Umstände im Ausland hin, selbst wenn sie die Waren im Inland unter Ausnutzung fremden Vertragsbruchs bezogen haben.
Die Erfolglosigkeit bei der Verhinderung von bindungsfreien Reimporten und Parallelimporten kann dann auch den inländischen gebundenen Händlern die Vertragseinhaltung unzumutbar machen, so daß schließlich ein Außenseiter die Waren auch im Inland ohne Ausnutzung fremden Vertragsbruchs beziehen kann.

---

13 BGH, GRUR 1989, 832ff., 833 - Schweizer Außenseiter.
14 BGH, GRUR 1989, 832ff., 834 - Schweizer Außenseiter.
15 Siehe 10. Kap. III.3., S.260ff.

Der lauterkeitsrechtliche Schutz von Vertriebs- und Preisbindungen steht so in starker Abhängigkeit von rechtlichen und tatsächlichen Umständen im Ausland.
In Frankreich, Österreich und der Schweiz werden demgegenüber keine Anforderungen aufgestellt, die zu einer derartig starken Abhängigkeit von rechtlichen und tatsächlichen Umständen im Ausland führen.[16]

c. Kritik dieses Ansatzes in der Literatur

Beim lauterkeitsrechtlichen Schutz kommt also der Frage entscheidende Bedeutung zu, ob der gebundene Händler durch die Belieferung des Außenseiters eine Vertragsverletzung gegenüber dem Vertriebs- oder Preisbinder begangen hat.
Während der Zweck von Vertriebsbindungen vor allem auf die Gewährleistung einer Kundenberatung und auf das Angebot des gesamten Sortiments des Herstellers beim Warenabsatz vom Einzelhandel an den Endverbraucher ausgerichtet ist,[17] konzentriert sich die wettbewerbsrechtliche Beurteilung des Außenseiterverhaltens auf den Warenbezug. Lediglich bei der Verleitung zum Vertragsbruch und bei der Ausnutzung fremden Vertragsbruchs kommt mit dem Gesichtspunkt der Vorsprungserlangung auch der Warenabsatz ins Blickfeld der Betrachtung.
Den Begleitumständen des Außenseitervertriebs, wie etwa die fehlende Kundenberatung und das Angebot nur der gängigsten Artikel aus dem Gesamtsortiment des Herstellers (Rosinentaktik), wird damit beim Schutz gegen Außenseiter kaum Bedeutung beigemessen.[18]
Vielmehr übernimmt die Rechtsprechung bei der Frage des lauterkeitsrechtlichen Schutzes von Vertriebs- und Buchpreis-

---

16 Siehe hierzu 4. Kap. III.1, S.120ff.; 5. Kap. III.1., S.143ff.; 6. Kap. III.1., S.167ff.

17 Siehe hierzu 2. Kap. II.1, S.22f.; siehe auch Ahlert: Bedeutung, WRP 1987, 215ff., 232.

18 Dies kritisiert auch Beier: Schutz, GRUR 1987, 131ff, 137.

bindungen die früher zu Preisbindungen bei Markenwaren entwickelten Grundsätze.[19]
In der Literatur wird dagegen eingewandt, daß damit nicht den Besonderheiten von Vertriebsbindungen Rechnung getragen werde.[20]
Die Übertragung der zur Preisbindung bei Markenwaren entwickelten Grundsätze wird aber auch der Buchpreisbindung nicht gerecht.

2. Der Schutz von Vertriebs- und Preisbindungen als wettbewerbsrechtlicher Leistungsschutz

Im Hinblick auf Vertriebsbindungen sieht Schricker abweichend von der herrschenden Meinung das wesentliche Unlauterkeitsmoment in der bewußten Gefährdung eines kartellrechtlich zulässigen und verbraucherpolitisch gerechtfertigten Vertriebsbindungssystems, ohne daß ein Schleichbezug, eine Verleitung zum Vertragsbruch oder eine Ausnutzung fremden Vertragsbruchs oder die Lückenlosigkeit des Bindungssystems vorliegen müssen.[21]
Der Umstand eines kartellrechtlich zulässigen und verbraucherpolitisch gerechtfertigten Vertriebsbindungssystems ist ein wichtiger Aspekt, der auch im Rahmen der weiteren Ausführungen berücksichtigt werden wird.
Schricker geht jedoch nicht näher darauf ein, wie ein Vertriebsbindungssystem aufgebaut und durchgeführt werden muß, damit eine schützenswerte wettbewerbsrechtliche Leistung des

---

19 BGH, GRUR 1964, 154ff., 157 - Trockenrasierer II; BGH, GRUR 1968, 272ff., 274f. - Trockenrasierer III; Baumbach/Hefermehl: Wettbewerbsrecht, § 1, Rn.796, S.669.

20 Bunte: Bedeutung, GRUR 1987, 90ff., 91; Fezer: Vertriebsbindungssysteme, GRUR 1990, 551ff., 556; Schricker: Bemerkungen, GRUR 1976, 528ff., 529f.

21 Schricker: Bemerkungen, GRUR 1976, 528ff., 543f.; ähnlich Fezer: Vertriebsbindungssysteme, GRUR 1990, 551ff., 566f.; dagegen Messer: Schutz, WRP 1977, 378ff., 379; Neumann: Aspekte, BB 1979, 1688ff.

Vertriebsbinders bejaht werden kann.
Wenn nach dem Konzept Schrickers der Vertriebsbinder in bestimmten Grenzen sogar einen parallelen freien Vertrieb ohne Fachhandelsbindung eröffnen können soll,[22] so stellt dies seinen Ansatzpunkt nicht in Frage. Es ist jedoch widersprüchlich, wenn ein Vertriebsbinder einerseits selbst einige Außenseiter beliefert, andererseits anderen Außenseitern eine Gefährdung des Vertriebsbindungssystems vorwirft.

Kraßer erwägt als Voraussetzung eines wettbewerbsrechtlichen Leistungsschutzes, daß sich das System durch vertragliche Bindung der regulär belieferten Händler im wesentlichen selbst trägt und außerdem auf dem in Frage stehenden Markt im wesentlichen funktioniert und durchgesetzt wird. Unter diesem Gesichtspunkt sei die Schutzwürdigkeit des Systems im Wege einer Gesamtbetrachtung zu prüfen.[23]
Offen bleibt aber dabei, ob bindungsfreie Reimporte oder Parallelimporte per se als unlauter gelten sollen oder ob ihr Auftreten letztlich doch zur Schutzlosigkeit des Vertriebsbindungssystems führt.

Beier hingegen will zwar nicht auf die Voraussetzung der Ausnutzung fremden Vertragsbruchs verzichten, aber die Unlauterkeit aus der bewußten, planmäßigen und fortlaufenden Mißachtung eines fremden, kartellrechtlich anerkannten Vertriebssystems folgern.[24]
Das Element der Planmäßigkeit erleichtert aber die Rechtsverfolgung gegen Außenseiter nicht. Vielmehr wird der Bestand eines Bindungssystems schon dadurch gefährdet, daß eine Vielzahl von Außenseitern sporadisch einen bestimmten gebundenen Artikel anbietet.

---

22 Schricker: Bemerkungen, GRUR 1976, 528ff., 544.
23 Kraßer: Anm., GRUR Int. 1988, 709ff., 711; ähnlich Fezer: Vertriebsbindungssysteme, GRUR 1990, 551ff., 566f.
24 Beier: Schutz, GRUR 1987, 131ff., 136; ähnlich auch Baudenbacher: Schutz, GRUR Int. 1988, 931ff., 933.

Einzelne Stimmen in der schweizerischen Literatur fordern ebenfalls einen wettbewerbsrechtlichen Leistungsschutz. Diese gehen davon aus, daß es ein unlauteres Verhalten darstelle, wenn sich ein Außenseiter die Leistungen des Herstellers und der gebundenen Händler zunutze mache, um daraus für sich einen Gewinn zu erzielen.[25]

Ähnlich den Ansätzen zu einem wettbewerbsrechtlichen Leistungsschutz sieht Lehmpfuhl eine Schutzfähigkeit von Vertriebsbindungen unter dem Gesichtspunkt des Rechts am eingerichteten und ausgeübten Gewerbebetrieb gemäß § 823 Abs.1 BGB, weil bei Mißachtung der gesetzlich anerkannten Vertriebsbindung Nichtleistungswettbewerb und unter Umständen Behinderungswettbewerb vorliege.[26]

Im Gegensatz zu Vertriebsbindungen ist für Buchpreisbindungen bisher kein wettbewerbsrechtlicher Leistungsschutz erwogen worden.

3. Folgerungen für den weiteren Gang der Untersuchung

Aufgrund der aufgezeigten Lücken vermag der Gedanke eines wettbewerbsrechtlichen Leistungsschutzes allein das Problem des Außenseitervertriebs nicht zu lösen.

Grundvoraussetzung für Vertriebsbindungen ist der Aufbau eines vertraglichen Bindungssystems. Damit ist es aber gerechtfertigt, den Schutz von Vertriebsbindungen an der in der Art und Weise des Warenbezugs manifestierten Mißachtung

---

25 Dutoit: Jurisprudence, SAG 1989, 111ff., 114; Dutoit: Opposabilité, in: Mélanges Piotet, S.409ff., 413f.; K. Troller: Aperçu, SMI 1987, 23ff., 28; K. Troller: Importation, [1988] EIPR 67, 67-68; siehe auch 6. Kap. III.1., S.173.

26 Lehmpfuhl: Vertriebsbindungen, S.129ff.; dagegen Kraßer: Schutz, S.243f.

des Bindungssystems anzuknüpfen.
Die kartellrechtlich positive Bewertung von Vertriebsbindungen und die mit diesen verbundenen Vorteile müssen aber in den von der herrschenden Meinung beschrittenen Weg stärkeren Eingang finden.
Dabei stellt sich im Hinblick auf Reimporte und Parallelimporte die Frage, ob zum einen der Aufbau eines Bindungssystems auf die Staatengruppe beschränkt werden kann, die Vertriebsbindungen durch gemeinschaftliche oder ähnliche Rechtsvorschriften kartellrechtlich positiv bewerten, und wie zum anderen beim Schutz von Vertriebsbindungen gegen Außenseiter einer solchen Begrenzung Rechnung getragen werden kann.

Vergleichbare Überlegungen werden beim Schutz von Buchpreisbindungen anzustellen sein.

II. Vertragsbruch gebundener Händler

1. Vertragsrechtliche Beurteilung

a. Arten vertragswidrigen Verhaltens

Hält der gebundene Händler beim Verkauf an Endverbraucher die übernommenen Verpflichtungen hinsichtlich Kundendienst, Warenpräsentation usw. nicht ein oder liefert er vertriebsgebundene Ware ohne Weitergabe der Bindung an Wiederverkäufer, begeht er eine Vertragsverletzung.[27]
Veräußert der gebundene Händler preisgebundene Ware unter dem vom Preisbinder bestimmten Preis an Endverbraucher oder ohne Weitergabe der Preisbindung an Wiederverkäufer, macht sich auch dieser gebundene Händler einer Vertragsverletzung schuldig.[28]

---

27 Hootz: Durchsetzung, BB 1984, 1648ff., 1648.
28 BGH, GRUR 1958, 247ff., 248 - Verlagserzeugnisse; BGH,

Wenn das bindende Unternehmen wegen Vertragsverletzung gegen einen gebundenen Händler klagt, so muß dieses darlegen und beweisen, daß ein kartellrechtlich wirksamer Vertriebsbindungsvertrag besteht und daß der beklagte Händler seine Pflichten aus diesem Vertrag verletzt hat.[29]
Entsprechendes gilt bei der Verletzung von Preisbindungsverträgen.

Zur Beseitigung der durch eine vertragswidrige Belieferung von Außenseitern hervorgerufenen Erschütterung des Bindungssystems und zur Wiederherstellung des früheren Zustandes ist der gebundene Händler verpflichtet, seine Abnehmer zu benennen.
Dieser Auskunftsanspruch steht dem bindenden Unternehmen als Schadensersatzanspruch gemäß § 249 BGB zu.[30]

b. Unzumutbarkeit der Vertragseinhaltung

Die Einhaltung der Verpflichtungen aus dem Bindungsvertrag wird aber nach der Rechtsprechung für den Händler im allgemeinen unzumutbar, wenn Lücken im Bindungssystem dazu führen, daß Konkurrenten des gebundenen Händlers ohne eine gleiche rechtliche und tatsächliche Bindung Wettbewerb treiben können.[31]
Dem trotzdem auf Einhaltung der Bindung bestehenden Hersteller könne der an sich vertraglich gebundene Händler den Ein-

---

GRUR 1959, 497ff., 498 - Cadbury.

29 Bunte: Bedeutung, GRUR 1987, 90ff., 105.

30 BGH, GRUR 1974, 351f., 352 - Frisiersalon; Kunath: Darlegungspflicht, GRUR 1988, 804ff., 806.

31 BGH, GRUR 1962, 423ff., 424 - Rollfilme; BGH, GRUR 1964, 154ff., 158 - Trockenrasierer II; BGH, GRUR 1964, 320ff., 321 - Maggi; BGH, GRUR 1964, 629ff., 631 - Grauer Markt; BGH, GRUR 1968, 272ff., 275 - Trockenrasierer III; BGH, GRUR 1970, 254ff., 256 - Remington; BGH, GRUR 1970, 322ff., 325 - Schallplatten II; Hootz: Durchsetzung, BB 1984, 1648ff., 1648.

wand der unzulässigen Rechtsausübung nach § 242 BGB entgegensetzen.[32]

Überwiegend sieht auch die Literatur hier den Einwand der unzulässigen Rechtsausübung nach § 242 BGB eröffnet.[33] Ein anderer Teil der Literatur sieht die Einführung und Sicherung der Lückenlosigkeit als vertragliche Hauptpflicht des bindenden Unternehmens an, deren Verletzung dem gebundenen Händler die Einrede des nicht erfüllten Vertrages nach § 320 BGB ermögliche.[34]
Nicht einheitlich wird auch die Frage beantwortet, ob die Unzumutbarkeit der Vertragseinhaltung schon bei theoretischen Lücken[35] oder erst bei praktischen Lücken[36] eintritt.

Bei der Beurteilung der aufgeworfenen Fragen ist die Interessenlage des gebundenen Händlers zu berücksichtigen. Dieser geht die Bindung ein, weil er sich vom Vertrieb der gebundenen Waren Vorteile verspricht.
Weil sich diese Vorteile aufgrund der mit der Bindung ver-

---

32 BGH, GRUR 1962, 423ff., 424 - Rollfilme; BGH, GRUR 1964, 629ff., 631 - Grauer Markt; BGH, GRUR 1970, 322ff., 325 - Schallplatten II; Knöpfle: Bedeutung, NJW 1969 1001ff., 1001; siehe auch RGZ 133, 51ff, 61 - Continental-Reifen.

33 Bunte: Bedeutung, GRUR 1987, 90ff., 98ff.; Fikentscher/Krauß, in: Gem.Komm., § 16, Rn.186ff., S.80ff.; Langen: Kommentar, § 16, Rn.76, S.446; Kraßer: Schutz, S.178f., 259; Lehmpfuhl: Vertriebsbindungen, S.93f.; Veelken: Anwendbarkeit, RabelsZ 1986, 508ff., 520ff.

34 Koenigs: Schutz, JuS 1965, 384ff., 384; dagegen Bunte: Bedeutung, GRUR 1987, 90ff., 98ff.; Emmerich, in: Immenga/Mestmäcker, § 16, Rn.51, S.471.

35 Baumbach/Hefermehl: Wettbewerbsrecht, § 1, Rn.749, S.654, Rn.798, S.670; Emmerich, in: Immenga/Mestmäcker, § 16, Rn.102, S.481; § 18, Rn.281, S.560; Markert: Preisbindung, BB 1973, 638ff., 640; Veelken: Anwendbarkeit, RabelsZ 1986, 508ff., 516ff.

36 Bunte: Bedeutung, GRUR 1987, 90ff., 101; Knöpfle: Bedeutung, NJW 1969, 1001ff., 1005; Knöpfle: Gewährleistung, NJW 1972, 1393ff., 1395; Kraßer: Schutz, S.179f., 259; Langen: Kommentar, § 16, Rn.76, S.446; Lukes/Munk: Lückenhaftigkeit, DB 1973, 1107ff., 1111f.; siehe auch Harms: Lückenlosigkeit, S.52ff., 57f.

bundenen Nachteile nur voll realisieren lassen, wenn seine Konkurrenten die Waren ebenfalls nur zu den Systembedingungen vertreiben können, erwartet der gebundene Händler, daß das bindende Unternehmen die belieferten Konkurrenten ebenfalls in das Bindungssystem einbezieht und entsprechend überwacht,[37] ohne daß er an einer einklagbaren Hauptpflicht des bindenden Unternehmens interessiert ist.
Es besteht deshalb eine Nebenpflicht des bindenden Unternehmens zu einem gedanklich lückenlosen Aufbau und zu einer Überwachung des Bindungssystems, die das bindende Unternehmen darzulegen und zu beweisen hat.[38]

Für die Darlegung der theoretischen Lückenlosigkeit und der Durchführung von Überwachungsmaßnahmen kommt es nicht auf eine weltweite Lückenlosigkeit und grundsätzlich nicht einmal auf eine inländische Lückenlosigkeit an.
Dem Interesse des gebundenen Händlers an der Schaffung einer konformen Wettbewerbslage ist Genüge getan, wenn in seinem Marktbereich das bindende Unternehmen die erforderlichen Maßnahmen getroffen hat.
Seiner Darlegungs- und Beweislast wird das bindende Unternehmen mehr als gerecht, wenn es für das gesamte Inland die theoretisch lückenlose Bindung und deren Überwachung nachweist. In Grenzregionen kann auch die theoretische Lückenlosigkeit und Überwachung in den angrenzenden ausländischen Regionen darzulegen und nachzuweisen sein.[39]

Ist das Bindungssystem theoretisch lückenlos und wird dessen Einhaltung überwacht, so kann sich der gebundene Händler bei

---

37 Eine ausdrückliche vertragliche Verpflichtung zur Gewährleistung der Lückenlosigkeit enthalten die Grundig-EG-Vertriebsbindung für Fachgroßhändler bzw. Facheinzelhändler, abgedr. in ABl. 1985 L233/1ff., 2 bzw. 3.

38 BGH, GRUR 1964, 629ff., 631f. - Grauer Markt; Hootz: Durchsetzung, BB 1984, 1648ff., 1651; a.A. Fikentscher/Krauß, in: Gem.Komm., § 16, Rn.250, S.104; Langen: Kommentar, § 16, Rn.75, S.445f.

39 Siehe auch Harms: Lückenlosigkeit, S.55.

praktischer Lückenhaftigkeit auf Unzumutbarkeit der Vertragseinhaltung berufen.
Der gebundene Händler muß den vollen Beweis dafür erbringen, daß die Bindung in einem Ausmaß zusammengebrochen ist, daß die weitere Vertragserfüllung wegen der dadurch entstandenen Wettbewerbslage für ihn unzumutbar ist.[40] Dabei reicht es nicht aus, daß der gebundene Händler eine Reihe von Fällen nicht entdeckter oder nicht verfolgter Verstöße namhaft macht.[41]
Das Festhalten am Vertrag wird einem gebundenen Händler vielmehr erst dann unzumutbar, wenn sich die Lückenhaftigkeit auf seine Wettbewerbslage auswirkt.[42]

Der gebundene Händler muß sich infolge der Lücke in eine Lage versetzt sehen, die eine erhebliche, spürbare Beeinträchtigung seiner Wettbewerbssituation bedeutet.[43] Eine solche besteht erst, wenn tatsächlich ein Konkurrent im Marktbereich des gebundenen Händlers in erheblichem Umfang die Ware bindungsfrei absetzt.[44] In Grenzgebieten kann der bindungsfreie Vertrieb im angrenzenden Ausland zur Unzumutbarkeit der Vertragseinhaltung beim inländischen Händler führen.[45]
Einem gebundenen Einzelhändler wird die Vertragseinhaltung unzumutbar, wenn Konkurrenten in erheblichem Umfang gebundene Preise unterbieten oder vertriebsgebundene Ware billiger anbieten, als es ihm aufgrund der aus einer einfachen oder

---

40 BGH, GRUR 1964, 629ff., 632 - Grauer Markt; OLG Celle, WuW/E OLG 722ff., 723f. - Spirituosen; Hootz: Durchsetzung, BB 1984, 1648ff., 1651; Langen: Kommentar, § 16, Rn.81, S.447.

41 BGH, GRUR 1964, 629ff., 632 - Grauer Markt; OLG Celle, WuW/E OLG 722ff., 723f. - Spirituosen; Hootz: Durchsetzung, BB 1984, 1648ff., 1651; siehe auch BGH, GRUR 1959, 603ff., 605f. - Sarotti.

42 Bunte: Bedeutung, GRUR 1987, 90ff., 101; Kraßer: Schutz, S.181, 259.

43 BGH, GRUR 1964, 629ff., 632 - Grauer Markt; Bunte: Bedeutung, GRUR 1987, 90ff., 101.

44 Bunte: Bedeutung, GRUR 1987, 90ff., 101; Langen: Kommentar, § 16, Rn.77, S.446.

45 Langen: Kommentar, § 16, Rn.77, S.446f.

qualifizierten Fachhandelsbindung resultierenden Zusatzkosten möglich ist.[46]
Bei einem gebundenen Großhändler ist Unzumutbarkeit zu bejahen, wenn er Absatzeinbußen erleidet, weil Konkurrenten die Ware ohne Weitergabe der Vertriebs- oder Preisbindung veräußern.[47]
Die praktische Lückenlosigkeit ist aber gegeben, wenn das Bindungssystem, von vereinzelten, unvermeidbaren Fehlschlägen abgesehen, tatsächlich eingehalten und durchgesetzt wird.[48] Die Zumutbarkeit bleibt auch erhalten, wenn der Hersteller bekannt gewordene Verstöße unverzüglich verfolgt und die entstehende Lücke binnen kurzer Frist wieder schließt.[49]

Da es auf die Beeinträchtigung der Wettbewerbssituation des gebundene Händlers ankommt, machen erst solche Reimporte oder Parallelimporte, die den betreffenden gebundenen Händler nachhaltig in seiner Wettbewerbssituation treffen, die Vertragseinhaltung unzumutbar.[50]
Auf die Probleme bei der Durchsetzung internationaler Vertriebsbindungen gegen Außenseiter kommt es gegenüber vertragsbrüchigen gebundenen Händlern kaum an. Nur etwa wenn im Ausland ein Außenseitervertrieb nicht unterbunden werden kann und dieser Umstand Importe nach sich zieht, die die gebundenen Händler nachhaltig in ihrer Wettbewerbssituation beeinträchtigen, wird diesen die Vertragseinhaltung unzumutbar.

46 BGH, GRUR 1964, 629ff., 632 - Grauer Markt; BGH, GRUR 1970, 254ff., 256 - Remington.
47 Baumbach/Hefermehl: Wettbewerbsrecht, § 1, Rn.798, S.670; Knöpfle: Bedeutung, NJW 1969, 1001ff., 1008.
48 Bunte: Bedeutung, GRUR 1987, 90ff., 101.
49 Bunte: Bedeutung, GRUR 1987, 90ff., 101.
50 Bunte: Bedeutung, GRUR 1987, 90ff., 102; Knöpfle: Bedeutung, NJW 1969, 1001ff., 1008; Knöpfle: Gewährleistung, NJW 1972, 1393ff., 1396.

2. Wettbewerbsrechtliche Beurteilung

Der gebundene Händler, der sich unter Mißachtung des Vertriebs- oder Preisbindungssystems einen Wettbewerbsvorteil vor den vertragtreuen Mitbewerbern zu verschaffen sucht, handelt auch wettbewerbswidrig i.S.v. § 1 UWG.[51]
Der Vorwurf der Unlauterkeit entfällt aber wie der Vorwurf der Vertragsverletzung, wenn dem gebundenen Händler die Einhaltung der Bindung unzumutbar ist.

Dem bindenden Unternehmen steht wegen dieses Wettbewerbsverstoßes gegen den gebundenen Händler ein Auskunftsanspruch über dessen Abnehmer zu.
Dieser ist wie im Hinblick auf die Vertragsverletzung als Schadensersatzanspruch gemäß § 249 BGB begründet.[52]

III. Schleichbezug, Verleitung zum Vertragsbruch und Ausnutzung fremden Vertragsbruchs

1. Darstellung der Fallgruppen

a. Schleichbezug

Ein Außenseiter, der sich vertriebs- oder preisgebundene Ware auf Schleichwegen beschafft, handelt wettbewerbswidrig.[53]

---

51 RGZ 120, 47ff., 51; BGH, GRUR 1958, 247ff., 248 - Verlagserzeugnisse; Baumbach/Hefermehl: Wettbewerbsrecht, § 1, Rn.756, S.655, Rn.797, S.670; Hootz: Durchsetzung, BB 1984, 1648ff., 1648; Merkel: Vorsprungsgedanke, S.97ff.

52 Tilmann: Auskunftsanspruch, GRUR 1987, 251ff., 258, Fn.93 sieht die Anspruchsgrundlage in § 826 BGB und § 823 Abs.1 BGB.

53 RGZ 136, 65ff., 73 - Effka-Margarine; RGZ 148, 364ff., 367 - 4711; RG, GRUR 1939, 562ff., 566 - Zeiß-Brillengläser; BGH, GRUR 1964, 154ff., 157 - Trockenrasierer II; BGH, GRUR 1964, 320ff., 321 - Maggi; BGH, GRUR 1968, 272ff., 275 - Trockenrasierer III; BGH, GRUR 1988, 916ff., 917 - Pkw-Schleichbezug; Baumbach/Hefermehl:

Ein Schleichbezug liegt insbesondere vor, wenn sich ein von der Belieferung ausgeschlossener Händler die Ware durch einen vorgeschobenen Mittelsmann[54] oder unter Vortäuschung seiner in Wirklichkeit fehlenden Bindung beschafft.

Die Sittenwidrigkeit ist schon allein darin zu sehen,[55] daß der gebundene Händler über einen aufgrund seiner vertraglichen Verpflichtungen für ihn relevanten Umstand getäuscht wird und ihm so seine Entschlußfreiheit genommen wird.[56]
Wenn der Schleichbezieher oder sein Strohmann als Wiederverkäufer auftreten, wird der Lieferant über den Verbleib der Ware innerhalb des aus den gebundenen Händlern bestehenden Bindungssystems getäuscht.
Wenn der Schleichbezieher oder sein Strohmann als Endverbraucher auftreten, weiß der gebundene Händler zwar, daß er die Ware aus dem Bindungssystem entläßt. Er wird aber darüber getäuscht, daß er in Wirklichkeit an einen Wiederverkäufer veräußert, den er aufgrund seiner vertraglichen Beziehungen allenfalls unter Weitergabe der Bindung beliefern dürfte, so daß auch dieses Vorgehen einen Schleichbezug darstellt.[57]

Wettbewerbsrecht, § 1, Rn.775, S.661, Rn.801, S.671; Beier: Schutz, GRUR 1987, 131ff., 135; Hootz: Durchsetzung, BB 1984, 1648ff., 1649.

54 RGZ 136, 65ff., 73 - Effka-Margarine; RGZ 151, 239ff., 243 - Straßenhandel; RG, GRUR 1939, 562ff., 566 - Zeiß-Brillengläser; BGH, GRUR 1964, 154ff., 157 - Trockenrasierer II; BGH, GRUR 1968, 272ff., 275 - Trockenrasierer III; BGH, GRUR 1988, 916ff., 917 - Pkw-Schleichbezug.

55 BGH, GRUR 1988, 916ff., 917f. - Pkw-Schleichbezug; OLG Schleswig, GRUR 1986, 259ff., 260 - Mercedes-Fahrzeuge; a.A. OLG Frankfurt, WRP 1982, 36ff., 38 - Unterlaufen eines Vertriebssystems.

56 Schütz: Strohmann-Bezug, GRUR 1986, 588ff., 590; a.A. Kapp: Schleichbezug, WRP 1987, 71ff., 73ff.

57 BGH, GRUR 1988, 916ff., 917f. - Pkw-Schleichbezug; OLG Schleswig, GRUR 1986, 259ff., 260 - Mercedes-Fahrzeuge; Lehmpfuhl: Vertriebsbindungen, S.123; a.A. Kapp: Schleichbezug, WRP 1987, 71ff., 73ff.; siehe auch OLG Koblenz, GRUR 1986, 258f., 259 - Parfum-Weitergabe, das die Unlauterkeit eines derartigen Vorgehens verneint, wenn es sich nur um die Beschaffung eines einzelnen Ar-

Die vertraglichen Verpflichtungen des gebundenen Händlers sind nicht Voraussetzung für die Bejahung eines Schleichbezugs, sondern belegen nur, daß die Täuschung über einen für den gebundenen Händler relevanten Umstand erfolgt.

Des Hinzutretens weiterer Umstände, wie etwa der Erlangung eines Wettbewerbsvorsprungs, soll es nicht bedürfen.[58]
Außerdem soll der Schleichbezug einen Anspruch aus § 1 UWG auch in den Fällen fehlender Lückenlosigkeit des Bindungssystems begründen.[59]

Diese Aussagen bedürfen aber im Hinblick auf die Rechtsfolge eines Schleichbezugs der Konkretisierung.
Hat der Außenseiter die Ware durch täuschendes Verhalten erworben, so ist dieser Erwerbsakt unlauter, ohne daß es auf die Lückenlosigkeit auf dem Bezugsmarkt ankommt. Auch auf dem Absatzmarkt ist keine Lückenlosigkeit erforderlich. Den

---

tikels zur Weiterveräußerung zum Einkaufspreis an einen bestimmten Kunden handelt.

58 OLG Schleswig, GRUR 1986, 259ff., 260 - Mercedes-Fahrzeuge; Langen: Kommentar, § 16, Rn.85, S.448; Messer: Schutz, GRUR 1977, 378ff., 378; Schütz: Strohmann-Bezug, GRUR 1986, 588ff., 590; a.A. Kapp: Schleichbezug, WRP 1987, 71ff., 73.

59 RGZ 136, 65ff., 73 - Effka-Margarine; RGZ 148, 364ff., 367 - 4711; BGH, GRUR 1964, 154ff., 157 - Trockenrasierer II; BGH, GRUR 1964, 320ff., 321 - Maggi; BGH, GRUR 1968, 272ff., 275 - Trockenrasierer III; BGH, GRUR 1988, 916ff., 917 - Pkw-Schleichbezug; OLG Schleswig, GRUR 1986, 259ff., 260 - Mercedes-Fahrzeuge; Beier: Schutz, GRUR 1987, 131ff., 135; Bunte: Bedeutung, GRUR 1987, 90ff., 90; Langen: Kommentar, § 16, Rn.85, S.448; Schütz: Strohmann-Bezug, GRUR 1986, 588ff., 591f.; eine zumindest theoretische Lückenlosigkeit verlangen OLG Frankfurt, WRP 1982, 36ff., 38 - Unterlaufen eines Vertriebssystems; in diese Richtung auch KG Berlin, GRUR 1989, 843ff., 843 - Antiquariatsbuchhandel; Baumbach/Hefermehl: Wettbewerbsrecht, § 1, Rn.801, S.671 (bei Vertriebsbindungen); eine theoretische und praktische Lückenlosigkeit verlangen Baumbach/Hefermehl: Wettbewerbsrecht, § 1, Rn.776, S.661 (bei Preisbindungen); Emmerich, in: Immenga/Mestmäcker, § 16, Rn.134, S.485, § 18, Rn.285, S.561f.; Kapp: Schleichbezug, WRP 1987, 71ff., 75.

unlauteren Erwerbsakt des Schleichbezugs hat der Außenseiter zu unterlassen.
Ist auf dem Absatzmarkt des Außenseiters das Bindungssystem in der Tat nicht lückenlos und fehlt es deshalb an einer Vorsprungserlangung, dann bleibt es dabei, daß durch gerichtliche Entscheidung nur der unlautere Warenbezug untersagt werden kann.[60]
Erst dann, wenn der Außenseiter auf seinem Absatzmarkt infolge dortiger Lückenlosigkeit des Bindungssystems einen Vorsprung erlangt, kann ihm weitergehend der Vertrieb gebundener Waren untersagt werden.

Der Schleichbezug läßt sich nicht aus dem Gesichtspunkt erlaubter Selbsthilfe oder berechtigter wettbewerblicher Abwehr rechtfertigen.
Einer ungerechtfertigten Diskriminierung kann der Außenseiter mit einer auf § 26 Abs.2 i.V.m. § 35 GWB gestützten Klage begegnen, die eine Selbsthilfe unzulässig macht.[61] Mit einem Schleichbezug würde der Außenseiter zudem durch die bindungsfreie Belieferung mehr erlangen als über den Weg von § 26 Abs.2 i.V.m. § 35 GWB.
Ist ein derartiger Anspruch nicht begründet, scheidet eine erlaubte Selbsthilfe ebenfalls aus, weil dann die Nichtbelieferung des Außenseiters vor der Rechtsordnung Bestand hat.[62]

Der Schleichbezug ist vom Vertriebs- oder Preisbinder darzu-

---

60 Kraßer: Schutz, S.196f., 270.
61 BGH, GRUR 1988, 916ff., 918 - Pkw-Schleichbezug; OLG Schleswig, GRUR 1986, 259ff., 260 - Mercedes-Fahrzeuge; Beier: Schutz, GRUR 1987, 131ff., 136; Schütz: Strohmann-Bezug, GRUR 1986, 588ff., 589; a.A. OLG Frankfurt, WRP 1982, 36ff., 38 - Unterlaufen eines Vertriebssystems.
62 Beier: Schutz, GRUR 1987, 131ff., 136; Schütz: Strohmann-Bezug, GRUR 1986, 588ff., 589f.

legen und zu beweisen.[63] Ein derartiger Beweis wird aber nur in den seltensten Fällen gelingen.[64]

b. Verleitung zum Vertragsbruch

Ein Außenseiter handelt auch dann unlauter, wenn er sich vertriebs- oder preisgebundene Ware durch Verleitung eines gebundenen Händlers zum Vertragsbruch verschafft.[65]
Verleitung zum Vertragsbruch ist jedes bewußte Hinwirken darauf, daß der gebundene Händler einen Vertragsbruch begeht,[66] also die gebundene Ware ohne Weitergabe der Bindungsverpflichtungen an Außenseiter liefert.

Da der Vertragsbruch des gebundenen Händlers, der den Außenseiter beliefert hat, eine unlautere und somit unerlaubte Handlung darstellt, ist der zum Vertragsbruch verleitende Außenseiter unter Heranziehung von § 830 BGB als Beteiligter am Vertragsbruch anzusehen, so daß schon allein die Verleitung zum Vertragsbruch als unlauter zu gelten hat.
Auch in der schweizerischen Literatur wird die Verleitung eines gebundenen Händlers unter Berufung auf den entsprechenden Art.50 OR als unlauter angesehen.[67]

---

63 Siehe hierzu Baumbach/Hefermehl: Wettbewerbsrecht, § 1, Rn.778, S.661, Rn.812, S.676.

64 Beier: Schutz, GRUR 1987, 131ff., 135.

65 RGZ 88, 9ff., 11 - Salem; RGZ 148, 364ff., 369 - 4711; RG, GRUR 1939, 562ff., 566 - Zeiß-Brillengläser; BGH, GRUR 1962, 426ff., 427 - Selbstbedienungsgroßhändler; BGH, GRUR 1964, 154ff., 157 - Trockenrasierer II; BGH, GRUR 1964, 320ff., 321 - Maggi; BGH, GRUR 1968, 272ff., 274 - Trockenrasierer III; BGH, GRUR 1969, 222ff., 223 - Le Galion; BGH, GRUR 1985, 1059ff., 1059 - Vertriebsbindung; Baumbach/Hefermehl: Wettbewerbsrecht, § 1, Rn.762, S.657, Rn.800, S.671; Beier: Schutz, GRUR 1987, 131ff., 135; Hootz: Durchsetzung, BB 1984, 1648ff., 1649.

66 RGZ 148, 364ff., 369 - 4711; RG, GRUR 1939, 562ff., 566 - Zeiß-Brillengläser; BGH, GRUR 1956, 273ff., 275 - Drahtverschluß; BGH, GRUR 1962, 426ff., 427 - Selbstbedienungsgroßhändler.

67 Schluep: Aspekte, in: Mélanges Voyame, S.241ff., 264f.;

Das Verleiten erfordert nicht wie eine strafrechtlich bedeutsame Anstiftung nach § 26 StGB die Hervorrufung des Tatentschlusses. Eine Verleitung kann vielmehr schon vorliegen, wenn der gebundene Händler zum Vertragsabschluß bereits entschlossen ist.[68]
Allein in einer verkehrsüblichen Bestellung der Ware ist aber noch keine Verleitung zum Vertragsbruch zu sehen.[69]

Weitere Umstände, wie etwa die Erlangung eines Wettbewerbsvorsprungs, sollen nicht hinzutreten müssen.[70]
Allerdings soll die Lückenlosigkeit des Vertriebs- oder Preisbindungssystems erforderlich sein.[71]

Diese Aussagen bedürfen aber im Hinblick auf die Rechtsfolge einer Verleitung zum Vertragsbruch der Konkretisierung.
Die Lückenlosigkeit ist erforderlich, weil es ansonsten am Tatbestand der Verleitung zum Vertragsbruch und damit an einem unlauteren Erwerbsakt fehlt; denn eine Verleitung zum Vertragsbruch liegt nicht vor, wenn dem gebundenen Händler, der den Außenseiter beliefert hat, die Vertragseinhaltung auf seinem Absatzmarkt wegen Lückenhaftigkeit unzumutbar

---

Zulliger: Eingriffe, S.162; siehe auch 6. Kap. III.1., S.145f.

68 RG, GRUR 1939, 562ff., 566 - Zeiß-Brillengläser; BGH, GRUR 1962, 426ff., 427 - Selbstbedienungsgroßhändler.

69 Baumbach/Hefermehl: Wettbewerbsrecht, § 1, Rn.762, S.657, Rn.800, S.671

70 RGZ 148, 364ff., 369 - 4711; BGH, GRUR 1962, 426ff., 427 - Selbstbedienungsgroßhändler; BGH, GRUR 1964, 154ff., 157 - Trockenrasierer II; BGH, GRUR 1964, 320ff., 321 - Maggi; BGH, GRUR 1968, 272ff., 274 - Trockenrasierer III; Langen: Kommentar, § 16, Rn.86, S.448; Lehmpfuhl: Vertriebsbindungen, S.108f.; Messer: Schutz, GRUR 1977, 378ff., 378; a.A. Kraßer: Schutz, S.192f., 269.

71 BGH, GRUR 1958, 240ff., 245 - Markenschokolade; BGH, GRUR 1964, 154ff.,157 - Trockenrasierer II; BGH, GRUR 1964, 320ff., 321 - Maggi; BGH, GRUR 1968, 272ff., 275 - Trockenrasierer III; BGH, GRUR 1969, 222ff., 223 - Le Galion; BGH, GRUR 1985, 1059ff., 1059f. - Vertriebsbindung; Baumbach/Hefermehl: Wettbewerbsrecht, § 1, Rn.763, S.658, Rn.800, S.671; Langen: Kommentar, § 16, Rn.86, S.449.

war.[72] Den unlauteren Erwerbsakt der Verleitung zum Vertragsbruch hat der Außenseiter zu unterlassen.
Ist auf dem Absatzmarkt des Außenseiters das Bindungssystem in der Tat nicht lückenlos und fehlt es deshalb an einer Vorsprungserlangung, dann bleibt es dabei, daß durch gerichtliche Entscheidung nur der unlautere Warenbezug untersagt werden kann.[73]
Erst dann, wenn der Außenseiter auf seinem Absatzmarkt infolge dortiger Lückenlosigkeit des Bindungssystems einen Vorsprung erlangt, kann ihm weitergehend der Vertrieb gebundener Waren untersagt werden.

Die Verleitung zum Vertragsbruch ist aus den gleichen Gründen wie beim Schleichbezug nicht aus dem Gesichtspunkt erlaubter Selbsthilfe oder berechtigter wettbewerblicher Abwehr gerechtfertigt.[74]

Die Verleitung zum Vertragsbruch muß der Vertriebs- oder Preisbinder darlegen und beweisen.[75] Auch ein derartiger Beweis läßt sich nur in äußerst seltenen Fällen führen.[76]

c. Ausnutzung fremden Vertragsbruchs

Der nicht zuletzt wegen seiner lückenfüllenden Funktion wichtigste Ansatzpunkt für den Schutz von Vertriebs- und Preisbindungen gegen Außenseiter ist der Gesichtspunkt der Ausnutzung fremden Vertragsbruchs.[77]
Eine derartige Ausnutzung fremden Vertragsbruchs liegt auch

72 Kraßer: Schutz, S.193; Langen: Kommentar, § 16, Rn.86, S.449.
73 Kraßer: Schutz, S.193; siehe auch Langen: Kommentar, § 16, Rn.86, S.449.
74 Siehe 10. Kap. III.1.a., S.243.
75 Siehe hierzu Baumbach/Hefermehl: Wettbewerbsrecht, § 1, Rn.778, S.661, Rn.812, S.676.
76 Beier: Schutz, GRUR 1987, 131ff., 135.
77 Beier: Schutz, GRUR 1987, 131ff., 135; Veelken: Probleme, RabelsZ 1986, 508ff., 526.

vor, wenn der Lieferant oder dessen Vorlieferanten durch Bezug bei einem gebundenen Händler fremden Vertragsbruch ausgenutzt haben.[78]

Aber erst wenn sich der Außenseiter durch die Ausnutzung fremden Vertragsbruchs und die Spekulation auf die Vertrags- oder Gesetzestreue der vertraglich gebundenen Händler oder der anderen ungebundenen Händler einen Wettbewerbsvorsprung[79] zu verschaffen sucht, handelt er wettbewerbswidrig.[80] Somit ist erst der Gesamttatbestand aus Ausnutzung fremden Vertragsbruchs und Vorsprungserlangung unlauter.[81] Außerdem ist die Lückenlosigkeit des Vertriebs- oder Preisbindungssystems erforderlich.[82]

---

78 RGZ 88, 9ff., 11 - Salem; RG, GRUR 1932, 877ff., 881f. - Preisbindungssystem; KG Berlin, GRUR 1954, 197ff., 200 - Nivea-Creme; OLG Hamburg, GRUR 1987, 387ff., 388 = GRUR Int. 1988, 360ff., 361f. - Davidoff-Kosmetika; LG Mannheim, U. v. 24.7.1987, 7 O 37/87, S.1ff., 9, n.v.; Langen: Kommentar, § 16, Rn.87, S.448; Lehmpfuhl: Vertriebsbindungen, S.115; Kraßer: Schutz, S.198; ebenso FL LG, GRUR Int. 1987, 114ff., 115 - Jil Sander I, für das liechtensteinische Recht; in diese Richtung auch BGH, GRUR 1968, 272ff., 275 - Trockenrasierer III.

79 Siehe hierzu Merkel: Vorsprungsgedanke; Borck: Vorsprung, WRP 1989, 145ff.

80 RGZ 88, 9ff., 11 - Salem; RG, GRUR 1929, 115ff., 116 - Duden; RG, MuW 1929, 588f., 589; RGZ 133, 330ff., 335f. - Asbach Uralt; RG, GRUR 1932, 877ff., 881 - Preisbindungssystem; RGZ 148, 364ff., 368 - 4711; BGH, GRUR 1959, 497ff., 498 - Cadbury; BGH, GRUR 1962, 426ff., 427 - Selbstbedienungsgroßhändler; BGH, GRUR 1964, 154ff., 157 - Trockenrasierer II; BGH, GRUR 1964, 320ff., 321f. - Maggi; BGH, GRUR 1968, 272ff., 274f. - Trockenrasierer III; FL OGH, GRUR Int. 1988, 69ff., 70f. - Jil Sander II; Baumbach/Hefermehl: Wettbewerbsrecht, § 1, Rn.766, S.659, Rn.802, S.671; siehe auch Beier: Schutz, GRUR 1987, 131ff., 135f.

81 RGZ 133, 330ff., 335f. - Asbach Uralt; RG, GRUR 1932, 877ff., 881 - Preisbindungssystem; Baumbach/Hefermehl: Wettbewerbsrecht, § 1, Rn.765, S.658f.; Bunte: Bedeutung, GRUR 1987, 90ff., 104; Lehmpfuhl: Vertriebsbindungen, S.117.

82 RG, GRUR 1929, 115ff., 118 - Duden; RG, GRUR 1932, 877ff., 881 - Preisbindungssystem; RGZ 133, 330ff., 336 - Asbach Uralt; RGZ 136, 65ff., 72 - Effka-Margarine; RGZ 151, 239ff., 245 - Straßenhandel; BGH, GRUR 1958, 240ff., 245 - Markenschokolade; BGH, GRUR 1959, 497ff.,

Der Argumentation mit dem Gesamttatbestand läßt sich nicht entgegenhalten, daß die Kombination zweier nicht zu beanstandender Elemente ebenfalls nicht unlauter sein könne.
Das Abstellen auf einen Gesamttatbestand ist eine Erscheinungsform beweglicher Systeme, die im Wettbewerbsrecht große Bedeutung haben.[83] Mehrere einzelne Umstände mögen isoliert betrachtet noch nicht unlauter sein. Je mehr derartige Umstände aber zusammentreffen, um so eher kann aus dieser Kombination oder "Summenwirkung"[84] die Unlauterkeit resultieren.

Bei der Preisbindung erlangt der Außenseiter einen Wettbewerbsvorsprung gegenüber vertragstreuen preisgebundenen Händlern, wenn er preisgebundene Ware unter dem vom Preisbinder festgesetzten Preis veräußert.[85]
Harms sieht in der Preisunterbietung eine Ausbeutung fremder Leistung, wenn der Außenseiter reimportierte Ware gerade um so viel unterbietet, wie er an den Aufwendungen für Werbung und Markenpflege spart.[86]

---

498 - Cadbury; BGH, GRUR 1964, 154ff., 157 - Trockenrasierer II; BGH, GRUR 1964, 320ff., 321 - Maggi; BGH, GRUR 1968, 272ff., 275 - Trockenrasierer III; BGH, GRUR 1969, 222ff., 223 - Le Galion; BGH, GRUR 1985, 1059ff., 1060 - Vertriebsbindung; Baumbach/Hefermehl: Wettbewerbsrecht, § 1, Rn.766, S.658, Rn.802, S.671.

83 Sack: Systeme, in: Bydlinski/Krejci/Schilcher/Steininger: System, S.177ff., 177.

84 Sack: Systeme, in: Bydlinski/Krejci/Schilcher/Steininger: System, S.177ff., 177f.

85 RGZ 88, 9ff., 11 - Salem; RG, GRUR 1929, 115ff., 116 - Duden; RG, MuW 1929, 588f., 589; RGZ 133, 330ff., 335f. - Asbach Uralt; RG, GRUR 1932, 877ff., 881 - Preisbindungssystem; RGZ 148, 364ff., 368 - 4711; BGH, GRUR 1959, 497ff., 498 - Cadbury; BGH, GRUR 1962, 426ff., 427 - Selbstbedienungsgroßhändler; BGH, GRUR 1964, 154ff., 157 - Trockenrasierer II; BGH, GRUR 1964, 320ff., 321f. - Maggi; BGH, GRUR 1968, 272ff., 274f. - Trockenrasierer III; FL OGH, GRUR Int. 1988, 69ff., 71 - Jil Sander II; Baumbach/Hefermehl: Wettbewerbsrecht, § 1, Rn.765, S.658f.; Kraßer: Schutz, S.205, 209f.

86 Harms: Lückenlosigkeit, S.45ff., 58f.

Daneben ergibt sich durch die Sortimentserweiterung auch ein Wettbewerbsvorsprung gegenüber anderen Außenseitern.[87] Diese können den Vorsprung bei reinen Preisbindungen zwar durch Abschluß eines Preisbindungsvertrages ausgleichen. Dann verbleibt aber der Vorsprung des Außenseiters durch Preisunterbietungen.
Verkauft der Außenseiter die preisgebundene Ware an Wiederverkäufer, erlangt er gegenüber gebundenen Großhändlern einen Vorsprung, weil er im Gegensatz zu diesen seinen Abnehmern einen Weitervertrieb ohne Beachtung eines vertraglich gebundenen gebundenen Preises und damit eine Vorsprungserlangung eröffnet.[88]

Bei der Vertriebsbindung liegt der Wettbewerbsvorsprung des Außenseiters gegenüber den anderen ungebundenen gesetzestreuen Händlern in der Erweiterung des Sortiments.[89]
Ein Teil der Literatur bestreitet die Erheblichkeit eines Vorsprungs vor anderen Außenseitern, weil die anderen Außenseiter es hinnehmen müßten, wenn ein Außenseiter durch eine nicht zu beanstandende Ausnutzung fremden Vertragsbruchs einen Vorsprung erlangt.[90]
Der Außenseiter erlangt daneben aber durch die fehlende vertragliche Verpflichtung zur Kundenberatung oder zum Angebot des gesamten Sortiment des Herstellers einen Kostenvorteil.[91] Mag man darin noch keinen wettbewerbsrechtlichen re-

---

87 RGZ 148, 364ff., 370 - 4711; BGH, GRUR 1962, 426ff., 427f. - Selbstbedienungsgroßhändler; FL OGH, GRUR Int. 1988, 69ff., 71 - Jil Sander II; Baumbach/Hefermehl: Wettbewerbsrecht, § 1, Rn.769, S.660.

88 Kraßer: Schutz, S.205.

89 BGH, GRUR 1968, 272ff., 275 - Trockenrasierer III; OLG Düsseldorf, WRP 1979, 121ff., 126 - Selektive Vertriebsbindung; OLG Karlsruhe, GRUR 1987, 644f., 645 - Lieferanten-Nennung; Baumbach/Hefermehl: Wettbewerbsrecht, § 1, Rn.803, S.672.

90 OLG Hamm, DB 1982, 170f., 170f.; OLG München, WRP 1971, 533f., 533 - Vertriebsbindung; OLG München, WuW/E OLG 1405f., 1406 - Hermés; Emmerich, in: Immenga/Mestmäcker, § 18, Rn.287, S.562; Kraßer: Schutz, S.273ff.; siehe auch Messer: Schutz, WRP 1977, 378ff., 381.

91 Baumbach/Hefermehl: Wettbewerbsrecht, § 1, Rn.804,

levanten Vorsprung sehen,[92] so liegt ein solcher aber vor, wenn der Außenseiter die Kostenersparung zu Preisunterbietungen von gebundenen Händlern nutzt.[93]
Verkauft der Außenseiter die vertriebsgebundene Ware an Wiederverkäufer, erlangt er gegenüber gebundenen Großhändlern einen Vorsprung, weil er im Gegensatz zu diesen seinen Abnehmern einen Weitervertrieb ohne Beachtung vertraglicher Vertriebsbindungspflichten und damit eine Vorsprungserlangung eröffnet.[94]

Gegen den Vorsprungsgedanken wird vorgebracht, es liege ein schützenswerter Leistungswettbewerb vor, wenn ein Händler sein Sortiment zu komplementieren trachte.[95]
Zudem sei der Vorsprung des Außenseiters nicht unlauter, weil die gebundenen Händler freiwillig die vertraglichen Verpflichtungen übernehmen.[96]
Außerdem werde der Vorteil, von etwaigen aufwendigen Verpflichtungen des Vertriebsbindungsvertrages frei zu sein, durch die Schwierigkeiten aufgewogen, solche Waren trotz der bestehenden Bindung immer wieder und in hinreichenden großen Mengen zu beschaffen.[97]
Schließlich könne der Gesichtspunkt der Vorsprungserlangung nur berücksichtigt werden, wenn dem Außenseiter bereits ein

---

S.673; Beier: Schutz, GRUR 1987, 131ff., 136; Bunte: Bedeutung, GRUR 1987, 90ff., 104.

92 So Kraßer: Schutz, S.272; a.A. Baumbach/Hefermehl: Wettbewerbsrecht, § 1, Rn.804, S.673.

93 Bunte: Bedeutung, GRUR 1987, 90ff., 104; Kraßer: Schutz, S.272.

94 Baumbach/Hefermehl: Wettbewerbsrecht, § 1, Rn.804, S.672f.; Kraßer: Schutz, S.271; ebenso FL LG, GRUR Int. 1987, 114ff., 115 - Jil Sander I, für das liechtensteinische Recht.

95 Emmerich, in: Immenga/Mestmäcker, § 18, Rn.287, S.562; Messer: Schutz, WRP 1977, 378ff., 380.

96 OLG München, WRP 1971, 533f., 533 - Vertriebsbindung; OLG München, WuW/E OLG 1405f., 1406 - Hermès; Merkel: Vorsprungsgedanke, S.102.

97 OLG Hamm, DB 1982, 170f., 170; Messer: Schutz, WRP 1977, 378ff., 380; gegen dieses Argument zutreffend Bunte: Bedeutung, GRUR 1987, 90ff., 104.

eigener Normverstoß vorwerfbar sei. Ein solcher liege zwar bei Schleichbezug und Verleitung zum Vertragsbruch, nicht aber bei Ausnutzung fremden Vertragsbruchs vor.[98]

Diese Argumentationen verkennen, daß dem Wettbewerb das Streben nach einem Wettbewerbsvorsprung zwar inhärent ist,[99] daß es aber gerade Aufgabe des Wettbewerbsrechts ist, diesem Streben dann ein Ende zu setzen, wenn es nicht mehr auf eigener Leistung beruht und nicht mehr Ausdruck der eigenen Leistungsfähigkeit ist, sondern nur eine fremde Leistung ausbeutet und zur Schädigung eines Wettbewerbsteilnehmers führt.[100]

Das ganze Wettbewerbsrecht mit seinen Spezialtatbeständen und seiner Generalklausel ist geradezu darauf ausgerichtet, die Erlangung solcher Vorteile zu unterbinden, die mit den Zielen des Wettbewerbs nicht vereinbar sind.

Gebundene Händler können den Vorsprung nur wettmachen, wenn sie unter vertragswidrigem Verzicht auf die Fachhandelsleistungen die Ware billiger anbieten.

Andere Außenseiter können den Vorsprung nur ausgleichen, wenn sie ihrerseits gebundene Händler zum Vertragsbruch verleiten oder fremden Vertragsbruch ausnutzen. Ein Verhalten, das Konkurrenten zur bewußten Mißachtung fremder Vertragsrechte zwingt, ist unlauter,[101] und gefährdet durch diese Sogwirkung das ganze Bindungssystem.

Die verschiedenen Ausprägungen des Vorsprungs sind bei der Vertriebsbindung ungerechtfertigt, weil sie auf der Ausnut-

---

98 So aber Merkel: Vorsprungsgedanke, S.100ff.

99 Lehmpfuhl: Vertriebsbindungen, S.105; Kraßer: Schutz, S.206.

100 BGH, GRUR 1964, 320ff., 322f. - Maggi; Lehmpfuhl: Vertriebsbindungen, S.105.

101 BGH, GRUR 1962, 426ff., 428 - Selbstbedienungsgroßhändler; FL OGH, GRUR Int. 1988, 69ff., 71 - Jil Sander II; a.A. OLG München, WRP 1971, 533f., 533 - Vertriebsbindung; OLG München, WuW/E OLG 1405f., 1406 - Hermés.

zung der Leistungen der gebundenen Händler und des Herstellers beruhen.

Diese im Rahmen von Vertriebsbindungssystemen erbrachten Leistungen sind nicht nur eine tatsächliche Erscheinung, sondern erfahren durch das Gemeinschaftsrecht eine Legitimation und sollen mittelbar zur Förderung eines gemeinsamen Binnenmarktes beitragen.[102]

Die Ausnutzung dieser Leistungen ist deshalb nicht Ausdruck eines Leistungswettbewerbs, sondern Ausdruck eines parasitären Wettbewerbs.[103]

Durch die beschriebene Sogwirkung wird zum Schaden der Verbraucher, der gebundenen Händler und des Herstellers das Vertriebsbindungssystem gefährdet.[104]

Bei der Ausnutzung fremden Vertragsbruchs kommt es allerdings nicht nur auf das objektive Vorliegen eines Vertragsbruchs an. Vielmehr ist eine bewußte Ausnutzung fremden Vertragsbruchs erforderlich. Der Außenseiter muß also beim Warenbezug zumindest damit rechnen, daß sein Lieferant einen Vertragsbruch begeht oder seinerseits einen solchen ausgenutzt hat und daß er selbst durch den Vertrieb der Ware einen Vorsprung erlangen wird.[105]

Dabei ist aber die tatsächliche Vermutung gerechtfertigt, daß Außenseiter Kenntnis davon haben, welche Hersteller in der betreffenden Branche ihre Waren über Vertriebsbindungs-

---

102 Siehe hierzu 2. Kap. II.4.a., S.66; siehe zu den Vorteilen von Vertriebsbindungssystemen für die Marktteilnehmer auch Ahlert: Bedeutung, WRP 1987, 215ff., 219ff.; Thesenpapier des Industrieverbandes Körperpflege- und Waschmittel e.V. (IKW) zum selektiven Vertrieb, MA 1980, 158ff.; siehe aber auch Grossekettler: Problematik, in: Ahlert: Vertriebssysteme, S.255ff., 283ff.

103 BGH, GRUR 1964, 320ff., 322f. - Maggi; Bunte: Bedeutung, GRUR 1987, 90ff., 104.

104 BGH, GRUR 1964, 320ff., 322f. - Maggi; OLG Karlsruhe, GRUR 1987, 644f., 645 - Lieferanten-Nennung.

105 RG, GRUR 1932, 877ff., 881f. - Preisbindungssystem; BGH, GRUR 1959, 603ff., 605 - Sarotti; Kraßer: Schutz, S.220f.

systeme vertreiben.[106] Dies gilt um so mehr bei der Preisbindung für Bücher, bei denen ein preisbindungsfreier Vertrieb die Ausnahme ist.

Die Ausnutzung fremden Vertragsbruchs ist aus den gleichen Gründen wie beim Schleichbezug auch nicht aus dem Gesichtspunkt erlaubter Selbsthilfe oder berechtigter wettbewerblicher Abwehr gerechtfertigt.[107]

Die Ausnutzung fremden Vertragsbruches und die Erlangung eines Vorsprungs sind vom Vertriebs- und Preisbinder darzulegen und zu beweisen.[108]
Da die Ausnutzung fremden Vertragsbruchs ebenfalls nur in seltenen Fällen nachzuweisen ist, hat die Rechtsprechung hier mit der Konstruktion der Lückenlosigkeit den Weg einer Beweiserleichterung gewählt, mit der auch die nicht nachweisbaren Fälle von Schleichbezug und Verleitung zum Vertragsbruch abgedeckt werden.
Daneben wird teilweise auch in dem Verschweigen der Bezugsquelle oder der Entfernung von Kontrollnummern eine tatsächliche Vermutung für die Ausnutzung fremden Vertragsbruchs gesehen.[109]

d. Entwicklung eines eigenen Lösungsvorschlags - Teil 1

Selektive Vertriebsbindungen in der Form von einfachen und qualifizierten Fachhandelsbindungen werden vom europäischen Gemeinschaftsrecht positiv bewertet.

---

106 Kunath: Darlegungspflicht, GRUR 1988, 804ff., 807.
107 BGH, GRUR 1962, 426ff., 428 - Selbstbedienungsgroßhändler; siehe hierzu auch 10. Kap. III.1.a., S.217f.
108 Siehe hierzu Baumbach/Hefermehl: Wettbewerbsrecht, § 1, Rn.778, S.661f., Rn.812, S.676.
109 OLG Köln, GRUR 1978, 655f., 656 - ausländischer Depositär; Beier: Schutz, GRUR 1987, 131ff., 136; Bunte: Bedeutung, GRUR 1987, 90ff., 106.

Für qualifizierte Fachhandelsbindungen wird dies durch die Freistellungsvoraussetzungen nach Art.85 Abs.3 EWGV belegt.[110]
Im Hinblick auf einfache Fachhandelsbindungen ist die Begründung etwas schwieriger, da diese nach der Rechtsprechung des Europäischen Gerichtshofs schon überhaupt nicht gegen Art.85 Abs.1 EWGV verstoßen[111] und deshalb überhaupt keiner Freistellung bedürfen.
Bei richtiger Auslegung von Art.85 EWGV stellen aber auch einfache Fachhandelsbindungen Wettbewerbsbeschränkungen dar, die erst nach einer Freistellung eingeführt werden dürften.
Die positive Beurteilung von selektiven Vertriebsbindungen durch das europäische Gemeinschaftsrecht ist deshalb nicht auf qualifizierte Fachhandelsbindungen beschränkt.

Mit dieser positiven Einschätzung von selektiven Vertriebsbindungen steht das europäische Gemeinschaftsrecht nicht allein.
Insbesondere die kartellrechtlichen Gesetze in Frankreich[112] und in Österreich[113] folgen dem europäischen Kartellrecht in dieser positiven Beurteilung von selektiven Vertriebsbindungen.
Auch in den USA unterfallen vertikale, nicht preisbezogene Wettbewerbsbeschränkungen nicht mehr einem per se-Verbot, sondern werden nach der rule of reason beurteilt.[114]

Da es sich nach dem europäischen Gemeinschaftsrecht bei selektiven Vertriebsbindungen um anerkannte und geförderte Vertriebsformen handelt, ist der Aufbau und die Durchführung von Vertriebsbindungen eine Erscheinungsform des Leistungswettbewerbs.
Die Gefährdung und Vereitelung dieser Leistung durch Außen-

---

110 Siehe hierzu 2. Kap. II.1.b., S.53ff.
111 Siehe hierzu 2. Kap. II.1.a., S.50f.
112 Siehe hierzu 4. Kap. I.1.c.aa., S.106ff.
113 Siehe hierzu 5. Kap. I.2., S.135ff.
114 Siehe hierzu 8. Kap. III.3., S.212.

seiter, die zum Schaden des Hersteller, der gebundenen Händler und der Verbraucher vertriebsgebundene Waren ohne die Produktnebenleistungen[115] anbieten, sind ein von der Rechtsordnung nicht erwünschtes Wettbewerbsverhalten, das folglich als unlauter einzustufen ist.
Dieser Ansatzpunkt deckt sich mit dem von Schricker und anderen Autoren vertretenen wettbewerblichen Leistungsschutz für Vertriebsbindungen.[116]

Wenn Außenseiter vertriebsgebundene Waren jedoch ohne Ausnutzung fremden Vertragsbruchs beziehen können und durch den anschließenden Vertrieb auch keinen Vorsprung erlangen, fehlt es an einer schützenswerten Leistung des vertriebsbindenden Herstellers.
Eine schützenswerte Leistung kann nur dann bejaht werden, wenn der Vertriebsbinder seinerseits alles Erforderliche und Zumutbare unternimmt, damit seine Waren nur in Verbindung mit den die positive Beurteilung von Vertriebsbindungen tragenden Produktnebenleistungen angeboten werden.
Der Vertriebsbinder kann das Vorliegen einer schützenswerten Leistung somit nur dann belegen, wenn er sein Bindungssystem so aufbaut und durchführt, daß ein Außenseiter die gebundenen Waren nur unter Ausnutzung fremden Vertragsbruchs erwerben und die gebundenen Waren nur unter Vorsprungserlangung vertreiben kann.
Erst wenn der Außenseiter fremden Vertragsbruch ausnutzt und einen Vorsprung erlangt, zeigt sich die vom Vertriebsbinder erbrachte wettbewerbliche Leistung, die der Außenseiter durch sein Verhalten gefährdet.

Das Gesagte gilt umsomehr, wenn dem Außenseiter ein Schleichbezug oder eine Verleitung zum Vertragsbruch vorgeworfen werden kann.

115 Siehe hierzu 1. Kap. I., S.29f.
116 Siehe hierzu 10. Kap. I.2., S.231ff.

Aufgrund der hier vertretenen Auffassung ist entgegen den bisher vertretenen Ansätzen zu einem wettbewerblichen Leistungsschutz von Vertriebsbindungen kein Verzicht auf das Erfordernis der Lückenlosigkeit des Bindungssystems[117] möglich.
Den Anforderungen an die Lückenlosigkeit und der Reichweite der Lückenlosigkeit sind aber Grenzen zu setzen, wenn der Vertriebsbinder alles ihm Mögliche und Zumutbare unternommen hat.

Unlauter ist somit nach der hier vertretenen Auffassung die Mißachtung einer kartellrechtlich positiv bewerteten Vertriebsbindung mittels Ausnutzung fremden Vertragsbruchs und mittels der sich daran anschließenden Erlangung eines Vorsprungs des Außenseiters vor den gebundenen Händlern und den anderen Außenseitern, wodurch der Bestand des gesamten Vertriebsbindungssystems gefährdet wird.
Da sich die Unlauterkeit des Außenseiterverhaltens aus weit mehr als nur aus der Ausnutzung fremden Vertragsbruchs ergibt, wird der Grundsatz der Relativität von Forderungsrechten nicht verletzt.

Dieser Unlauterkeitstatbestand läßt sich ebenso auf den Schutz von Buchpreisbindungen übertragen.
Im Gegensatz zu Vertriebsbindungen läßt sich die kartellrechtlich positive Bewertung dieser Form der Preisbindung aus inländischem Recht entnehmen.
Man kann geradezu, um in der Terminologie des europäischen Gemeinschaftsrechts zu sprechen, in § 16 GWB eine gesetzliche Gruppenfreistellung sehen, die aufgrund der kulturellen Bedeutung des Buches einen "positiven Eingriff" darstellt.[118]

Eine positive Beurteilung von Buchpreisbindungen kommt auch

117 Siehe hierzu 10. Kap. IV., S.262ff.
118 Siehe hierzu 2. Kap. I.2., S.66.

in den entsprechenden gesetzlichen Regelungen Österreichs[119] und Frankreichs[120] zum Ausdruck.

2. Das anwendbare Recht beim Warenbezug im Ausland

Bei internationalen Vertriebs- und Preisbindungen stellt sich die nach deutschem internationalen Wettbewerbsrecht[121] zu entscheidende Frage, welches nationale Recht zur Anwendung kommt, wenn der Warenbezug durch Schleichbezug, Verleitung zum Vertragsbruch oder Ausnutzung fremden Vertragsbruchs im Ausland stattgefunden hat und die Ware im Inland vertrieben wird.
Käme man zumindest teilweise zur Anwendbarkeit ausländischen Rechts, bliebe dem bindenden Unternehmen die konkrete Benennung des Lieferanten des Außenseiters nicht erspart. Die schon angedeutete Beweiserleichterung durch den Nachweis der Lückenlosigkeit des Bindungssystems wäre dann hinfällig.[122]

Für unlauteren Wettbewerb als Fall unerlaubter Handlung ist grundsätzlich das Recht des Begehungsortes maßgebend.[123] Dieser liegt in einer wettbewerbsspezifischen Betrachtungsweise dort, wo die wettbewerblichen Interessen aufeinandertreffen.[124] Damit ist auf den Ort der wettbewerblichen In-

119 Siehe hierzu 5. Kap. I.3., S.138ff. und 5. Kap. III.3., S.150ff.
120 Siehe hierzu 4. Kap. I.2., S.110 und 4. Kap. III.3., S.129ff.
121 Siehe hierzu Sack: Beurteilung, GRUR Int. 1988, 320ff.; Sack: Probleme, ÖBl 1988, 113ff. (und 147ff.), 113ff.; Baumbach/Hefermehl: Wettbewerbsrecht, Einl., Rn.172ff., S.246ff.
122 Veelken: Probleme, RabelsZ 1986, 508ff., 534.
123 Fikentscher: Wirtschaftsrecht, Bd.II, S.400.
124 BGH, GRUR 1962, 243ff., 245 - Kindersaugflaschen; BGH, GRUR 1964, 316ff., 318 - Stahlexport; siehe auch Baumbach/Hefermehl: Wettbewerbsrecht, Einl., Rn.186, S.166f.

teressenkollision, also den Marktort, abzustellen.[125]
Die Frage des anwendbaren Rechts bei Verletzungen von Vertriebs- und Preisbindungen wird aber nur selten aufgeworfen.[126] Die Beantwortung dieser Frage ist davon abhängig, ob der ausländische Warenbezug oder der inländische Warenabsatz beurteilt wird.

Da beim Schleichbezug bereits die Modalität des Warenbezugs zu beurteilen sei, knüpft Veelken insoweit grundsätzlich an den Sitz des getäuschten Händlers an.[127]
Beim Verleitungstatbestand stellt er im gleichen Sinne grundsätzlich auf den Sitz des verleiteten Händlers ab, weil hier ebenfalls die Art und Weise des Warenbezugs zu beurteilen sei.[128]
Beim Ausnutzungstatbestand sei wegen der Interessen der in erster Linie betroffenen Mitbewerber am Angebotsmarkt des Außenseiters anzuknüpfen.[129]

Deutsch geht von der Vorsprungserlangung und der daraus resultierenden Aufhebung der par condicio concurrentium aus. Das anwendbare Recht richte sich deshalb nach der Marktzugehörigkeit der durch die Aufhebung der konformen Wettbewerbslage beeinträchtigten Händler.[130]

Der Fürstlich Liechtensteinische Oberste Gerichtshof entscheidet die Frage des anwendbaren Rechts unter Heranziehung von § 48 Abs.2 öst.IPRG,[131] ohne dabei eine Differenzierung

---

125 Sack: Beurteilung, GRUR Int. 1988, 320ff., 322; Sack: Probleme, ÖBl 1988, 113ff. (und 147ff.), 113f.
126 Siehe hierzu ausführlich Veelken: Probleme, RabelsZ 1986, 508ff., 534ff.; Fezer: Vertriebsbindungssysteme, GRUR 1990, 551ff., 563ff.
127 Veelken: Probleme, RabelsZ 1986, 508ff., 541f.; ebenso BGH, GRUR 1988, 916ff., 917 - Pkw-Schleichbezug.
128 Veelken: Probleme, RabelsZ 1986, 508ff., 542.
129 Veelken: Probleme, RabelsZ 1986, 508ff., 541.
130 Deutsch: Wettbewerbstatbestände, S.63.
131 Siehe hierzu Sack: Probleme, ÖBl 1988, 113ff. (und 147ff.), 113ff.; Herzig: Probleme, WBl 1988, 251ff.,

zwischen Schleichbezug, Verleitung zum Vertragsbruch und Ausnutung fremden Vertragsbruchs zu machen.[132] Nach dieser Vorschrift sind Ansprüche aus unlauterem Wettbewerb nach dem Recht des Staates zu beurteilen, auf dessen Markt sich der Wettbewerb auswirkt.
Werden die im Ausland bezogenen Waren im Inland abgesetzt, so habe dieser Umstand nur im Inland wettbewerbsrechtlich relevante Auswirkungen.[133] Der Fürstlich Liechtensteinische Oberste Gerichtshof sieht den Schwerpunkt der wettbewerbsrechtlichen Beurteilung also im inländischen Warenvertrieb.

Auch Wiltschek geht für das österreichische Recht davon aus, daß sich die Ausnutzung fremden Vertragsbruchs i.S.v. § 48 Abs.2 öst.IPRG dort auswirkt, wo der Außenseiter die Ware absetzt.[134]
Zu dem gleichen Ergebnis führt § 136 Abs.1 schw.IPRG[135] für das schweizerische Recht, wonach Ansprüche aus unlauterem Wettbewerb dem Recht des Staates unterliegen, auf dessen Markt die unlautere Handlung ihre Wirkung entfaltet.

Da neben der Vorsprungserlangung vor den Mitbewerbern des Außenseiters auch die daraus resultierende Gefährdung des im Inland praktizierten Bindungssystems zu berücksichtigen ist, erweist sich beim Ausnutzungstatbestand der inländische Absatzmarkt als der Ort der wettbewerblichen Interessenkollision.
Beurteilt man beim Schleichbezug und beim Verleitungstatbestand ohne Berücksichtigung des Warenabsatzes nur den Warenbezug, gelangt man dann, wenn dieser im Ausland stattgefun-

---

252ff.; Wiltschek: Beurteilung, GRUR Int. 1988, 299ff., 299ff.

132 FL OGH, GRUR Int. 1988, 69ff., 70 - Jil Sander II.

133 FL OGH, GRUR Int. 1988, 69ff., 70 - Jil Sander II.

134 Wiltschek: Beurteilung, GRUR Int. 1988, 299ff., 302f.

135 Siehe hierzu Fezer: Vertriebsbindungssysteme, GRUR 1990, 551ff., 563ff.; Baudenbacher: Beurteilung, GRUR Int. 1988, 310ff., 315ff.; Müllhaupt: Erfassung, WBl 1988, 257ff., 261.

den hat, grundsätzlich zur Anwendbarkeit des entsprechenden ausländischen Rechts.

Da der Außenseiter sich aber auch bei der Verleitung zum Vertragsbruch und beim Schleichbezug im Ausland fremden Vertragsbruch zu nutze macht, kommt Veelken unter Heranziehung des Vorsprungsgedankens dennoch zur Anwendbarkeit des Rechts des Absatzmarktes.[136]
Dem ist zuzustimmen, weil die Sittenwidrigkeit bei diesen Tatbeständen auch unter dem Gesichtspunkt der Vorsprungserlangung bejaht werden kann.[137] Da eine generelle Untersagung des Warenvertriebs durch einen Außenseiter nach einem Schleichbezug oder einer Verleitung zum Vertragsbruch nur möglich ist, wenn der Außenseiter durch den Warenabsatz einen Vorsprung erlangt,[138] ist der Ort der wettbewerblichen Interessenkollision auch bei diesen Tatbeständen der inländische Absatzmarkt.
Wenn ein solcher Vorsprung beim Warenabsatz im Inland nicht gegeben ist, kommt ein auf die Art und Weise des Beschaffungsvorgangs beschränktes Unterlassungsgebot in Betracht. Da dann aber ausschließlich die Modalität des Warenbezugs zu beurteilen ist, richtet sich das anwendbare Recht nach dem Sitz des getäuschten oder verleiteten Händlers.

3. Der Einfluß ausländischen Sachrechts

Trotz Anwendbarkeit deutschen Rechts kann aber ausländisches Sachrecht von Bedeutung sein.[139]
So bestimmt sich die Frage, ob der vom Hersteller belieferte ausländische Händler durch den Warenabsatz an Außenseiter

---

136 Veelken: Probleme, RabelsZ 1986, 508ff., 542f.
137 Merkel: Vorsprungsgedanke, S.100.
138 Siehe hierzu 10. Kap. III.1.a., S.243 und 10. Kap. III.1.b., S.246.
139 Siehe hierzu Sack: Beurteilung, GRUR Int. 1988, 320ff., 331ff.; Sack: Probleme, ÖBl 1988, 113ff. (und 147ff.), 119ff.

einen Vertragsbruch begangen hat, nach ausländischem Recht. Auch die Wirksamkeit des einzelnen Vertrages ist, abgesehen von der Frage des Vorrangs des europäischen Gemeinschaftsrechts, an dem jeweiligen nationalen Kartellrecht zu messen. Wenn der ausländische Lieferant des Außenseiters nicht bekannt ist, bedarf es aus Beweisgründen der theoretischen Lückenlosigkeit im betreffenden Land; denn nur bei theoretischer Lückenlosigkeit ist die Folgerung gerechtfertigt, daß der Warenbezug des Außenseiters nur durch Ausnutzung fremden Vertragsbruchs erfolgt sein kann.[140]
Des Nachweises einer Überwachung der Bindung oder sogar der praktischen Lückenlosigkeit im Ausland bedarf es in diesem Zusammenhang nur dann, wenn die ausländische Rechtsordnung die fortbestehende Wirksamkeit der Bindungsverträge an das Vorliegen dieser Umstände knüpft.

Der Bundesgerichtshof macht aber eine bedeutende Einschränkung, soweit im betreffenden ausländischen Staat die Ausnutzung fremden Vertragsbruchs selbst bei Hinzutreten weiterer Umstände nicht als unlauter angesehen wird, weil dann der Erwerbsakt rechtmäßig sei. Der Bezug gebundener Ware von einem ausländischen Außenseiter, der die Ware unter Ausnutzung fremden Vertragsbruchs, aber nach der für den Erwerbsakt maßgeblichen Rechtsordnung rechtmäßig erworben habe, könne im Inland nicht als wettbewerbswidrige Ausnutzung fremden Vertragsbruchs angesehen werden.[141]
Dem ist aber entgegenzuhalten, daß es nur auf die Tatsache ankommt, ob ein Außenseiter fremden Vertragsbruch ausgenutzt hat. Es ist aber nicht erforderlich, daß das Verhalten des ausländischen Lieferanten, der als Außenseiter die Ware

---

140 Siehe hierzu Kraßer: Anm., GRUR Int. 1988, 709ff., 710f.

141 BGH, GRUR 1989, 832ff., 833 - Schweizer Außenseiter; in diese Richtung auch OLG Hamburg, WuW/E OLG 4625f., 4626 - Jil Sander; LG Mannheim, U. v. 8.2.1991, Az.: 7 O 72/90, S.1ff., 20, n.v.; siehe hierzu die Kritik von Baumbach/Hefermehl: Wettbewerbsrecht, § 1, Rn.803, S.672.

unter Ausnutzung fremden Vertragsbruchs bezogen hat, im Ausland als unlauter angesehen wird;[142] denn sonst würde man doch das für die Beurteilung der Unlauterkeit des Warenabsatzes gerade nicht für anwendbar befundene ausländische Recht anwenden.

IV. Das Lückenlosigkeitserfordernis

1. Der Zweck des Lückenlosigkeitserfordernisses

a. Zweck des Lückenlosigkeitserfordernisses in der Rechtsprechung des Reichsgerichts

Wie bei der Darstellung der Fallgruppen des Außenseiterverhaltens bereits angedeutet wurde, ist nach herrschender Meinung die Lückenlosigkeit des Bindungssystems der zentrale Begriff beim lauterkeitsrechtlichen Schutz internationaler Vertriebs- und Preisbindungen gegen Außenseiter.
Um aber die an die Lückenlosigkeit zu stellenden Anforderungen und die erforderliche Reichweite der Lückenlosigkeit bestimmen zu können, ist auf den Zweck des Lückenlosigkeitserfordernisses einzugehen.

Da der Nachweis der Ausnutzung des Vertragsbruchs eines bestimmten gebundenen Händlers in den seltensten Fällen zu führen ist, reichte es nach Ansicht des Reichsgerichts aus, mit der Lückenlosigkeit eine Rechts- und Sachlage darzutun, "die es nach dem gewöhnlichen Verlaufe der Dinge ausschließt, daß der Außenseiter seine Ware anders als durch Vertragsbruch erworben hat."[143]
Das Lückenlosigkeitserfordernis hatte damit ausdrücklich nur

142 Kraßer: Anm., GRUR Int. 1988, 709ff., 711; ähnlich auch Fezer: Vertriebsbindungssysteme, GRUR 1990, 551ff., 565.

143 RGZ 151, 239ff., 255f. - Straßenhandel.

die Bedeutung dieser Beweiserleichterung.[144]
Der Nachweis der Lückenlosigkeit war zu Zeiten des Reichsgerichts relativ leicht zu erbringen, weil er sich auf das Inland beschränken konnte. Dieses war durch Zölle abgeschottet und konnte durch (Re-)Exportverbote, die den ausländischen Abnehmern auferlegt wurden, zusätzlich gegen (Re-)Importe gesichert werden.[145] Importmöglichkeiten spielten deshalb in den Entscheidungen des Reichsgerichts keine Rolle.[146]
Unter den heutigen rechtlichen und tatsächlichen Bedingungen ist der Nachweis der Lückenlosigkeit wesentlich erschwert, wenn man aufgrund des freien Warenverkehrs zwischen den Mitgliedstaaten der EG und aufgrund der verbesserten Transportmöglichkeiten eine EG-weite oder sogar weltweite Lückenlosigkeit verlangt.[147]

b. Zweck des Lückenlosigkeitserfordernis in der Rechtsprechung des Bundesgerichtshofs

In den Urteilen des Bundesgerichtshofs aus den fünfziger Jahren wird das Erfordernis der Lückenlosigkeit ebenfalls als beweisrechtliches Kriterium erwähnt.[148] Zu dieser Zeit waren die rechtlichen und tatsächlichen Umstände auch noch mit denen zur Zeit des Reichsgerichts vergleichbar.
In den Urteilen aus den sechziger Jahren, als sich das Umfeld durch den vom EWG-Vertrag geforderten freien Warenverkehr und durch verbesserte Transportmöglichkeiten wandelte, sprach der Bundesgerichtshof von einer beweisrechtlichen und einer sachlichrechtlichen Bedeutung der Lückenlosigkeit.[149]

---

144 RGZ 151, 239ff., 255 - Straßenhandel; Beier: Schutz, GRUR 1987, 1987, 131ff., 137.
145 Beier: Schutz, GRUR 1987, 1987, 131ff., 137.
146 Harms: Lückenlosigkeit, S.34.
147 Beier: Schutz, GRUR 1987, 1987, 131ff., 137ff.
148 BGH, GRUR 1958, 240ff., 245 - Markenschokolade; BGH, GRUR 1962, 423ff., 424 - Rollfilme.
149 BGH, GRUR 1964, 154ff., 157f - Trockenrasierer II; BGH, GRUR 1968, 272ff., 275 - Trockenrasierer III.

"Die beweisrechtliche Bedeutung der Lückenlosigkeit liegt darin, daß sie dem bindenden Unternehmen im Prozeß gegen den Außenseiter eine Beweiserleichterung verschafft: ist die Lückenlosigkeit des Bindungssystems im gedanklichen Aufbau und in der praktischen Durchführung dargetan, so spricht eine tatsächliche Vermutung dafür, daß der Außenseiter die Ware nur vermittels fremden Vertragsbruchs oder auf Schleichwegen erlangt haben kann, und es obliegt dann dem Außenseiter, diesen 'Beweis des ersten Anscheins' zu entkräften."[150]

Für den Beweis des ersten Anscheins genügt es, wenn das bindende Unternehmen beweist, daß es Maßnahmen getroffen hat, die nach dem gewöhnlichen Verlauf der Dinge die Gewähr dafür bieten, daß vorkommende Verstöße gegen die Bindung alsbald festgestellt und abgestellt werden. Sache des Außenseiters ist es dann, diesen Beweis des ersten Anscheins dadurch zu entkräften, daß er Fälle nachweist, in denen trotz dieser Maßnahmen des Unternehmens Verstöße gegen sein Bindungssystem von ihm nicht entdeckt oder nicht verfolgt worden sind. Gelingt dies dem Außenseiter, so muß das bindende Unternehmen beweisen, daß seine Bindung dennoch in dem erforderlichen Maß, von unvermeidbaren einzelnen Fehlschlägen abgesehen, praktisch eingehalten und durchgesetzt worden ist.[151]

In neueren Entscheidungen spricht der Bundesgerichtshof schlicht vom Erfordernis eines Vertragsbruchs und von dessen

---

150 BGH, GRUR 1964, 154ff, 157f. - Trockenrasierer II; ebenso BGH, GRUR 1968, 272ff., 275 - Trockenrasierer III; OLG Düsseldorf, GRUR Int. 1985, 204ff., 205 - Grundig-Vertriebsbindung; Hootz: Durchsetzung, BB 1984, 1648ff., 1649 und 1651; KG Berlin, GRUR 1989, 843ff., 844 - Antiquariatsbuchhandel behandelt einen Fall, in dem auch ein lückenloses Preisbindungssystem wegen besonderer Umstände (vom Außenseiter behaupteter "antiquarischer" Erwerb einzelner neuwertiger Fachbücher von Studenten und Verkaufspreis unter dem Verlagsabgabepreis) keine derartige tatsächliche Vermutung rechtfertigt.

151 BGH, GRUR 1964, 154ff., 158 - Trockenrasierer II; Hootz: Durchsetzung, BB 1984, 1648ff., 1651.

erleichtertem Nachweis durch die Darlegung der Lückenlosigkeit.[152]

"Die sachlichrechtliche Bedeutung liegt darin, daß Ansprüche gegen Außenseiter wegen Mißachtung eines zulässigen vertikalen Preis- und/oder Vertriebsbindungssystems aus § 1 UWG und § 826 BGB zur Voraussetzung haben, daß die lückenlose Durchführung des Systems - von vereinzelten unvermeidlichen Fehlschlägen abgesehen - sichergestellt ist."[153]
Wenn Lücken dazu führen, daß Konkurrenten der gebundenen Händler ohne eine gleiche rechtliche und tatsächliche Bindung Wettbewerb treiben können, dann ist im allgemeinen schon den gebundenen Händlern selbst die Einhaltung der sich aus der Bindung ergebenden Verpflichtungen nicht mehr zuzumuten, so daß erst recht dem Außenseiter die Mißachtung des Bindungssystems nicht als Sittenwidrigkeit zur Last gelegt werden kann.[154]
Neben der Lückenlosigkeit auf dem Bezugsmarkt des Außenseiters, ohne die es am Vorliegen eines Vertragsbruchs fehlt, stellt der Bundesgerichtshof bei der sachlichrechtlichen Bedeutung der Lückenlosigkeit auf dem Absatzmarkt des Außenseiters Zumutbarkeitsüberlegungen an. Wenn schon den gebundenen Händlern auf dem Absatzmarkt des Außenseiters die Einhaltung der Bindung unzumutbar sei, so sei auch dem Außenseiter die Beachtung der Bindung unzumutbar.
Dies ist zwar zutreffend. Bevor aber Zumutbarkeitserwägungen anzustellen sind, ist die Frage der Vorsprungserlangung durch den Außenseiter zu prüfen.
Richtigerweise ist die Lückenlosigkeit auf dem Absatzmarkt

152 BGH, GRUR 1985, 1059ff, 1059 - Vertriebsbindung; BGH, GRUR 1989, 832ff., 833 - Schweizer Außenseiter.
153 BGH, GRUR 1964, 154ff, 157f. - Trockenrasierer II; ebenso BGH, GRUR 1968, 272ff., 275 - Trockenrasierer III.
154 BGH, GRUR 1964, 154ff, 158 - Trockenrasierer II; BGH, GRUR 1968, 272ff., 275 - Trockenrasierer III; Hootz: Durchsetzung, BB 1984, 1648ff., 1649.

des Außenseiters in erster Linie zum Nachweis der Vorsprungserlangung durch den Außenseiter erforderlich.

Das Erfordernis der Lückenlosigkeit als Grundlage für den Nachweis eines Vorsprungs kommt etwas deutlicher in anderen gerichtlichen Entscheidungen[155] und in der Literatur[156] zum Ausdruck.
Nur wenn das Bindungssystem lückenlos ist, erlangt der Außenseiter einen Vorsprung. Die Vorsprungserlangung ist damit Anspruchsvoraussetzung und darf nicht mit Zumutbarkeitserwägungen vermischt werden.

Die Vermengung von Vorsprungserlangung und Zumutbarkeitserwägungen steht wohl auch hinter der Entscheidung "Vertriebsbindung" des Bundesgerichtshofs.
In dem dieser Entscheidung zugrundeliegenden Fall hatte der Außenseiter die Waren bei einem konkret benannten gebundenen inländischen Einzelhändler bezogen.[157] Für das Inland stand auch die theoretische und praktische Lückenlosigkeit fest.[158] Bei dieser Sachlage hätte der Bundesgerichtshof aufgrund der Ausnutzung fremden Vertragsbruchs unter Erlangung eines Wettbewerbsvorsprungs zur Bejahung der Unlauterkeit kommen müssen.[159] Stattdessen beanstandete er die Überwachung der Durchführung der Vertriebsbindung in Italien und Frankreich.[160]
Die Entscheidung läßt sich so erklären, daß einem Außenseiter auch bei Vorsprungserlangung im Inland die Beachtung der

---

155 BGH, GRUR 1958, 240ff., 245 - Markenschokolade; KG Berlin, GRUR 1954, 197ff., 199 - Nivea-Creme; OLG Frankfurt, WuW/E OLG 1399ff., 1401 - Trockenrasierer; OLG Frankfurt, WuW/E OLG 3600ff., 3603 - Guy Laroche.
156 Emmerich, in: Immenga/Mestmäcker, § 16, Rn.139, S.486; Fikentscher/Krauß, in: Gem.Komm., § 16, Rn.274, S.114f.; Kraßer: Schutz, S.213, 215, 281f.
157 Lehmpfuhl: Anm., GRUR 1985, 1061ff., 1061f.
158 BGH, GRUR 1985, 1059ff, 1060 - Vertriebsbindung.
159 Siehe hierzu Lehmpfuhl: Anm., GRUR 1985, 1061ff., 1061f.
160 BGH, GRUR 1985, 1059ff, 1060 - Vertriebsbindung.

Bindung unzumutbar sein soll, wenn die mehr oder weniger große Wahrscheinlichkeit von bindungsfreien Importen besteht.
Nach allgemeinen Grundsätzen hätte der Bundesgerichtshof dann jedoch den Außenseiter für die Unzumutbarkeit als darlegungs- und beweispflichtig ansehen müssen.

Auf der gleichen Linie wie die Sichtweise des Bundesgerichtshofs liegt das häufig vorgebrachte Argument, daß ein Außenseiter, der zwar fremden Vertragsbruch ausgenutzt habe, nicht unlauter handele, wenn er etwa im Ausland die Ware ohne Ausnutzung fremden Vertragsbruchs hätte beziehen können.[161]
Dabei handelt es sich in Wirklichkeit nicht darum, ein unlauteres Verhalten unter Hinweis auf eine lautere Alternative zu rechtfertigen, sondern es wird letztlich die Zumutbarkeit verneint, wenn andere Außenseiter ohne Ausnutzung fremden Vertragsbruchs die Ware beziehen können.

Damit behandelt der Bundesgerichtshof die Frage der Zumutbarkeit bei gebundenen Händlern und Außenseitern unterschiedlich, weil er dem bindenden Unternehmen auch die Darlegungs- und Beweislast dafür auferlegt, daß dem Außenseiter die Beachtung der Bindung nicht unzumutbar ist.
Demgegenüber verlangt etwa Beier, gegenüber Außenseitern die gleichen Zumutbarkeitserwägungen wie gegenüber gebundenen Händlern anzuwenden. Nicht schon dann, wenn im In- oder Ausland Lücken bestehen, die Außenseiter zum bindungsfreien Erwerb nutzen können, sondern erst, wenn durch eine konkrete und spürbare Veränderung der Marktlage die par conditio concurrentium entfällt, sei dem Außenseiter die Respektierung der Vertriebsbindung nicht mehr zumutbar.[162]

---

161 So OLG Düsseldorf, WuW/E OLG 1040ff., 1041 - Kleinbildfilme; Langen: Kommentar, § 16, Rn.87, S.450.
162 Beier: Schutz, GRUR 1987, 1987, 131ff., 139.

c. Entwicklung eines eigenen Lösungsvorschlags - Teil 2

Unlauter ist die Mißachtung einer kartellrechtlich positiv bewerteten Vertriebsbindung mittels Ausnutzung fremden Vertragsbruchs durch den Außenseiter auf seinem Bezugsmarkt und mittels der aus dem Vertrieb der gebundenen Ware resultierenden Erlangung eines Wettbewerbsvorsprungs des Außenseiters vor den gebundenen Händlern und vor den anderen Außenseitern auf seinem Absatzmarkt, wodurch der Bestand des gesamten Vertriebsbindungssystems gefährdet wird.[163]

Das Lückenlosigkeitserfordernis steht sowohl mit der Anspruchsvoraussetzung "Ausnutzung fremden Vertragsbruchs" als auch mit der Anspruchsvoraussetzung "Vorsprungserlangung" in Zusammenhang.
Ist bei unbekannter Bezugsquelle des Außenseiters keine theoretische und praktische Lückenlosigkeit gegeben, besteht kein Anhaltspunkt dafür, daß der Außenseiter auf seinem Bezugsmarkt fremden Vertragsbruch ausgenutzt hat.
Liegt auf dem Absatzmarkt des Außenseiters keine Lückenlosigkeit vor, dann erlangt der Außenseiter keinen Vorsprung.
Es bedarf deshalb der Lückenlosigkeit zum einen, um eine Ausnutzung fremden Vertragsbruchs auf dem Bezugsmarkt, und zum anderen, um eine Vorsprungserlangung auf dem Absatzmarkt bejahen zu können. Aus dem Vorliegen dieser Umstände ergibt sich dann die Gefährdung des Bindungssystems.

Für die zum Nachweis der Ausnutzung fremden Vertragsbruchs und der Vorsprungserlangung erforderliche Lückenlosigkeit ist das bindende Unternehmen nach allgemeinen Grundsätzen darlegungs- und beweispflichtig.
Bei rein nationalen durch Importe nicht gefährdeten Bindungssystemen führt dies nicht zu nachteiligen Konsequenzen

---

163 Siehe zum hier entwickelten Lösungsvorschlag auch schon 10. Kap. III.1.d., S.253ff.

für das bindende Unternehmen, wenn dieses sein Bindungssystem im Inland konsequent aufbaut und überwacht. Der Warenbezug und der Warenabsatz aller Außenseiter findet auf dem inländischen Markt statt. Aus dem Nachweis der Lückenlosigkeit auf diesem inländischen Markt ergibt sich problemlos das Vorliegen der Anspruchsvoraussetzungen "Ausnutzung fremden Vertragsbruchs" und "Vorsprungserlangung".
Bei internationalen Bindungssystemen, die durch Importe gefährdet sind, führt die doppelte Bedeutung des Lückenlosigkeitserfordernisses zu Schwierigkeiten.

2. Die Anforderungen an die Lückenlosigkeit

a. Grundsätzliche Anforderungen an die Lückenlosigkeit von Bindungssystemen

Das bindende Unternehmen muß sein System so aufbauen und handhaben, daß es von vereinzelten unvermeidbaren Fehlschlägen abgesehen seine Abnehmer wirklich theoretisch und praktisch insgesamt erfaßt.[164]
Von dem bindenden Unternehmen darf dabei nichts Unzumutbares und nach der Sachlage Unnötiges verlangt werden.[165]

Die theoretische Lückenlosigkeit erfordert den Nachweis, daß das bindende Unternehmen alle Abnehmer seiner Ware in rechtlich wirksamer Weise unmittelbar oder im Wege einer durchlaufenden Bindung zur Einhaltung der Bindung verpflichtet hat.[166]

---

164 RGZ 133, 330ff., 341 - Asbach Uralt; RGZ 136, 65ff., 72 - Effka-Maragarine; RGZ 151, 239ff., 245 - Straßenhandel.
165 BGH, GRUR 1964, 154ff, 160 - Trockenrasierer II.
166 BGH, GRUR 1964, 154ff., 158 - Trockenrasierer II; BGH, GRUR 1964, 629ff., 631 - Grauer Markt; BGH, GRUR 1964, 320ff, 321 - Maggi; OLG Köln, WRP 1986, 150ff., 152f. - Selektives Vertriebsbindungssystem; OLG Köln, GRUR 1987, 545f., 545 - Payot-Kosmetika; Hootz: Durchsetzung, BB 1984, 1648ff., 1649.

Dabei auftretende Fehlschläge führen zur Verneinung der theoretischen Lückenlosigkeit.[167]

Die praktische Lückenlosigkeit verlangt den Nachweis, daß das bindende Unternehmen die Einhaltung seines Bindungssystems durch geeignete Maßnahmen wirksam überwacht und bekanntwerdende Verstöße alsbald verfolgt und für die Zukunft unterbindet.[168] Das jeweils erforderliche Maß der Überwachung richtet sich nach dem Ausmaß der Gefahr von Verstößen.[169]
Durch vereinzelte unvermeidliche Fehlschläge wird die praktische Lückenlosigkeit nicht in Frage gestellt.[170] Vorübergehend auftretende Lücken sind unschädlich, wenn nur die Überwachung intensiv genug ist, um vorkommende Verstöße alsbald festzustellen und für die Zukunft zu unterbinden.[171]

Als Mittel zur Überwachung kommen Testkäufe[172] und eine Nummernkontrolle, die die Nachprüfung des Vertriebsweges der Ware ermöglichen,[173] in Betracht.

---

167 OLG Düsseldorf, WRP 1986, 150ff., 152 - Selektives Vertriebsbindungssystem; Belz: Schutz, WRP 1990, 297ff., 299.

168 BGH, GRUR 1964, 154ff., 158 - Trockenrasierer II; BGH, GRUR 1964, 629ff., 631 - Grauer Markt; OLG Köln, GRUR 1987, 545f., 545f. - Payot-Kosmetika; Hootz: Durchsetzung, BB 1984, 1648ff., 1650.

169 BGH, GRUR 1964, 154ff., 157f. - Trockenrasierer II; Hootz: Durchsetzung, BB 1984, 1648ff., 1650.

170 BGH, GRUR 1964, 154ff, 160 - Trockenrasierer II; OLG Düsseldorf, GRUR Int. 1985, 204ff., 205 - Grundig-Vertriebsbindung; OLG Düsseldorf, WRP 1986, 150ff., 154 - Selektives Vertriebsbindungssystem; OLG Köln, GRUR 1987, 556ff., 558 - Jil-Sanders-Kosmetiks; OLG Köln, GRUR 1989, 275ff., 278 - Außenseitervertrieb; LG Köln, GRUR Int. 1989, 591f., 592 - Payot-Vertriebsbindung; Hootz: Durchsetzung, BB 1984, 1648ff., 1650f.

171 BGH, GRUR 1964, 154ff, 160 - Trockenrasierer II.

172 BGH, GRUR 19694, 222ff., 224 - Le Galion; BGH, GRUR 1965, 612ff., 614 - Warnschild; BGH, GRUR 1964, 154ff., 158 - Trockenrasierer II; Hootz: Durchsetzung, BB 1984, 1648ff., 1650.

173 BGH, GRUR 19694, 222ff., 224 - Le Galion; Hootz: Durchsetzung, BB 1984, 1648ff., 1650.

Testkäufe sind zulässig, wenn der Testkäufer wie ein normaler Kunde auftritt.[174] Die Zulässigkeit gilt sowohl für Testkäufe bei gebundenen Händlern als auch für Testkäufe bei Außenseitern.[175]

b. Anforderungen an die Lückenlosigkeit bei internationalen Bindungssystemen

Bei internationalen Bindungssystemen kann es auch auf die Lückenlosigkeit im Ausland ankommen.
Dabei ist auch hier zwischen theoretischer und praktischer Lückenlosigkeit zu unterscheiden.

Die theoretische Lückenlosigkeit bleibt gewahrt, wenn den ausländischen Abnehmern ein rechtlich wirksames Exportverbot auferlegt wird.[176]
Die theoretische Lückenlosigkeit ist aber auch dann gegeben, wenn das bindende Unternehmen seine ausländischen Abnehmer wie die inländischen Abnehmer in rechtlich wirksamer Weise auf die Einhaltung der Vertriebs- oder Preisbindung verpflichtet hat.[177]

---

174 BGH, GRUR 1965, 612ff., 614 - Warnschild; BGH, GRUR 1966, 564ff., 565 - Hausverbot I; BGH, GRUR 1979, 859ff., 860 - Hausverbot II; BGH, GRUR 1981, 827ff., 828 - Vertragswidriger Testkauf; Dierck: Testkauf, S.85ff., 136ff.; Baumbach/Hefermehl: Wettbewerbsrecht, § 1, Rn.245f., S.457.

175 BGH, GRUR 1965, 612ff., 614 - Warnschild.

176 BGH, GRUR 1969, 222ff., 223f. - Le Galion; OLG Düsseldorf, WuW/E OLG 1040ff., 1041 - Kleinbildfilme; Regelmann: Lückenlosigkeit, WRP 1989, 779ff., 781.

177 OLG Düsseldorf, WRP 1986, 150ff., 153 - Selektives Vertriebsbindungssystem; OLG Frankfurt, GRUR 1970, 35f., 36 - Rochas; OLG Frankfurt, WuW/E OLG 2195ff., 2196 - AEG-Vertriebsbindung; OLG Frankfurt, GRUR 1979, 864ff., 866 - 5 Sterne Programm; OLG Köln, WRP 1986, 236ff., 236 - Vertriebsbindungssystem; OLG Köln, GRUR 1978, 655f., 656 - ausländischer Depositär; OLG Köln, GRUR 1987, 556ff., 556f. - Jil-Sanders-Kosmetiks; OLG Stuttgart, NJW-RR 1988, 623f., 624; davon ausgehend BGH, GRUR 1985, 1059ff., 1060 - Vertriebsbindung; BGH, GRUR

Da es für die theoretische Lückenlosigkeit auf wirksame Bindungsverträge ankommt, muß das bindende Unternehmen die Vereinbarkeit seines Bindungssystems mit Art.85 EWGV darlegen und beweisen.[178]

Daneben soll auch auf die Vereinbarkeit mit den jeweiligen nationalen Kartellrechtsordnungen erforderlich sein.[179]

Bei internationalen Vertriebsbindungen gilt dies nach der hier vertretenen Ansicht aber allenfalls für Staaten, die nicht Mitglied der EG sind, weil sich die kartellrechtliche Zulässigkeit für die Mitgliedstaaten aufgrund des Vorrangs des Gemeinschaftsrechts ausschließlich nach dessen Bestimmungen richtet.[180]

Bei internationalen Preisbindungen für Bücher sind nur die Kartellrechtsordnungen der deutschsprachigen Länder von Bedeutung, soweit auf gegen Art.85 EWGV verstoßende Vertragsklauseln verzichtet wird.[181]

Die praktische Lückenlosigkeit ist gegeben, wenn das bindende Unternehmen die Einhaltung rechtlich wirksamer Exportverbote überwacht.[182]

Die praktische Lückenlosigkeit bleibt aber auch dann gewahrt, wenn im Ausland die Einhaltung des Bindungssystems wie im Inland überwacht und gegen auftretende Verstöße eingeschritten wird.[183]

1989, 832ff., 834 - Schweizer Außenseiter; Regelmann: Lückenlosigkeit, WRP 1989, 779ff., 781; zu den Anforderungen an die theoretische Lückenlosigkeit kritisch Beier GRUR 1987, 131ff., 137f.

178 BGH, GRUR 1985, 1059ff., 1061 - Vertriebindung; BGH, GRUR 1989, 832ff., 833f. - Schweizer Außenseiter.

179 BGH, GRUR 1989, 832ff., 834 - Schweizer Außenseiter; OLG Frankfurt, GRUR 1970, 35f., 36 - Rochas; OLG Frankfurt, WuW/E OLG 2195ff., 2199 - AEG-Vertriebsbindung; OLG Frankfurt, GRUR 1979, 864ff., 867 - 5 Sterne Programm.

180 Siehe hierzu 2. Kap. II.4.b., S.69ff.

181 Siehe hierzu 2. Kap. II.2., S.56ff.

182 BGH, GRUR 1969, 222ff., 224 - Le Galion.

183 Davon ausgehend BGH, GRUR 1985, 1059ff., 1060 - Vertriebsbindung; BGH, GRUR 1989, 832ff., 834 - Schweizer Außenseiter; zu den Anforderungen an die praktische

Der Bundesgerichtshof sieht es für die praktische Überwachung und Durchsetzung einer Vertriebsbindung als wesentlich an, ob und in welchem Umfang ein unmittelbares Vorgehen gegen Außenseiter im Ausland rechtlich möglich ist. Es scheine zwar nicht ausgeschlossen, daß ein Vertriebsbindungssystem auch ohne eine solche rechtliche Handhabe wirksam überwacht und auch praktisch hinreichend lückenlos erhalten werden könne. Angesichts der vielen Außenseiterprozesse im In- und Ausland, sei aber in aller Regel eine derartige rechtliche Möglichkeit unumgänglich erforderlich.[184]

Demgegenüber wird vertreten, daß eine internationale praktische Lückenlosigkeit nicht erforderlich sei, sondern daß vielmehr die praktisch lückenlose Durchsetzung im Inland ausreichend sei, weil ansonsten eine praktische Lückenlosigkeit wegen des fehlenden Lauterkeitsschutzes gegen die bloße Ausnutzung fremden Vertragsbruchs, wie etwa in Österreich und der Schweiz, überhaupt nicht mehr erreichbar sei.[185]

c. Entwicklung eines eigenen Lösungsvorschlags - Teil 3

aa. Nationale Lückenlosigkeit

Wenn bei rein nationalen, durch Importe nicht gefährdeten Bindungssystemen die theoretische und praktische Lückenlosigkeit im Inland vorliegt, kann der Außenseiter die gebundene Ware auf seinem inländischen Bezugsmarkt nur unter Aus-

---

Lückenlosigkeit kritisch Beier GRUR 1987, 131ff., 138f.

184 BGH, GRUR 1989, 832ff., 834 - Schweizer Außenseiter; nicht so weitgehend OLG Hamburg, GRUR 1987, 387ff., 388 = GRUR Int. 1988, 360ff., 361 - Davidoff-Kosmetika; OLG Köln, WRP 1986, 236ff., 237 - Vertriebsbindungssystem; OLG Köln, GRUR 1987, 556ff., 557 - Jil-Sanders-Kosmetiks; LG Köln, GRUR Int. 1989, 591f., 592 - Payot-Vertriebsbindung; LG Mannheim, U. v. 24.7.1987, Az.: 7 O 37/87, S.1ff., 12, n.v.

185 Sack: Probleme, ÖBl 1988, 113ff. und 145ff., 147f.; Kraßer: Anm., GRUR Int. 1988, 709ff., 711.

nutzung fremden Vertragsbruchs erworben haben und erlangt dann durch den Vertrieb der gebundenen Ware auf seinem inländischen Absatzmarkt einen Vorsprung, wodurch er das gesamte Bindungssystem gefährdet.[186]
Das bindende Unternehmen muß die theoretisch lückenlose Bindung aller seiner Abnehmer und die Überwachung der Einhaltung der Bindung darlegen und beweisen. Demgegenüber kann der Außenseiter Fälle aus seinem gesamten inländischen Bezugsmarkt vorbringen, in denen das bindende Unternehmen Verstöße nicht entdeckt und verfolgt hat. Dadurch wird der Schluß auf eine Ausnutzung fremden Vertragsbruchs erschüttert. Wenn das bindende Unternehmen nachweist, daß dadurch keine Lücken entstanden sind, die gebundenen Händlern die Vertragseinhaltung unzumutbar gemacht haben, ist der Schluß gerechtfertigt, daß der Außenseiter fremden Vertragsbruch ausgenutzt hat.
Aufgrund der in dieser Situation feststehenden Lückenlosigkeit auf dem gesamten inländischen Markt ergibt sich auch, daß der Außenseiter auf seinem inländischen Absatzmarkt einen Vorsprung erlangt und durch sein Verhalten den Bestand des ganzen Bindungssystems beeinträchtigt.

Die eigenständige Bedeutung der Lückenlosigkeit für den Nachweis der Vorsprungserlangung wird deutlich, wenn der Lieferant des Außenseiters bekannt ist.
Jetzt muß das bindende Unternehmen zum Nachweis der Ausnutzung fremden Vertragsbruchs nicht die theoretische und praktische Lückenlosigkeit für den gesamten inländischen Markt dartun. Es reicht vielmehr die Darlegung der theoretischen und praktischen Lückenlosigkeit auf dem Absatzmarkt des Lieferanten, woraus sich die Ausnutzung fremden Vertragsbruchs ergibt.
Um nun die Vorsprungserlangung des Außenseiters auf dessen

186 Siehe zum hier entwickelten Lösungsvorschlag auch schon 10. Kap. III.1.d., S.253ff. und 10. Kap. IV.1.c., S.268f.

Absatzmarkt zu belegen, bedarf es nur des Nachweises der theoretischen und praktischen Lückenlosigkeit auf diesem Absatzmarkt. Der Außenseiter kann nun mit hier auftretenden Lücken den Nachweis der Vorsprungserlangung erschüttern. Das bindende Unternehmen hat die Bedeutung dieser Lücken zu entkräften.
Gelingt ihm dies, so ergibt sich aus der theoretischen und praktischen Lückenlosigkeit der Vorsprung des Außenseiters.

Erst bei diesem Sachstand stellt sich die Frage der Zumutbarkeit.
Die Zumutbarkeit der Beachtung der Bindung entfällt bei einem Außenseiter, wenn er damit rechnen muß, daß andere Außenseiter Bezugsquellen wahrnehmen, bei denen keine Ausnutzung fremden Vertragsbruchs vorliegt und die das bindende Unternehmen deshalb auch nicht unterbinden kann. Ein Abwarten bis dieser Fall eintritt, ist dem Außenseiter nicht zumutbar.
Weil der Außenseiter keine Vorteile von der Vertriebsbindung hat, die es dem gebundenen Händler zumutbar machen, tatsächliche Lücken abzuwarten, sind gegenüber gebundenen Händlern und Außenseitern nicht die gleichen Zumutbarkeitserwägungen anzuwenden.
Nach allgemeinen Grundsätzen trifft aber den Außenseiter die Darlegungs- und Beweislast, daß ihm die Beachtung der Bindung nicht zumutbar ist.
Diese Zumutbarkeitserwägungen kommen bei nationalen, durch Importe nicht gefährdeten Bindungssystemen nur zum Tragen, wenn das bindende Unternehmen ohne Nachweis der theoretischen und praktischen Lückenlosigkeit für den gesamten inländischen Markt konkret den Vertragsbruch des gebundenen Händlers auf dessen Absatzmarkt und die Vorsprungserlangung des Außenseiters auf dessen Absatzmarkt nachweisen konnte.

bb. Internationale Lückenlosigkeit

Ähnlich wie bei nationalen Bindungssystemen verhält es sich auch bei internationalen Bindungssystemen.
Soweit es der Feststellung der Ausnutzung fremden Vertragsbruchs auf dem ausländischen Bezugsmarkt des Außenseiters bedarf, ist die theoretische Lückenlosigkeit in diesem Land erforderlich, weil nur so der Schluß auf den Vertragsbruch eines gebundenen Händlers möglich ist.
Die praktische Lückenlosigkeit auf dem ausländischen Bezugsmarkt ist nur dann erforderlich, wenn die ausländische Rechtsordnung das Fortbestehen der vertraglichen Verpflichtungen der gebundenen Händler an die praktische Lückenlosigkeit knüpft. Dies ist vom Ansatz etwa in Österreich und der Schweiz der Fall.

Soweit im Ausland die praktische Lückenlosigkeit erforderlich ist, kann der Außenseiter Fälle vorbringen, in denen das bindende Unternehmen Verstöße nicht entdeckt und verfolgt hat. Dadurch wird der Schluß auf eine Ausnutzung fremden Vertragsbruchs erschüttert. Wenn das bindende Unternehmen nachweist, daß dadurch keine Lücken entstanden sind, die den gebundenen Händlern die Vertragseinhaltung unzumutbar gemacht haben, ist der Schluß gerechtfertigt, daß der Außenseiter fremden Vertragsbruch ausgenutzt hat.
Hat das bindende Unternehmen etwa die undichte Stelle in seinem Vertriebsnetz im Ausland entdeckt, kann es diese Lücke schließen, ohne daß ein gerichtliches Vorgehen gegen Außenseiter erfolgreich sein muß. Lassen sich aber Lücken im Ausland nicht auf diesem Wege beseitigen, könnte es doch erforderlich sein, daß ein lauterkeitsrechtlicher Schutz gegen Außenseiter im Ausland erlangbar ist, weil ansonsten den gebundenen Händlern im Ausland die Vertragseinhaltung unzumutbar sein könnte und ein Schluß auf eine Ausnutzung fremden Vertragsbruchs ausgeschlossen sein könnte. Auf diese Problematik wird im Rahmen der Erörterung der erforderlichen

Reichweite der Lückenlosigkeit des Bindungssystems noch einzugehen sein.[187]

Für die Frage der Vorsprungserlangung durch den Vertrieb gebundener Ware auf dem inländischen Absatzmarkt ist die Lückenlosigkeit im Ausland nicht erforderlich.
Für die Vorsprungserlangung kommt es nur darauf an, daß das Bindungssystem im Inland theoretisch und praktisch lückenlos ist. Weist das bindende Unternehmen die theoretische Lückenlosigkeit und die Überwachung der Einhaltung der Bindung im Inland nach, ergibt sich daraus die erforderliche Vorsprungserlangung des Außenseiters.
Diese Feststellung kann der Außenseiter erschüttern, indem er unentdeckte Fälle von Außenseitern aufzeigt. Dabei wird es sich vor allem um Importe handeln.
Wenn solche Importe tatsächlich stattfinden und dadurch die praktische Lückenlosigkeit gefährdet werden könnte, ist es erforderlich, daß der Vertrieb derartiger Waren unterbunden werden kann. Dies setzt aber voraus, daß beim Bezug dieser Waren im Ausland fremder Vertragsbruch ausgenutzt worden ist, was wiederum die theoretische und unter den oben genannten Umständen die praktische Lückenlosigkeit zur Voraussetzung hat.

Hat das bindende Unternehmen die praktische Lückenlosigkeit nachgewiesen, so liegt es nun am Außenseiter nachzuweisen, daß ihm die Beachtung der Bindung unzumutbar ist, weil die Wahrscheinlichkeit von nicht zu verhindernden Importen besteht.

---

187 Siehe hierzu 10. Kap. IV.3.c., S.282ff., 287ff.

3. Die Reichweite der Lückenlosigkeit

a. Konsequenzen der bisherigen Überlegungen für die Reichweite der Lückenlosigkeit

Ist die Bezugsquelle des Außenseiters nicht bekannt, könnte man sich auf den Standpunkt stellen, daß insbesondere zum Nachweis der Ausnutzung fremden Vertragsbruchs eine internationale Lückenlosigkeit erforderlich ist.[188]
Dies ist eine systemimmanente Konsequenz des Lückenlosigkeitserfordernisses, wenn man die zu nationalen Bindungssystemen entwickelten Kriterien unbesehen auf internationale Bindungssysteme überträgt.
Diese Anforderungen an die Reichweite der Lückenlosigkeit sind aber überspannt.[189]
Zur Vermeidung eines weltweiten Lückenlosigkeitserfordernis werden verschiedene Lösungen vorgeschlagen.

b. Ansätze zur Reduzierung der Reichweite der Lückenlosigkeit bei internationalen Bindungssystemen

aa. Lückenlosigkeitserfordernis nur für die Staaten, aus denen wirtschaftlich vernünftige Importe ernsthaft und spürbar zu erwarten sind

Nach einer häufig vertretenen Ansicht soll nur die Möglichkeit von Reimporten, mit denen ernsthaft und spürbar zu rechnen sei, die Lückenlosigkeit des gedanklichen Aufbaus eines Bindungssystems beseitigen. Wirtschaftlich unvernünftige Reimporte sollen die gedankliche Lückenlosigkeit nicht berühren.

---

188 In diese Richtung OLG Köln, GRUR 1978, 655f., 656 - ausländischer Depositär; OLG Köln, WRP 1990, 711ff., 716 - Gucci-Vertriebsbindung.

189 Regelmann: Lückenlosigkeit, WRP 1989, 779ff., 781.

Sind wegen der räumlichen Entfernung und der dadurch bedingten Transportkosten für den Hin- und Rücktransport der Ware Reimporte wirtschaftlich unvernünftig, spreche eine tatsächliche Vermutung gegen spürbar und ernsthaft zu erwartende Reimporte, so daß es insoweit nicht auf die Lückenlosigkeit im Ausland ankomme.[190]
Dies führt dazu, daß etwa aufgrund der Transportkosten und des pro Einheit zu erzielenden Preises bei Artikeln der Unterhaltungselektronik in geringerem Umfang[191] und bei Kosmetikartikeln in größerem Umfang[192] mit einem Reimport ernsthaft gerechnet werden kann.
Die gedankliche Lückenlosigkeit werde auch nicht beeinträchtigt, wenn Reimporte wirtschaftlich unvernünftig sind, weil etwa Umbauten an den Geräten erforderlich wären.[193]
Ein Indiz dafür, daß Reimporte nicht stattfinden oder wirtschaftlich nicht sinnvoll sind, soll sich auch ergeben, wenn der Außenseiter keine substantiierten Angaben macht, daß er aus den betreffenden Ländern Ware bezogen oder angeboten erhalten hat.

Diese Vermutung könne im Einzelfall durch das tatsächliche Vorkommen von Reimporten aus solchen Ländern erschüttert

190 OLG Düsseldorf, WRP 1979, 121ff., 125 - Selektive Vertriebsbindung; OLG Düsseldorf, GRUR Int. 1985, 204ff., 207f. - Grundig-Vertriebsbindung; OLG Düsseldorf, WRP 1986, 150ff., 153 - Selektives Vertriebsbindungssystem; OLG Frankfurt, WuW/E OLG 2195ff., 2200f. - AEG-Vertriebsbindung; OLG Frankfurt, GRUR 1979, 864ff., 868 - 5 Sterne Programm; OLG Köln, GRUR 1987, 556ff., 557 - Jil-Sanders-Kosmetiks; OLG Köln, WRP 1990, 711ff., 716 - Gucci-Vertriebsbindung; LG Mannheim, U. v. 24.7.1987, Az.: 7 O 37/87, S.1ff., 9f., n.v.; Sack: Probleme, ÖBl 1988, 113ff. und 145ff., 147; Hootz: Durchsetzung, BB 1984, 1648ff., 1649; Langen: Kommentar, § 16, Rn.90, S.452; Lukes/Munk: Lückenhaftigkeit, DB 1973, 1107ff., 1113.

191 Siehe hierzu OLG Düsseldorf, WRP 1979, 121ff., 125 - Selektive Vertriebsbindung.

192 Siehe hierzu OLG Düsseldorf, WRP 1986, 150ff., 154 - Selektives Vertriebsbindungssystem.

193 OLG Frankfurt, WuW/E OLG 1039f., 1039f. - Waschmaschine.

werden und das bindende Unternehmen dann zu einer weiteren Substantiierung zwingen.[194]

Ein Vortrag zur praktischen Lückenlosigkeit, also zur Überwachung und Durchsetzbarkeit der Bindung gegen Außenseiter im Ausland, sei nur erforderlich, wenn tatsächlich Reimporte stattfinden.[195]

Darlegung und Beweis eines auch noch sonstige Länder erfassenden lückenlosen Vertriebsbindungssystems wäre mit einem kaum noch zu bewältigenden Aufwand verbunden und würde einen wirksamen Rechtsschutz praktisch unmöglich machen und könne auch aus materiellrechtlichen Gründen nicht verlangt werden.[196]

Soweit man darauf abstellt, daß wirtschaftlich nicht sinnvolle Importe unbeachtlich sind, ist dies nur im Hinblick auf Reimporte überzeugend.

Bei Parallelimporten unterscheiden sich aber die Transportkosten und Zollbelastungen bei autorisierten und unautorisierten Importen nicht.[197]

bb. Lückenlosigkeit nur für die EG-Mitgliedstaaten und die (deutschsprachigen) EFTA-Staaten

Teilweise wird die soeben beschriebene Ansicht auf eine bestimmte Ländergruppe hin spezifiziert. Ein möglicher Reimport sei unerheblich, wenn mit ihm vernünftigerweise tatsächlich nicht gerechnet werden könne, wenn es sich also um Möglichkeiten handele, von denen kein inländischer Unterneh-

---

194 OLG Düsseldorf, WRP 1979, 121ff., 125 - Selektive Vertriebsbindung; OLG Frankfurt, WuW/E OLG 2195ff., 2200f. - AEG-Vertriebsbindung; OLG Frankfurt, GRUR 1979, 864ff., 868 - 5 Sterne Programm; LG Köln, GRUR Int. 1989, 591f., 591 - Payot-Vertriebsbindung.

195 Kunath: Darlegungspflicht, GRUR 1988, 804ff., 804.

196 OLG Düsseldorf, WRP 1979, 121ff., 125 - Selektive Vertriebsbindung; LG Köln, GRUR Int. 1989, 591f., 591 - Payot-Vertriebsbindung.

197 Markert: Preisbindung, BB 1973, 638ff., 642.

mer Gebrauch mache. Schon aufgrund der erheblichen Transport- und Zollkosten sei insoweit eine tatsächliche Vermutung zu berücksichtigen, daß ein Reimport außerhalb des EG- und EFTA-Bereichs in die Bundesrepublik Deutschland nicht zu erwarten sei.[198]
Ohne Vorliegen besonderer Umstände sei eine Darlegung der gedanklichen Lückenlosigkeit für Staaten außerhalb der EG-Mitgliedstaaten und der EFTA-Staaten oder - einschränkend - der deutschsprachigen EFTA-Staaten nicht erforderlich. Die gedankliche Lückenlosigkeit sei nicht beeinträchtigt, wenn mit bindungsfreien Reimporten aus den sonstigen Staaten nicht ernsthaft zu rechnen sei.[199]
Wie auch bei der zuvor beschriebenen Ansicht kann es aber auch hier doch auf eine weltweite Lückenlosigkeit ankommen.

cc. Bindungsfreier Import als Sittenverstoß

Nach einer von Rowedder vertretenen Ansicht sei zwar grundsätzlich am Lückenlosigkeitserfordernis festzuhalten. Eine Lückenlosigkeit im Ausland sei jedoch nicht erforderlich.
Es sei aber unzulässig, im Inland vertriebsgebundene Ware aus einem vertriebsbindungsfreien Land zu importieren und im Inland frei von den Pflichten der Vertriebsbindung zu vertreiben, wenn das Vertriebsbindungssystem im Inland lückenlos ist.[200]
Rowedder begründet dies damit, daß ein Vertriebsbindungssystem ein sonstiges Recht i.S.v. § 823 Abs.1 BGB[201] sei, dem

---

198 OLG Düsseldorf, WRP 1979, 121ff., 125 - Selektive Vertriebsbindung; LG Köln, GRUR Int. 1989, 591f., 591 - Payot-Vertriebsbindung.
199 OLG Düsseldorf, WRP 1979, 121ff., 124f. - Selektive Vertriebsbindung; LG Köln, GRUR Int. 1989, 591f., 591 - Payot-Vertriebsbindung; Kunath: Darlegungspflicht, GRUR 1988, 804ff., 804.
200 Rowedder: Gedanken, in: FS f. Pfeiffer, S.751ff., 762.
201 Rowedder: Gedanken, in: FS f. Pfeiffer, S.751ff., 763 führt zwar § 823 Abs.2 an; da er aber von einem sonsti-

nach § 1004 BGB ein Anspruch auf Freiheit von Störungen zustünde.[202]
Damit beurteilt Rowedder bindungsfreie Importe per se als einen Sittenverstoß i.S.v. § 1 UWG,[203] wenn das Bindungssystem im Inland theoretisch und praktisch lückenlos ist.

dd. Beweislastumkehr

Diskutiert wird auch eine Beweislastumkehr.
Danach soll dem Außenseiter die Darlegungs- und Beweislast dafür auferlegt werden, aus welcher Quelle er die Ware angeblich bindungsfrei bezieht,[204] oder zumindest aus welchem Land er diese bindungsfrei bezogen hat,[205] damit sich der Vertriebsbinder konkret gegen dessen allgemeine Lückenbehauptung verteidigen könne.
Letztlich kann aber auch hier eine weltweite Lückenlosigkeit erforderlich sein, wenn der Absatz vertriebsgebundener Ware durch Außenseiter trotz langer Transportwege noch vorteilhaft ist.

c. Entwicklung eines eigenen Lösungsvorschlags - Teil 4

aa. Reichweite der Lückenlosigkeit bei internationalen Vertriebsbindungen

Die aufgezeigten Lösungsansätze weisen jeweils einen zutreffenden Kern auf. Bis auf den Vorschlag Rowedders führen aber alle Meinungen letztlich doch dazu, daß das Bindungssystem

---

gen Recht spricht, dürfte wohl § 823 Abs.1 BGB gemeint sein.

202 Rowedder: Gedanken, in: FS f. Pfeiffer, S.751ff., 763.
203 Rowedder: Gedanken, in: FS f. Pfeiffer, S.751ff., 758.
204 Dies erwägend Beier: Schutz, GRUR 1987, 131ff., 138.
205 Regelmann: Lückenlosigkeit, WRP 1989, 779ff., 783.

weltweit eingeführt und überwacht werden müßte, wenn Reimporte wirtschaftlich sinnvoll sind und Reimporte deshalb durchaus in Betracht zu ziehen sind.
Der Schutz von Vertriebsbindungen hängt dann doch von tatsächlichen und rechtlichen Umständen ab, auf die das bindende Unternehmen keinen Einfluß hat.

Die Zulassung von Vertriebsbindungen beruht auf der Anerkennung ihrer überwiegend positiven Effekte.[206]
Diese Anerkennung beruht auf europäischem Gemeinschaftsrecht und gilt nicht nur für qualifizierte, sondern auch für einfache Fachhandelsbindungen.[207] Tatsächliche und rechtliche Umstände in Drittstaaten können diese Anerkennung nicht in Frage stellen.

Der Vertriebsbinder muß sich bei internationalen Vertriebsbindungen an den Zulässigkeitskriterien des europäischen Gemeinschaftsrechts ausrichten.
Schon um sein Interesse an der Durchführung eines Vertriebsbindungssystems zu belegen, muß er deshalb bestrebt sein, sein Bindungssystem in den EG-Mitgliedstaaten lückenlos aufzubauen.
Aufgrund der wirtschaftlichen Verflechtung mit den deutschsprachigen EFTA-Staaten, die die positive Beurteilung von Vertriebsbindungen grundsätzlich teilen, und aufgrund der geographischen Lage dieser Staaten zwingt das europäische Gemeinschaftsrecht grundsätzlich dazu, auch diese Länder in das Bindungssystem miteinzubeziehen.

Spätestens seit der Wiedervereinigung der beiden deutschen Staaten ist auch der Markt der ehemaligen DDR in Vertriebsbindungssysteme und auch in Preisbindungssysteme für Bücher miteinzubeziehen.

---

206 Kraßer: Anm., GRUR Int. 1988, 709ff., 711.
207 Siehe hierzu 10. Kap. III.1.d., S.253f.; siehe zum hier entwickelten Lösungsvorschlag auch schon 10. Kap.

Der innerdeutsche Handel[208] hatte zwar schon vor den politischen Umwälzungen durch das "Protokoll über den innerdeutschen Handel und die damit zusammenhängenden Fragen" vom 25.3.1957[209] eine Sonderstellung im Rahmen der EG. Spätestens seit der Wiedervereinigung[210] ist das Gebiet der ehemaligen DDR aber Bestandteil eines gesamtdeutschen und europäischen Binnenmarktes.
Die Darlegung und der Nachweis der Lückenlosigkeit muß sich somit auch auf das Gebiet der ehemaligen DDR erstrecken.
Soweit also bisher vom Inland oder inländischen Markt die Rede war, erfaßt dieser Begriff jetzt auch das Gebiet der ehemaligen DDR als Bestandteil des Inlands.

Die positive Beurteilung von Vertriebsbindungen in der genannten Staatengruppe würde in Frage gestellt, wenn ein Schutz internationaler Vertriebsbindungen in Abhängigkeit von tatsächlichen und rechtlichen Umständen in Drittstaaten beurteilt wird.
Zu dieser Konsequenz gelangt man aber, wenn man als Ansatzpunkt eines Unlauterkeitsurteils auch beim Warenbezug aus Drittstaaten eine Ausnutzung fremden Vertragsbruchs und zum Nachweis der Ausnutzung fremden Vertragsbruchs eine weltweite Lückenlosigkeit des Bindungssystems verlangt.
Wenn ein Vertriebsbinder in den EG-Mitgliedstaaten und den

III.1.d., S.253ff., 10. Kap. IV.1.c., S.268f. und 10. Kap. IV.2.c., S.273ff.

208 Siehe zu den bisherigen Rechtsgrundlagen des innerdeutschen Wirtschaftsverkehrs Bollmann: Rechtsgrundlagen, BB 1990, Beilage 20, S.10ff.; Vogel-Claussen: Wirtschaftsverkehr, DtZ 1990, 33ff.

209 Abgedr. in BGBl. 1957 II 984; siehe hierzu Luttosch/Scherer: Verhältnis, BB 1990, Beilage 11, S.3ff., 5ff.; Meier: "Innerdeutsches Protokoll", BB 1990, Beilage 11, S.1ff.; EuGH, Slg. 1974, 899ff., 905ff. - Schweinebäuche; EuGH, Slg, 1979, 2789ff., 2802ff. - Innerdeutscher Handel; EuGH, RIW 1989, 1007 - Schäfer Shop BV.

210 Siehe zu den verfassungsrechtlichen und europarechtlichen Fragen der Wiedervereinigung Grabitz/von Bogdandy: Einheit, NJW 1990, 1073ff., 1075ff.; Klein: Schwelle, NJW 1990, 1065ff., 1068ff.; Scherer: Weg, BB 1990, Beilage 16, S.11ff.; Sedemund: Einheit, EuZW 1990, 11ff.

deutschsprachigen EFTA-Staaten mit dem theoretisch und praktisch lückenlosen Aufbau eines Vertriebsbindungssystems eine Leistung erbracht hat, wird diese durch bindungsfreie Importe aus Drittstaaten zum Nachteil des Herstellers, der gebundenen Händler und der Verbraucher gefährdet.

Unlauter ist deshalb die Mißachtung einer kartellrechtlich positiv bewerteten Vertriebsbindung mittels bindungsfreien Imports aus Drittstaaten und mittels der sich daran anschließenden Erlangung eines Vorsprungs des Außenseiters vor den gebundenen Händlern und den anderen Außenseitern, wodurch der Bestand des gesamten Vertriebsbindungssystems gefährdet wird.
Die Lückenhaftigkeit in Drittländern spielt deshalb nach der hier vertretenen Auffassung keine Rolle. Entweder hat der Außenseiter in Drittländern fremden Vertragsbruch ausgenutzt oder er hat aus Drittländern bindungsfrei importiert. Beides ist als Ansatzpunkt eines Unlauterkeitsurteils ausreichend.

Wenn der Außenseiter die vertriebsgebundene Ware in den EG-Mitgliedstaaten oder den deutschsprachigen EFTA-Staaten erworben hat oder die Bezugsquelle nicht bekannt ist, ist deshalb zum Nachweis der Ausnutzung fremden Vertragsbruchs keine weltweite Lückenlosigkeit, sondern nur eine Lückenlosigkeit in der genannten Staatengruppe erforderlich.
Dieser Beschränkung des Nachweises der Lückenlosigkeit kann keine Willkürlichkeit vorgeworfen werden,[211] weil sie durch die kartellrechtlich positive Bewertung von Vertriebsbindungen in der genannten Staatengruppe legitimiert ist.

Der Unlauterkeitstatbestand läßt sich somit wie folgt formulieren.
Unlauter ist die Mißachtung einer im Bereich der EG-Mitgliedstaaten und der deutschsprachigen EFTA-Staaten kartell-

---

211 So aber Regelmann: Lückenlosigkeit, WRP 1989, 779ff., 782.

rechtlich positiv bewerteten Vertriebsbindung mittels Ausnutzung fremden Vertragsbruchs oder bindungsfreien Imports aus Drittländern und mittels der sich aus dem Vertrieb der gebundenen Ware ergebenden Erlangung eines Vorsprungs vor gebundenen Händlern und anderen Außenseitern, wodurch der Bestand des gesamten Bindungssystem gefährdet wird.

Dem Erfordernis der Lückenlosigkeit des Bindungssystems kommt im Rahmen dieses Unlauterkeitstatbestandes folgende Bedeutung zu.

Wenn der Außenseiter die vertriebsgebundene Ware in den EG-Mitgliedstaaten oder den deutschsprachigen EFTA-Staaten bezogen hat oder wenn die Bezugsquelle nicht bekannt ist, ist zum Nachweis der Ausnutzung fremden Vertragsbruchs durch den Außenseiter die Darlegung der theoretischen und unter Umständen der praktischen Lückenlosigkeit des Bindungssystems in der genannten Staatengruppe erforderlich.

Dazu bedarf es in erster Linie der Darlegung und des Beweises der kartellrechtlichen Zulässigkeit der Vertriebsbindung für den Bereich der EG-Mitgliedstaaten und der deutschsprachigen EFTA-Staaten.
Aufgrund der hier vertretenen Ansicht bedarf es dafür im Hinblick auf die EG-Mitgliedstaaten nur der Vereinbarkeit der internationalen Vertriebsbindung mit dem europäischen Gemeinschaftsrecht.[212]
Aufgrund der grundsätzlich vergleichbaren Rechtslage in Österreich und der Schweiz bereitet der Nachweis der Vereinbarkeit mit dem nationalen Recht dieser Staaten keine Schwierigkeiten.
Man kann aufgrund der vorliegenden Untersuchung sogar die Vermutung aufstellen, daß ein mit dem europäischem Gemeinschaftsrecht vereinbares Vertriebsbindungssystem auch nach österreichischem und schweizerischem Kartellrecht unbedenk-

212 Siehe hierzu 2. Kap. II.4., S.64ff.

lich ist. Der Außenseiter müßte durch eigenen Sachvortrag diese Vermutung erschüttern.

Für den Nachweis der theoretischen Lückenlosigkeit muß der Vertriebsbinder darlegen, daß er alle seine Abnehmer auf die Einhaltung der Vertriebsbindung verpflichtet.
Der Außenseiter kann demgegenüber Fälle unterlassener Bindungen von belieferten Händlern darlegen.
Da zumindest in Österreich und der Schweiz bei praktischer Lückenhaftigkeit den gebundenen Händlern die Vertragseinhaltung unzumutbar werden kann, muß der Vertriebsbinder auch die Überwachung der Vertriebsbindung in diesen Ländern nachweisen.
Der Nachweis der Überwachung der Vertriebsbindung ist auch für die anderen EG-Mitgliedstaaten erforderlich, soweit deren Rechtsordnungen bei praktischer Lückenhaftigkeit eine Vertragseinhaltung für unzumutbar halten.
Ist die Bezugsquelle des Außenseiters nicht bekannt, muß der Vertriebsbinder, soweit nationale Rechtsordnungen bei praktischer Lückenhaftigkeit die Vertragseinhaltung durch gebundene Händler für unzumutbar halten, auch die Überwachung der Vertriebsbindung in diesen Ländern nachweisen.
Der Außenseiter kann jetzt die Vermutung der Lückenhaftigkeit durch konkrete Fälle erschüttern. Der Vertriebsbinder hat dann die relevante Bedeutung dieser konkreten Fälle zu widerlegen.

Soweit es der Lückenlosigkeit zum Nachweis der Vorsprungserlangung bedarf, ist, wie bereits ausgeführt,[213] nur eine inländische Lückenlosigkeit erforderlich.
Deren Nachweis ist allerdings auch erforderlich, soweit es sich um bindungsfreie Importe aus Drittstaaten handelt; denn ein Import ist nicht per se unlauter, sondern nur ein bindungsfreier Import, durch den der Außenseiter einen Vorsprung erlangt.

---

213 Siehe hierzu 10. Kap. IV.2.c., S.277.

Auch für die vom Außenseiter zu beweisende Unzumutbarkeit der Beachtung der Bindung gelten die bereits gemachten Ausführungen.[214] Raum dafür bleibt aber nur, wenn der Vertriebsbinder die Ausnutzung fremden Vertragsbruchs ohne Darlegung der Lückenlosigkeit für die EG-Mitgliedstaaten und die deutschsprachigen EFTA-Staaten und die Vorsprungserlangung ohne die Darlegung der Lückenlosigkeit für das Inland bewiesen hat.
Dann kann der Außenseiter nachweisen, daß nicht verhinderbare Importe aus anderen EG-Mitgliedstaaten und deutschsprachigen EFTA-Staaten ohne Ausnutzung fremden Vertragsbruchs möglich sind. Bindungsfreie Importe aus Ländern außerhalb dieser Staatengruppe führen nicht zur Unzumutbarkeit, da solche Importe, auch wenn sie bindungsfrei erfolgen, nach der hier vertretenen Ansicht vom Vertriebsbinder unterbunden werden können.

Im Hinblick auf den Nachweis der Ausnutzung fremden Vertragsbruchs stellt sich aber noch ein Problem.
Der Nachweis der Ausnutzung fremden Vertragsbruchs könnte scheitern, wenn der Vertriebsbinder etwa in Österreich und der Schweiz einen Außenseitervertrieb nicht unterbinden kann, weil die Ausnutzung fremden Vertragsbruchs in diesen Ländern nicht als unlauter angesehen wird und deshalb letztlich den dortigen gebundenen Händlern die Vertragseinhaltung unzumutbar wird.[215]

Zur Lösung dieses Problems ist noch einmal auf die Grundzüge der hier vertretenen Ansicht einzugehen.
Mit der hier vertretenen Auffassung soll erreicht werden, die durch das europäische Gemeinschaftsrecht und das österreichische und schweizerische Recht anerkannte und legitimierte Leistung des Betreibens eines Vertriebsbindungssystems gegen Außenseiter zu schützen.

---

214 Siehe hierzu 10. Kap. IV.2.c., S.275.
215 Siehe hierzu 10. Kap. IV.2.c., S.273ff., 276.

Die Gesichtspunkte "Ausnutzung fremden Vertragsbruchs" und "Erlangung eines Vorsprungs" sind nur Hilfsmittel, mit denen der Vertriebsbinder die Gefährdung seiner Leistung durch Außenseiter nachweist.
Die hier vertretene Lösung versucht, Kartellrecht und Lauterkeitsrecht miteinander in Einklang zu bringen und kartellrechtlich erwünschte Marktstrukturen nicht lauterkeitsrechtlich schutzlos zu stellen.
Durch die positive Beurteilung von internationalen Vertriebsbindungen in den EG-Mitgliedstaaten, die aus dem europäischen Gemeinschaftsrecht resultiert, und durch eine vergleichbare rechtlichen Lage in Österreich und der Schweiz läßt sich das hier vertretene Schutzkonzept auch auf diese Länder anwenden. In jedem dieser Länder könnte der Vertriebsbinder dann, wenn er seine Leistung erbracht hat, gegen Außenseiter mit Erfolg vorgehen.
Allerdings ist einzuräumen, daß die österreichische und die schweizerische Rechtsprechung, die die Ausnutzung fremden Vertragsbruchs nicht als Ansatzpunkt eines Unlauterkeitsurteils ansehen wollen, weit von einem derartigen Schutzkonzept entfernt sind.

Soweit sich die Rechtssprechung anderer EG-Mitgliedstaaten und der deutschsprachigen EFTA-Staaten nicht dem hier vertretenen Schutzkonzept anschließt, bleibt festzustellen, daß von einem vertriebsbindenden Unternehmen nichts Unmögliches verlangt werden kann.
Der Nachweis einer Ausnutzung fremden Vertragsbruchs durch den Außenseiter wird nach der hier vertretenen Auffassung nur zum Nachweis dafür verlangt, daß der Vertriebsbinder eine wettbewerbsrechtlich schützenswerte Leistung erbracht hat; denn durch den Nachweis der Ausnutzung fremden Vertragsbruchs wird deutlich, daß der Vertriebsbinder sein Bindungssystem so aufgebaut hat und betreibt, daß seine Waren nur von qualifizierten gebundenen Händlern vertrieben werden.
Soweit die Rechtsprechung anderer EG-Mitgliedstaaten und der

deutschsprachigen EFTA-Staaten die Leistung des Vertriebsbinders nicht im erforderlichen Maße zu schützen bereit ist, muß der Vertriebsbinder zum Nachweis der von ihm in diesen Ländern erbrachten Leistung nicht einen Warenbezug durch Ausnutzung fremden Vertragsbruchs nachweisen.
Es ist vielmehr zum Nachweis seiner Leistung nur erforderlich, daß er alle seine Abnehmer auf die Einhaltung der Vertriebsbindung verpflichtet und die Beachtung der Vertriebsbindung mit den ihm durch die jeweilige nationale Rechtsordnung eröffneten Mittel überwacht. Letztlich ist damit der trotz aller Anstrengungen des Vertriebsbinders erfolgende bindungsfreie Import aus diesen Staaten, der die im Inland erbrachte Leistung des Betreibens eines Vertriebsbindungssystems gefährdet, als unlauter einzuordnen.

Unlauter ist somit die Mißachtung einer im Bereich der EG-Mitgliedstaaten und der deutschsprachigen EFTA-Staaten kartellrechtlich positiv bewerteten Vertriebsbindung mittels Ausnutzung fremden Vertragsbruchs oder bindungsfreien Imports aus Drittländern und mittels der sich aus dem Vertrieb der gebundenen Ware ergebenden Erlangung eines Vorsprungs vor gebundenen Händlern und anderen Außenseitern, wodurch der Bestand des gesamten Bindungssystem gefährdet wird.
Soweit EG-Mitgliedstaaten und deutschsprachige EFTA-Staaten keinen effektiven Schutz von Vertriebsbindungen gewähren, bedarf es zum Nachweis der Leistung des Vertriebsbinders nicht der Darlegung, daß auch in diesen Ländern ein Warenbezug nur unter Ausnutzung fremden Vertragsbruchs erfolgen kann, sondern nur der Darlegung, daß der Vertriebsbinder alle seine Abnehmer auf die Einhaltung der Vertriebsbindung verpflichtet und deren Beachtung mit den ihm zur Verfügung stehenden Mitteln überwacht.

bb. Reichweite der Lückenlosigkeit bei internationalen Buchpreisbindungen

Ein ähnlicher Unlauterkeitstatbestand wie bei einer Mißachtung von Vertriebsbindungen läßt sich auch bei einer Mißachtung von Preisbindungen für Bücher formulieren.

Während internationale Vertriebsbindungen eine Rechtfertigung aus den Zulässigkeitsvoraussetzungen des europäischen Gemeinschaftsrechts erfahren, sind internationale Preisbindungen bei Verlagserzeugnissen aus deutscher Sicht nur im Bereich des Inlands und der deutschsprachigen EFTA-Staaten relevant.
Soweit auf Maßnahmen verzichtet wird, die gegen Art.85 EWGV verstoßen, richtet sich die Zulässigkeit ausschließlich nach nationalem Recht.[216]
Während sich aus der Zulassung von Vertriebsbindungen durch § 18 GWB keine besondere Schutzwürdigkeit von Vertriebsbindungen ergibt, spricht der hinter § 16 GWB stehende gesetzgeberische Grund für eine besondere Schutzwürdigkeit von Buchpreisbindungen; denn diese Vorschrift verdankt ihre Existenz der Einsicht, daß es sich bei einem Buch nicht nur um ein Wirtschaftsgut, sondern auch um ein Kulturgut handelt.[217]

Wie sich bei Vertriebsbindungen deren Lebensfähigkeit nach der Reichweite der relevanten rechtlichen und tatsächlichen Rahmenbedingungen richtet und deshalb im gesamten Bereich der EG und der deutschsprachigen EFTA-Staaten eingeführt und ausreichend gesichert werden muß, richtet sich auch bei der Preisbindung für Bücher die Lebensfähigkeit nach den relevanten rechtlichen und tatsächlichen Rahmenbedingungen.
Die Buchpreisbindung wird in Deutschland, Österreich und der Schweiz rechtlich positiv bewertet und auch nur in diesen

216 Siehe hierzu 2. Kap. II.2., S.56ff.
217 Fezer: Verfassungsnähe, GRUR 1988, 185ff., 192.

Ländern besteht ein regelmäßiger und größerer Bedarf nach deutschsprachigen Büchern. Die Lebensfähigkeit des Preisbindungssystems muß sich deshalb auch nur auf diesen Bereich erstrecken.

Zum Nachweis der Ausnutzung fremden Vertragsbruchs bedarf es daher nur der Lückenlosigkeit in den deutschsprachigen Ländern.
Allein der Hinweis auf Bezugsquellen in anderen EG-Mitgliedstaaten beeinträchtigt den Schluß auf die Ausnutzung fremden Vertragsbruchs nicht, weil Ausfuhren deutschsprachiger Bücher für den ausländischen Bedarf vom Umfang her zu vernachlässigen sind und weil bei größeren Reimporten die Vermutung gerechtfertigt ist, daß diese nur der Umgehung der inländischen Preisbindung dienen.[218]
Deshalb rechtfertigt die Lückenlosigkeit in den deutschsprachigen Staaten die Annahme der Ausnutzung fremden Vertragsbruchs. Der Außenseiter kann diese Annahme erschüttern, indem er Lücken im Inland und den deutschsprachigen EFTA-Staaten aufzeigt. Bezüglich dieser Lücken kann der Preisbinder deren mangelnde Bedeutung nachweisen.

Im Hinblick auf eine Vorsprungserlangung reicht der Nachweis der Lückenlosigkeit im Inland.
Der Außenseiter kann dann darlegen und beweisen, daß ihm die Beachtung der Preisbindung unzumutbar sei, weil die Wahrscheinlichkeit von Importen besteht, die der Preisbinder nicht verhindern kann.

Soweit die Rechtsprechung der deutschsprachigen EFTA-Staaten die Leistung des Preisbinders nicht im erforderlichen Maße zu schützen bereit ist, muß der Preisbinder zum Nachweis der von ihm in diesen Ländern erbrachten Leistung nicht einen Warenbezug durch Ausnutzung fremden Vertragsbruchs nachweisen.

---

218 Siehe hierzu 2. Kap. II.2., S.60f.

Es ist vielmehr wie bei Vertriebsbindungen zum Nachweis seiner Leistung nur erforderlich, daß er alle seine Abnehmer auf die Einhaltung der Preisbindung verpflichtet und die Beachtung der Preisbindung mit den ihm durch die jeweilige nationale Rechtsordnung eröffneten Mittel überwacht. Letztlich ist damit der trotz aller Anstrengungen des Preisbinders erfolgende bindungsfreie Import aus diesen Staaten, der die im Inland erbrachte Leistung des Betreibens eines Preisbindungssystems für Bücher gefährdet, als unlauter einzuordnen.

Unlauter ist somit die Mißachtung einer im Bereich Deutschlands und der deutschsprachigen EFTA-Staaten rechtlich positiv bewerteten Preisbindung für Bücher mittels Ausnutzung fremden Vertragsbruchs oder bindungsfreien Imports aus Drittländern und mittels der sich aus dem Vertrieb der gebundenen Ware ergebenden Erlangung eines Vorsprungs vor gebundenen Händlern und anderen Außenseitern, wodurch der Bestand des gesamten Bindungssystem gefährdet wird.
Soweit die deutschsprachigen EFTA-Staaten keinen effektiven Schutz von Preisbindungen für Bücher gewähren, bedarf es zum Nachweis der Leistung des Preisbinders nicht der Darlegung, daß auch in diesen Ländern ein Warenbezug nur unter Ausnutzung fremden Vertragsbruchs erfolgen kann, sondern nur der Darlegung, daß der Preisbinder alle seine Abnehmer auf die Einhaltung der Preisbindung verpflichtet und deren Beachtung mit den ihm zur Verfügung stehenden Mitteln überwacht.

4. Zusammenfassung

Unlauter ist die Mißachtung einer im Bereich der EG-Mitgliedstaaten und der deutschsprachigen EFTA-Staaten kartellrechtlich positiv bewerteten Vertriebsbindung mittels Ausnutzung fremden Vertragsbruchs oder bindungsfreien Imports aus Drittländern und mittels der sich aus dem Vertrieb der gebundenen Ware ergebenden Erlangung eines Vorsprungs vor gebundenen Händlern und anderen Außenseitern, wodurch der Bestand des gesamten Bindungssystem gefährdet wird.[219]

Unlauter ist die Mißachtung einer im Bereich Deutschlands und der deutschsprachigen EFTA-Staaten rechtlich positiv bewerteten Preisbindung für Bücher mittels Ausnutzung fremden Vertragsbruchs oder bindungsfreien Imports aus Drittländern und mittels der sich aus dem Vertrieb der gebundenen Ware ergebenden Erlangung eines Vorsprungs vor gebundenen Händlern und anderen Außenseitern, wodurch der Bestand des gesamten Bindungssystems gefährdet wird.

Durch die einheitliche, positive Beurteilung von Vertriebsbindungen beziehungsweise Buchpreisbindungen in der jeweils relevanten Staatengruppe läßt sich das hier vertretene Schutzkonzept auch auf diese Länder anwenden, wodurch das bindende Unternehmen mit zumutbaren Mitteln einen Schutz seiner Leistung erreichen könnte.

Soweit Staaten aus der jeweils relevanten Staatengruppe keinen effektiven Schutz von Vertriebsbindungen beziehungsweise Buchpreisbindungen gewähren, bedarf es zum Nachweis der Leistung des bindenden Unternehmens nur der Darlegung, daß das bindende Unternehmen alle seine Abnehmer auf die Einhaltung der Bindung verpflichtet und deren Beachtung mit den ihm zur Verfügung stehenden Mitteln überwacht.

---

219 Siehe hierzu 10. Kap. III.1.d., S.256; siehe zum hier entwickelten Lösungsvorschlag auch schon 10. Kap. III.1.d., S.253ff., 10. Kap. IV.1.c., S.268f., 10. Kap. IV.2.c., S.273ff. und 10. Kap. IV.3.c., S.282ff.

V. Anspruch auf Lieferantennennung gegen Außenseiter

1. Stand der Diskussion

Neben dem Vorgehen gegen den Außenseiter, der gebundene Ware veräußert hat, ist es zur Sicherung des Bindungssystems von erheblicher Bedeutung, dessen Lieferanten zu ermitteln. Diese Lieferanten sind häufig in- oder ausländische Großhändler, die in einem großen grenzüberschreitenden Absatzmarkt tätig sind.[220]
Mit einem Anspruch auf Nennung des Lieferanten könnte das bindende Unternehmen die undichte Stelle auffinden, die für die Gefährdung des Bindungssystems durch den Außenseiter ursächlich ist.

Ein derartiger Anspruch würde nicht der Vorbereitung und Durchsetzung eines Schadensersatz- oder Beseitigungsanspruches[221] gegen den Außenseiter, sondern der Beseitigung der fortwirkenden Störung oder des Schadens dienen, der aus dem durch den Außenseiter hervorgerufenen Eindruck der Lückenlosigkeit resultiert.[222]
Ein derartiger Anspruch läßt sich aber nur dann bejahen,

---

220 Dies hat auch eine nicht veröffentlichte Umfrage von einigen Industrie- und Handelskammern bei Einzelhändlern in Dortmund, Düsseldorf und Köln ergeben, die auf Ersuchen des OLG Frankfurt (Urteil vom 22.4.1985, Az.: 6 U 174/81, WuW/E OLG 3600ff. - Guy Laroche) durchgeführt worden ist.

221 Siehe hierzu BGH, GRUR 1972, 558ff., 560 - Teerspritzmaschinen; BGH, GRUR 1976, 367ff., 368f. - Ausschreibungsunterlagen; BGH, GRUR 1980, 227ff., 232 - Monumenta Germaniae Historica; BGH, GRUR 1988, 307f., 308 - Gaby; Tilmann: Auskunftsanspruch, GRUR 1987, 251ff.; Tilmann: Fragen, MA 1989, 35ff.; Schulz: Umsätze, in: FS f. Klaka, S.27ff.

222 Siehe hierzu Baumbach/Hefermehl: Wettbewerbsrecht, § 1, Rn.782, S.663, Rn.813, S.676; Beier: Schutz, GRUR 1987, 131ff., 139f.; Fikentscher/Krauß, in: Gem.Komm., § 16, Rn.270ff., S.112ff.; Kunath: Darlegungspflicht, GRUR 1988, 804ff.; 806f.; Tilmann: Auskunftsanspruch, GRUR 1987, 251ff., 258f.

wenn das Verhalten des Außenseiters als unlauter eingestuft werden konnte.[223]

Bei einem Schleichbezug und bei einer Verleitung zum Vertragsbruch begründet schon die Modalität des Warenbezugs die Unlauterkeit.
Zur Beseitigung der durch einen derartigen Warenbezug hervorgerufenen Erschütterung des Bindungssystems und zur Wiederherstellung des früheren Zustandes steht dem bindenden Unternehmen deshalb als Teil eines von dem Außenseiter nach § 249 BGB zu leistenden Schadensersatzes ein Anspruch auf Nennung seines Lieferanten zu.[224]

Ob auch im Falle der bloßen Ausnutzung fremden Vertragsbruchs ein Auskunftsanspruch besteht, hat der Bundesgerichtshof in der "Maggi"-Entscheidung zwar offengelassen.[225] In der "Trockenrasierer III"-Entscheidung hat er aber im Rahmen der Erörterungen über einen Auskunftsanspruch ausgeführt, daß der Vertrieb gebundener Waren durch Außenseiter bei allen drei Bezugsarten eine Erschütterung des Bindungssystems darstelle.[226]

Einige Oberlandesgerichte haben einen Auskunftsanpruch verneint, weil allein die Ausnutzung fremden Vertragsbruchs nicht unlauter sei und ein beim Warenabsatz erlangter Vor-

---

223 Siehe auch Messer: Schutz, WRP 1977, 378ff., 378; Regelmann: Anknüpfung, WRP 1989, 779ff., 782; siehe zu Schadensersatzansprüchen des Außenseiters gegen seinen Lieferanten, wenn der Außenseiter zur Unterlassung des Warenvertriebs verurteilt worden ist, OLG Stuttgart, NJW-RR 1988, 623f.

224 RGZ 148, 364ff., 374f. - 4711; RG, GRUR 1939, 562ff., 567 - Zeiß-Brillengläser; BGH, GRUR 1964, 320ff., 323 - Maggi; OLG Karlsruhe, GRUR 1987, 644f., 645 - Lieferanten-Nennung; Langen: Kommentar, § 16, Rn.94, S.454 (nur bei Verleitung zum Vertragsbruch).

225 BGH, GRUR 1964, 320ff., 323 - Maggi.

226 BGH, GRUR 1968, 272ff., 277 - Trockenrasierer III; dies hebt auch hervor Kunath: Darlegungspflicht, GRUR 1988, 804ff., 806.

sprung nichts daran ändere, daß die Lücke im Bindungssystem nicht durch ein unlauteres Verhalten des Außenseiters geschaffen worden sei.[227]
Andere Oberlandesgerichte bejahen einen Auskunftsanspruch, weil bereits die Ausnutzung fremden Vertragsbruchs zum Zwecke der Vorsprungserlangung unlauter sei. Da die Erschütterung des Bindungssystems auf das Verhalten des Außenseiters zurückzuführen sei, habe er Auskunft über seinen Lieferanten als Mittel zur Beseitigung des Schadens zu erteilen.[228]
Das Oberlandesgericht Karlsruhe befürwortet wegen der Erschütterung des Vertriebsbindungssystems sowohl in Fällen des Schleichbezugs, als auch in den Fällen der Verleitung zum Vertragsbruch und der Ausnutzung fremden Vertragsbruchs einen Auskunftsanspruch gegen den Außenseiter. In allen Fällen sei der Außenseiter kausal für die eingetretene Erschütterung des Vertriebsbindungssystems geworden. Der Außenseiter, der als ungebundener Händler etwa exklusive Kosmetikartikel vertreibe, schädige den Ruf des Markenartikelherstellers und verursache bei den gebundenen Händlern Zweifel über die Lückenlosigkeit des Vertriebsbindungssystems. Deshalb sei er aus dem Gesichtspunkt einer Schadensersatzpflicht nach § 249 BGB zur Nennung seines Lieferanten verpflichtet.[229]

Daneben wird ein Auskunftsanpruch bei Ausnutzung fremden

---

227 OLG Celle, GRUR 1977, 262ff., 264 - Bleyle-Artikel; OLG Hamm, BB 1964, 1401; Langen: Kommentar, § 16, Rn.94, S.454; einen Auskunftsanspruch für das niederländische Recht ablehnend Hof Amsterdam, NJ 1988, 2047, 2047-2048.

228 KG Berlin, BB 1965, 525f., 526; OLG Karlsruhe, GRUR 1987, 644f., 645 - Lieferanten-Nennung; Kunath: Darlegungspflicht, GRUR 1988, 804ff., 806.

229 OLG Karlsruhe, GRUR 1987, 644f., 644 - Lieferanten-Nennung; LG Mannheim, U. v. 24.7.1987, Az.: 7 O 37/87, S.1ff., 18, n.v.; zustimmend Rowedder: Gedanken, in: FS f. Pfeiffer, S.751ff., 759f.; siehe auch Schulz: Umsätze, in FS f. Klaka, S.27ff., 38f.

Vertragsbruchs teilweise auch als verschuldensunabhängiger Beseitigungsanspruch gewährt.[230]
Da aber bei der für ein Unlauterkeitsurteil erforderlichen bewußten Ausnutzung fremden Vertragsbruchs schon keine Schuldlosigkeit mehr vorliegt, läßt sich ein Beseitigungsanspruch aber so wie so erst bei Vorliegen der für einen Schadensersatzanspruch erforderlichen Voraussetzungen bejahen.[231]

2. Eigener Lösungsvorschlag

Der Außenseiter, der etwa beratungsbedürftige Unterhaltungselektronikartikel oder Kosmetikartikel mit gutem Ruf vertreibt, ruft bei den gebundenen Händlern die Vorstellung hervor, daß das Bindungssystem nicht mehr lückenlos sei. Damit tritt eine Erschütterung des Vertriebsbindungssystems ein, die der Außenseiter verursacht hat und die von der Art und Weise des Warenbezugs unabhängig ist.
Durch das Angebot und den Verkauf vertriebsgebundener Ware durch den Außenseiter wird der Bestand des Vertriebsbindungssystems und damit die vom Vertriebsbinder erbrachte Leistung gefährdet. Diese vom Außenseiter verursachte Erschütterung des Bindungssystems wird nicht allein durch ein Verbot des Verkaufs vertriebsgebundener Ware, sondern erst, wenn der Lieferant bekannt ist, in ausreichendem Maße beseitigt.
Dies ist auch dann anzunehmen, wenn der Außenseiter die Ware ohne Ausnutzung fremden Vertragsbruchs außerhalb der EG-Mit-

---

230 OLG Köln, GRUR 1970, 525f., 525f. - Offenbarungseid; OLG Köln, GRUR 1970, 526ff., 527 - finess; zustimmend Beier: Schutz, GRUR 1987, 131ff., 140; Fikentscher/ Krauß, in: Gem.Komm., § 16, Rn.272, S.113f. (gestützt auf § 823 Abs.1, § 1004 BGB); a.A. OLG Celle, GRUR 1977, 262ff., 264 - Bleyle-Artikel; siehe auch Schulz: Umsätze, in FS f. Klaka, S.27ff., 38f.

231 Fikentscher/Krauß, in: Gem.Komm., § 16, Rn.271, S.113; Tilmann: Auskunftsanspruch, GRUR 1987, 251ff., 258.

gliedstaaten und der deutschsprachigen EFTA-Staaten bezogen hat. Auch in einem solchen Fall, der bei Hinzutreten der Vorsprungserlangung ebenfalls als unlauter zu qualifizieren ist, führt der Außenseitervertrieb zu einer Erschütterung des Bindungssystems.

Die Begründung für einen Auskunftsanspruch bei Vertriebsbindungen läßt sich entsprechend auf Preisbindungen bei Verlagserzeugnissen übertragen.
Die rein theoretische Möglichkeit, daß der Außenseiter die preisgebundenen Bücher in einem anderen EG-Mitgliedstaat ohne Umgehung der inländischen Preisbindung bezogen hat, steht einem Auskunftsanspruch nicht entgegen, wenn der Außenseiter bei der Beurteilung der Unlauterkeit seines Verhaltens nicht zur Offenbarung seines Lieferanten bereit war; denn dann besteht die tatsächliche Vermutung, daß der Export und der anschließende Reimport, soweit die Bücher überhaupt aus einem solchen stammen, nur zu Umgehungszwecken durchgeführt worden sind.

Die gegen einen Auskunftsanpruch vorgebrachten Einwände sind nicht stichhaltig.
Die Feststellung der Erschütterung des Bindungssystems wird nicht dadurch ausgeschlossen, daß das bindende Unternehmen den Nachweis der theoretischen und praktischen Lückenlosigkeit erbringen kann.[232]
Mit einem Auskunfstanspruch forscht das bindende Unternehmen auch nicht in unzulässiger Weise aus, ob und gegen welche gebundenen Unternehmen Ansprüche bestehen.[233] Das ist Folge sachgerechter Schadensersatzleistung, nicht aber alleiniges Ziel.[234]

---

232 BGH, GRUR 1968, 272ff., 277 - Trockenrasierer III; OLG Karlsruhe, GRUR 1987, 644f., 645 - Lieferanten-Nennung.
233 Siehe hierzu RG, GRUR 1942, 79ff., 88 - Siemens-Schuckert; BGH, GRUR 1976, 367ff., 368 - Ausschreibungsunterlagen.
234 OLG Karlsruhe, GRUR 1987, 644f., 645 - Lieferanten-Nennung.

Dem Außenseiter ist es nicht unzumutbar, dem bindenden Unternehmen Auskunft zu erteilen, weil die beiden nicht Wettbewerber auf der gleichen Handelsstufe sind. Zudem erlangt das bindende Unternehmen durch eine Lieferantennennung keinen wettbewerblichen Vorteil, der dieses in die Lage versetzen könnte, im Wettbewerb mit dem Außenseiter zu dessen Nachteil einen Vorsprung zu erlangen.[235]

235 BGH, GRUR 1964, 320ff., 323f. - Maggi; siehe auch OLG Karlsruhe, GRUR 1987, 644f., 645 - Lieferanten-Nennung.

11. Kapitel
Schutz internationaler Vertriebsbindungen gegen die Entfernung von Kontrollnummern und den Vertrieb derartig decodierter Ware durch Außenseiter nach deutschem Recht

I. Ansatzpunkt

Vertriebsbinder versuchen mit Hilfe von auf den Waren oder deren Verpackung aufgebrachten Kontrollnummern die Herkunft der bei Außenseitern gefundenen Waren zu ermitteln. Liefert ein Hersteller Waren an seine gebundenen Abnehmer werden die entsprechenden Kontrollnummern abnehmerspezifisch festgehalten. Häufig wird diesen Abnehmern vertraglich auferlegt, bei Veräußerung an Wiederverkäufer ihrerseits die Kontrollnummern zu notieren.
Wohl eines der ersten Kontrollnummernssysteme wird in einem Urteil des Reichsgerichts vom 11.1.1916[1] erwähnt. Dieses diente zur Kontrolle der Befolgung der reversmäßigen Verpflichtung zur Einhaltung der Endverbraucherpreise bei der Zigarettenmarke "Salem Gold 3 1/2".
In jüngerer Zeit war es der Bundesgerichtshof selbst, der eine Nummernkontrolle, die die Nachprüfung des Vertriebsweges der Ware ermöglicht, als eine geeignete Maßnahme zur Überwachung der Einhaltung eines Bindungssystems bezeichnete.[2]

Diese vom Ansatz her erfolgversprechende Praxis wird aber oft dadurch vereitelt, daß die Kontrollnummern irgendwann auf dem Weg zwischen Hersteller und Endverbraucher entfernt werden.
Geschieht dies seitens der gebundenen Händler, begehen diese

1 RGZ 88, 9ff., 9f. - Salem.
2 BGH, GRUR 1969, 222ff., 224 - Le Galion.

dadurch grundsätzlich eine Vertragsverletzung,[3] wenn im Vertriebsbindungsvertrag eine entsprechende Unterlassungsverpflichtung enthalten ist.[4] Eine Vertragsverletzung liegt aber auch dann vor, wenn eine solche Verpflichtung nicht ausdrücklich erwähnt ist.
Eine derartige stillschweigende Unterlassungsverpflichtung besteht vor allem dann, wenn der gebundene Händler beim Verkauf der Ware an Wiederverkäufer ausdrücklich verpflichtet ist, die entsprechenden Kontrollnummern festzuhalten.[5]
Sie ergibt sich aber auch ohne eine solche Verpflichtung aus Treu und Glauben gemäß § 242 BGB. Weil dem Vertriebsbinder die Sicherung der Lückenlosigkeit des Bindungssystems obliegt, bedient er sich eines Kontrollnummernsystems. Dem gebundenen Händler, der sich bei Lückenhaftigkeit des Vertriebsbindungssystems auf Unzumutbarkeit der Vertragseinhaltung berufen kann, muß es daher nach den Grundsätzen von Treu und Glauben verwehrt sein, Kontrollnummern zu entfernen.
Ein gebundener Händler, der die Kontrollnummern entfernt, ermöglicht sich einen mehr oder weniger ungefährdeten, ihm vertraglich verbotenen Absatz der vertriebsgebundenen Ware an Außenseiter. Das Entfernen von Kontrollnummern ist deshalb nicht nur vertragswidrig, sondern auch unlauter, weil

---

3 Baumbach/Hefermehl: Wettbewerbsrecht, § 1, Rn.815, S.677.

4 So jeweils die Klausel V.1. der Grundig-EG-Vertriebsbindung für den Einzelhandel bzw. Großhandel, abgedr. bei Heidmeier: Maßstäbe, S.227ff., 233 (statt 229) bzw. S.231ff., 229 (statt 233), Anm. des Verf.: die Seiten 229 und 233 sind wohl versehentlich vertauscht.

5 So jeweils die Klausel V.2. der Grundig-EG-Vertriebsbindung für den Einzelhandel bzw. Großhandel, abgedr. bei Heidmeier: Maßstäbe, S.227ff., 233 (statt 229) bzw. S.231ff., 229 (statt 233), Anm. des Verf.: die Seiten 229 und 233 sind wohl versehentlich vertauscht; ebenso jeweils die Klausel 11.c. der SABA-EG-Vertriebsbindung für den Einzelhandel bzw. Großhandel, abgedr. bei Wagner: Fachhandelsbindung, S.26f., 27 bzw. S.28ff., 29f.; ebenso jeweils der SABA-EG-Vertriebsvertrag für Facheinzelhändler bzw. Fachgroßhändler, abgedr. in ABl. 1983 L376/41ff., 43f., 44 bzw. 42f., 42.

der Außenseiter sich durch dieses Verhalten einen ihm vertraglich verschlossenen Absatzmarkt eröffnet und sich damit einen ungerechtfertigten Wettbewerbsvorsprung vor den anderen gebundenen Händlern verschafft.[6]

Kontrollnummern, die ausschließlich der Ermittlung des Vertriebsweges dienen, werden auch als Codenummern bezeichnet. An Stelle von Codenummern werden häufig auch Strichcodes verwandt.
Als weitere Form von Kontrollnummern gibt es die Fabrikationsnummern, die, wenn auch vom Verbraucher zumeist nicht unmittelbar ablesbar, über Produktionszeit und Produktionsreihe Aufschluß geben, aber zum Teil auch mit der Funktion von Codenummern ausgestattet werden. Daneben werden auch Nummerierungen verwendet, um im Interesse einer effektiven Kundenbetreuung Kenntnis vom Verbleib der Produkte zu erlangen, wodurch ebenfalls der Vertriebsweg kontrolliert werden kann.
Deshalb soll neben der Entfernung von Codenummern[7] auch die Entfernung von Fabrikations- und ähnlichen Nummern ergänzend rechtlich beurteilt werden.[8]
Eine besondere Form von Fabrikationsnummern sind die nach § 4 Abs.1 KosmetikVO[9] auf dem Behältnis und der Verpackung von kosmetischen Mitteln anzugebenden Nummern des Herstellungspostens ("Batch-Nummer").[10]

---

6 Baumbach/Hefermehl: Wettbewerbsrecht, § 1, Rn.815, S.677.

7 Siehe hierzu Belz: Schutz, WRP 1990, 297ff., 301f.; Kroher: Unlauterkeitstatbestände, GRUR 1987, 601ff., 608f.; Langer: Anmerkung, WRP 1989, 373ff.; Sack: Probleme, ÖBl 1988 113ff. und 145ff., 148; Stillner: Schutz, BB 1987, 2178ff.

8 Siehe zu den beiden Formen von Kontrollnummern Kroher: Unlauterkeitstatbestände, GRUR 1987, 601ff., 608.

9 § 4 KosmetikVO i.d.F. der Sechzehnten Verordnung zur Änderung der Kosmetikverordnung vom 21.12.1989, BGBl. 1989 I 2548.

10 Siehe auch zur Unlauterkeit der Entfernung des GS (Geprüfte Sicherheit)-Zeichens des TÜV OLG Düsseldorf, NJW-RR 1989, 240 - Entfernen von Sicherheitszeichen des TÜV.

II. Lauterkeitsrechtlicher Schutz

1. Entfernung von Codenummern und Vertrieb derartig decodierter Ware

a. Behinderungswettbewerb

Die Entfernung von Codenummern und der Vertrieb derartig decodierter Ware durch Außenseiter ist zumindest dann keine wettbewerbswidrige Behinderung des Herstellers bei der Verwirklichung seines Vertriebskonzepts, wenn sein Vertriebssystem selbst jeglicher wettbewerbsrechtlicher Schutzwürdigkeit entbehrt.[11]

Praktiziert der Hersteller nur einen faktischen selektiven Vertrieb ohne vertragliche Vereinbarungen, beschreitet er nicht den vom Kartellrecht aufgezeigten Weg.[12] Sichert der Hersteller sein System nicht durch vertragliche Vereinbarungen, um schon von daher den Vertrieb der Ware durch nicht qualifizierte Händler zu unterbinden, kann er sich im Hinblick auf Codenummern auch nicht auf schutzwürdige Interessen berufen.

---

11 BGH, GRUR 1988, 823ff., 824f. - Entfernung von Kontrollnummern I; BGH, GRUR 1988, 826ff., 828 - Entfernung von Kontrollnummern II; BGH, GRUR 1989, 110ff., 111 - Synthesizer; BGH, WRP 1989, 366ff., 367 - Entfernung von Kontrollnummern IV; BGH, WRP 1989, 369ff., 370 - Entfernung von Kontrollnummern III; OLG Hamburg, NJW-RR 1987, 556ff., 558 - Herstellerkodierung; OLG Hamburg, GRUR 1989, 617f., 617 - Denon-Geräte; OLG Karlsruhe, GRUR 1988, 463ff., 464 - Lacôme-Erzeugnisse; OLG München, GRUR 1987, 558ff., 560 - Entfernte Code-Nummern; OLG München, WRP 1988, 58ff., 61 - EAU SAUVAGE; OLG Stuttgart, WRP 1987, 698ff., 699 - Entfernte Rechnungsnummern.

12 BGH, GRUR 1988, 823ff., 825 - Entfernung von Kontrollnummern I; BGH, GRUR 1988, 826ff., 828 - Entfernung von Kontrollnummern II; BGH, GRUR 1989, 110ff., 111f. - Synthesizer; BGH, WRP 1989, 366ff., 367 - Entfernung von Kontrollnummern IV; BGH, WRP 1989, 369ff., 370f. - Entfernung von Kontrollnummern III; OLG Hamburg, GRUR 1989, 617f., 617f. - Denon-Geräte; Knöpfle: Kurzkomm. I, EWiR § 1 UWG 11/88, 1125f., 1126.

Eine Entfernung von Codenummern ist unter diesen Umständen nicht sittenwidrig und aus den gleichen Gründen auch kein Eingriff in den eingerichteten und ausgeübten Gewerbebetrieb nach § 823 Abs.1 BGB.

Die mit der Entfernung von Codenummern verbundene Beschädigung der Ware kann zu einer Rufschädigung der Marke führen, weil dadurch Qualitätszweifel und sonstige Absatzbeeinträchtigungen begründet werden.[13] Zudem kann die Beschädigung des Markenschriftzuges, die durch die Entfernung der in den Markenschriftzug integrierten Codenummer verursacht wird, eine Werbebehinderung darstellen.[14]
Praktiziert der Hersteller aber nur einen faktischen selektiven Vertrieb, bedient er sich eines rechtlich irrelevanten Codenummernsystems. Soweit aber ein Codenummernsystem nicht wettbewerbsrechtlich schutzwürdig ist, muß sich der Hersteller darauf verweisen lassen, daß er eine Rufschädigung und eine Werbebehinderung durch einen Verzicht auf die Verwendung von Codenummern am besten vermeiden kann.[15]
Eine Rufschädigung oder Werbebehinderung ist deshalb nicht unlauter und ist aus den gleichen Gründen auch kein Eingriff

13 Spätgens: Kurzkomm., EWiR § 1 UWG 10/87, 927f., 928; eine Rufschädigung verneinend: OLG Hamburg, NJW-RR 1987, 556ff., 557f. - Herstellerkodierung; OLG Karlsruhe, GRUR 1988, 463ff., 465 - Lacôme-Erzeugnisse; OLG München, GRUR 1987, 558ff., 560 - Entfernte Code-Nummern; OLG München, WRP 1988, 58ff., 61 - EAU SAUVAGE; ebenso zu § 823 Abs.1 BGB OLG Stuttgart, WRP 1987, 698ff., 700f. - Entfernte Rechnungsnummern; offengelassen von BGH, GRUR 1988, 823ff., 825 - Entfernung von Kontrollnummern I; BGH, GRUR 1989, 110ff., 113 - Synthesizer.

14 Eine Werbebehinderung verneinend: OLG Hamburg, NJW-RR 1987, 556ff., 557 - Herstellerkodierung; offengelassen von BGH, WRP 1989, 366ff., 368 - Entfernung von Kontrollnummern IV; BGH, WRP 1989, 369ff., 372 - Entfernung von Kontrollnummern III.

15 BGH, GRUR 1988, 823ff., 825 - Entfernung von Kontrollnummern I; BGH, GRUR 1989, 110ff., 113 - Synthesizer; BGH, WRP 1989, 366ff., 368 - Entfernung von Kontrollnummern IV; BGH, WRP 1989, 369ff., 372 - Entfernung von Kontrollnummern III.

in den eingerichteten und ausgeübten Gewerbebetrieb nach § 823 Abs.1 BGB.

Auch wenn die Codenummer mit der Funktion einer Fabrikationsnummer versehen ist, ergibt sich insoweit keine eigenständige Schutzwürdigkeit, wenn nicht die für die Schutzwürdigkeit von Fabrikationsnummern erforderlichen Voraussetzungen gegeben sind.[16]

Es bleibt damit aber die Frage, wie die Decodierung und der anschließende Vertrieb der Ware zu beurteilen sind, wenn ein lückenloses Vertriebsbindungssystem vorliegt oder ein solches gegenwärtig noch nicht oder nicht mehr lückenlos ist. Das Problem spitzt sich vor allem auf die Frage zu, ob die Codierung schon in der Aufbauphase und auch noch bei später auftretenden Lücken schutzwürdig ist.
Aber auch wenn das Hauptziel des Vertriebsbinders, Außenseitern den Vertrieb der Ware gänzlich untersagen zu lassen, erreichbar ist, kann die Beurteilung der Codenummernentfernung nicht dahinstehen.[17]

Ein Anspruch aus § 1 UWG scheitert zumindest nicht am Fehlen eines Wettbewerbsverhältnisses.[18] Ein solches liegt auch zwischen einem Vertriebsbinder und einem Außenseiter vor, weil der Außenseitervertrieb den vom Hersteller praktizierten Absatz über die gebundenen Händler beeinträchtigt[19] und weil die Entfernung von Codenummern und der Vertrieb deco-

---

16 BGH, GRUR 1988, 823ff., 825 - Entfernung von Kontrollnummern I; BGH, GRUR 1988, 826ff., 828 - Entfernung von Kontrollnummern II; BGH, GRUR 1989, 110ff., 112 - Synthesizer; OLG Hamburg, NJW-RR 1987, 556ff., 558 - Herstellerkodierung.

17 A.A. Langer: Anmerkung, WRP 1989, 373ff., 375; Stillner, Schutz, BB 1987, 2178ff., 2178f.

18 Siehe hierzu Baumbach/Hefermehl: Wettbewerbsrecht, Einl., Rn.214ff., S.179ff.

19 Baumbach/Hefermehl: Wettbewerbsrecht, Einl., Rn.226, S.184; dies unausgesprochen voraussetzend BGH, GRUR 1985, 1059ff., 1059f. - Vertriebsbindung; BGH, GRUR 1988, 916ff., 917f. - Pkw-Schleichbezug.

dierter Ware durch die Unkenntlichmachung der Warenbezugsquelle gegen diese wettbewerblichen Interessen des Vertriebsbinders gerichtet ist.[20]
Außerdem ergibt sich die Klagebefugnis des Vertriebsbinders aus § 13 Abs.2 Nr.1 UWG.

In Rechtsprechung und Literatur wird vertreten, daß die Entfernung von Codenummern und der Weitervertrieb derartiger Waren durch Außenseiter zumindest dann, wenn der Hersteller noch nicht über ein lückenloses Vertriebsbindungssystem verfügt, nicht unlauter sei.[21]
Teilweise wird aber auch vertreten, daß Unlauterkeit gegeben sei, wenn der Vertriebsbinder gerade ein Bindungssystem aufbaut.[22]

Demgegenüber lehnt die schweizerische Rechtsprechung im Ergebnis einen Schutz von Codenummern gänzlich ab; denn, da die Ausnutzung fremden Vertragsbruchs nicht als unlauter anzusehen sei, sei auch dessen Verdeckung durch Entfernung der Codenummer nicht unlauter.[23]
Die französische Rechtslage ist demgegenüber dadurch gekennzeichnet, daß die Entfernung von Codenummern und der Vertrieb decodierter Waren von den gesetzlichen Verbotstatbe-

---

20 BGH, GRUR 1988, 826ff., 827 - Entfernung von Kontrollnummern II; BGH, GRUR 1989, 110ff., 111 - Synthesizer; a.A. und deshalb § 823 Abs.1 BGB prüfend und bejahend BGH, GRUR 1978, 364ff., 367 - Golfrasenmäher; die Erforderlichkeit eines Wettbewerbsverhältnisses ablehnend Knöpfle: Kurzkomm. II, EWiR § 1 UWG 12/88, 1239f., 1239f.

21 OLG Hamburg, NJW-RR 1987, 556ff., 558 - Herstellerkodierung; OLG Karlsruhe, GRUR 1988, 463ff., 464 - Lancôme-Erzeugnisse; OLG Köln, GRUR 1989, 275ff., 279 - Außenseitervertrieb; OLG München, GRUR 1987, 558ff., 560 - Entfernte Codenummern; OLG München, WRP 1988, 58ff., 61 - EAU SAUVAGE; OLG Stuttgart, WRP 1987, 698ff., 699 - Entfernte Rechnungsnummern; LG Mannheim, U. v. 8.2.1991, Az.: 7 O 72/90, S.1ff., 23, n.v.

22 OLG Frankfurt, GRUR 1987, 642ff., 642 - Entfernte Kodierung; OLG München, NJW-RR 1987, 739 - Entfernung der Cellophanumhüllung.

23 Siehe hierzu 6. Kap. III.2., S.174ff.

ständen Art.1 und Art.2 des Gesetzes vom 24.6.1928 erfaßt wird.[24]

Die Entfernung von Codenummern ist eine Handlung, die auf die Beseitigung eines Beweismittels gerichtet ist, das der Abwehr von Vertragsbrüchen dient. Durch eine Entfernung wird die Ware weder verbessert, noch ist sie ein Zeichen der Leistungsfähigkeit des Handelnden. Die Entfernung dient allein dazu, den Nachweis der praktischen Lückenlosigkeit eines Vertriebsbindungssystems unmöglich zu machen oder den Aufbau eines solchen Systems zu verhindern. Dies ist aber, auch wenn es sich um ein im Aufbau befindliches Bindungssystem handelt, als unlauterer Wettbewerb einzustufen.[25]

Der Bundesgerichtshof hat selbst immer wieder ausgesprochen, daß sich Wettbewerber einer Kontrolle ihres Geschäftsgebarens nicht entziehen dürfen, indem sie zur Verhinderung von Testkäufen Hausverbote aussprechen oder von Kunden eine vertragliche Verpflichtung zur Unterlassung von Testkäufen verlangen.[26] Da auch Codenummern einer zulässigen Überwachung dienen, ist die Entfernung von Codenummern und der Vertrieb decodierter Ware genau so wenig wettbewerbskonform wie die Verhinderung von Testkäufen.[27] Dies gilt auch für erst im

---

24 Siehe hierzu 4. Kap. III.2., S.128f.

25 OLG Frankfurt, GRUR 1987, 642ff., 643 - Entfernte Kodierung; Kroher: Unlauterkeitstatbestände, GRUR 1987, 601ff., 608; Michalski: Kurzkomm. I, EWiR § 1 UWG 3/87, 505f., 506; Spätgens: Kurzkomm., EWiR § 1 UWG 10/87, 927f., 928; ebenso, aber unklar ob auch für im Aufbau befindliche Vertriebsbindungen, Baumbach/Hefermehl: Wettbewerbsrecht, § 1, Rn.243, S.457.

26 BGH GRUR 1965, 612ff., 614 - Warnschild; BGH, GRUR 1966, 564ff., 565f. - Hausverbot I; BGH, GRUR 1979, 859ff., 860 - Hausverbot II; BGH, GRUR 1981, 827ff., 829 - Vertragswidriger Testkauf; Baumbach/Hefermehl: Wettbewerbsrecht, § 1, Rn.247, S.458; Dierck: Testkauf, S.54ff., 60ff.

27 Langer: Anmerkung, WRP 1989, 373ff., 375; in diese Richtung unausgesprochen auch Baumbach/Hefermehl: Wettbewerbsrecht, § 1, Rn.241ff., S.456ff., wo die Entfernung von Kontrollnummern und die Verhinderung von Testkäufen

Aufbau befindliche Vertriebsbindungssysteme.
Die Codenummernentfernung läßt sich auch nicht als Abwehrmaßnahme zur Geheimhaltung des Warenbezugs rechtfertigen. Liegt ein lückenloses Vertriebsbindungssystem vor oder ist der Hersteller dabei, ein solches aufzubauen, liegt keine Abwehrsituation vor, die eine Behinderung rechtfertigen könnte.[28]
Durch die Entfernung der Codenummern wird diese Behinderung vorbereitet. Sie findet dann ihren Abschluß darin, daß die Ware von demjenigen, der die Codenummer entfernt hat, oder von einem Dritten, der die Ware erworben hat, in den Verkehr gebracht wird. Damit ist auch der Weitervertrieb decodierter Ware, auch wenn es sich um ein erst im Aufbau befindliches Vertriebsbindungssystem handelt, ein unzulässiger Behinderungswettbewerb.[29]
Dabei wird teilweise in die Überlegung miteinbezogen, ob der Händler die Ware in Kenntnis der Codenummernentfernung erworben hat und ob damit im Hinblick auf die Behinderung des Herstellers ein Zusammenwirken des entfernenden Händlers und des Abnehmers in kollusiver Weise anzunehmen ist.[30]
Die Behinderung des Vertriebsbinders liegt aber nicht nur bei einem kollusiven Zusammenwirken vor, sondern vielmehr schon dann, wenn der verkaufende Händler die Ware nicht bewußt vom entfernenden Händler, sondern von einem Zwischenhändler erworben hat.[31]

---

unter der Überschrift "Kontrollvereitelung" behandelt werden.

28 OLG Frankfurt, GRUR 1987, 642ff., 643 - Entfernte Kodierung.

29 OLG Frankfurt, GRUR 1987, 642ff., 643 - Entfernte Kodierung; Kroher: Unlauterkeitstatbestände, GRUR 1987, 601ff., 608f.; ebenso, aber unklar ob auch für im Aufbau befindliche Vertriebsbindungen, Baumbach/Hefermehl: Wettbewerbsrecht, § 1, Rn.243, S.457.

30 In diese Richtung OLG Frankfurt, GRUR 1987, 642ff., 643 - Entfernte Kodierung; Kroher: Unlauterkeitstatbestände, GRUR 1987, 601ff., 608f.

31 OLG Frankfurt, GRUR 1987, 642ff., 642 - Entfernte Kodierung; Michalski: Kurzkomm. I, EWiR § 1 UWG 3/87, 505f., 506.

Schlagwortartige Formulierungen, es könne keinen Rechtsschutz für eine "Anwartschaft" auf ein selektives Vertriebsbindungssystem geben[32] oder decodierte Ware könne nicht gleichsam als verkehrsunfähig betrachtet werden,[33] stellen nicht den alleinigen Behinderungszweck der Codenummernentfernung in Frage;[34] denn ohne die nur der Behinderung dienende Codenummernentfernung hat der Vertriebsbinder gerade keine Handhabe, den Vertrieb nicht decodierter Ware durch Außenseiter in der Aufbauphase oder bei nachträglich aufgetretenen Lücken zu unterbinden.
Ein Schutz für Codenummern bereits während der Aufbauphase eines Vertriebsbindungssystems ist kein Ersatz für ein solches, sondern ein Hilfsmittel zu dessen Aufbau und Absicherung.[35]
Bedenken, der Vertriebsbinder könne dann versucht sein, ständig in der "Aufbauphase" zu verharren, sind nicht stichhaltig.[36] Ein Schutz gegen Decodierung ist vielmehr an die Voraussetzung geknüpft, daß aufgrund objektiver Anzeichen die Annahme berechtigt ist, daß der Vertriebsbinder sein System alsbald lückenlos aufgebaut oder nachträglich aufgetretene Lücken alsbald wieder geschlossen haben wird.

Allein aus dem Beginn einer kundenspezifischen Codierung der Ware läßt sich aber nicht folgern, daß der Hersteller im Begriff ist, ein selektives Vertriebsbindungssystem aufzubauen,[37] weil die Codierung auch in einem bloß faktisch praktizierten, aber nicht schutzwürdigen Vertriebssystem der Kon-

---

32 So OLG Düsseldorf, 2 U 83/83, n.v., laut OLG Frankfurt, GRUR 1987, 642ff., 644 - Entfernte Kodierung; siehe auch OLG Köln, GRUR 1989, 275ff., 279 - Außenseitervertrieb.

33 So OLG München, 6 U 5697/83, n.v., laut OLG Frankfurt, GRUR 1987, 642ff., 644 - Entfernte Kodierung.

34 OLG Frankfurt, GRUR 1987, 642ff., 644 - Entfernte Kodierung.

35 A.A. Stillner: Schutz, BB 1987, 2178ff., 2179.

36 A.A. Stillner: Schutz, BB 1987, 2178ff., 2180.

37 BGH, WRP 1989, 369ff., 371 - Entfernung von Kontrollnummern III; Stillner: Schutz, BB 1987, 2178ff., 2179; a.A. OLG Frankfurt, GRUR 1987, 642ff., 643 - Entfernte Kodierung.

trolle des Vertriebsweges dienen kann.
Auch die bloße Behauptung des Herstellers, er baue ein Vertriebsbindungssystem auf, rechtfertigt nicht die Annahme einer wettbewerbswidrigen Behinderung, wenn nicht der Hersteller seine Behauptung zumindest durch Vorlage entsprechender Vertragsmuster und konkrete Darlegungen über den Umfang der Einführung solcher Verträge belegt.[38]

In der Literatur wird teilweise ein Schutz nur für den Fall erwogen, daß das Vertriebsbindungssystem wenigstens schon theoretisch lückenlos ist.[39]
Dies wird teilweise dahingehend konkretisiert, daß die Entfernung von Kontrollnummern dann unlauter ist, wenn ein theoretisch lückenloses Bindungssystem besteht und die praktische Lückenlosigkeit vom Vertriebsbinder jedenfalls ernsthaft angestrebt wird.[40]
Aber auch diese Anforderungen sind mit dem Erfordernis einer bereits bestehenden theoretischen Lückenlosigkeit bereits sehr hoch angesetzt.

Da eine Codierung der Sicherung der Lückenlosigkeit dienen soll, ist die Codierung grundsätzlich schon in der Aufbauphase und auch bei nachträglich auftretenden Lücken zu schützen. Die kartellrechtlich positive Beurteilung von selektiven Vertriebsbindungen würde übergangen, wenn man nicht den Aufbau und die Bestandssicherung von derartigen Bin-

---

38 BGH, WRP 1989, 369ff., 371 - Entfernung von Kontrollnummern III; Michalski: Kurzkomm. II, EWiR § 1 UWG 1/89, 89f., 90.

39 Belz: Schutz, WRP 1990, 297ff., 302; in diese Richtung auch Langer: Anmerkung, WRP 1989, 373ff., 375; ebenso, im Ergebnis einen Schutz von Codenummern in der Aufbauphase aber ablehnend, Stillner: Schutz, BB 1987, 2178ff., 2180.

40 LG Hamburg, WRP 1991, 127ff., 128 - Entfernung von Kontrollnummern; Schmid: Anmerkung, WRP 1991, 129f., 130.

dungssystemen ebenfalls unter diesem Gesichtspunkt sehen würde.[41]

Dabei kommt es aber darauf an, in welchem Zustand sich das Vertriebsbindungssystem befindet, der allein mit dem Hinweis auf die Aufbauphase nicht konkret genug beschrieben wird.

Beliefert der Hersteller ab einem Stichtag nur noch gebundene Händler, dann ist nach dem Zeitraum, nach dem üblicherweise die alte Ware ihren Weg zum Endverbraucher gefunden hat, das Vertriebsbindungssystem theoretisch lückenlos. Neue Waren wurden ab dem Stichtag nur noch an gebundene Händler abgegeben und alte Waren aus Lieferungen vor dem Stichtag sind nach dem beschriebenen Zeitraum in aller Regel nicht mehr im Handel.

Der Zeitraum von der Belieferung des ersten gebundenen Händlers bis zu dem Zeitpunkt, in dem die alte Ware üblicherweise bis zum Endverbraucher gelangt ist, stellt die Aufbauphase dar.

Der Vertriebsbinder muß ab der Belieferung des ersten gebundenen Händlers die Einhaltung der Bindung überwachen, damit im Hinblick auf die neuen Waren keine praktische Lückenhaftigkeit auftritt.

Werden in der Aufbauphase und selbstverständlich auch danach die Codenummern von neuen Waren entfernt und die decodierten Waren vertrieben, dann hat dieses Verhalten den alleinigen Zweck, die Herstellung der praktischen Lückenhaftigkeit zu vereiteln und den Hersteller daran zu hindern, nach Ablauf des für die Aufbauphase normalerweise erforderlichen Zeitraums Außenseitern den Warenvertrieb gänzlich untersagen zu lassen. Ein derartiges, nur auf Behinderung ausgelegtes Verhalten ist unlauter.

Lassen sich die alten und die neuen Waren aufgrund der Produktgestaltung oder der Verpackung eindeutig unterscheiden,

41 Ähnlich LG Hamburg, WRP 1991, 127ff., 128 - Entfernung von Kontrollnummern.

dann läßt sich feststellen, ob es sich bei den decodierten Waren um neue Waren handelt, deren Decodierung und Vertrieb einen Behinderungswettbewerb darstellt. Das gleiche gilt, wenn der Vertriebsbinder erstmalig mit Beginn der Aufbauphase eine Codierung benutzt, deren Entfernung erkennbar ist. Für die Interessen des Außenseiters ist es ausreichend, daß ihm während der Aufbauphase der Vertrieb neuer Waren nicht untersagt werden kann, um Wettbewerbsnachteile gegenüber anderen Außenseitern zu vermeiden, die noch über alte Waren verfügen. Da es sich hierbei aber nur um einen relativ kurzen Zeitraum handelt, hat er kein schutzwürdiges Interesse, seine Bezugsquelle geheimzuhalten. Die Decodierung und der Weitervertrieb decodierter neuer Waren haben dann nur den Zweck, den lückenlosen Aufbau eines Vertriebsbindungssystems zu verhindern.

Besteht zwischen den alten und den neuen Waren kein erkennbarer Unterschied, dann vermag man nicht zu erkennen, ob es sich bei der decodierten Ware um neue Waren handelt oder um alte Waren, deren Decodierung schon vor Einführung des Vertriebsbindungssystems vorgenommen worden sein kann und deshalb nicht unlauter war. Bei mangelndem Nachweis, daß es sich um neue Waren handelt, kann die Decodierung und der Vertrieb decodierter Waren aufgrund von Beweisschwierigkeiten erst untersagt werden, wenn seit dem Beginn der Aufbauphase der Zeitraum verflossen ist, in dem die alten Waren in aller Regel bis zum Endverbraucher gelangt sind, also erst nach Abschluß der Aufbauphase.
Wegen des Zeitablaufs besteht dann eine tatsächliche Vermutung, daß es sich um neue Waren handelt. Für den Außenseiter ist es zumutbar, diese Vermutung zu entkräften, wenn er einer Verurteilung entgehen will.

Kommt es nachträglich zu praktischen Lücken, dann dient eine Codenummernentfernung ausschließlich dem Zweck, den Vertriebsbinder an der Wiederherstellung der praktischen Lückenlosigkeit zu hindern. Ein derartiges Verhalten ist wie

in der Aufbauphase als unlauter einzustufen.
Tritt nachträglich praktische Lückenhaftigkeit in einem Umfang ein, daß das Vertriebsbindungssystem als gänzlich zusammengebrochen angesehen werden muß, ist dieses wie ein nur faktisch praktiziertes Vertriebssystem anzusehen und deshalb gegen eine Codenummernentfernung nicht schutzwürdig. Der Vertriebsbinder muß sein Bindungssystem erneut aufzubauen beginnen.

Im Hinblick auf internationale Vertriebsbindungen ergeben sich keine Besonderheiten.
Die EG-Mitgliedstaaten und die deutschsprachigen EFTA-Staaten sind lediglich als einheitlicher Markt anzusehen, so daß der Herstellerab einem bestimmten Zeitpunkt alle belieferten Händler in dieser Staatengruppe binden muß.

Bei Warenbezug aus dem Ausland ist allerdings problematisch, welches Recht über die Zulässigkeit der Entfernung von Codenummern und über die Veräußerung von Waren, an denen die Codenummern beseitigt worden sind, entscheidet.[42]

Ohne auf diese Problematik einzugehen, beurteilt das OLG Frankurt den inländischen Vertrieb bereits im Ausland decodierter Waren als unlauter i.S.v. § 1 UWG.[43]
Demgegenüber nimmt das OLG Stuttgart an, daß eine im Ausland vorgenommene Entfernung nach ausländischem Wettbewerbsrecht zu beurteilen sei. Es will offenbar daraus folgern, daß bei Verneinung der Wettbewerbswidrigkeit im Ausland auch der inländische Weitervertrieb nicht unlauter sei.[44]

---

42 Zu diesem Problem siehe auch Sack: Probleme, ÖBl 1988, 113ff. und 145ff., 148; die dort behandelte Entscheidung BGH, GRUR 1978, 364ff., - Golfrasenmäher gibt aber keine Auskunft über den Ort der Decodierung; dies legt die Folgerung nahe, daß der BGH den Ort der Decodierung nicht für erheblich hält.

43 OLG Frankfurt, GRUR 1987, 642ff., 642 - Entfernte Kodierung.

44 OLG Stuttgart WRP 1977, 822ff, 823 - Lautsprecherboxen;

Es geht bei der hier angeschnittenen Problematik aber nicht um die kollisionsrechtliche Frage, welches Recht auf eine bestimmte Wettbewerbshandlung mit Auslandsbezug[45] anwendbar ist.
Vielmehr stellt sich die Frage, ob der inländische Vertrieb der decodierten Ware trotz der im Ausland abweichenden Beurteilung als unlauter angesehen werden kann.

Betreibt der Hersteller auch in den anderen EG-Mitgliedstaaten und den deutschsprachigen EFTA-Staaten ein zulässiges Vertriebsbindungssystem oder ist er dabei, ein solches aufzubauen oder wiederherzustellen, dann stellt die Codenummernentfernung eine Behinderung des Herstellers dar. Dies allein ist der maßgebliche Gesichtspunkt. Der inländische Vertrieb der in der genannten Staatengruppe decodierten Ware setzt die Behinderung des Herstellers fort, die nach der hier vertretenen Auffassung unlauter ist.
Unter den gleichen Umständen ist auch der Import decodierter Ware aus Drittstaaten unlauter. Wie bei der Beurteilung der Unlauterkeit des Imports vertriebsgebundener Ware aus Drittstaaten ist allerdings nicht erforderlich, daß der Vertriebsbinder in diesen Ländern über ein Vertriebsbindungssystem verfügt, weil nach der hier vertretenen Auffassung bereits der Import aus Drittstaaten in Verbindung mit einer Vorsprungserlangung im Inland als unlauter einzustufen ist.

Hat ein Außenseiter die Codenummern selbst entfernt, so ist er nach § 1 UWG zum Schadensersatz verpflichtet. In dessen Rahmen trifft ihn nach § 249 BGB zum Zweck der Schadenswiedergutmachung eine Pflicht zur Nennung seiner Bezugsquel-

---

ebenso wohl FL OGH, GRUR Int. 1988, 69ff., 71 - Jil Sander II.

45 Siehe hierzu Baumbach/Hefermehl: Wettbewerbsrecht, Einl., Rn.173ff., S.161ff.; Sack: Probleme, ÖBl 1988, 113ff., 113ff. und 145ff.; Sack: Beurteilung, GRUR Int. 1988, 320ff., 320ff.; Regelmann: Anknüpfung; Weber: Behandlung.

le,[46] weil er den Aufbau, den Bestand oder die Wiederherstellung eines lückenlosen Vertriebsbindungssystems gefährdet.
Da durch den Vertrieb decodierter Waren eine Unsicherheit über die Lückenlosigkeit des Vertriebsbindungssystems hervorgerufen wird, liegt ein fortwirkender Störungszustand vor, der den Außenseiter auch im Rahmen eines Beseitigungsanspruchs zur Nennung seiner Bezugsquelle verpflichtet. Dieser Anspruch besteht auch dann, wenn der Außenseiter mit der Entfernung der Codenummern selbst nichts zu tun hatte.[47]

b. Urkundenunterdrückung

In Rechtsprechung und Literatur wird auch die Frage erörtert, ob die Codenummernentfernung eine Urkundenvernichtung nach § 274 Abs.1 Nr.1 StGB ist,[48] und ein derartiger Gesetzesverstoß einen unlauteren Wettbewerb darstellt.
Die strafrechtliche Beurteilung der Codenummernentfernung richtet sich allerdings nach dem Recht des Begehungsortes, so daß bei Tatbegehung im Ausland nicht § 274 Abs.1 Nr.1 StGB, sondern die ausländischen Strafvorschriften maßgeblich sind.[49]

---

46 Baumbach/Hefermehl: Wettbewerbsrecht, § 1, Rn.815, S.677.

47 Baumbach/Hefermehl: Wettbewerbsrecht, § 1, Rn.815, S.677.

48 Siehe hierzu AG Tettnang, MA 1957, 725f., 725f. - Radiogeräte; Baumbach/Hefermehl: Wettbewerbsrecht, § 1, Rn.244, S.457; siehe auch OLG Stuttgart, WRP 1987, 698ff., 700 - Entfernte Rechnungsnummern, das die Frage prüft, ob die durch die Codenummernentfernung verursachte Beschädigung des Markenschriftzuges gegen § 274 Abs.1 Nr.1 StGB verstößt, und diese Frage verneint.

49 BGH, WRP 1989, 366ff., 368 - Entfernung von Kontrollnummern IV; BGH, WRP 1989, 369ff., 372 - Entfernung von Kontrollnummern III; siehe auch OLG München, GRUR 1987, 558ff., 560 - Entfernte Code-Nummern; OLG München, WRP 1988, 58ff., 62 - EAU SAUVAGE; OLG Stuttgart, WRP 1987, 698ff., 700 - Entfernte Rechnungsnummern.

Die Frage nach der Urkundenqualität von Codenummern führt zu der umstrittenen Unterscheidung, wonach sogenannten Beweiszeichen, nicht aber sogenannten Kennzeichen Urkundenqualität zukommt.[50]
Eine Urkunde ist eine verkörperte Gedankenerklärung, die zum Beweise von rechtlich erheblichen Umständen geeignet und bestimmt ist und ihren Aussteller erkennen läßt.[51]

Das Vorliegen einer Gedankenerklärung wird etwa verneint, wenn das Zeichen nicht selbst einen Gedankeninhalt aufweist, sondern nur der Identifizierung der Sache dient, so daß reine Nummerierungen keine Gedankenerklärung darstellen.[52]
Die Eignung und Bestimmung zum Beweis wird etwa bei solchen Zeichen abgelehnt, die nicht als Vertrauensgrundlage rechtserheblichen Verhaltens dienen sollen, sondern nur eine Behauptung des Ausstellers darstellen, die nicht gegen ihn, sondern für ihn Beweis erbringen soll und damit nur zum Schutz der Interessensphäre des Herstellers bestimmt sind.[53]

Bejaht man die Urkundenqualität, darf diese Urkunde demjenigen, der die Codenummer entfernt, nicht ausschließlich gehören, womit das Erfordernis eines Beweisführungsrechts[54] angesprochen ist.

---

50 Siehe hierzu Samson, in: Rudolphi/Horn/Samson: Systematischer Kommentar, § 267, Rn.17ff., S.9f.; Cramer, in: Schönke/Schröder: Strafgesetzbuch, § 267, Rn.20ff., S.1853ff.

51 Samson, in: Rudolphi/Horn/Samson: Systematischer Kommentar, § 267, Rn.11, S.8; Cramer, in: Schönke/Schröder: Strafgesetzbuch, § 267, Rn.2, S.1849.

52 OLG Stuttgart, WRP 1987, 698ff., 700 - Entfernte Rechnungsnummern; Samson, in: Rudolphi/Horn/Samson: Systematischer Kommentar, § 267, Rn.19, S.10; a.A. Tiedemann/Vogel: Parfum, JuS 1988, 295ff., 295.

53 OLG Stuttgart, WRP 1987, 698ff., 700 - Entfernte Rechnungsnummern; Cramer, in: Schönke/Schröder: Strafgesetzbuch, § 267, Rn.27, S.1855; a.A. Tiedemann/Vogel: Parfum, JuS 1988, 295ff., 295.

54 Siehe hierzu Samson, in: Rudolphi/Horn/Samson: Systematischer Kommentar, § 274, Rn.3f., S.40; Cramer, in: Schönke/Schröder: Strafgesetzbuch, § 274, Rn.5, S.1888f.

Die Voraussetzung, daß dem Täter die Codenummer, nicht ausschließlich gehört, fehlt aber zumindest dann, wenn der Hersteller kein den kartellrechtlichen Anforderungen gerecht werdendes Vertriebsbindungssystem betreibt.[55]
Selbst wenn der Hersteller bei einem rechtlich irrelevanten Codenummernsystem die Codenummer in Erfahrung bringen könnte, bestünde bei einem bloß faktischen Vertriebssystem nicht die Möglichkeit, dem betreffenden Händler den Handel mit solcher Ware untersagen zu lassen oder gegen seinen Lieferanten wegen Vertragsbruchs vorzugehen.
Selbst wenn die Codenummernentfernung im Ausland als Urkundenunterdrückung strafbar ist, ist unter diesen Umständen der bloße Bezug und Weitervertrieb solcher Waren nicht unter dem Gesichtspunkt der Ausnutzung eines Gesetzesverstoßes unlauter.[56]

Handelt es sich um ein lückenloses Vertriebsbindungssystem oder ist ein solches im Aufbau, kommt ein Beweisführungsrecht des Herstellers im Hinblick auf den Vertragsbruch eines gebundenen Händlers und dessen Ausnutzung durch den Außenseiter in Betracht.[57]
Wohl bezogen auf dieses Beweisführungsrecht wird vertreten, daß aber allenfalls diejenigen Händler, die vertraglich zur Erhaltung der Codenummern verpflichtet sind, nicht zur Entfernung der Codenummern berechtigt seien, daß aber nicht derartig verpflichtete Händler Codenummern entfernen dürften.[58]

Unabhängig davon, ob man einem Codenummernsystem erst ab

---

55 In diese Richtung BGH, WRP 1989, 366ff., 368f. - Entfernung von Kontrollnummern IV; BGH, WRP 1989, 369ff., 372 - Entfernung von Kontrollnummern III.

56 BGH, WRP 1989, 366ff., 368 - Entfernung von Kontrollnummern IV; BGH, WRP 1989, 369ff., 372 - Entfernung von Kontrollnummern III.

57 Ähnlich AG Tettnang, MA 1957, 725f., 725f. - Radiogeräte.

58 OLG München, GRUR 1987, 558ff., 560 - Entfernte Code-Nummern; OLG München, WRP 1988, 58ff., 62 - EAU SAUVAGE.

Lückenlosigkeit oder bereits in der Aufbauphase einen wettbewerbsrechtlichen Schutz zubilligt, kann ein Beweisführungsrecht und damit eine strafbare Urkundenunterdrückung somit allenfalls dann vorliegen, wenn schon wegen Behinderungswettbewerbs ein Anspruch auf Unterlassung der Codenummernentfernung besteht.
Angesichts dieser Nachrangigkeit kann es für die wettbewerbsrechtliche Fragestellung dahinstehen, ob ein Unterlassungsanspruch nicht nur aufgrund von Behinderungswettbewerb, sondern auch aufgrund eines Gesetzesverstoßes oder dessen Ausnutzung besteht.

Der bloße Bezug und Weitervertrieb decodierter Waren ist aber, selbst wenn die Entfernung von Codenummern nach dem Recht des Begehungsortes strafbar ist, selbst keine nach deutschem Recht strafbare Handlung.[59]
Auch eine Hehlerei nach § 259 StGB liegt nicht vor, weil ein Beweisführungsrecht durch die Codenummernentfernung bereits endgültig vereitelt wäre und damit eine Perpetuierung der Verletzung eines Beweisführungsrechts, nicht gegeben ist.[60]

c. Irreführung

Ist durch die Entfernung von Codenummern nur eine unauffällige Kratzspur verursacht und wird auch die Gebrauchstauglichkeit der Ware nicht beeinträchtigt, besteht mangels eines für den Kaufentschluß relevanten Umstandes keine Aufklärungspflicht des Händlers. Folglich liegt bei fehlendem Hinweis auf die Codenummernentfernung auch keine Irreführung vor.[61]

---

59 BGH, WRP 1989, 366ff., 368 - Entfernung von Kontrollnummern IV; BGH, WRP 1989, 369ff., 372 - Entfernung von Kontrollnummern III.
60 A.A. Tiedemann/Vogel: Parfum, JuS 1988, 295ff., 298.
61 BGH, GRUR 1988, 823ff., 824 - Entfernung von Kontrollnummern I; OLG Hamburg, NJW-RR 1987, 556ff., 558 - Herstellerkodierung; OLG Stuttgart, WRP 1987, 698ff.,

Der Bundesgerichtshof sieht es wohl als zulässig an, daß der Hersteller das Gewähren einer Garantie an das Vorhandensein der Codenummer knüpft, so daß beim Vertrieb von Waren ohne Codenummern eine Irreführung vorliegt.[62]
In den Fällen, in denen der Vertrieb decodierter Waren als unlauterer Behinderungswettbewerb anzusehen ist, stellt der Vertrieb decodierter Waren, die deshalb nicht mehr mit der Garantie des Herstellers versehen sind, also auch eine Irreführung dar, wenn auf das Fehlen der Garantie nicht aufmerksam gemacht wird.

2. Entfernung von Fabrikationsnummern und Vertrieb derartig decodierter Ware

a. Behinderungswettbewerb

Wer zu Wettbewerbszwecken Fabrikationsnummern entfernt, die dem Hersteller die nachträgliche Material- und Fertigungskontrolle ermöglichen und zur Überwachung der Funktionsfähigkeit und Betriebssicherheit dienen sollen, handelt wegen der Schädigung der Interessen der Allgemeinheit und wegen der daraus resultierenden schädigenden Auswirkungen auf das Ansehen des Herstellers nach § 1 UWG wettbewerbswidrig. Wenn man das Vorliegen eines Wettbewerbsverhältnisses[63] verneint, ergibt sich die Klagebefugnis des Herstellers aus § 13 Abs.2 Nr.1 UWG.
Subsidiär ist in der Entfernung von Fabrikationsnummern aber zumindest ein Eingriff in den eingerichteten und ausgeübten

701 - Entfernte Rechnungsnummern; Langer: Anmerkung, WRP 1989, 373ff., 374.

62 BGH, GRUR 1988, 823ff., 824 - Entfernung von Kontrollnummern I.

63 Siehe hierzu Baumbach/Hefermehl: Wettbewerbsrecht, Einl., Rn.214ff., S.179ff.; siehe auch § 13 Abs.2 Nr.1 UWG.

Gewerbebetrieb nach § 823 Abs.1 BGB zu sehen.[64]

Die Wettbewerbswidrigkeit der Entfernung von Fabrikationsnummern liegt vor allem dann vor, wenn an der Erhaltung der Fabrikationsnummern ein allgemeines Interesse besteht. Dies ist etwa bei technischen Geräten gegeben, wenn im Falle der Schadhaftigkeit Benutzer oder unbeteiligte Dritte zu Schaden kommen können und das Fabrikationsnummernsystem in Verbindung mit den vom Hersteller betriebenen Servicesystem zur Überwachung derartiger Gefahren geeignet ist und tatsächlich praktiziert wird.[65]
Insoweit sind nach Ansicht des Bundesgerichtshofs nur ernstliche Gefahren zu berücksichtigen, zu deren Abwehr es keine anderen, dem Hersteller zumutbaren Möglichkeiten als die Praktizierung eines Nummernsystems gebe.[66] Die Rechtsprechung verneint derartige ernstliche Gefahren bei typischen vertriebsgebundenen Produkten, wie Geräten der Unterhaltungselektronik[67] und Kosmetika,[68] zumal bei Kosmetika der Schutz der Allgemeinheit schon durch die nach § 4 Abs.1 KosmetikVO erforderlichen Batch-Nummern angestrebt werde.[69]

---

64 Baumbach/Hefermehl: Wettbewerbsrecht, § 1, Rn.241, S.456.

65 BGH, GRUR 1988, 823ff., 825 - Entfernung von Kontrollnummern I; BGH, WRP 1989, 366ff., 368 - Entfernung von Kontrollnummern IV; Baumbach/Hefermehl: Wettbewerbsrecht, § 1, Rn.241, S.456; so auch zu § 823 Abs.1 BGB, weil das Vorliegen eines Wettbewerbsverhältnisses verneinend, BGH, GRUR 1978, 364ff., 367 - Golfrasenmäher; siehe auch OLG Hamm, NJW-RR 1987, 358f., 358f. - Hersteller-Seriennummer; OLG Koblenz, WRP 1978, 470f., 471f. - Fabrikationsnummern.

66 BGH, GRUR 1988, 826ff., 829 - Entfernung von Kontrollnummern II; BGH, GRUR 1989, 110ff., 112f. - Synthesizer; OLG Hamburg, GRUR 1989, 617f., 618 - Denon-Geräte; siehe auch OLG Hamburg, GRUR 1990, 625f., 625f. - LKW-Reifen.

67 BGH, GRUR 1989, 110ff., 112f. - Synthesizer; OLG Hamburg, GRUR 1989, 617f., 618 - Denon-Geräte.

68 BGH, WRP 1989, 366ff., 368 - Entfernung von Kontrollnummern IV; OLG Hamburg, NJW-RR 1987, 556ff., 558 - Herstellerkodierung.

69 OLG Hamburg, NJW-RR 1987, 556ff., 558 - Herstellerkodierung.

Liegen solche Umstände vor, kann die Entfernung nicht zur Geheimhaltung des Warenbezuges als Abwehrmaßnahme gerechtfertigt werden.[70]
Der Schutz derartiger Fabrikationsnummern hat auch nicht die Lückenlosigkeit eines Vertriebsbindungssystems zur Voraussetzung,[71] sondern ist vielmehr vollkommen unabhängig vom Bestehen eines solchen Systems.

Ein Fabrikationsnummernsystem, das im Interesse des Verbrauchers der Durchführung eines Garantie- und Servicesystems diene, sei zwar nützlich, aber ein derartiger Service könne auch auf andere Weise sichergestellt werden.[72]
Vorteile eines Nummernsystems, das nur innerbetriebliche Bedeutung hat, insbesondere im Zusammenhang mit der Qualitätsaufsicht, seien nicht von Bedeutung.[73]

Demgegenüber ist aber festzustellen, daß der Hersteller mit Hilfe der Fabrikationsnummern und mit Hilfe des Garantie- und Servicesystems Produktfehler erkennen und für die Zukunft in der Planung und der Herstellung abstellen will. Dies dient der Förderung seines Unternehmens.
Die Entfernung von Fabrikationsnummern verbessert weder die Qualität noch ist sie ein Zeichen für die Leistungsfähigkeit des Händlers. Sie dient deshalb nur der Behinderung des Herstellers.[74]

Der Hersteller hat auch ein berechtigtes Interesse, das Risiko der Produkthaftung, die nun durch das Produkthaftungs-

---

70 BGH, GRUR 1978, 364ff., 367 - Golfrasenmäher.
71 BGH, GRUR 1978, 364ff., 367 - Golfrasenmäher.
72 OLG Hamburg, GRUR 1989, 617f., 618 - Denon-Geräte.
73 BGH, GRUR 1988, 823ff., 825 - Entfernung von Kontrollnummern I; BGH, GRUR 1988, 826ff., 829 - Entfernung von Kontrollnummern II; OLG Hamburg, GRUR 1989, 617f., 618 - Denon-Geräte.
74 OLG Hamburg, GRUR 1990, 288f., 288f. - Gefälschte Fabrikationsnummern; ebenso zu § 823 Abs.1 BGB OLG Koblenz, WRP 1978, 470ff., 471f. - Fabrikationsnummern.

gesetz[75] geregelt wird, zu begrenzen.[76] In Betracht kommen vor allem Warnungen und Rückrufe anhand der Fabrikationsnummern. Außerdem kann der Hersteller mit Hilfe der Fabrikationsnummer gegebenenfalls den Nachweis erbringen, daß der Fehler zum Zeitpunkt des Inverkehrbringens nach dem Stand der Wissenschaft nicht erkennbar war (§ 1 Abs.2 Nr.5 ProdHaftG) oder daß der Fehler darauf beruht, daß das Produkt zu diesem Zeitpunkt zwingenden Rechtsvorschriften entsprochen hat (§ 1 Abs.2 Nr.4 ProdHaftG).

Wenn sich anhand der Fabrikationsnummer auch der Abnehmer des Herstellers ermitteln läßt, stellt dies den Hauptzweck von Fabrikationsnummern nicht in Frage.[77]
Besteht aber schon eine gesetzliche Verpflichtung zur Kennzeichnung, wie bei Kosmetika durch die Batch-Nummer, besteht kein schutzwürdiges Interesse des Herstellers an einer weiteren Fabrikationsnummer.[78]

Umstritten ist auch, ob der Weitervertrieb von Waren, an denen die Fabrikationsnummern entfernt worden sind, wettbewerbswidrig ist[79] oder ob dieses Verhalten bei Verneinung

---

75 Gesetz über die Haftung für fehlerhafte Produkte (Produkthaftungsgesetz - ProdHaftG) vom 15.12.1989, BGBl 1989 I 2198ff.; siehe hierzu Tiedtke: Produkthaftung, NJW 1990, 2961ff.; Graf v. Westphalen: Produkthaftungsgesetz, NJW 1990, 83ff.; Wieckhorst: Produzentenhaftung, JuS 1990, 86ff.; siehe auch die Richtlinie des Rates vom 25.7.1985 zur Angleichung der Rechts- und Verwaltungsvorschriften der Mitgliedstaaten über die Haftung für fehlerhafte Produkte, ABl. 1985 L210/29ff., 31.; siehe hierzu Sack: Verhältnis, VersR 1988, 439ff.

76 OLG Düsseldorf, GRUR 1970, 248ff., 250 - Fabrikationsnummer; OLG Koblenz, WRP 1978, 470f., 471 - Fabrikationsnummern; OLG Nürnberg, WRP 1978, 475f., 476 - Fabrikationsnummern.

77 OLG Hamburg, GRUR 1990, 288f., 289 - Gefälschte Fabrikationsnummern; a.A. OLG Hamburg, GRUR 1990, 625f., 625f. - LKW-Reifen.

78 In diese Richtung OLG Hamburg, NJW-RR 1987, 556ff., 558 - Herstellerkodierung.

79 Offen gelassen von OLG Hamburg, NJW-RR 1987, 556ff., 557 - Herstellerkodierung; bejahend OLG Hamburg, GRUR 1990, 288f., 289 - Gefälschte Fabrikationsnummern; verneinend

eines Wettbewerbsverhältnisses nach § 823 Abs.1 BGB zumindest als ein betriebsbezogener Eingriff in den eingerichteten und ausgeübten Gewerbebetrieb des Herstellers anzusehen ist.[80]

Der Zweck von Fabrikationsnummern, das Schädigungspotential bestimmter Produkte zu reduzieren und damit Schädigungen des Ansehens des Herstellers zu verhindern, gewinnt vor allem mit dem Verkauf an den Verbraucher an Bedeutung.[81]

Deshalb ist auch der Vertrieb von Waren, an denen die Fabrikationsnummern entfernt worden sind, zumindest dann unlauter, wenn von dem Produkt Gefahren für die Benutzer und die Allgemeinheit ausgehen können.[82]

Aber auch in den sonstigen Fällen, wenn also die Fabrikationsnummern einem Garantie- und Servicesystem dienen, ohne daß ernstliche Gefahren bestehen, ist der Vertrieb decodierter Waren unlauter,[83] weil damit die durch die Entfernung der Fabrikationsnummer eingeleitete Behinderung voll zur Geltung kommt.

Bei den Batch-Nummern ist diese Problematik etwas anders gelagert. Ein Inverkehrbringen von kosmetischen Mitteln ohne die Batch-Nummer ist ein Gesetzesverstoß gegen § 4 Abs.1

OLG Stuttgart, WRP 1977, 822ff., 823 - Lautsprecherboxen.

80 Offen gelassen von OLG Hamm, NJW-RR 1987, 358f., 358 - Hersteller-Seriennummern; bejahend OLG Düsseldorf, GRUR 1970, 248ff., 250 - Fabrikationsnummer; OLG Hamburg, GRUR 1990, 288f., 289 - Gefälschte Fabrikationsnummern; OLG Koblenz, WRP 1978, 470f., 471 - Fabrikationsnummern; OLG Nürnberg, WRP 1978, 475f., 476 - Fabrikationsnummern; verneinend OLG Frankfurt, WRP 1981, 530f., 531 - Anbringung eigener Seriennummern; OLG Stuttgart, WRP 1977, 822ff., 823 - Lautsprecherboxen.

81 Siehe hierzu OLG Hamm, NJW-RR 1987, 358f., 358 - Hersteller-Seriennummern; OLG Hamburg, GRUR 1990, 288f., 289 - Gefälschte Fabrikationsnummern.

82 So wohl auch zu § 823 Abs.1 BGB, weil das Vorliegen eines Wettbewerbsverhältnisses verneinend, BGH, GRUR 1978, 364ff., 367 - Golfrasenmäher.

83 OLG Hamburg, GRUR 1990, 288f., 289 - Gefälschte Fabrikationsnummern.

KosmetikVO,[84] der auch dann vorliegt, wenn die ursprünglich vorhandene Batch-Nummer von Händlern entfernt worden ist.[85] Nach der Rechtsprechung des Bundesgerichtshofs ist aber nicht jede zu Wettbewerbszwecken begangene Gesetzesverletzung oder deren Ausnutzung nach § 1 UWG sittenwidrig.
Zwar begründe bei unmittelbar wettbewerbsregelnden Normen deren Verletzung bereits im Hinblick auf ihren Schutzzweck die Sittenwidrigkeit. Ebenso sei auch die Verletzung von Vorschriften, die der Wahrung besonders gewichtiger Rechtsgüter und Gemeinschaftsinteressen dienen, wie etwa Vorschriften zum Schutz der Volksgesundheit oder der Rechtspflege, als Verstoß gegen das sittlich-rechtliche Empfinden der Allgemeinheit zu bewerten.
In sonstigen Fällen handele es sich aber um wertneutrale Normen, bei denen ein Verstoß gegen § 1 UWG nur dann gegeben sei, wenn sich der Betreffende über das Gesetz bewußt und planmäßig und in der Absicht hinweggesetzt hat, sich dadurch einen Wettbewerbsvorsprung vor gesetzestreuen Konkurrenten zu verschaffen.[86]
Ausweislich von § 26 Abs.1 und § 32 Abs.1 LMBG, die die Ermächtigungsgrundlage für die KosmetikVO bilden, liegt deren Zweck darin, eine Gefährdung der Gesundheit durch kosmetische Mittel zu verhindern. Dementsprechend ist § 4 Abs.1 KosmetikVO als wertbezogene Vorschrift anzusehen, so daß der Vertrieb von kosmetischen Mitteln, an denen die Batch-Nummer entfernt worden ist, unlauteren Wettbewerb darstellt.[87]

---

84 § 4 Abs.1 KosmetikVO beruht auf Art.6 lit.e der Richtlinie des Rates vom 27.7.1976 zur Angleichung der Rechtsvorschriften der Mitgliedstaaten über kosmetische Mittel, ABl. 1976 L262/169ff., 171.

85 OLG Köln, WRP 1983, 576f., 576 - Batch-Nummer.

86 BGH, WRP 1989, 472ff., 475 - Nachtbackverbot; BGH, GRUR 1988, 382f., 383 - Schelmenmarkt; siehe auch Baumbach/Hefermehl: Wettbewerbsrecht, § 1, Rn.630ff., S.612ff.

87 OLG Köln, WRP 1983, 576f., 577 - Batch-Nummer; in diese Richtung auch OLG München, GRUR 1987, 558ff., 561 - Entfernte Codenummern; ebenso für den Vertrieb von aus den Niederlanden importierten kosmetischen Mitteln ohne die nach § 4 Abs.2 Ziff.1 KosmetikVO erforderlichen Angaben über die Inhaltsstoffe BGH, GRUR 1989, 673f., 673f., m.

Lehnt man diese Unterscheidung zwischen ethisch fundierten und ethisch neutralen Gesetzen ab und bejaht man mit einem Gesetzesverstoß zu Wettbewerbszwecken auch dessen Sittenwidrigkeit,[88] dann ist die Entfernung von Batch-Nummern ohnehin als Verstoß gegen § 1 UWG zu werten.

b. Urkundenunterdrückung

Auch bei Fabrikationsnummern stellt sich die Frage, ob deren Entfernung eine Urkundenvernichtung nach § 274 Abs.1 Nr.1 StGB ist[89] und ob daraus auch die Wettbewerbswidrigkeit eines solchen Verhaltens resultiert.
Die Rechtsprechung hat Fabriknummern bisher grundsätzlich nicht als Urkunden angesehen.[90] Demgegenüber hat sie Motor- und Fahrgestellnummern von Kraftfahrzeugen Urkundenqualität zuerkannt[91] und auch Kontrollnummern auf Aspirinpackungen als Urkunden angesehen, weil sie den Abnehmern gegenüber eine Garantieerklärung enthielten, so daß sie wegen dieser Gewährleistung für Rechte und Rechtsverhältnisse von Erheblichkeit gewesen seien.[92]

Die Erheblichkeit von Fabrikationsnummern für Rechte und Rechtsverhältnisses läßt sich nicht gänzlich von der Hand weisen.
Im Rahmen der Produkthaftung können Fabrikationsnummern dazu bestimmt sein, dem Hersteller den Ausschluß seiner Ersatzpflicht nachzuweisen.

Anm. v. Schroeder, - Zahnpasta; siehe hierzu auch Giefers: Erwiderung, GRUR 1990, 55; a.A. zu § 4 Abs.2 Ziff.1 KosmetikVO OLG Hamm, GRUR 1987, 548f., 548f. - aronal forte.

88 So Sack: Funktion, WRP 1985, 1ff., 9ff.

89 So AG Tettnang, MA 1957, 725f., 725 - Radiogeräte.

90 RG, GA 59 (1912), 352f., 353 - Bechsteinflügel; RG, MuW XXIV (1924/1925), 17ff., 18 - Carl-Zeiss-Fernglas.

91 RGSt 58, 16f., 16f.; BGHSt 9, 235ff., 236ff.; BGHSt 16, 94ff., 95ff.

92 RG, HRR 1929, Nr.1973.

Bei Gewähren einer Herstellergarantie können sie dem Verbraucher in Verbindung mit der Garantiekarte den Nachweis über die Identität des Geräts ermöglichen.[93]

Aber unabhängig davon, ob man Fabrikationsnummern nur beim Bestehen ernstlicher Gefahren oder in einem weitergehenden Umfang Schutz gewähren will, so kommt ihnen eine Eignung und Bestimmung zur Beweisführung allenfalls dann zu, wenn ihnen auch schon ein wettbewerbsrechtlicher Schutz wegen Behinderung des Herstellers zuzubilligen ist. Deshalb mag auch hier das Vorliegen einer Urkundenunterdrückung dahingestellt bleiben.

c. Irreführung

Fabrikationsnummern dienen der nachträglichen Material- und Fertigungskontrolle, dem Auffinden von erforderlichen Ersatzteilen und passendem Zubehör und der zuverlässigen Abwicklung von Garantiefällen. Für den Erwerber von Waren, die der Hersteller mit einer Fabrikationsnummer versehen hat, ist das Vorhandensein dieser Fabrikationsnummer somit von erheblicher Bedeutung. Werden Geräte mit entfernten Fabrikationsnummern ohne entsprechenden Hinweis verkauft, wird deshalb der Verbraucher, der auf das Vorhandensein der Fabrikationsnummern vertraut, in relevanter Weise gemäß § 3 UWG irregeführt.[94]
Dies gilt umsomehr, wenn eine vom Hersteller gegebene Garantie das Vorhandensein der Fabrikationsnummer zur Voraussetzung hat.[95]

---

93 In diese Richtung auch AG Tettnang, MA 1957, 725f., 725 - Radiogeräte.

94 BGH, GRUR 1988, 461f., 462 - Radio-Recorder; BGH, GRUR 1989, 110ff., 113 - Synthesizer; OLG Hamburg, GRUR 1989, 617f., 618 - Denon-Geräte; Knöpfle: Kurzkomm. III, EWiR § 1 UWG 2/89, 91f., 92.

95 BGH, GRUR 1989, 110ff., 113 - Synthesizer; OLG Düsseldorf, GRUR 1970, 248ff., 248f. - Fabrikationsnummer.

Es spielt dabei keine Rolle, ob bei Fehlern der Produkte ernstliche Gefahren für Benutzer und die Allgemeinheit entstehen können. Auch wenn nur die oben beschriebenen Verbraucherinteressen berührt sind, ist bei fehlender Aufklärung eine Irreführung gegeben.[96]

II. Markenrechtlicher Schutz

Ein Warenzeicheninhaber kann sich unter bestimmten Voraussetzungen gegen spätere Eingriffe in die von ihm gekennzeichneten Waren wehren. Die mit dem ersten Inverkehrbringen der Ware eintretende Erschöpfung der Markenrechte nimmt dem Markeninhaber nicht die Befugnis, späteren Erwerbern einen Weitervertrieb unter dem Warenzeichen zu verbieten, wenn die Originalware so verändert oder umgestaltet worden ist, daß die vom Warenzeichen ausgehende Gewähr für gleichbleibende Beschaffenheit und Güte der Ware keine Grundlage mehr findet.[97]
Wird durch Eingriffe in die Ware selbst sogar deren Gebrauchstauglichkeit beeinträchtigt, ist der Weitervertrieb unter dem Warenzeichen rechtswidrig.[98]

Eine Beschädigung der Verpackung durch Codenummernentfernung allein greift nicht in die Eigenart der Ware, d.h. in ihre

---

96 Kroher: Unlauterkeitstatbestände, GRUR 1987, 601ff., 608; davon unausgesprochen ausgehend BGH, GRUR 1989, 110ff., 113 - Synthesizer; BGH, GRUR 1988, 461f., 462 - Radio-Recorder.

97 BGH, GRUR 1982, 115ff., 116 - Öffnungshinweis; BGH, GRUR 1988, 823ff, 826 - Entfernung von Kontrollnummern I; BGH, WRP 1989, 366ff., 369 - Entfernung von Kontrollnummern IV; BGH, WRP 1989, 369ff., 372 - Entfernung von Kontrollnummern III; siehe auch OLG Karlsruhe, GRUR 1988, 463ff., 464 - Lancôme-Erzeugnisse, das die Frage prüft, ob die durch die Codenummernentfernung verursachte Beschädigung der Verpackung gegen § 12 BGB, § 16 UWG und das Recht aus einer besonderen Geschäftsbezeichnung verstößt, und diese Frage verneint.

98 BGH, GRUR 1988, 213ff., 214f. - Griffband; BGH, GRUR 1988, 823ff, 826 - Entfernung von Kontrollnummern I.

charakteristischen Sacheigenschaften, ein, weil das Produkt durch die Beschädigung der Verpackung nicht in seiner Substanz beeinträchtigt wird.[99] Diese Voraussetzungen fehlen auch, wenn Fabrikationsnummern ohne Beeinträchtigung der Qualität entfernt worden sind.[100]
Das OLG München sieht es allerdings als nicht unwesentlichen Eingriff an, wenn die gesamte Cellophanumhüllung, auf der sich die Codenummer befindet, entfernt wird, weil die Cellophanumhüllung eine nicht unbedeutende Garantie für die Unversehrtheit und Echtheit des angebotenen Produkts sei.[101]

Auch wenn man die Auffassung vertreten wollte, Ware und Verpackung bildeten regelmäßig unter warenzeichenrechtlichen Gesichtspunkten eine geschützte Einheit,[102] so daß auch die Verpackung vor Dritteinwirkungen geschützt sei, bestünden keine markenrechtlichen Ansprüche wegen Verletzung der Einheit von Marke und Verpackung.[103]
Nach der genannten Meinung sind nämlich solche Einwirkungen zulässig, die nach Auffassung des Verkehrs als unwesentlich gelten können oder übliche Begleiterscheinungen des normalen geschäftlichen Verkehrs darstellen.[104] Die durch die Codenummernentfernung bedingte Beschädigung der Verpackung ist eine solche nur unwesentliche Beeinträchtigung.[105]

---

99 OLG München, GRUR 1987, 558ff., 559 - Entfernte Codenummern; OLG München, WRP 1988, 58ff., 60 - EAU SAUVAGE; OLG Hamburg, NJW-RR 1987, 556ff., 556 - Herstellerkodierung; OLG Stuttgart, WRP 1987, 698ff., 700 - Entfernte Rechnungsnummern.

100 OLG Hamburg, GRUR 1989, 617f., 617 - Denon-Geräte.

101 OLG München, NJW-RR 1987, 739 - Entfernung der Cellophanumhüllung.

102 So Hefermehl/Fezer: Schutz, in: Hefermehl/Ipsen/Schluep: Markenschutz, S.133.

103 OLG Hamburg, NJW-RR 1987, 556ff., 557 - Herstellerkodierung; OLG München, GRUR 1987, 558ff., 559 - Entfernte Codenummern; OLG München, WRP 1988, 58ff., 60 - EAU SAUVAGE; OLG Stuttgart, WRP 1987, 698ff., 700 - Entfernte Rechnungsnummern; Sack: Probleme, ÖBl 1988, 113ff. und 145ff., 148.

104 So Hefermehl/Fezer: Schutz, in: Hefermehl/Ipsen/Schluep: Markenschutz, S.133.

105 OLG Hamburg, NJW-RR 1987, 556ff., 557 - Herstellerko-

Ist die Codenummer in den Markenschriftzug auf der Verpackung integriert, sieht der Bundesgerichtshof wegen des Sinnzusammenhangs von Markenrecht und Wettbewerbsrecht in der Entfernung der Fabrikationsnummer ebenfalls keine Warenzeichenverletzung. Der genannte Sinnzusammenhang resultiere daraus, daß das Markenrecht ein Bestandteil des Wettbewerbsrechts sei. Die Geltendmachung eines zeichenrechtlichen Anspruchs sei deshalb ausgeschlossen, wenn diese nicht in erster Linie dem Schutz des Warenzeichens und seiner legitimen Funktionen, sondern der Durchsetzung eines wettbewerbsrechtlich nicht schutzfähigen Kontrollnummernsystems diene.[106]
Aber selbst wenn es sich um ein lückenloses Vertriebsbindungssystem handelt und die Codenummern als schutzwürdig anzusehen sind, hat sich der Hersteller eine Beschädigung des Markenschriftzuges selbst zuzuschreiben. Mit der Berufung auf Markenrechte will der Hersteller nicht den Schutz seiner Marke, sondern den Schutz der Codenummer erreichen. Diese liegt aber nicht im Schutzbereich des Markenrechts. Der Hersteller ist aus warenzeichenrechtlicher Sicht darauf zu verweisen, daß er die Codenummer an anderer Stelle anbringen kann.

---

dierung; OLG München, GRUR 1987, 558ff., 559 - Entfernte Codenummern; OLG München, WRP 1988, 58ff., 60 - EAU SAUVAGE; OLG Stuttgart, WRP 1987, 698ff., 700 - Entfernte Rechnungsnummern.

106 BGH, WRP 1989, 366ff., 369 - Entfernung von Kontrollnummern IV; BGH, WRP 1989, 369ff., 372f. - Entfernung von Kontrollnummern III; Michalski: Kurzkomm. II, EWiR § 1 UWG 1/89, 89f., 90.

12. Kapitel
Zusammenfassung zum Schutz internationaler Vertriebs- und Preisbindungen gegen Außenseiter

I. Zusammenfassung zum Schutz internationaler Vertriebsbindungen

Selektive Vertriebsbindungen erfahren durch das europäische Gemeinschaftsrecht eine positive Beurteilung.[1]
Da jedoch beim Vertrieb gebundener Waren durch Außenseiter die Funktionen der Marke grundsätzlich nicht beeinträchtigt werden, steht das europäische Gemeinschaftsrecht einem markenrechtlichen Schutz von selektiven Vertriebsbindungen entgegen.[2]
Ein Schutz selektiver Vertriebsbindungen wird deshalb nur durch das Lauterkeitsrecht eröffnet. Kennzeichnend für diesen Schutz nach deutschem Recht ist das Anknüpfen an der Art und Weise des Warenbezugs von Außenseitern bei gebundenen Händlern.

Die kartellrechtliche Einschätzung von selektiven Vertriebsbindungen und die Stellungnahme zu einem markenrechtlichen Schutz erfolgen in den nationalen Rechtsordnungen Frankreichs und Österreichs in nahezu identischer Weise wie im europäischen Gemeinschaftsrecht. Mit einigen Abweichungen gilt diese Aussage auch für die schweizerische Rechtsordnung.[3]
Demgegenüber werden dem Markeninhaber in Großbritannien, in den Vereinigten Staaten von Amerika und in Japan weitergehende Rechte aus der Marke eingeräumt.[4]

---

1 Siehe 2. Kap. II.1., S.49ff.
2 Siehe 3. Kap. II.1., S.86ff.
3 Siehe 4. Kap. I., S.99ff., und II., S.111ff.; 5. Kap. I., S.133ff., und II., S.140ff.; 6. Kap. I., S.155ff., und II., S.163ff.
4 Siehe 7. Kap., S.179ff.; 8. Kap., S.193ff.; 9. Kap., S.221ff.

Wie im deutschen Recht knüpft der lauterkeitsrechtliche Schutz in Frankreich, in Österreich und in der Schweiz an der Art und Weise des Warenbezugs durch den Außenseiter an. Ein entscheidender Unterschied ergibt sich aber daraus, daß die dortige Rechtsprechung die bloße Ausnutzung fremden Vertragsbruchs selbst bei Vorsprungserlangung des Außenseiters und bei Lückenlosigkeit des Bindungssystems nicht als unlauter ansieht. Vor allem in der Literatur dieser Länder wird aber ein effektiverer Schutz von selektiven Vertriebsbindungen gefordert.[5]

Aber auch der Schutz selektiver Vertriebsbindungen nach deutschem Recht ist aufgrund des Lückenlosigkeitserfordernisses nicht optimal, sondern "lückenhaft". Die in dieser Arbeit vorgeschlagene Lösung soll einen besseren Schutz der durch das Gemeinschaftsrecht kartellrechtlich positiv bewerteten selektiven Vertriebsbindungen eröffnen.

Unlauter ist nach der hier vertretenen Auffassung die Mißachtung einer im Bereich der EG-Mitgliedstaaten und der deutschsprachigen EFTA-Staaten kartellrechtlich positiv bewerteten Vertriebsbindung mittels Ausnutzung fremden Vertragsbruchs oder bindungsfreien Imports aus Drittländern und mittels der sich aus dem Vertrieb der gebundenen Ware ergebenden Erlangung eines Vorsprungs vor gebundenen Händlern und anderen Außenseitern, wodurch der Bestand des gesamten Bindungssystems gefährdet wird.[6]

Das Gesagte gilt umsomehr, wenn dem Außenseiter ein Schleichbezug oder eine Verleitung zum Vertragsbruch vorgeworfen werden kann.

Das vertriebsbindende Unternehmen muß in einem Rechtsstreit

5 Siehe 4. Kap. III.1., S.120ff.; 5. Kap. III.1., S.143ff.; 6. Kap. III.1., S.167ff.

6 Siehe 10. Kap. III.1.d., S.253ff.; 10. Kap. IV.1.c., S.268f.; 10 Kap. IV.2.c., S.273ff.; 10. Kap. IV.3.c., S.282ff.; 10. Kap. IV.4., S.293f.

gegen einen Außenseiter die kartellrechtliche Zulässigkeit seines Bindungssystems nach dem europäischen Gemeinschaftsrecht darlegen und gegebenenfalls beweisen.
Aufgrund des Vorrangs des europäischen Gemeinschaftsrechts ist nach der hier vertretenen Auffassung bei Vereinbarkeit einer Vertriebsbindung mit Art.85 EWGV nicht auch die Zulässigkeit der Vertriebsbindung nach den nationalen Kartellrechtsordnungen erforderlich.[7]

Zum Nachweis der Ausnutzung fremden Vertragsbruchs bedarf es nur des Nachweises der Lückenlosigkeit des Bindungssystems auf dem jeweiligen Bezugsmarkt. Ist die Bezugsquelle des Außenseiters nicht bekannt, dann kommt es allenfalls auf die Lückenlosigkeit des Bindungssystems in den EG-Mitgliedstaaten und den deutschsprachigen EFTA-Staaten an.
Die Beschränkung auf diese Staatengruppe rechtfertigt sich daraus, daß das europäische Gemeinschaftsrecht und die nationalen Rechtsordnungen von Österreich und der Schweiz Vertriebsbindungen kartellrechtlich positiv bewerten.
Die Schutzfähigkeit derartiger Bindungssysteme kann deshalb nicht von tatsächlichen oder rechtlichen Umständen in Drittstaaten abhängig gemacht werden. Vielmehr ist auch der bindungsfreie Import aus Drittstaaten, den sich Außenseiter zur Vorsprungserlangung zu nutze machen, als unlauter anzusehen.

Soweit es der Lückenlosigkeit zum Nachweis der Vorsprungserlangung durch den Außenseiter bedarf, ist nur die Lückenlosigkeit auf dessen inländischem Absatzmarkt erforderlich. Eine Lückenhaftigkeit des Bindungssystems außerhalb dieses Marktbereichs stellt nicht das Bestehen einer konformen Wettbewerbslage in Frage.

Die hier vertretene Auffassung versucht, Kartellrecht und Lauterkeitsrecht miteinander in Einklang zu bringen und kartellrechtlich erwünschte Vertriebsformen nicht lauterkeits-

7 Siehe 2. Kap. II.4.b., S.69ff.

rechtlich schutzlos zu stellen.
Aufgrund der positiven Beurteilung von internationalen Vertriebsbindungen in den EG-Mitgliedstaaten, die aus dem europäischen Gemeinschaftsrecht resultiert, und aufgrund der vergleichbaren rechtlichen Lage in Österreich und der Schweiz läßt sich das hier vertretene Schutzkonzept auch auf diese Länder übertragen.

Die Gesichtspunkte "Ausnutzung fremden Vertragsbruchs" und "Erlangung eines Vorsprungs" sind nur Hilfsmittel, mit denen der Vertriebsbinder die Gefährdung seiner Leistung durch Außenseiter nachweist.
Der Nachweis einer Ausnutzung fremden Vertragsbruchs durch den Außenseiter wird nach der hier vertretenen Auffassung zum Nachweis dafür verlangt, daß der Vertriebsbinder eine wettbewerbsrechtlich schützenswerte Leistung erbracht hat; denn durch den Nachweis der Ausnutzung fremden Vertragsbruchs wird deutlich, daß der Vertriebsbinder sein Bindungssystem so aufgebaut hat und betreibt, daß seine Waren nur von qualifizierten gebundenen Händlern vertrieben werden.
Soweit die Rechtsprechung anderer EG-Mitgliedstaaten und der deutschsprachigen EFTA-Staaten die Leistung des Vertriebsbinders nicht im erforderlichen Maße zu schützen bereit ist und insbesondere die Ausnutzung fremden Vertragsbruchs als Ansatzpunkt für ein Unlauterkeitsurteil ausklammert, wie etwa in Österreich und der Schweiz, kann von einem vertriebsbindenden Unternehmen, das sein Bindungssystem im Inland gegen Außenseiter schützen will, nichts Unmögliches verlangt werden. Zum Nachweis der vom Vertriebsbinder in diesen Ländern erbrachten Leistung muß er deshalb nicht einen Warenbezug durch Ausnutzung fremden Vertragsbruchs nachweisen.
Es ist vielmehr zum Nachweis seiner Leistung nur erforderlich, daß er alle seine Abnehmer in den betreffenden Ländern auf die Einhaltung der Bindung verpflichtet und die Beachtung der Vertriebsbindung mit den ihm durch die jeweilige nationale Rechtsordnung eröffneten Mittel überwacht. Letztlich ist damit auch der trotz aller Anstrengungen erfolgende

bindungsfreie Import aus diesen Staaten, der die im Inland erbrachte Leistung des Betreibens eines Vertriebsbindungssystems gefährdet, als unlauter anzusehen. Dies gilt somit vor allem für Importe aus Österreich und der Schweiz.

Steht die Erfüllung des beschriebenen Unlauterkeitstatbestandes fest, dann obliegt es dem Außenseiter, darzulegen und zu beweisen, daß ihm die Beachtung der Vertriebsbindung unzumutbar ist, weil andere Außenseiter Bezugsmöglichkeiten in den EG-Mitgliedstaaten oder den deutschsprachigen EFTA-Staaten wahrnehmen können, die der Vertriebsbinder nicht unterbinden kann.
Ein möglicher bindungsfreier Import aus Drittstaaten ist nicht von Bedeutung, da dieser in Verbindung mit einer Vorsprungserlangung auch ohne Ausnutzung fremden Vertragsbruchs als unlauter zu qualifizieren ist und jedem Außenseiter untersagt werden kann.
Dies gilt auch für bindungsfreie Importe aus den EG-Mitgliedstaaten und den deutschsprachigen EFTA-Staaten, die keinen effektiven Schutz gegen Außenseiter gewähren.

Der Einwand der Unzumutbarkeit durch den Außenseiter kommt aber nur zum Tragen, wenn der Vertriebsbinder nicht schon zum Nachweis der Ausnutzung fremden Vertragsbruchs die Lückenlosigkeit seines Bindungssystems in den EG-Mitgliedstaaten und den deutschsprachigen EFTA-Staaten nachweisen mußte.

Da der unlautere Außenseitervertrieb zu einer Erschütterung des Bindungssystems führt, ist der Außenseiter zur Nennung seines Lieferanten verpflichtet.[8]
Dies gilt auch für den Fall bloßer Ausnutzung fremden Vertragsbruchs und den bindungsfreien Import in den oben aufgeführten Konstellationen, weil auch bei diesen Bezugsarten durch den Außenseitervertrieb bei gebundenen Händlern und

8 Siehe 10. Kap. V., S.295ff.

anderen Außenseitern der Eindruck der Lückenhaftigkeit des Bindungssystems hervorgerufen wird.

Wird konsequent ein Vertriebsbindungssystem theoretisch lückenlos aufgebaut, stellt die Entfernung von Codenummern und der Vertrieb derartig decodierter Waren grundsätzlich auch schon in der Aufbauphase des Bindungssystems eine unlautere Behinderung des Herstellers dar.[9]
Verfolgt der Vertriebsbinder derartige Verstöße, kommt es auch nicht auf das Vorliegen einer praktischen Lückenlosigkeit des Bindungssytems an.
Unabhängig vom Bestehen eines Vertriebsbindungssystems kann gegen die Entfernung von Fabrikationsnummern und den Vertrieb derartig decodierter Waren ein weitergehender Schutz bestehen.[10]

II. Zusammenfassung zum Schutz internationaler Preisbindungen

Für den Schutz von Buchpreisbindungen gelten die gleichen Grundsätze wie für den Schutz von Vertriebsbindungen.[11]

Soweit auf Maßnahmen verzichtet wird, die gegen Art.85 EWGV verstoßen, richtet sich die kartellrechtliche Zulässigkeit von Buchpreisbindungen ausschließlich nach deutschem Recht.

Aus der ausnahmsweisen Zulässigkeit der Preisbindung bei Verlagserzeugnissen im deutschen Recht läßt sich eine kartellrechtlich positive Bewertung von Buchpreisbindungen entnehmen.

---

9 Siehe 11. Kap. II.1., S.304ff.
10 Siehe 11. Kap. II.2., S.320ff.
11 Siehe 12. Kap. I., S.331ff.

Auch in Frankreich, Österreich und der Schweiz nimmt die Buchpreisbindung aufgrund der kulturellen Bedeutung des Buches eine begünstigte Sonderstellung gegenüber sonstigen Preisbindungen ein.[12]

Unlauter ist nach der hier vertretenen Auffassung die Mißachtung einer in Deutschland, in Österreich und in der Schweiz positiv bewerteten Buchpreisbindung mittels Ausnutzung fremden Vertragsbruchs oder bindungsfreien Imports aus Drittländern und mittels der sich daran anschließenden Erlangung eines Vorsprungs vor den gebundenen Händlern und den anderen Außenseitern, wodurch der Bestand des gesamten Bindungssystems gefährdet wird.[13]

Da ein normaler Bedarf an deutschsprachigen Büchern nur in Deutschland, in Österreich und in der Schweiz besteht, ist insoweit die Lückenlosigkeit des Bindungssystems nur in diesen Staaten erforderlich.
Ausfuhren deutschsprachiger Bücher für den ausländischen Bedarf sind vom Umfang her zu vernachlässigen und bei größeren Reimporten aus EG-Mitgliedstaaten ist die Vermutung gerechtfertigt, daß diese nur der Umgehung der inländischen Preisbindung dienen.

Im übrigen gelten für den Schutz von Buchpreisbindungen gegen Außenseiter die zum Schutz von Vertriebsbindungen gegen Außenseiter gemachten Ausführungen entsprechend.[14]

---

12 Siehe 4. Kap. III.3., S.129ff.; 5. Kap. III.3., S.150ff.; 6. Kap. III.3., S.176ff.

13 Siehe 10. Kap. III.1.d., S.253ff.; 10. Kap. IV.1.c., S.268f.; 10. Kap. IV.2.c., S.273ff.; 10. Kap. IV.3.c., S.282ff.; 10. Kap. IV.4., S.293f.

14 Siehe 12. Kap. I., S.331ff.

Literaturverzeichnis

Ahlert, Dieter (Hrsg.): Vertragliche Vertriebssysteme zwischen Industrie und Handel. Grundzüge einer betriebswirtschaftlichen, rechtlichen und volkswirtschaftlichen Beurteilung, mit Beiträgen von Dieter Ahlert, Günther Bernert, Clemens Michael v. Braunmühl u.a., Wiesbaden: Betriebswirtschaftlicher Verlag Dr. Th. Gabler GmbH, 1981. Zit.: Vertriebssysteme.

-: Einführung in die volkswirtschaftliche Problematik des vertraglichen Selektivvertriebs, in: Schwier: Probleme, S.2-26. Zit.: Einführung.

-: Die Bedeutung des vertraglichen Selektivvertriebs für den freien Wettbewerb und die Funktionsfähigkeit von Märkten, WRP 1987, 215-233. Zit.: Bedeutung.

Alexander, Daniel: Colgate-Palmolive v. Markwell Finance - The Carving Knife Sharpened, [1989] EIPR 456-459. Zit.: Colgate.

Asendorf, Claus Dietrich: Gesetz zur Stärkung des Schutzes geistigen Eigentums und zur Bekämpfung der Produktpiraterie, NJW 1990, 1283-1286. Zit.: Gesetz.

Azéma, Jacques: La distribution sélective ou l'ambivalence du droit de la concurrence, J.C.P., éd.C.I., 1983.II. 14089, 579-585. Zit.: Distribution.

-: Observations sous Cour de Lyon, 6 février 1985, J.C.P., éd.E, 1985.II.14602, 659-662. Zit.: Obs.

Bach, Albrecht: Reform des französischen Wettbewerbsrechts, RIW 1987, 419-428. Zit.: Reform.

Baldi, Marino: Das Verbot der Maßnahmen gleicher Wirkung wie mengenmäßige Einfuhrbeschränkungen in den Freihandelsabkommen EFTA-Staaten/EWG, WuR 1987, 73-99. Zit.: Verbot.

-: Die Wettbewerbsbestimmungen internationaler Abkommen der Schweiz und die Art.42/43 des Kartellgesetzes (KG), WuR 1989, 53-71. Zit.: Wettbewerbsbestimmungen.

Barfuß, Walter: Rechtsgutachten zum festen Ladenpreis im österreichischen Buchhandel vom 15. März 1983, Anz.d.öst. Buchhandels Nr.8/Mitte April 1983, S.82-84. Zit.: Rechtsgutachten.

-: Das neue österreichische Kartellgesetz, GRUR Int. 1989, 529-535. Zit.: Kartellgesetz.

Barfuß, Walter: Das neue Kartellgesetz, ÖJZ 1989, 482-492. Zit.: Neues Kartellgesetz.

- / Auer, Günter: Kartellrecht. Kartellgesetz 1988 samt Durchführungsbestimmungen. Nahversorgungsgesetz 1977. Materialien, Anmerkungen und Verweisungen sowie Gegenüberstellungen alter und neuer Rechtsvorschriften. EWG-Kartellrecht, 4. Aufl., Wien: Manzsche Verlags- und Universitätsbuchhadlung, 1989. Zit.: Kartellrecht.

Baudenbacher, Carl: Die wettbewerbsrechtliche Beurteilung grenzüberschreitender Werbe- und Absatztätigkeit nach schweizerischem Recht, GRUR Int. 1988, 310-320. Zit.: Beurteilung.

-: Zum Schutz selektiver Vertriebssysteme im schweizerischen Recht, GRUR Int. 1988, 931-933. Zit.: Schutz.

- (Hrsg.): Das UWG auf neuer Grundlage, mit Beiträgen von Carl Baudenbacher, Gerard Hertig, Lucas David u.a., Bern, Stuttgart: Verlag Paul Haupt, 1989. Zit.: UWG.

-: Schwerpunkte der schweizerischen UWG-Reform, in: Baudenbacher: UWG, S.15-36. Zit.: Schwerpunkte.

Baumbach, Adolf / Hefermehl, Wolfgang: Warenzeichenrecht und Internationales Wettbewerbs- und Zeichenrecht. Warenzeichengesetz, Pariser Verbandsübereinkunft, Madrider Herkunftsabkommen, Madrider Markenabkommen, Nizzaer Klassifikationsabkommen, Zweiseitige Abkommen, 12. Aufl., München: C.H. Beck'sche Verlagsbuchhandlung, 1985. Zit.: Warenzeichenrecht.

- / -: Wettbewerbsrecht. Gesetz gegen den unlauteren Wettbewerb, Zugabeverordnung, Rabattgesetz und Nebengesetze, 16. Aufl., München: C.H. Beck'sche Verlagsbuchhandlung, 1990. Zit.: Wettbewerbsrecht.

Bechthold, Rainer: Neue Entwicklungen in der EWG-rechtlichen Beurteilung vertikaler Vertriebssysteme, RIW 1987, 809-814. Zit.: Entwicklungen.

Beier, Friedrich-Karl: Territorialität des Markenrechts und internationlaer Wirtschaftsverkehr, GRUR Int. 1968, 8-17. Zit.: Territorialität.

-: Anmerkung zum Urteil des öst. OGH vom 30.11.1970, 4 Ob 333/70 - Agfa, GRUR Int. 1971, 92-96.

-: Grenzen der Erschöpfungslehre im Markenrecht. Zur Beurteilung des Vertriebs umgepackter und neu gekennzeichneter Originalware in den Ländern der Europäischen Wirtschaftsgemeinschaft, GRUR Int. 1978, 263-276. Zit.: Grenzen.

Beier, Friedrich-Karl: Der Schutz selektiver Vertriebsbindungen gegenüber Außenseitern - Die Lückenlosigkeit in Theorie und Praxis, GRUR 1987, 131-140. Zit.: Schutz.

-: Gewerblicher Rechtsschutz und freier Warenverkehr im europäischen Binnenmarkt und im Verkehr mit Drittstaaten, GRUR Int. 1989, 603-615. Zit.: Rechtsschutz.

- / Mühlendahl, Alexander von: Der Grundsatz der internationalen Erschöpfung des Markenrechts in den Mitgliedstaaten der EG und ausgewählten Drittstaaten, Mitt. 1980, 101-108. Zit.: Grundsatz.

Belke, Rolf: Die Geschäftsverweigerung im Recht der Wettbewerbsbeschränkungen. Eine vergleichende Untersuchung zum deutschen und französischen Recht, Tübingen: J.C.B. Mohr (Paul Siebeck), 1966. Zit.: Geschäftsverweigerung.

Belz, Friedbart: Der Schutz selektiver Vertriebsbindungssysteme durch die deutsche Rechtsprechung. Das Problem der theoretischen und praktischen Lückenlosigkeit und die Entfernung von Kontrollnummern, WRP 1990, 293-302. Zit.: Schutz.

Bénabent, Alain: Note sous Cass. com., 13 décembre 1988 et 10 janvier, 31 janvier, 21 mars et 10 mai 1989, D.1989.J. 429-431. Zit.: Note.

Benkard, Georg: Patentgesetz. Gebrauchsmustergesetz. Kurz-Kommentar, begründet von Georg Benkard, fortgeführt von Karl Bruchhausen, Rüdiger Rogge, Alfons Schäfer u.a., 8. Aufl., München: C.H. Beck'sche Verlagsbuchhandlung, 1988. Zit.: Patentgesetz.

Bernitz, Ulf: Unzulässiges Eingreifen in Vertragsverhältnisse nach schwedischem Recht und in vergleichender Perspektive, GRUR Int. 1989, 799-811. Zit.: Vertragsverhältnisse.

Biesalski, Dieter: Grundzüge der Deliktshaftung nach Artikel 1382, 1383 des Code civil im französischen Recht, Diss. Mannheim 1975. Zit.: Grundzüge.

Blankart, Franz: Wettbewerb und Binnenmarkt im Verhältnis Schweiz-EG, WuR 1989, 5-13. Zit.: Wettbewerb.

Böni, Franz: Die Selektion in vertikalen Vertriebssystemen im EWG-Kartellrecht. Einschließlich der in der Schweiz veranlaßten Händlerzulassungsbeschränkungen, Diss. Konstanz, Konstanz: Verlag Wolfgang Hartung-Gorre, 1982. Zit.: Selektion.

Bollmann, Gerhard: Rechtsgrundlagen des innerdeutschen Wirtschaftsverkehrs, BB 1990, Beilage 20, S.10-16. Zit.: Rechtsgrundlagen.

Bolze, Christian: Note sous Cour de Paris, 28 janvier 1988, D.1989.J.505-508.

Bonet, Georges / Mousseron, Jean Marc: Distribution et Contrats. Donner et retenir ne vaut, Cah.dr.entr. 1989/2, 12-23. Zit.: Distribution.

Borck, Hans-Günther: Vorsprung, Vorfeld und Doppler-Effekt im Wettbewerbsrecht, WRP 1989, 145-151. Zit.: Vorsprung.

Bork, Reinhard: Kennzeichenschutz im Wandel - Zum Verhältnis des bürgerlichrechtlichen zum wettbewerbsrechtlichen Schutz der berühmten Marke gegen Verwässerungsgefahr, GRUR 1989, 725-738. Zit.: Kennzeichenschutz.

Boudon, Ulrich: Irreführende Werbeangaben im neueren französischen Recht, München: Verlag V. Florentz GmbH, 1987. Zit.: Werbeangaben.

Boutard-Labarde, M. C.: Le nouveau droit de la concurrence. Commentaire de l'ordonnance du 1er décembre 1986 relative à la liberté des prix et de la concurrence, Paris: Montchrestien, 1987. Zit.: Concurrence.

- / Sélinsky, V.: La vente exclusive en pharmacie à l'épreuve du droit de la concurrence, Cah.dr.entr. 1988/2, 7-12. Zit.: Vente.

Brandt, Jürgen: Der wettbewerbsbeschränkende Einsatz von Warenzeichen im zwischenstaatlichen Handel in der EWG, München: J. Schweitzer Verlag, 1984. Zit.: Einsatz.

Braumann, Winfried / Nowotny, Christian: Das "gemeinsame Interesse" in § 1 KartG - zugleich ein Beitrag zur kartellrechtlichen Beurteilung einseitig bindender Wettbewerbsbeschränkungen, ÖBl 1984, 57-65. Zit.: Interesse.

Brem, Ernst / Druey, Jean Nicolas / Kramer, Ernst A. u.a. (Hrsg.): Festschrift zum 65. Geburtstag vom Mario M. Pedrazzini, mit Beiträgen von Carl Baudenbacher und Nico Spiegel, Friedrich-Karl Beier und Theo Bodewig, Ernst Brem u.a., Bern: Verlag Stämpfli & Cie AG, 1990. Zit.: FS f. Pedrazzini.

Bucher, Eugen / Dessemontet, François / Dutoit, Bernard u.a.: Mélanges Paul Piotet, mit Beiträgen von Eugen Bucher, François Dessemontet, Bernard Dutoit u.a., Berne: Editions Staempfli & Cie SA, 1990. Zit.: Mélanges Piotet.

Büren, Bruno von: Kommentar zum Bundesgesetz über den unlauteren Wettbewerb vom 30. September 1943 unter Einschluß der Ausverkaufsordnung vom 16. April 1947, Zürich: Schultheß und Co. AG, 1957. Zit.: Kommentar.

Bunte, Hermann-Josef: Die Beurteilung von Lockvogel- und Sonderangeboten nach § 1 UWG, GRUR 1981, 397-406. Zit.: Beurteilung.

-: Franchising und EG-Kartellrecht, NJW 1986, 1406-1407. Zit.: Franchising.

-: Zur Bedeutung der Lückenlosigkeit der Vertriebsbindung, GRUR 1987, 90-108. Zit.: Bedeutung.

-: Das Verhältnis von deutschem zu europäischem Kartellrecht, WuW 1989, 7-21. Zit.: Verhältnis.

-: Die 5. GWB-Novelle, BB 1990, 1001-1010. Zit.: 5. GWB-Novelle.

- / Sauter, Herbert: EG-Gruppenfreistellungsverordnungen. Kommentar, München: C.H. Beck'sche Verlagsbuchhandlung, 1988. Zit.: Bunte/Sauter.

Burchfield, Kenneth J.: Die wichtigsten Bestimmungen über das geistige Eigentum des Omnibus Trade and Competitiveness Act von 1988, GRUR Int. 1990, 179-191. Zit.: Bestimmungen.

Burst, Jean-Jacques: Note sous Cour de Paris, 14 novembre 1988, Gaz.Pal.1989.J.421-424. Zit.: Note.

Burst, J.-J. / Ferrier, D. / Momège, Ch. u.a.: Montagne ou souris. Commentaire de la loi du 30 décembre 1985 "portant amélioration de la concurrence", J.C.P., éd.E., 1986.II. 14682, 197-215. Zit.: Commentaire.

Buxbaum, Richard M.: Enforcement of United States Antitrust Laws During the Reagan Administration: Review and Prospects, WuW 1989, 566-577. Zit.: Enforcement.

Bydlinski, Franz / Krejci, Heinz / Schilcher, Bernd u.a. (Gesamtredaktoren): Das Bewegliche System im geltenden und künftigen Recht, mit Beiträgen von Christian von Bar, Peter Böhm, Franz Bydlinski, Claus-Wilhelm Canaris u.a., Wien, New York: Springer-Verlag, 1986. Zit.: System.

Callmann, Rudolf: Zu den Grundlagen des Markenschutzes in den USA, GRUR Int. 1969, 29-31. Zit.: Grundlagen.

Calvo, Jean: Distribution sélective et parapharmacie (L'arrêt de la Cour d'appel de Paris du 28 Janvier 1988), Gaz.Pal.1988.Doctr.403-406. Zit.: Distribution.

Carlhoff, Ulrich: Das Diskriminierungsverbot nach § 26 Abs.2 GWB in der Rechtsprechung des Bundesgerichtshofs, Diss. Gießen 1987/1988, Köln: Verlag Dr. Otto Schmidt KG, 1988. Zit.: Diskriminierungsverbot.

Caruzzo, Philippe / Oberson, Pierre-André (Hrsg.): La nouvelle loi fédérale contre la concurrence déloyale. Travaux de la journée d'étude organisée par le Centre du droit de l'entreprise le 10 mars 1988, à l'Université de Lausanne, mit Beiträgen von Bernard Dutoit, François Dessemontet, Jacques Guyet u.a., Lausanne: Centre du droit de l'entreprsie de l'Université de Lausanne, 1988. Zit.: Loi.

Centre de Droit de l'entreprise, Faculté de Droit et des Sciences Economiques, Université de Montpellier (Hrsg.): Aspects du droit de la concurrence et des ententes en droit allemand et francais. Aspekte des Wettbewerbsrechts in Deutschland und in Frankreich. Douzième Séminaire Commun des Facultés de Droit de Montpellier et de Heidelberg 18-30 mai 1980. Zwölftes Gemeinsames Seminar der Juristischen Fakultäten von Montpellier und Heidelberg 18. - 30. Mai 1980, mit Beiträgen von Karl Doehring, Hélène Bricks, Peter Büchler u.a., Montpellier: Université de Montpellier, Faculté de Droit et des Sciences Economiques, 1982. Zit.: Aspects.

Chantérac, Véronique de / Fabre, Régis: Droit de la publicité et de la promotion des ventes, o.O.: Jurisprudence Générale Dalloz, 1986. Zit.: Publicité.

Chavanne, Albert / Burst, Jean-Jacques: Droit de la propriété industrielle, 2. Aufl., Paris: Jurisprudence Générale Dalloz, 1980. Zit. Propriété.

Coggio, Brian D. / Gordon, Jennifer / Coruzzi, Laura A.: The history and present status of gray goods, 75 TMR 433-496 (1985). Zit.: History.

Cornish, W. R.: Intellectual property: patents, copyright, trade marks and allied rights, 2. Aufl., London: Sweet & Maxwell, 1989. Zit.: Intellectual property.

Creutzig, Jürgen: Wettbewerbs- und zivilrechtliche Aspekte beim Reimport von Kraftfahrzeugen, BB 1989, 363-367. Zit.: Aspekte.

Dauses, Manfred A.: Die rechtliche Dimension des Binnenmarktes, EuZW 1990, 8-11. Zit.: Dimension.

David, Heinrich: Kommentar zum Schweizerischen Markenschutzgesetz, Unveränderter Nachdruck der 2. Aufl., mit einem Supplement, bearbeitet von Lucas David, 3. Aufl., Basel, Stuttgart: Verlag Helbing & Lichtenhahn, 1974. Zit.: Kommentar.

David, Lucas: Supplement, in: H. David: Kommentar, S.30-87. Zit.: Supplement.

David, Lucas: Anmerkung zum Urteil des ObG Zürich vom 21.1.1987 - Pakkungsbeschädigung, SMI 1987, 255-256.

-: Schweizerisches Wettbewerbsrecht. Eine systematische Darstellung des neuen Gesetzes gegen den unlauteren Wettbewerb und des neuen Kartellgesetzes sowie der wettbewerbsrechtlichen Nebengesetze, 2. Aufl., Bern: Verlag Stämpfli & Cie AG, 1988. Zit.: Wettbewerbsrecht.

Dawid, Heinz (Hrsg.): Pinner's World Unfair Competition Law. Encyclopedia, bearbeitet von Friedrich-Karl Beier, Terui Doi, Aldo Frignani u.a., Alphen aan de Rijn/Niederlande: Sijthoff & Noordhoff, 1978/1979. Zit.: Pinner.

Decocq, André / Pedamon, Michel: L'ordonnance du 1er décembre 1986 relative à la liberté des prix et de la concurrence. Juris-Classeurs Concurrence-Consommation, Pénal Annexes et Pratique des Parquets, numéro spécial 1bis, Paris: Editions Techniques - LITEC, 1987. Zit.: Ordonnance.

Dessemontet, François (Hrsg.): Mélanges Joseph Voyame. Recueil de travaux offerts à M. Joseph Voyame, mit Beiträgen von André Bouju, Roland von Büren, Jean-Jacques Burst u.a., Lausanne: Diffusion Payot, 1989. Zit.: Mélanges Voyame.

Deutsch, Erwin: Wettbewerbstatbestände mit Auslandsbeziehung, Stuttgart: Ferdinand Enke Verlag, 1962. Zit.: Wettbewerbstatbestände.

Devellennes, Yves: Observations sous Cour de Justice des Communautés Européennes, 10 janvier 1985, J.C.P., éd.G, 1985.II.20395. Zit. Obs.

Dierck, Ralf: Der Testkauf im gewerblichen Rechtsschutz, München: Verlag V. Florentz GmbH, 1989. Zit.: Testkauf.

Dittrich, Alfred: Die Fünfte Kartellgesetznovelle, DB 1990, 98-101. Zit.: Kartellgesetznovelle.

Dittrich, Robert: Die Verträge Österreichs mit den Europäischen Gemeinschaften und das österreichische Urheberrecht, ÖBl 1977, 81-88. Zit.: Verträge.

-: Zum Import von Tonträgern aus dem EWG-Bereich, ÖBl 1982, 141-150. Zit.: Import.

Dorsner-Dolivet, Annick: Observations sous Cass. com., 7 mars 1989, J.C.P., éd.G., 1990.II.21391. Zit.: Obs.

Driscoll, Marie V.: The "New" 43(a), 79 TMR 238-247 (1989). Zit.: The "New" 43(a).

Drysdale, John: Castrol Limited v. Automotive Oil Supplies Limited. Parallel Imports - 'Revlon' Reviewed, [1983] EIPR 224-225. Zit.: Castrol.

- / Silverleaf, Michael: Passing Off. Law and Practice, London: Butterworth & Co (Publishers) Ltd, 1986. Zit.: Passing Off.

Durquet, Françoise / Turek, Gerhard: Französische Gesetzgebung und Rechtsprechung zum Handels- und Wirtschaftsrecht, RIW 1988, 483-487. Zit. Rechtsprechung I.

- / -: Französische Gesetzgebung und Rechtsprechung zum Handels- und Wirtschaftsrecht, RIW 1989, 63-66. Zit.: Rechtsprechung II.

Dutoit, Bernard: Unlautere Ausnutzung und Beeinträchtigung des guten Rufs bekannter Marken, Namen und Herkunftsangaben. Die Rechtslage in der Schweiz und in Frankreich, GRUR Int. 1986, 1-6. Zit. Ausnutzung.

-: Les nouveaux délits de concurrence ou le droit à la poursuite de son ombre, in: Caruzzo: Loi, S.17-33. Zit.: Délits.

-: A propos de la récente jurisprudence du Tribunal fédérale relative à l'opposabilité des contrats de distribution sélective à des tiers: status quo ou approche nouvelle?, SAG 1989, 111-115. Zit.: Jurisprudence.

-: L'opposabilité des contrats de distribution sélective aux tiers en Suisses, en France et en République fédérale d'Allemagne, in: Bucher, Eugen / Dessemontet, François / Dutoit, Bernard u.a.: Mélanges Piotet, S.409-424. Zit.: Opposabilité.

Ebenroth, Carsten Thomas / Parche, Ulrich: Markenaufspaltung und nationale Markenrechte im Spannungsverhältnis zum Grundsatz des freien Warenverkehrs, GRUR Int. 1989, 738-748. Zit.: Markenaufspaltung.

Emmerich, Volker: Das Recht des unlauteren Wettbewerbs, 2. Aufl., München: C.H. Beck'sche Verlagsbuchhandlung, 1987. Zit.: Unlauterer Wettbewerb.

Engelich, Rudolf: Grundsätzliches zur Preisbindung der zweiten Hand, ÖJZ 1963, 119-124. Zit.: Grundsätzliches.

Esche, Thomas: Spannungsverhältnis zwischen der Ausübung nationaler Zeichenrechte zur Abwehr von Reimporten und Querlieferungen und dem Grundsatz des freien Warenverkehrs in der Europäischen Gemeinschaft, Art.30 EWG-Vertrag, WRP 1987, 233-236. Zit.: Spannungsverhältnis.

Estoup, Pierre: Note sous Cour de Versailles, 15 septembre 1988, Gaz.Pal.1989.J.525-526.

Eulau, Peter H.: Verleitung zum Vertragsbruch und Ausnutzung fremden Vertragsbruchs. Die Belangbarkeit des Dritten durch den Gläubiger bei Verleitung des Schuldners zum Vertragsbruch und bei der Ausnutzung fremden Vertragsbruchs, Diss. Basel 1976, Zürich: Schulthess Polygraphischer Verlag, 1976. Zit.: Verleitung.

Eyben, W. E. von: Das Recht des unlauteren Wettbewerbs in Dänemark, in: v. Eyben/Heinonen/Bull: Nordische Länder, S.1-57 = GRUR Int. 1964, 300-318. Zit.: Dänemark.

- / Heinonen, Keijo / Bull, Johan Storm u.a.: Das Recht des unlauteren Wettbewerbs in den nordischen Ländern, Weinheim/Bergstr.: Verlag Chemie GmbH, 1967. Zit.: Nordische Länder.

Fabre, Gérard: Concurrence, distribution, consommation, Paris: Jurisprudence Générale Dalloz, 1983. Zit.: Concurrence.

Farnleitner, Johann: Weitgehende Änderungen im österreichischen Wettbewerbsrecht, WuW 1989, 482-487. Zit.: Änderungen.

Fasshold, Dagobert: Freier Warenverkehr in der EG und nationale Absatzregelungen, Diss. Mannheim 1986. Zit.: Warenverkehr.

Feil, Erich: Bundesgesetz gegen den unlauteren Wettbewerb 1984, UWG, Eisenstadt: Prugg Verlag, 1986. Zit.: Bundesgesetz.

Feldmann, Wolfgang: Rechtliche Möglichkeiten zur Unterbindung von Unterpreisverkäufen nach den §§ 1 und 3 UWG, Alfeld: Neue Gildefachverlag GmbH & Co. KG, 1983. Zit.: Möglichkeiten.

Ferid, Murad / Sonnenberger, Hans Jürgen: Das Französische Zivilrecht, begründet von Murad Ferid, Band 2. Schuldrecht: Die einzelnen Schuldverhältnisse. Sachenrecht, bearbeitet von Hans Jürgen Sonnenberger, 2. Aufl., Heidelberg: Verlagsgesellschaft Recht und Wirtschaft mbH, 1986. Zit.: Zivilrecht.

Ferrier, Didier: Note sous Cass. comm., 16 février et 12 juillet 1983, D.1984.J.489-493. Zit.: Note.

-: Pratiques restrictives, Cah.dr.entr. 1987/1, 19-22. Zit.: Pratiques.

Ferrier, Didier: La distribution sélective et le refus de vente, Cah.dr.entr. 1988/2, 18-21. Zit.: Distribution.

- / Sélinsky, V.: Actualités du droit interne de la distribution sélective, Cah.dr.entr. 1985/2, 20-28. Zit.: Actualités.

Festschrift für Klaka: siehe Herbst, Georg (Hrsg.).

Festschrift für Pedrazzini: siehe Brem, Ernst / Druey, Jean Nicolas / Kramer, Ernst A. u.a. (Hrsg.).

Festschrift für Pfeiffer: siehe Gamm, Friedrich Freiherr von / Raisch, Peter / Tiedemann, Klaus (Hrsg.).

Fezer, Karl-Heinz: Markenschutz durch Wettbewerbsrecht - Anmerkungen zum Schutzumfang des subjektiven Markenrechts -, GRUR 1986, 485-494. Zit.: Markenschutz.

-: Die Verfassungsnähe der Buchpreisbindung, GRUR 1988, 185-192. Zit.: Verfassungsnähe.

-: Vertriebsbindungssysteme als Unternehmensleistung. Zum Wettbewerbsschutz des selektiven Vertriebs im Grauen Markt, GRUR 1990, 551-567. Zit.: Vertriebsbindungssysteme.

Fikentscher, Wolfgang: Wirtschaftsrecht, Band I. Weltwirtschaftsrecht. Europäisches Wirtschaftsrecht, München: C.H. Beck'sche Verlagsbuchhandlung, 1983. Zit.: Wirtschaftsrecht, Bd. I.

-: Wirtschaftsrecht, Band II. Deutsches Wirtschaftsrecht, München: C.H. Beck'sche Verlagsbuchhandlung, 1983. Zit.: Wirtschaftsrecht, Bd. II.

Firth, Alison: Colgate-Palmolive v. Markwell Finance, [1988] EIPR 278-282. Zit.: Colgate.

-: Reform of trade mark law, [1990] EIPR D-220 - D-221. Zit.: Reform.

Fletcher, Anthony L. / Kunstadt, Robert M.: The Forty-First Year of Administration of the Lanham Trademark Act 1946, 78 TMR 683-837 (1988). Zit.: Forty-First Year.

Fourgoux, Jean-Claude: Note sous Cass.crim., 2 décembre 1980, Gaz.Pal.1981.J.356-357.

-: De l'art d'utiliser l'article 422-2 du Code pénal réprimant l'utilisation d'une marque sans autorisation, Rev. science crim. 1987, 893-897. Zit.: Art.

-: Note sous Cass. crim., 5 octobre 1987, D.1988.J.451.

Fourgoux, Jean-Claude / Marchi, Jean-Pierre: Réflexions provisoires sur la nouvelle reglementation de la concurrence, Gaz.Pal.1987.Doctr.23-26. Zit.: Reflexions.

Françon, A.: Observations sous Cass. comm., 29 octobre 1975, J.C.P., éd.C.I., 1977.II.12505, 405-406 = J.C.P., éd.G., 1977.II.18616. Zit.: Obs.

-: L'épuisement du droit de marque, J.C.P., éd.E., 1990.II. 15669, 31-35 = J.C.P., éd.G., 1990.I.3428. Zit.: Epuisement.

Frankfurter Kommentar: siehe Glassen, Helmut / Hahn, Helmuth von / Kersten, Hans-Christian u.a.

Franzen, Hans: Die Preisbindung des Buchhandels, 3. Aufl., München: C.H. Beck'sche Verlagsbuchhandlung, 1987. Zit.: Preisbindung.

Gaedertz, A.-C.: Gedanken zum selektiven Vertrieb im Lichte der jüngsten Rechtsprechung, WuW 1987, 476-479. Zit.: Gedanken.

Gamm, Friedrich Freiherr von / Raisch, Peter / Tiedemann, Klaus (Hrsg.): Strafrecht, Unternehmensrecht, Anwaltsrecht. Festschrift für Gerd Pfeiffer zum Abschied aus dem Amt als Präsident des Bundesgerichtshofs, mit Beiträgen von Ulrich Battis, Jürgen Baumann, Günter Bemman, Walter Benisch u.a., Köln, Berlin, Bonn, München: Carl Heymanns Verlag KG, 1988. Zit.: FS f. Pfeiffer.

Gemeinschaftskommentar: siehe Müller-Henneberg, Hans / Schwartz, Gustav.

Gemeinschaftskommentar, 3. Aufl.: siehe Müller-Henneberg, Hans / Schwartz, Gustav, 3.Aufl.

Germann, O. A.: Concurrence déloyale, Unlauterer Wettbewerb, Concorrenza sleale. Bundesgesetz über den unlauteren Wettbewerb mit Erläuterungen, bisheriger Rechtsprechung des Bundesgerichts und Sachregister, Zürich: Schulthess & Co. A.-G., 1945. Zit.: Wettbewerb.

Giammarco, Enrico: Bemerkungen zum selektiven Vertrieb im italienischen Recht, GRUR Int. 1985, 313-322. Zit.: Bemerkungen.

Giefers, Hans Werner: Erwiderung zur Anmerkung von Dirk Schroeder zum Urteil des BGH vom 16.3.1989, I ZR 56/87 - Zahnpasta, GRUR 1990, 55. Zit.: Erwiderung.

Gilson, Jerome: Trademark Protection and Practice, 4 Bände, New York: Matthew Bender, Grundwerk 1974, Stand 1985. Zit.: Trademark.

Glassen, Helmut / Hahn, Helmuth von / Kersten, Hans-Christian u.a. (Hrsg.): Frankfurter Kommentar zum Gesetz gegen Wettbewerbsbeschränkungen mit einer Darstellung ausländischer Kartellrechtsordnungen, bearbeitet von Georg Albrechtskirchinger, Peter Erlinghagen, Klaus Finkelnburg u.a., 2. Aufl., Köln: Verlag Dr. Otto Schmidt KG, Grundwerk 1982, Stand 26. Lieferung 1989. Zit.: Frankf. Komm.

Gleis, Alfred / Hirsch, Martin: Kommentar zum EWG-Kartellrecht, von Martin Hirsch unter Mitwirkung von Rainer Bechtold und Christian Hootz, 3. Aufl., Heidelberg: Verlagsgesellschaft Recht und Wirtschaft mbH, 1978. Zit.: Kommentar.

Götting, Horst-Peter: Die Preisbildung auf dem Buchmarkt. Bericht zur Wiedereinführung der Buchpreisbindung in Frankreich und zum Entschließungsantrag des Wirtschaftsausschusses des Europäischen Parlaments über die festen Buchpreise, GRUR Int. 1982, 109-111. Zit.: Preisbildung.

Gotzen, Frank: Gewerbliche Schutzrechte und Urheberrecht in der Rechtsprechung des Europäischen Gerichtshofs zu Art.30-36 des EWG-Vertrags, GRUR Int. 1984, 146-153. Zit.: Schutzrechte.

Grabitz, Eberhard (Hrsg.): Kommentar zum EWG-Vertrag, bearbeitet von Albrecht Frohnmeyer, Peter Gilsdorf, Eberhard Grabitz u.a., München: C.H. Beck'sche Verlagsbuchhandlung, Grundwerk 1983, Stand 2. Lieferung 1988. Zit.: Grabitz.

- / Bogdandy, Armin von: Deutsche Einheit und europäische Integration, NJW 1990, 1073-1079. Zit.: Einheit.

Gravenreuth, Günter Frhr. v.: Entwurf eines Gesetzes zur Bekämpfung der Produktpiraterie. Ein halber Schritt in die richtige Richtung?, BB 1988, 1614-1617. Zit.: Entwurf.

Graz, Dominique: Propriété intellectuelle et libre circulation des marchandises. Etude de l'épuisement des droits de propriété intellectuelle en droit suisse, en droit communautaire et selon l'Accord de libre-échange Suisse-CEE, Diss. Lausanne, Genève: Librairie Droz, 1988. Zit.: Propriété.

Grimpe, Wolfgang: Der feste Ladenpreis im Buchhandel - Ein Leitfaden für die Praxis, Börsenblatt Nr.53 vom 5.7.1988, S.2022-2028. Zit.: Ladenpreis.

Groeben, Hans von der / Boeckh, Hans von / Thiesing, Jochen u.a.: Kommentar zum EWG-Vertrag, Band 1, Artikel 1-136, bearbeitet von Norbert Andel, Christof von Arnim, Christoph Bail u.a., 3. Aufl., Baden-Baden: Nomos Verlagsgesellschaft, 1983. Zit.: Groeben/Boeckh/Thiesing.

Grossekettler, Heinz: Die gesamtwirtschaftliche Problematik Vertraglicher Vertriebssysteme, in: Ahlert: Vertriebssysteme, S.255-314. Zit.: Problematik.

Guérin, Henri / Decocq, André: La simple barrière (Délit de refus de vente et droit européen de la concurrence), J.C.P., éd.C.I., 1983.II.13958, 205-212. Zit.: Barrière.

Gugerbauer, Norbert: Das Kartellgesetz. Kartelle. Preis- und Vertriebsbindungen. Unternehmenserwerb. Kommentar zum Kartellgesetz 1988 mit Anlage und Durchführungsverordnung zu § 17 KartG, Nahversorgungsgesetz, Preisgesetz, Abkommen zwischen der Republik Österreich und der Europäischen Wirtschaftsgemeinschaft, EGKS-Abkommen-Durchführungsgesetz, Wien, New York: Springer-Verlag, 1989. Zit.: Kartellgesetz.

Harms, Wolfgang: Lückenlosigkeit der Preisbindung ohne Re-Importverbote, Stuttgart: Ferdinand Enke Verlag, 1973. Zit.: Lückenlosigkeit.

Hauschka, Christoph E.: Der Stand der gemeinschaftsrechtlichen Rechtsangleichung im Recht der privaten Wirtschaft drei Jahre vor Vollendung des Binnenmarktes 1992, NJW 1989, 3048-3058. Zit.: Stand.

Hefermehl, Wolfgang / Fezer, Karl-Heinz: Der Schutz der Marke im Gemeinsamen Markt, in: Hefermehl/Ipsen/Schluep: Markenschutz, S.1-157. Zit.: Schutz.

- / Ipsen, Hans Peter / Schluep, Walter R. u.a. (Hrsg.): Nationaler Markenschutz und freier Warenverkehr in der Europäischen Gemeinschaft, mit Beiträgen von Wolfgang Hefermehl/Karl-Heinz Fezer, Hans Peter Ipsen, Walter R. Schluep u.a. München: C.H. Beck'sche Verlagsbuchhandlung, 1979. Zit.: Markenschutz.

Heidmeier, Heiner: Maßstäbe für die Wirksamkeit von Fachhandels-Vertriebsbindungen, Heidelberg: R. v. Decker & C.F. Müller, 1983. Zit.: Maßstäbe.

Hellwig, Frank Z.: The Trademark Law Revision Act of 1988: The 100th Congress Leaves Its Mark, 79 TMR 287-318 (1989). Zit.: Trademark.

Hémard, Jean: Observations sous Cass. crim., 22 octobre 1964 (deux arrêts), J.C.P., éd.G., 1965.II.14160.

Henning-Bodewig, Frauke: Die Qualitätsfunktion der Marke im amerikanischen Recht, GRUR Int. 1985, 445-453. Zit.: Qualitätsfunktion.

Herbst, Georg (Hrsg.): Festschrift für Rainer Klaka, mit Beiträgen von Guido Diemer, Lutz Donle, Jürgen Ernst-Moll u.a., München: J. Schweitzer Verlag, 1987. Zit.: FS f. Klaka.

Herzig, Rainer: Rechtliche Probleme grenzüberschreitender Werbung, WBl 1988, 251-256. Zit.: Probleme.

Heydt, Ludwig: Parallelimport und Warenzeichenrecht, GRUR 1969, 450-467. Zit.: Parallelimporte.

Hiebert, Timothy H.: Preventing the Importation and Sale of Genuine Goods Bearing American Owned Trademarks: Protecting an American Goodwill, 35 Maine L.Rev. 315-340 (1983). Zit.: Importation.

Hilke, John C.: Free Trading or Free-Riding: An Examination of the Theories and available Empirical Evidence on Gray Market Imports, W.Comp. 32, 75-91 (1988). Zit.: Free Trading.

Hoebbel, Christoph: Anmerkung zum Urteil des US-amerik. Supreme Court vom 31.5.1988 - COPIAT, GRUR Int. 1989, 74.

Hohenecker, Franz / Friedl, Gerhard: Wettbewerbsrecht. Allgemeines Wettbewerbsrecht, Zugabenrecht, Rabattrecht, Markenrecht, Graz, Köln: Hermann Böhlaus Nachf., 1959. Zit.: Wettbewerbsrecht.

Holeschofsky, Peter: Anmerkung zum Urteil des öst. OGH vom 27.2.1985, 4 Ob 387/84 - Grundig-Vertriebsbindung, ÖRdW 1985, 310. Zit.: Anm.

Hootz, Christian: Die Durchsetzung zulässiger selektiver Vertriebssysteme nach deutschem Wettbewerbsrecht, BB 1984, 1648-1651. Zit.: Durchsetzung.

Horner, Simon: Parallel Imports, London: Collins Professional Books, 1987. Zit.: Imports.

Horwitz, Lester: The Importation of Genuine Goods into the United States, [1981] EIPR 286-289. Zit.: Importation.

Immenga, Ulrich / Mestmäcker, Ernst-Joachim: GWB. Gesetz gegen Wettbewerbsbeschränkungen. Kommentar, bearbeitet von Volker Emmerich, Ulrich Immenga, Alfred Kellermann u.a., München: C.H. Beck'sche Verlagsbuchhandlung, 1981. Zit.: Immenga/Mestmäcker.

Jackermeier, Siegfried: Zur Verwendung fremder Warenzeichen zu Werbezwecken, in: Herbst, Georg (Hrsg.): FS f. Klaka, S.160-196. Zit.: Verwendung.

Jahn, Friedrich-Adolf: Moderne Piraten, Produktpiraterie und ihre Bekämpfung, WRP 1988, 413-417. Zit.: Piraten.

Jander, Klaus H./ Nürnberger, Eckart: Grey Market Imports in die USA. Gefährdung des Goodwills deutscher Markenhersteller in den USA durch nichtautorisierte Exporte?, RIW 1986, 325-332. Zit.: Grey Market.

Jeantet, Fernand Charles: L'esprit du nouveau droit de la concurrence, J.C.P., éd.G., 1987.I.3277. Zit.: Esprit.

Jesch, Volkmar: Die Abschaffung des kartellrechtlichen Schriftformgebotes (§ 34 GWB) im Zuge der 5. GWB-Novelle?, BB 1989, 2200-2207. Zit.: Abschaffung.

Jestaz, Philippe: Prix du livre, Rev.trim.dr.civ. 1981, 912-924. Zit.: Prix.

Joelson, Mark R. / Griffin, Joseph P.: 'Gray-Market' Goods: US Supreme Court Decides, [1988] Int'l Bus.Law. 346-347. Zit.: Gray Market.

Joerges, Christian: Selektiver Vertrieb und Wettbewerbspolitik: Eine konzeptionelle Analyse der Entscheidungspraxis von Kommission und Gerichtshof zu Art.85 EWG-Vertrag, GRUR Int. 1984, 222-233 und 279-288. Zit.: Vertrieb.

Jourdain, Patrice: Les réseaux de distribution et la responsabilité des tiers revendeurs hors réseau, D.1990.Chron. 43-50. Zit.: Réseaux.

Juris Classeur, Concurrence: siehe Opetit, B. (Hrsg.).

Juris Classeur, Marques: siehe Plaisant, R. / Bonnet, G.

Kakinuki, John: Protection of Trade Marks and Anti-counterfeiting Law in Japan, [1990] EIPR 6-11. Zit.: Protection.

Kane, Siegrun D.: Trademark Law. A Practitioner's Guide, New York City: Practising Law Institute, 1987. Zit.: Trademark.

Kapp, Thomas: Der "lautere Schleichbezug": Endverbraucher als "Lücke" des Vertriebssystems, WRP 1987, 71-75. Zit.: Schleichbezug.

Kerber, Markus: Zur Reform des französischen Wettbewerbsrechts, WuW 1986, 373-378. Zit.: Reform.

Kevekordes, Johannes: Zur EWG-Kartellrechtlichen Beurteilung von Franchise-Verträgen. Bemerkungen zum Pronuptia-Urteil des Europäischen Gerichtshofs, BB 1987, 74-80. Zit.: Beurteilung.

Kitchin, David: The Revlon Case. Trade Marks and Parallel Imports (UK), [1980] EIPR 86-88. Zit.: Revlon.

Kläy, Hanspeter: Bundesgesetzgebung im Bereich des privaten Wirtschaftsrechts sowie des Börsenrechts: Stand April 1990, SZW 1990, 122-127. Zit.: Bundesgesetzgebung.

Kleemann, Dietrich: Das neue französische Wettbewerbsrecht, WuW 1987, 628-635. Zit.: Wettbewerbsrecht.

Kleier, Ulrich F.: Freier Warenverkehr (Art.30 EWG-Vertrag) und die Diskriminierung inländischer Erzeugnisse, RIW 1988, 623-632. Zit.: Warenverkehr.

Klein, Eckart: An der Schwelle zur Wiedervereinigung Deutschlands. Anmerkungen zu Deutschlands Rechtslage im Jahr 1990, NJW 1990, 1065-1073. Zit.: Schwelle.

Klinkert, Friedrich W.: Selektiver Vertrieb - mit Art.85 Abs.1 EWGV vereinbar - und Alleinvertrieb nach der VO 1983/83, WRP 1986, 249-252. Zit.: Vertrieb.

Klippel, Diethelm: Grundfragen des Schutzes gewerblicher Kennzeichen gegen Verwässerungsgefahr, GRUR 1986, 697-712. Zit.: Grundfragen.

Klosterfelde, Walter: Durchlaufende Vertriebsbindungen - generell nichtig nach § 15 GWB?, WuW 1978, 419-423. Zit.: Vertriebsbindungen.

Knaak, Roland: Anmerkung zum Urteil des öst. OGH vom 27.2. 1985, 4 Ob 387/84 - Grundig-Vertriebsbindung, GRUR Int. 1986, 212-213. Zit.: Anm.

Knöpfle, Robert: Zur Bedeutung der Lückenlosigkeit des Preisbindungssystems für den Bindungsvertrag, NJW 1969, 1001-1009. Zit.: Bedeutung.

-: Gewährleistung der theoretischen Lückenlosigkeit des Preisbindungssystems, NJW 1972, 1393-1397. Zit.: Gewährleistung.

-: Kurzkommentar zum Urteil des BGH vom 21.4.1988, I ZR 136/86 - Entfernung von Kontrollnummern I, EWiR § 1 UWG 11/88, 1125f. Zit.: Kurzkomm. I.

-: Kurzkommentar zum Urteil des BGH vom 5.5.1988, I ZR 179/86 - Entfernung von Kontrollnummern II, EWiR § 1 UWG 12/88, 1239f. Zit.: Kurzkomm. II.

-: Kurzkommentar zum Urteil des BGH vom 29.9.1988, I ZR 57/87 - Synthesizer, EWiR § 1 UWG 2/89, 91f. Zit.: Kurzkomm. III.

Koenigs, Folkmar: Schutz der Preisbindung gegen Unterbietung durch Außenseiter - BGH NJW 1964, 917, JuS 1965, 384-389. Zit.: Schutz.

Körner, Eberhard, Die EG-rechtliche Durchsetzbarkeit der Preisbindung beim Export von Verlagserzeugnissen, WuW 1988, 194-204. Zit.: Durchsetzbarkeit.

Kolthoff, Siegmund: Grenzen des selektiven Vertriebs von Markenartikeln, WuW 1985, 854-859. Zit.: Grenzen.

Koppensteiner, Hans-Georg: Wettbewerbsrecht, Kartellrecht und Unlauterer Wettbewerb, Wien: Wirtschaftsverlag Dr. Anton Orac, 1981. Zit.: Wettbewerbsrecht.

-: Zum Import von Tonträgern aus dem EWG-Bereich, JBl 1982, 18-29. Zit.: Import.

-: Wettbewerbsrecht, Band 2: Unlauterer Wettbewerb, 2. Aufl., Wien: Wirtschaftsverlag Dr. Anton Orac, 1987. Zit.: Unlauterer Wettbewerb.

-: Über selektiven Vertrieb, WBl 1988, 241-251. Zit.: Vertrieb.

Koziol, Helmut: Die Beeinträchtigung fremder Forderungsrechte, Wien, New York: Springer-Verlag, 1967. Zit.: Beeinträchtigung.

-: Anmerkung zum Urteil des öst. OGH, Urteil vom 30.1.1973, 4 Ob 302/73 - Reverssystem, JBl 1974, 44-45. Zit.: Anm.

-: Österreichisches Haftpflichtrecht, Band II. Besonderer Teil. Mit einem Abschnitt über den unlauteren Wettbewerb von Peter Rummel, 2. Aufl., Wien: Manzsche Verlags- und Universitätsbuchhandlung, 1984. Zit.: Haftpflichtrecht, Bd.II.

Kraft, Alfons: Zum Erfordernis eines verstärkten gesetzlichen Schutzes der Marke, GRUR 1989, 79-84. Zit.: Erfordernis.

Kraßer, Rudolf: Der Schutz vertraglicher Rechte gegen Eingriffe Dritter. Untersuchungen zum Delikts- und Wettbewerbsrecht Deutschlands, Frankreichs und Belgiens, Köln, Berlin, Bonn, München: Carl Heymanns Verlag KG, 1971. Zit.: Eingriffe.

-: Die Beurteilung von Parallelimporten nach französischem Marken- und Wettbewerbsrecht. Bemerkungen zum Fall "Körting", GRUR Int. 1971, 256-260. Zit.: Beurteilung.

-: Der Schutz von Preis- und Vertriebsbindungen gegenüber Außenseitern, Köln, Berlin, Bonn, München: Carl Heymanns Verlag KG, 1972. Zit.: Schutz.

Kraßer, Rudolf: Anmerkung zum Urteil des schweiz. BG vom 24.3.1988 - Dior-Vertriebsbindung, GRUR Int. 1988, 709-711. Zit.: Anm.

Krenn, Peter: Verbraucherschutz im Markenrecht, ÖJZ 1977, 225-232 und 256-263. Zit.: Verbraucherschutz.

Kretschmer, Friedrich: Produktpirateriegesetz verabschiedet, GRUR 1990, 181-182. Zit.: Produktpirateriegesetz.

Kreuzer, K.: Wettbewerb um jeden Preis? Zur Problematik des Verkaufs zu Verlustpreisen im Einzelhandel, WRP 1985, 467-478. Zit.: Wettbewerb.

Krieger, Ulrich: Zum Anspruch auf Auskunftserteilung wegen Warenzeichenverletzung, GRUR 1989, 802-804. Zit.: Anspruch.

Kroher, Jürgen: Die neuere Entwicklung der Passing off-Klage im englischen Recht, GRUR Int. 1982, 92-102. Zit.: Entwicklung.

-: Anmerkung zu dem Urteil des brit. High Court of Justice, Chancery Division, vom 22.4.1983 - Castrol GTX, GRUR Int. 1984, 363-365. Zit.: Anm. I.

-: Unlauterkeitstatbestände im Umfeld der Durchbrechung von Vertriebsbindungssystemen, GRUR 1987, 601-611. Zit.: Unlauterkeitstatbestände.

-: Anmerkung zu dem Urteil des brit. High Court of Justice, Chancery Division, vom 18.4.1988 - Colgate, GRUR Int. 1989, 324-325. Zit.: Anm. II.

-: Anmerkung zu dem Urteil des brit. Court of Appeal, vom 20.4.1989 - Colgate II, GRUR Int. 1991, 53-55. Zit.: Anm. III.

Kroitzsch, Hermann: Rufausbeutung und § 1 UWG-Lizenz, GRUR 1986, 579-584. Zit.: Rufausbeutung.

Kucsko, Guido: Parallelimporte von Konzernmarken und die Freihandelsabkommen Österreichs und der Schweiz mit der EWG, GRUR Int. 1980, 138-144. Zit.: Parallelimporte.

Kulka, Michael: Artikel 5 Absatz 2 EWG-Vertrag und die Ausnahmebereiche des GWB, WRP 1989, 769-779. Zit.: Ausnahmebereiche.

Kunath, Detlef: Die Darlegungspflicht des Außenseiters in Vertriebsbindungsprozessen. Prozessuale Obliegenheit und materiellrechtliche Pflicht, GRUR 1988, 804-807. Zit.: Darlegungspflicht.

Kunz-Hallstein, Hans Peter: Europäisierung und Modernisierung des deutschen Warenzeichenrechts. Fragen einer Anpassung des deutschen Markenrechts an die EG Markenrichtlinie, GRUR Int. 1990, 747-759. Zit.: Europäisierung.

Kur, Annette: Verwechselungsgefahr und Irreführung - zum Verhältnis von Markenrecht und § 3 UWG, GRUR 1989, 240-250. Zit.: Verwechselungsgefahr.

Kuwata, Saburo: Anmerkung zu dem Urteil des Landgerichts Osaka vom 27.2.1970 - Parker, GRUR Int. 1971, 279-279. Zit.: Anm. I.

-: Neue Bekanntmachung der japanischen Zollbehörden über Parallelimporte von Originalwaren, GRUR Int. 1973, 74. Zit.: Bekanntmachung.

-: Anmerkung zu dem Urteil des Landgerichts Tokio vom 7.12. 1984 - Lacoste-Parallelimport, GRUR Int. 1986, 422-423. Zit.: Anm. II.

Langen, Eugen: Kommentar zum Kartellgesetz, Gesetz gegen Wettbewerbsbeschränkungen mit Erläuterungen für die Praxis unter Einbeziehung des EG-Kartellrechts, begründet von Eugen Langen, fortgeführt von Ernst Niederleithinger, Lennart Ritter und Ulrich Schmidt, 6. Aufl., Neuwied, Darmstadt: Hermann Luchterhand Verlag GmbH & Co KG, 1982. Zit.: Kommentar.

Langer, Jörg: Das französische Wettbewerbsrecht, WRP 1991, 11-16. Zit.: Wettbewerbsrecht.

Langer, Wolfgang: Anmerkung zu den "Kontrollnummer"-Entscheidungen des BGH, WRP 1989, 373-375. Zit.: Anmerkung.

Lavillaine-Juliet, Anne-Marie: Note sous Cass. com., 25 avril 1989, D.1990.J.66-70.

Le Court, Bernard: De l'utilisation de la marque d'autrui, Gaz.Pal.1987.Doctr.483. Zit.: Utilisation.

-: Note sous Cour de Paris, 24 mars 1987, Gaz.Pal.1987.J. 639.

Lebel, Claude / Aicardi, Simone: Legal Aspects of Selective Distribution of Luxury Products in France, [1990] EIPR 246-249. Zit.: Aspects.

Legat, Georg: Die Anzeige von Vertriebsbindungen, WBl 1989, 168-170. Zit.: Anzeige.

Lehat, Steven B.: Increased Protection of Intellectual Property Rights under the New Trade Act, [1989] EIPR 262-263. Zit.: Protection.

Lehmann, Michael: Schutz des Leistungswettbewerbs und Verkauf unter Einstandspreis, GRUR 1979, 368-379. Zit.: Schutz.

-: Anmerkung zum Urteil des schweiz. BG vom 12.5.1981 - Denner-Preisaktionen, GRUR Int. 1982, 470-471.

-: Wettbewerbs- und warenzeichenrechtliche Bemerkungen zur Entscheidung des Bundesgerichtshofs vom 6. Oktober 1983 - Verkauf unter Einstandspreis II, GRUR 1984, 313-319. Zit.: Bemerkungen.

-: Die wettbewerbswidrige Ausnutzung und Beeinträchtigung des guten Rufs bekannter Marken, Namen und Herkunftsangaben. Die Rechtslage in der Bundesrepublik Deutschland, GRUR Int. 1986, 6-17. Zit.: Ausnutzung.

Lehmpfuhl, Rolf-S.: Vertriebsbindungen, Ihre Formen, Funktionen sowie wettbewerbs- und kartellrechtliche Bedeutung, Köln, Berlin, Bonn, München: Carl Heymanns Verlag KG, 1965. Zit.: Vertriebsbindungen.

-: Anmerkung zum Urteil des BGH vom 9.5.1985, I ZR 99/83 - Vertriebsbindung, GRUR 1985, 1061-1063. Zit.: Anm.

Le Tallec, Georges: Une symbiose entre le droit communautaire et le droit national: la distribution sélective des parfums, Rev.trim.dr.europ. 1988, 437-449. Zit.: Symbiose.

Lieberknecht, Otfried: Das Verhältnis der EWG-Gruppenfreistellungsverordnungen zum deutschen Kartellrecht, in: Gamm, Friedrich Freiherr von / Raisch, Peter / Tiedemann, Klaus (Hrsg.): FS f. Pfeiffer, S.589-606. Zit.: Verhältnis.

Lindacher, Walter F.: Lockvogel- und Sonderangebote. Rechtliche Grenzen selektiver Niedrigpreisstellung, Köln, Berlin, Bonn, München: Carl Heymanns Verlag KG, 1979. Zit.: Lockvogelangebote.

Lindermann, Edgar: Die Werbung mit dem Angebot von Waren unter Einstandspreis, Diss. Mainz 1975. Zit.: Werbung.

Lindinger, Christoph L.: Zur kartellrechtlichen Beurteilung selektiver Vertriebssysteme, ÖBl 1985, 145-153. Zit.: Beurteilung.

-: Der Rechtsschutz von Vertriebssystemen gegenüber Außenseitern, JBl 1990, 694-706. Zit.: Rechtsschutz.

Lipner, Seth E.: Gray market goulash: The problem of at-the-border restrictions on importation of genuine trademarked goods, 77 TMR 77-102 (1987). Zit.: Gray Market.

Lob, Harald: Exklusive und selektive Vertriebssysteme im französischen Wettbewerbsrecht, WuW 1985, 277-290. Zit.: Vertriebssysteme.

-: Das neue französische Recht der Wettbewerbsbeschränkungen, RIW 1988, 92-98. Zit.: Wettbewerbsbeschränkungen.

Löwisch, Manfred: Der Deliktsschutz relativer Rechte, Berlin: Walter de Gruyter & Co., 1970. Zit.: Deliktsschutz.

Lukes, Rudolf / Munk, Helmut: Die theoretische (gedankliche) Lückenhaftigkeit bei Preisbindungen zweiter Hand, DB 1973, 1107-1115. Zit.: Lückenhaftigkeit.

Luttosch, Gabriele / Scherer, Peter: Das Verhältnis der Deutschen Demokratischen Republik (DDR) zu den Europäischen Gemeinschaften (EG), BB 1990, Beilage 11, S.3-10. Zit.: Verhältnis.

M., Ph.: Note sous Cass.com., 10 janvier 1989, D.1989.J.338. Zit.: Note.

M., S.: Note sous Trib. gr. inst., 20 février 1987, D.1987. J.390-392.

Maday, D. C.: Anmerkung zum Urteil des schweiz. BG vom 9.4.1963 - Columbia, GRUR Int. 1964, 29.

-: Anmerkung zum Maßnahmeentscheid des HG St. Gallen vom 12.12.1984 - Schweppes, SMI 1985, 219-220.

Malaurie, Philippe: Note sous Cass.com., 31 janvier 1989, D.1989.J.335-337. Zit.: Note.

Marchi, J.-P.: Note sous Cass. crim., 3 novembre 1982, Gaz.Pal.1982.J.658-659.

-: Note sous Cour d'Aix-en-Provence, 20 mai 1985, Gaz.Pal. 1985.J.762-764.

Marchi, Jean-Pierre: Note sous Cass. crim., 18 mai 1987, Gaz.Pal.1987.J.544-545. Zit.: Note.

-: Note sous Cour de Paris, 28 janvier 1988, Gaz.Pal.1988.J. 214-215.

Markert, Kurt: Preisbindung und Import. Die Bedeutung von Importmöglichkeiten für die zivilrechtliche Durchsetzbarkeit und die kartellrechtliche Mißbrauchsaufsicht im Lichte der neuesten Rechtsprechung und Verwaltungspraxis, BB 1973, 638-644. Zit.: Preisbindung.

Martin-Achard, E.: Le droit de suite du producteur d'articles de marque, SMitt. 1953, 119-133. Zit.: Droit.

Martin-Achard, E.: A propos du grattage du numéro de contrôle sur un produit de marque, Sem.jud. 1955, 49-52. Zit.: Grattage.

Martin-Achard, Edmond: La loi fédérale contre la concurrence déloyale du 19 décembre 1986 (LCD), Lausanne: Payot, 1988. Zit.: Loi.

Martinek, Michael: Unruhe an der Kartellfront. Die 5. GWB-Novelle gegen Industriemarktfixierung und Ausnahmebereichexzeß, NJW 1990, 793-800. Zit.: Unruhe.

Mathély, Paul: Das neue französische Markenrecht, Weinheim/Bergstr.: Verlag Chemie GmbH, 1967 = Das neue französische Markenrecht, GRUR Int. 1966, 1-13 und 79-93. Zit.: Markenrecht.

-: Le droit français des signes distinctifs, Paris: Librairie du journal des notaires et des avocats, 1984. Zit.: Signes.

-: Observations sous Cour de Versailles, 2 mai 1985, et Cass.crim., 24 février, 18 mai, 5 octobre 1987 et 18 avril 1988 (deux arrêts), Ann.Prop.Ind. 1988, II, 128-133. Zit.: Obs.

Mattmann, Hugo: Die Preisbindung der Zweiten Hand nach dem schweizerischen Kartellgesetz, Diss. Freiburg/Schweiz, Winterthur: Verlag Hans Schellenberg, 1970. Zit.: Preisbindung.

Mauro, Jacques: Note sous Cour de Justice des Communautés Européennes, 10 janvier 1985, Gaz.Pal.1985.J.75-76. Zit.: Note.

McCarthy, J. Thomas: Trademarks and Unfair Competition, Vol.1 (Chapter 1-20), 2. Aufl., San Francisco, California/USA: The Lawyers Co-operative Publishing Co. and Bancroft-Whitney Co., 1984. Zit.: Trademarks, Vol.1.

-: Trademarks and Unfair Competition, Vol.1 (Chapter 21-33), 2. Aufl., San Francisco, California/USA: The Lawyers Co-operative Publishing Co. and Bancroft-Whitney Co., 1984. Zit.: Trademarks, Vol.2.

Meier, Christian J.: Der selektive Vertrieb im EWG-Kartellrecht, Erster Band, Absatzpolitik, Vertragsgestaltung, Wettbewerbspolitische Grundlagen, Diss. Bern, Diessenhofen: Verlag Rüegger, 1979. Zit.: Vertrieb, Bd.1.

-: Der selektive Vertrieb im EWG-Kartellrecht, Zweiter Band, Kartellrechtliche Bestimmungen des EWG-Vertrages, Diss. Bern, Diessenhofen: Verlag Rüegger, 1979. Zit.: Vertrieb, Bd.2.

Meier, Gert: "Innerdeutsches Protokoll" und Europäischer Binnenmarkt, BB 1990, Beilage 11, S.1-3. Zit.: "Innerdeutsches Protokoll".

Meinhardt, Peter / Havelock, Keith R.: Concise Trade Mark. Law and Practice, Aldershot, Hants/GB: Gower Publishing Company Limited, 1983. Zit.: Trade Mark.

Meister, Herbert E.: Produktpiraterie, MA 1987, 157-160 und 420-425 und 1989, 433-436, 574-576 und 634-636. Zit.: Produktpiraterie.

-: Das Phänomen Produktpiraterie, WRP 1989, 559-567. Zit.: Phänomen.

-: Die EG-Marken-Richtlinie - Erste Kommentierung, MA 1990, 60-69. Zit.: EG-Marken-Richtlinie.

Mélanges Piotet: siehe Bucher, Eugen / Dessemontet, François / Dutoit, Bernard u.a.

Mélanges Voyame: siehe Dessemontet, François (Hrsg.).

Mergel, Harald: Die Rufausnutzung als Unlauterkeitstatbestand in der neueren Rechtsprechung des BGH - der wettbewerbsrechtlich verankerte Schutz "bekannter" und "exklusiver" Marken ein gangbarer Weg?, GRUR 1986, 646-656. Zit.: Rufausnutzung.

Merkel, Wulf: Der Vorsprungsgedanke im Wettbewerbsrecht und seine Anwendung, Diss. Mannheim 1987, Frankfurt am Main: PanText Verlag, 1987. Zit.: Vorsprungsgedanke.

Merz, Hans: Das schweizerische Kartellgesetz. Grundlagen und Hauptprobleme, mit einer Bibliographie zum schweizerischen Kartellrecht, Bern: Verlag Stämpfli & Cie, 1967. Zit.: Kartellgesetz.

Messer, Herbert: Der Schutz selektiver Vertriebsbindungen gegenüber Außenseitern, WRP 1977, 378-382. Zit.: Schutz.

Mestmäcker, Ernst-Joachim: Europäisches Wettbewerbsrecht, München: C.H. Beck'sche Verlagsbuchhandlung, 1974. Zit.: Wettbewerbsrecht.

Mettang, Uwe: Unlautere Rufnutzung durch Konkurrenten und Branchenfremde - der Bundesgerichtshof auf Abwegen, GRUR 1987, 149-154. Zit.: Rufausnutzung.

Michalski, Lutz: Kurzkommentar zum Urteil des OLG Frankfurt vom 5.2.1987, 6 U 38/86 - Entfernte Kodierung, EWiR § 1 UWG 3/87, 505f. Zit.: Kurzkomm. I.

-: Kurzkommentar zum Urteil des BGH vom 1.6.1988, I ZR 83/87 - Entfernung von Kontrollnummern III, EWiR § 1 UWG 1/89, 89f. Zit.: Kurzkomm. II.

Miller, Dwight L.: Restricting the Gray Market in Trademarked Goods: Per Se Legality, 76 TMR 363-388 (1986). Zit.: Gray Market.

Möschel, Wernhard: Die rechtliche Behandlung der Paralleleinfuhr von Markenware innerhalb der EWG, Bad Homburg v. d. Höhe, Berlin, Zürich: Verlag Gehlen, 1968. Zit.: Behandlung.

- / Bach, Albrecht: Selektive Vertriebssysteme im EG-Recht - Zum Automobilvertrieb in Europa, GRUR Int. 1990, 747-759. Zit.: Vertriebssysteme.

Morcom, Christopher: Parallel Importation of Pharmaceutical Products in the Common Market, [1988] EIPR 47-52. Zit.: Importation.

-: Reform of Trade Marks Law: The White Paper of September 1990, [1990] EIPR 391-396. Zit.: Reform.

Mousseron, Jean-Marc: Le nouveau droit des ententes, Cah.dr. entr. 1987/1, 13-14. Zit.: Ententes.

- / Sélinsky, Véronique: Le droit français nouveau de la concurrence, Paris: Litec, Libraire de la Cour de Cassation, 1987. Zit.: Concurrence.

- / - / Ferrier, Didier: Le mort saisit le vif. Commentaires de l'ordonnance du 1er décembre 1986, relative à la liberté des prix et de la concurrence, J.C.P., éd.E., 1987.II. 14840, 1-18. Zit.: Commentaires.

Mühlendahl, Alexander von: Das künftige Markenrecht der Europäischen Gemeinschaft, GRUR Int. 1989, 353-362. Zit.: Markenrecht.

Müller-Graff, Peter-Christian: Wettbewerbsbeschränkung durch Gesetz: Preisbindungspflicht bei Büchern. Zum Leclerc-Urteil des EuGH vom 10.1.1985, EuR 1985, 293-308. Zit.: Wettbewerbsbeschränkung.

Müller-Henneberg, Hans / Schwartz, Gustav (Hrsg.): Gesetz gegen Wettbewerbsbeschränkungen und Europäisches Kartellrecht, Gemeinschaftskommentar, herausgegeben von Hans Müller-Henneberg und Gustav Schwartz in Verbindung mit Horst Bartholomeyczik, Werner Benisch, Arved Deringer u.a., 3. Aufl., Köln, Berlin, Bonn, München: Carl Heymanns Verlag KG, 1972-1980. Zit.: Gem.Komm., 3. Aufl.
- Europäisches Kartellrecht, EWGV Art.85 (Forts.), Art.86, VO Nr.17, bearbeitet von Peter Mailänder, 11. Lieferung, 1979.

Müller-Henneberg, Hans / Schwartz, Gustav: Gesetz gegen Wettbewerbsbeschränkungen und Europäisches Kartellrecht, Gemeinschaftskommentar, begründet von Hans Müller-Henneberg und Gustav Schwartz, herausgegeben von Werner Benisch in Verbindung mit Karlheinz Autenrieth, Oliver Axster, Arved Deringer u.a., 4. Aufl., Köln, Berlin, Bonn, München: Carl Heymanns Verlag KG, 1980-1987. Zit.: Gem.Komm.
- §§ 25-33 GWB, bearbeitet von Werner Benisch und Hans-Kurt Mes, 2. Lieferung, 1981.
- §§ 34-39 GWB, bearbeitet von Werner Benisch und Werner Fischötter, 6. Lieferung, 1982.
- §§ 15-19 GWB, bearbeitet von Wolfgang Fikentscher, Hans-Frieder Krauß und Wolfgang Straub, 11. Lieferung, 1987.

Müllhaupt, W.: Die Erfassung grenzüberschreitender Werbung nach schweizerischem Recht, WBl 1988, 257-266. Zit.: Erfassung.

Neumann, Lothar F.: Verbraucherpolitische und wettbewerbspolitische Aspekte selektiver Vertriebsbindungssysteme, BB 1979, 1688-1690. Zit.: Aspekte.

Niggemann, Friedrich: Internationales Wettbewerbsrecht unter besonderer Berücksichtigung der Probleme grenzüberschreitender Werbung, WBl 1988, 266-271. Zit.: Wettbewerbsrecht.

Nowotny, Christian: Meldepflicht von Vertriebsbindungen. Alte Fragen und neue Rätsel im Kartellrecht, ÖRdW 1989, 120-121. Zit.: Meldepflicht.

Opetit, B. (Hrsg.): Juris-Classeur. Concurrence-Consommation, Tome 1, bearbeitet von Claude Champaud, Yves Gaudemet, Georges Liet-Veaux, Olivier Renard-Payen u.a., Paris: Editions Techniques, S.A., Stand 1989. Zit.: J.Cl., Concurrence.

o.V.: Dänemark - Neues Kartellgesetz in Kraft, GRUR Int. 1990, 83. Zit.: Dänemark.

o.V.: Developments in the law. Trade-marks and unfair competition, 68 Harv.L.Rev. 814-920 (1954/55). Zit.: Developments.

o.V.: Großbritannien - Reform des Kartellrechts geplant, GRUR Int. 1990, 83-84. Zit.: Großbritannien.

o.V.: Importation control under Tariff Act section 526: trademark privileges and antitrust policy, 67 Yale L.J. 1110-1130 (1957/58). Zit.: Importation.

Paefgen, Thomas Christian: Graumarktimporte von Originalware in die Republik Südafrika. Entwicklungskonvergenzen in der neueren anglo-amerikanischen Rechtsprechung, RIW 1988, 181-189. Zit.: Graumarktimporte.

Paine, Linda S.: The Copiat Case. The American Centrafarm?, [1988] EIPR 56-59. Zit.: Copiat Case.

Palladino, Vincent N.: Gray Market Goods: The United States Trademark Owners' View, 79 TMR 158-211 (1989). Zit.: Gray Market.

Palmeter, N. David: Gray Market Imports: No Black and White Answer, 12 W.Comp. 1, 49-52 (1988/89) = 22 JWT 5, 89-92 (1988). Zit.: Gray Market.

Parléani, Gilbert: Note sous Cour de Lyon, 6 février 1985, D.1987.J.9-13.

-: Note sous Cass. crim., 18 mai et 24 février 1987, D.1987. J.559-562.

Pawlikowski, Thomas: Selektive Vertriebssysteme - Grenzen und Möglichkeiten einer Freistellung nach Artikel 85 Absatz 3 EWGV, Frankfurt am Main, Bern, New York: Verlag Peter Lang, 1983. Zit.: Vertriebssysteme.

Pedrazzini, Mario M. / Oberholzer, Niklaus: Grundriß des Personenrechts, 2. Aufl., Bern: Verlag Stämpfli & Cie AG, 1985. Zit.: Grundriß.

Pigassou, Paul: Refus de vente et pratiques discriminatoires dans l'ordonnance du 1er décembre 1986, Gaz.Pal.1987. Doctr.544-549. Zit.: Refus.

Piriou, Marie-Pierre: Selektiver Vertrieb und die Wettbewerbsregeln der Europäischen Gemeinschaft, GRUR Int. 1980, 321-333 und 407-416. Zit.: Vertrieb.

Plaisant, Robert: L'influence européenne - Une remarquable évolution de la jurisprudence française en matière de distribution sélective et de marque, in: Brem, Ernst / Druey, Jean Nicolas / Kramer, Ernst A. u.a. (Hrsg.): FS f. Pedrazzini, S.641-650. Zit.: Influence.

- / Bonnet, G.: Juris-Classeur. Marques de fabrique. Appelations d'origine. Dessins et modèles, Tome 1: Marques, Paris: Editions Techniques, S.A., Stand 1989. Zit.: J.Cl., Marques.

Pochon, Bernard: Note sous Cass.com., 29 octobre 1975, Gaz.Pal.1976.J.795-797. Zit.: Note.

Pokela, Hannu / Tiili, Virpi: Markenrechtliche Zulässigkeit und wettbewerbsrechtliche Schranken des Vertriebs parallelimportierter Produkte: Finnland als Beispiel, GRUR Int. 1985, 453-459. Zit.: Zulässigkeit.

Polak, Vivian / Lichtenstein, Carmen: Novellierung des U.S.-amerikanischen Markengesetzes, Mitt. 1989, 231-233. Zit.: Novellierung.

Prieur, R.: Observations sous Cass.com., 30 octobre 1968, J.C.P., éd.G., 1969.II.15964.

Reboul, Y.: Distribution sélective et contrefaçon de marques, Cah.dr.entr. 1988/2, 35-38. Zit.: Distribution.

Recher, Bernhard: Wer hat den "Schwarzen Peter"? Wünsche eines Schweizer Preisbindungsspezialisten, Börsenblatt Sonderheft Schweiz vom 13.6.1979, S.70-74. Zit.: Schwarzer Peter.

Regelmann, Christof: Die internationalprivatrechtliche Anknüpfung des Gesetzes gegen den unlauteren Wettbewerb. Eine Darstellung unter besonderer Berücksichtigung der Rechtslage in Österreich und der Schweiz, Diss. Konstanz 1987, Konstanz: Hartung-Gorre Verlag, 1988. Zit.: Anknüpfung.

-: Zur Lückenlosigkeit selektiver Vertriebsbindungen bei sogenannten Reimporten, WRP 1989, 779-783. Zit.: Lückenlosigkeit.

Rehbein, Dieter: Die Verletzung von Forderungsrechten durch Dritte. Eine rechtsvergleichende Untersuchung, Diss. Freiburg im Breisgau 1968. Zit.: Verletzung.

Reimer, Dietrich: Das Recht des unlauteren Wettbewerbs in den Mitgliedsstaaten der Europäischen Wirtschaftsgemeinschaft, Bd.III: Deutschland, München: C.H. Beck'sche Verlagsbuchhandlung, Köln: Carl Heymanns Verlag, 1965. Zit.: München.

Remington, Michael: Comments on K mart v. Cartier: Gray Market Trade and EEC Law, 12 W. Comp. 1, 53-62 (1988/89) = 22 JWT 5, 93-102 (1988). Zit.: Comments.

Richli, Paul: Erste Eindrücke von der Praxis zum Preisüberwachungsgesetz, WuR 1989, 191-209. Zit.: Eindrücke.

Riehle, Gerhard: Markenrecht und Parallelimport. Ein Beitrag zu Grundlagen und Territorialität des Warenzeichenrechts, Stuttgart: Ferdinand Enke Verlag, 1968. Zit.: Markenrecht.

Rosenfeld, Emmanuel: Observations sous Cass. crim., 24 février 1987 et Trib. gr. inst. Paris, 20 février 1987, J.C.P., éd.E., 1987.II.15015, 479-482. Zit.: Obs.

Roth, Wulf-Henning: Änderung in der kartellrechtlichen Beurteilung von Vertriebssystemen in den USA, RIW 1977, 605-610. Zit.: Änderung.

Roudard, Isabelle: Schwerpunkte des neuen französischen Kartellrechts, GRUR Int. 1989, 647-659. Zit.: Schwerpunkte.

Roux, Xavier de / Voillemot, Dominique: Le droit français de la concurrence et de la distribution, Tome 2, Pratiques discriminatoires. Refus de vente - Ventes réglementées, Paris: Jurisdictionnaires Joly, 1986. Zit.: Pratiques.

Rowedder, Heinz: Gedanken zur Lückenlosigkeit der Vertriebsbindungen als Voraussetzung ihrer Zulässigkeit, in: Gamm, Friedrich Freiherr von / Raisch, Peter / Tiedemann, Klaus (Hrsg.): FS f. Pfeiffer, S.751-763. Zit.: Gedanken.

Rudolphi, Hans-Joachim / Horn, Eckhard / Samson, Erich: Systematischer Kommentar zum Strafgesetzbuch, Band.II. Besonderer Teil (§§ 80-358), 4. Aufl., Neuwied/Frankfurt: Alfred Metzner Verlag, Stand 26. Lieferung 1990. Zit.: Systematischer Kommentar.

Rummel, Peter: Unlauterer Wettbewerb, in: Koziol: Haftpflichtrecht, Bd. II, S.253-307. Zit.: Unlauterer Wettbewerb.

Saber, Charles W.: United States Supreme Court Rules that Grey Market Goods Can Be Imported into the United States - Battle Decided or Battle Deferred?, [1988] EIPR 311-313. Zit.: Supreme Court.

Sack, Rolf: Die rechtlichen Funktionen des Warenzeichens, GRUR 1972, 402-412 und 445-453. Zit.: Funktionen.

-: Der Verkauf unter Selbstkosten im Einzelhandel, WRP 1983, 63-74. Zit.: Verkauf.

-: Die lückenfüllende Funktion der Sittenwidrigkeitsklauseln, WRP 1985, 1-15. Zit.: Sittenwidrigkeitsklauseln.

-: Die "Verwässerung" bekannter Marken und Unternehmenskennzeichen, WRP 1985, 459-467. Zit.: "Verwässerung".

-: Markenschutz außerhalb des Gleichartigkeitsbereichs in der EG, RIW 1985, 597-611. Zit.: Markenschutz.

-: Bewegliche Systeme im Wettbewerbs- und Warenzeichenrecht, in: Bydlinski/Krejci/Schilcher: System, S.177-198. Zit.: Systeme.

Sack, Rolf: Die kollisions- und wettbewerbsrechtliche Beurteilung grenzüberschreitender Werbe- und Absatztätigkeit nach deutschem Recht, GRUR Int. 1988, 320-343. Zit.: Beurteilung.

-: Das Verhältnis der Produkthaftungsrichtlinie der EG zum nationalen Produkthaftungsrecht, VersR 1988, 439-452. Zit.: Verhältnis.

-: Probleme des Inlandswettbewerbs mit Auslandsbezug nach deutschem und österreichischem Kollisions- und Wettbewerbsrecht, ÖBl 1988, 113-125 und 145-153. Zit.: Probleme.

-: Der Verkauf unter Selbstkosten in Handel und Handwerk. Zur Notwendigkeit einer Verbesserung des kartellrechtlichen Schutzes, unter Berücksichtigung ausländischer Regelungen, BB 1988, Beilage 3, S.1-31. Zit.: Notwendigkeit.

-: Probleme des neuen schweizerischen UWG im Vergleich mit dem deutschen UWG, in: Baudenbacher: UWG, S.113-159. Zit.: Schweizerisches UWG.

- / Fasshold, Dagobert: Die Reichweite von Art.30 EWGV und der Binnenmarktvergleich, WRP 1987, 519-523. Zit.: Reichweite.

Sallerin, Guy: Die Zulässigkeit von Alleinvertriebsverträgen in Frankreich. Bemerkungen zur Entscheidung der Cour de Cassation vom 11. Juli 1962 - Brandt, GRUR Int. 1963, 157-160. Zit.: Zulässigkeit.

Schaumberg, Tom M.: Änderungen im Bereich des Rechts zum Schutz geistigen Eigentums in den USA durch den Omnibus Trade and Competitiveness Act of 1988, RIW 1989, 355-358. Zit.: Änderungen.

Schennen, Detlef: Erschöpfung gewerblicher Schutzrechte in der EG. Die Reichweite des Erschöpfungsgrundsatzes in der Rechtsprechung zum freien Warenverkehr in der EG, Mitt. 1989, 7-13. Zit.: Erschöpfung.

Scherer, Joachim: EG und DDR: Auf dem Weg zur Integration, BB 1990, Beilage 16, S.11-15. Zit.: Weg.

Schiffer, K. Jan: Parallelimporte und US-amerikanisches Warenzeichenrecht, DB 1987, 81-83. Zit.: Parallelimporte.

Schinas, Georgios M.: Bemerkungen zum Kartellgesetz 1988, JBl 1990, 426-434. Zit.: Bemerkungen.

Schluep, Walter R.: Das Markenrecht als subjektives Recht, Basel: Verlag für Recht und Gesellschaft AG, 1964. Zit.: Markenrecht.

Schluep, Walter R.: Wirtschaftsrechtliche Aspekte der Verleitung zum Vertragsbruch, in: Dessemontet, François (Hrsg.): Mélanges Voyame, S.241-274. Zit.: Aspekte.

Schmid, Wolfgang: Anmerkung zum Urteil des LG Hamburg vom 28.11.1990, 315 O 482/90 - Entfernung von Kontrollnummern, WRP 1991, 129-130. Zit.: Anm.

Schmidhauser, Bruno: Altes und neues Kartellgesetz im Vergleich (Eine Übersicht), WuR 1986, 361-382. Zit.: Kartellgesetz.

Schmidt, Harald: Anmerkung zum Urteil des öst. OGH vom 14.1.1986, 4 Ob 398/85 - Noverox/Ferrox, ÖBl 1986, 96.

Schmidt, Ingo / Kirschner, Ulrich: Darstellung und wettbewerbspolitische Würdigung der U.S. Vertical Restraints Guidelines, WuW 1985, 781-791. Zit.: Darstellung.

Schmidt-Szalewski, Joanna: Droit de la propriété industrielle, Paris: Jurisprudence Générale Dalloz, 1984. Zit.: Propriété.

Schmittbiel, Evelyne / Weber, Rudolf H.: Die Marken im französischen Recht, Mitt. 1989, 137-142. Zit.: Marken.

Schnegelsberg, Jürg: Das schweizerische Kartellgesetz. Entstehungsgeschichte, Grundprinzipien und Inhalt, Köln, Berlin, Bonn, München: Carl Heymanns Verlag KG, 1964. Zit.: Kartellgesetz.

Schödermeier, Martin: Die "Pronuptia"-Entscheidung des EuGH - "Leading Case" für die Beurteilung von Franchiseverträgen unter europäischem Wettbewerbsrecht, WuW 1986, 669-676. Zit.: "Pronuptia".

-: Begrenzter Lieferzwang für Betreiber selektiver Vertriebssysteme. Anmerkungen zum Metro-Urteil des EuGH vom 22. Oktober 1986, WuW 1987, 496-502. Zit.: Lieferzwang.

Schöne, Franz-Josef: Die "umgekehrte Diskriminierung" im EWG-Vertrag nach der Rechtsprechung des Europäischen Gerichtshofs. Dargestellt am Beispiel der Dienstleistungsfreiheit nach Art.59ff EWG-Vertrag, RIW 1989, 450-454. Zit.: "Umgekehrte Diskriminierung".

Schönherr, Fritz: Anmerkung zum Urteil des öst. OGH vom 4.9.1957, 3 Ob 356/.. - Brunswick, ÖBl 1957, 88.

-: Fragen des internationalen Kennzeichenrechts aus österreichischer Sicht, GesRZ 1978, 58-61. Zit.: Fragen.

- / Torggler, Hellwig: Rechtsgutachten über den festen Ladenpreis im österreichischen Buchhandel vom 17. Februar 1970, nicht veröffentlicht. Zit.: Rechtsgutachten.

Schönke, Adolf / Schröder, Horst: Strafgesetzbuch. Kommentar, bearbeitet von Lenckner, Theodor / Cramer, Peter / Eser, Albin / Stree, Walter, 23. Aufl., München: C.H. Beck'sche Verlagsbuchhandlung, 1988. Zit.: Strafgesetzbuch.

Schorer, Paul: Bundesgesetzgebung im Bereich des privaten Wirtschaftsrechts: Stand Januar 1989, SAG 1989, 57-60. Zit.: Bundesgesetzgebung.

Schricker, Gerhard: Bemerkungen zum Rechtsschutz selektiver Vertriebsbindungen, GRUR 1976, 528-544. Zit.: Bemerkungen.

-: Urheberrecht. Kommentar, herausgegeben von Gerhard Schricker, verfaßt von Adolf Dietz, Ekkehard Gerstenberg, Gerhard Haß, Paul Katzenberger u.a., München: C.H. Beck'sche Verlagsbuchhandlung, 1987. Zit.: Urheberrecht.

Schroeder, Dirk: Anmerkung zum Urteil des BGH vom 16.3.1989, I ZR 56/87 - Zahnpasta, GRUR 1989, 674-675.

Schüller, Renate: Verkäufe unter Einstandspreis, Diss. Giessen 1987, Pfaffenweiler: Centaurus-Verlagsgesellschaft, 1987. Zit.: Verkäufe.

Schultz-Schaefer, Detlef von: Franchising im Lichte der neuen EG-Gruppenfreistellungsverordnung, GRUR Int. 1989, 515-521. Zit.: Franchising.

Schulz, Andreas: Von Umsätzen, Angebotsempfängern, Abnehmeradressen, Gestehungskosten & Lieferantennamen. Zum Auskunftsanspruch im gewerblichen Rechtsschutz, in: Herbst, Georg (Hrsg.): FS f. Klaka, S.27-43. Zit.: Auskunftsanspruch.

Schürmann, Leo: Bundesgesetz über Kartelle und ähnliche Organisationen vom 20. Dezember 1962. Textausgabe mit Erläuterungen und Sachregister, Zürich: Orell Füssli Verlag, 1964. Zit.: Bundesgesetz.

- / Schluep, Walter R.: KG + PÜG. Kartellgesetz und Preisüberwachungsgesetz. Die beiden Bundesgesetze vom 20. Dezember 1985, in Kraft seit dem 1. Juli 1986. Gesetzestexte mit umfassendem Kommentar unter Berücksichtigung der Gesetzesmaterialien, der Doktrin zum schweizerischen Kartellrecht sowie der Praxis der Gerichte und der Kartellkommission, herausgegeben und kommentiert von Leo Schürmann und Walter R. Schluep, Zürich: Orell Füssli Verlag, 1988. Zit.: Kartellgesetz.

Schütz, Jörg: Verwendung des Herstellerzeichens durch den Händler bei Ankündigung von Ware - Zur Reichweite des Ankündigungsrechts des Warenzeicheninhabers -, DB 1976, 757-761. Zit.: Verwendung.

Schütz, Jörg: Strohmann-Bezug und Lückenlosigkeit des Bindungssystems, GRUR 1986, 588-592. Zit.: Strohmann-Bezug.

Schwartz, Arthur: Vorgehen gegen Parallelimporte in den USA, GRUR Int. 1986, 505-510. Zit.: Vorgehen.

Schwendemann, Ursula: Führt die Rolex-Entscheidung des Bundesgerichtshofs in eine neue Richtung?, GRUR Int. 1986, 713-720. Zit.: Rolex-Entscheidung.

- / Schill, Charles F. / Brunsvold, Brian G.: Der Schutz durch die United States International Trade Commission gegen Patent-, Warenzeichen- und andere Rechtsverletzungen bei der Wareneinfuhr in die USA, GRUR Int. 1983, 721-729. Zit.: Schutz.

Schwier, Hans (Hrsg.): Betriebswirtschaftliche und rechtliche Probleme des vertraglichen Selektivvertriebs, mit Beiträgen von Dieter Ahlert, Manfred Bruhn, Heinz-Dieter Pollmüller, Gottfried Wiedemann, Düsseldorf: Arbeitsgemeinschaft für Rationalisierung des Landes Nordrhein-Westfalen, 1982. Zit.: Probleme.

Sedemund, Jochim: Deutsche Einheit und EG, EuZW 1990, 11-13. Zit. Einheit.

Sélinsky, Véronique: Les atteintes portées par le droit de la concurrence à la liberté de contracter. Beschränkung der Vertragsfreiheit durch das Wettbewerbsrecht, in: Centre de Droit de l'entreprise: Aspects, S.295-314 (in deutscher Übersetzung S.315-337). Zit.: Atteintes.

-: La distribution sélective des produits de marque et la Commission de la concurrence, Cah.dr.entr. 1984/2, 17-21. Zit.: Distribution.

Serra, Yves: Note sous Cas. com., 13 mars 1979, D.1980.J. 2-3.

Skaupy, Walther: Pronuptia und die Folgen. Zur Franchise-Entscheidung des EuGH v. 28. Januar 1986 (WuW/E EWG/MUV 693), WuW 1986, 445-454. Zit.: Pronuptia.

-: Die neue EG-Gruppen-Freistellungsverordnung für Franchisevereinbarungen, DB 1989, 765-770. Zit.: Franchisevereinbarungen.

Spätgens, Klaus: Kurzkommentar zum Urteil des OLG München vom 14.5.1987, 29 U 5880/86 - Entfernte Code-Nummern, EWiR § 1 UWG 10/87, 927f. Zit.: Kurzkomm.

Spoendlin, K.: Täuschung des Publikums und Markenrechtsverletzung. Nochmals über die Bundesgerichtspraxis zum Import von Originalware, SJZ 1962, 161-166. Zit.: Täuschung.

Spoendlin, Kaspar: Das Markenrecht im Lichte der schutzwürdigen Interessen, Basel, Stuttgart: Helbing & Lichtenhahn, 1974. Zit.: Markenrecht.

Staaf, Robert J.: - The International Gray Market: The Nexus of Vertical Restraints, Price Discrimination and Foreign Law, 19 U.Miami Inter-Am.L.Rev. 37-96 (1987). Zit.: Gray Market.

Stern, Richard H.: Parallel Imports into the United States. Patents, Trade Marks and Anti-Trust, [1980] EIPR 285-288. Zit.: Imports.

Stillner, Walter: Der Schutz der kundenspezifischen Codierung und die selektive Vertriebsbindung, BB 1987, 2178-2180. Zit.: Schutz.

Stölzle, Carl: Der Parallelimport, GesRZ 1973, 106-108. Zit.: Parallelimport.

Storp, Roger / Schuberl, Waltraud: Selektive Vertriebsvereinbarungen im französischen Recht, WRP 1988, 15-21. Zit.: Vertriebsvereinbarungen.

Straberger, Viktor A.: Das Kartellgesetz 1988, MuR 1988, 148-150. Zit.: Kartellgesetz.

-: Kartellgesetz 1988 - Neuerungen und Zweifelsfragen, WBl 1989, 37-39. Zit.: Neuerungen.

Streit, Michael: Der Verlustpreisverkauf im Einzelhandel als Form des unzulässigen Nichtleistungswettbewerbs, Diss. Gießen 1986. Zit.: Verlustpreisverkauf.

Stuckel: Anmerkung zum Urteil der franz. Cour de cassation vom 24.2.1987 - Nina Ricci, GRUR Int. 1988, 686-687.

Swoboda, Friedrich: Der Verkauf von Markenwaren unter Einstandspreis - gesehen aus werblicher Sicht, MA 1988, 110-116. Zit.: Verkauf.

Thieffry, Jean / Doorn. Philip van / Radtke, Christoph Martin: Die Vollendung des Europäischen Binnenmarktes bis 1992, RIW 1989, 123-131. Zit.: Vollendung.

Thompson Scott E.: Consumer Standing Under Section 43(a): More Legislative History, More Confusion, 79 TMR 341-354 (1989). Zit.: Consumer Standing.

Thümmel, Roderich C.: Grundlegende Regelungen und gegenwärtiger Stand des US-amerikanischen Antitrust-Rechts, RIW 1989, 171-175. Zit.: Regelungen.

Tiedemann, Klaus / Vogel, Joachim: Strafrecht: Parfum im Supermarkt, JuS 1988, 295-301. Zit.: Parfum.

Tiedtke, Klaus: Produkthaftung des Herstellers und des Zulieferers für Schäden an dem Endprodukt seit dem 1. Januar 1990, NJW 1990, 2961-2965. Zit.: Produkthaftung.

Tilmann, Winfried: Der Auskunftsanspruch, GRUR 1987, 251-262. Zit.: Auskunftsanspruch.

-: Aktuelle Fragen des Auskunftsanspruchs, MA 1989, 35-38. Zit.: Fragen.

-: Der Schutz gegen Produktpiraterie nach dem Gesetz von 1990, BB 1990, 1565-1569. Zit.: Schutz.

Toepke, Utz P.: Per se Verbot und die Rule of Reason: Der Wandel vom Automatismus des Kartellverbots in Section I Sherman Act zur "Per se perhaps" Regel des United States Supreme Court, WuW 1990, 563-569. Zit.: Per se Verbot.

Träm, Michael R.: "Gray Market"-Imports in die USA werden eingeschränkt, RIW 1989, 519-521. Zit.: Gray Market.

Troller, Alois: Die territoriale Unabhängigkeit der Markenrechte im Warenverkehr, GRUR Int. 1960, 244-251. Zit.: Unabhängigkeit.

-: Anmerkung zum Urteil des schweiz. BG vom 4.10.1960 - Philips, GRUR Int. 1961, 298.

-: Immaterialgüterrecht. Patentrecht, Markenrecht, Muster- und Modellrecht, Urheberrecht, Wettbewerbsrecht, Band I, 3. Aufl., Basel, Frankfurt am Main: Verlag Helbing & Lichtenhahn, 1983. Zit.: Immaterialgüterrecht, Bd.I.

-: Immaterialgüterrecht. Patentrecht, Markenrecht, Muster- und Modellrecht, Urheberrecht, Wettbewerbsrecht, Band II, 3. Aufl., Basel, Frankfurt am Main: Verlag Helbing & Lichtenhahn, 1985. Zit.: Immaterialgüterrecht, Bd.II.

Troller, Kamen: Aperçu de divers problèmes juridiques au sujet de la protection des systèmes de distribution sélective notamment dans le domaine des produits de consommation de luxe, SMI 1987, 23-40. Zit.: Aperçu.

-: The parallel importation of trade-marked goods and the protection of selective distribution systems, [1988] EIPR 67-70. Zit.: Importation.

Trüeb, Hans: Markenschutz bei Import von Konzernware. Bemerkungen zur bundesgerichtlichen Rechtsprechung, SJZ 1961, 345-351. Zit.: Markenschutz.

Ulmer, Eugen: Anmerkung zum Urteil des öst. OGH vom 10.7. 1979, 4 Ob 302/79 - Schallplatten-Parallelimporte I, GRUR Int. 1980, 188-190.

- / Baeumer, Ludwig: Das Recht des unlauteren Wettbewerbs in den Mitgliedstaaten der Europäischen Wirtschaftsgemeinschaft, Bd.II, 2. Halbband: Niederlande, München: C.H. Beck'sche Verlagsbuchhandlung, Köln: Carl Heymanns Verlag, 1967. Zit.: Niederlande.

- / Kraßer, Rudolf: Das Recht des unlauteren Wettbewerbs in den Mitgliedstaaten der Europäischen Wirtschaftsgemeinschaft, Bd.IV: Frankreich, bearbeitet von Rudolf Kraßer, unter Mitarbeit von Guy Sallerin und Ulrich Schatz, München: C.H. Beck'sche Verlagsbuchhandlung, Köln: Carl Heymanns Verlag KG, 1967. Zit.: Frankreich.

- / Schricker, Gerhard: Das Recht des unlauteren Wettbewerbs in den Mitgliedstaaten der Europäischen Wirtschaftsgemeinschaft, Bd.V: Italien, München: C.H. Beck' sche Verlagsbuchhandlung, Köln: Carl Heymanns Verlag, 1965. Zit.: Italien.

- / - / Wunderlich, Detlef: Das Recht des unlauteren Wettbewerbs in den Mitgliedstaaten der Europäischen Wirtschaftsgemeinschaft, Bd.II, 1. Halbband: Belgien-Luxemburg, München: C.H. Beck'sche Verlagsbuchhandlung, Köln: Carl Heymanns Verlag, 1967. Zit.: Belgien/Luxemburg.

- / Westerholt, Hartwig Graf von: Das Recht des unlauteren Wettbewerbs in den Mitgliedstaaten der Europäischen Wirtschaftsgemeinschaft, Bd.VI: Vereinigtes Königreich von Großbritannien und Nordirland, München: C.H. Beck'sche Verlagsbuchhandlung, Köln: Carl Heymanns Verlag KG, 1981. Zit.: Großbritannien.

Ulmer, Peter: Die zeichenrechtlichen Grenzen der Händlerwerbung mit Herstellermarken. Zum "Ankündigungsrecht" des Zeicheninhabers, NJW 1969, 11-18. Zit.: Grenzen.

-: Wettbewerbsrechtliche Schranken für die Händlerwerbung mit bekannten Herstellermarken? - Zur Rufausbeutung von Markenartikeln und zur Minderung ihres Werbewerts durch Lockvogelstrategien von Handelsunternehmen -, WRP 1987, 299-309. Zit.: Schranken.

Ulrich, Gustav-Adolf: Beweisführung und Beweislast im Wettbewerbsprozeß, WRP 1986, 584-588. Zit.: Beweisführung.

Vanzetti, Adriano: Funktion und Rechtsnatur der Marke, GRUR Int. 1965, 128-142 und 185-201. Zit.: Funktion.

Veelken, Winfried: Probleme der theoretischen Lückenlosigkeit internationaler selektiver Vertriebssysteme, RabelsZ 1986, 508-561. Zit.: Probleme.

-: Die unmittelbare Anwendbarkeit der Freihandelsverträge der EG mit den sog. Rest-EFTA-Staaten, RIW 1988, 112-122. Zit.: Anwendbarkeit.

Vilmart, Christine: Contrats de distribution sélective. Arrêts de la Cour de cassation. Affaire DUO, 3 novembre 1982, Cah.dr.entr. 1983/1, 16-19. Zit.: Contrats.

Vincent, Alain L.: Observations sous Cour de Paris, 5 mars 1987, J.C.P., éd.E, 1987.II.14931, 263. Zit.: Obs.

Virassamy, Georges: Le nouveau régime des pratiques restrictives entre professionnels, D.1988.Chron.113-122. Zit.: Régime.

Vitoria, Mary: Trade marks: parallel imports, [1980] J.B.L. 283-286. Zit.: Trade marks.

Völp, Fromut: Darf der Händler das Warenzeichen des Herstellers zur Ankündigung von Originalwaren verwenden?, WRP 1977, 688-690. Zit.: Händler.

-: Vermarktung bekannter Marken durch Lizenzen, GRUR 1985, 843-850. Zit.: Vermarktung.

Vogel-Claussen, Wolfgang: Das Recht des innerdeutschen Wirtschaftsverkehrs im Vorfeld der deutsch-deutschen Wirtschafts- und Währungsunion, DtZ 1990, 33-38. Zit.: Wirtschaftsverkehr.

Wagner, Thilo: Die Fachhandelsbindung im deutschen und EWG-Recht, Diss. München 1980, München: Verlag V. Florentz GmbH, 1980. Zit.: Fachhandelsbindung.

Warlick IV, J. Thomas: Of Blue Light Specials and Gray-Market Goods: The Perpetuation of the Parallel Importation Controversy, 39 Emory L.J. 347-411 (1990). Zit.: Perpetuation.

Weber, Wolfgang F.: Die kollisionsrechtliche Behandlung von Wettbewerbsverletzungen mit Auslandsbezug. Eine Darstellung unter besonderer Berücksichtigung des österreichischen IPR-Gesetzes, des Schweizer Expertenentwurfs eines IPR-Gesetzes sowie der Möglichkeit von Harmonisierungsmaßnahmen im Kollisions- und Wettbewerbsrecht für die Europäische Gemeinschaft, Diss. Mannheim 1982, Frankfurt: Haag + Herchen Verlag, 1982. Zit.: Behandlung.

Weltrich, Ortwin: Die EG-Gruppenfreistellungsverordnung für Franchise-Vereinbarungen, RIW 1989, 90-94. Zit.: Gruppenfreistellungsverordnung.

Westen, Heinz: Unbillige Behinderung von Wettbewerbern durch Verkäufe unter Einstandspreis, Diss. Bochum 1986, Berlin: Duncker & Humblot, 1987. Zit.: Behinderung.

Westerholt, Hartwig Graf von: Die Passing off-Klage im englischen Recht. Grundzüge des Schutzes vor Verwechselungsgefahr im Wettbewerb, Köln, Berlin, Bonn, München: Carl Heymanns Verlag KG, 1976. Zit.: Passing off.

Westphalen, Friedrich Graf v.: Das neue Produkthaftungsgesetz, NJW 1990, 83-93. Zit.: Produkthaftungsgesetz.

Whish, Richard: Competition Law, London: Butterworth & Co (Publishers) Ltd, 1985. Zit.: Competition Law.

White, T.A. Blanco / Jacob, Robin: Kerly's Law of Trade Marks and Trade Names, London/GB: Sweet & Maxwell, 12. Aufl., 1986. Zit.: Kerly.

Wieckhorst, Thomas: Bisherige Produzentenhaftung, EG-Produkthaftungsrichtlinie und das neue Produkthaftungsgesetz, JuS 1990, 86-94. Zit.: Produzentenhaftung.

Wiedemann, Gerhard: Kommentar zu den Gruppenfreistellungsverordnungen des EWG-Kartellrechts, Band I. Allgemeiner Teil. Besonderer Teil: Spezialisierungsvereinbarungen (GVO Nr.417/85). Forschungs- und Entwicklungsvereinbarungen (GVO Nr.418/85), Köln: Verlag Dr. Otto Schmidt KG, 1989. Zit.: Kommentar.

Wiltschek, Lothar: Wettbewerbsrecht. Gesetz gegen den unlauteren Wettbewerb samt Durchführungsverordnungen, Zuständigkeitsvorschriften, Zugabengesetz, Rabattgesetz, Ausverkaufsgesetz und Nahversorgungsgesetz mit Anmerkungen und Entscheidungen, auf der Grundlage der von Fritz Schönherr unter Mitarbeit von Friedrich Iro bearbeiteten Vorauflage, 5. Aufl., Wien: Manzsche Verlags- und Universitätsbuchhandlung, 1987. Zit.: Wettbewerbsrecht.

-: Die Beurteilung grenzüberschreitender Werbe- und Absatztätigkeit nach österreichischem Wettbewerbsrecht, GRUR Int. 1988, 299-309. Zit.: Beurteilung.

Winterfeld, Achim von: Garantieleistungen und Parallelimporte nach EWG-Kartellrecht, NJW 1986, 3001-3002. Zit.: Garantieleistungen.

-: Selektive Vertriebsbindungen - eine Zwischenbilanz nach dem zweiten SABA-Urteil des EuGH, RIW 1987, 409-415. Zit.: Vertriebsbindungen.

Zulliger, Felix: Eingriffe Dritter in Forderungsrechte. Zugleich ein Beitrag zur Lehre vom subjektiven Recht, Diss. Zürich 1988, Zürich: Schulthess Polygraphischer Verlag AG, 1988. Zit.: Eingriffe.